縄文時代の渡来文化

刻文付有孔石斧とその周辺

浅川利一・安孫子昭二 編

雄山閣

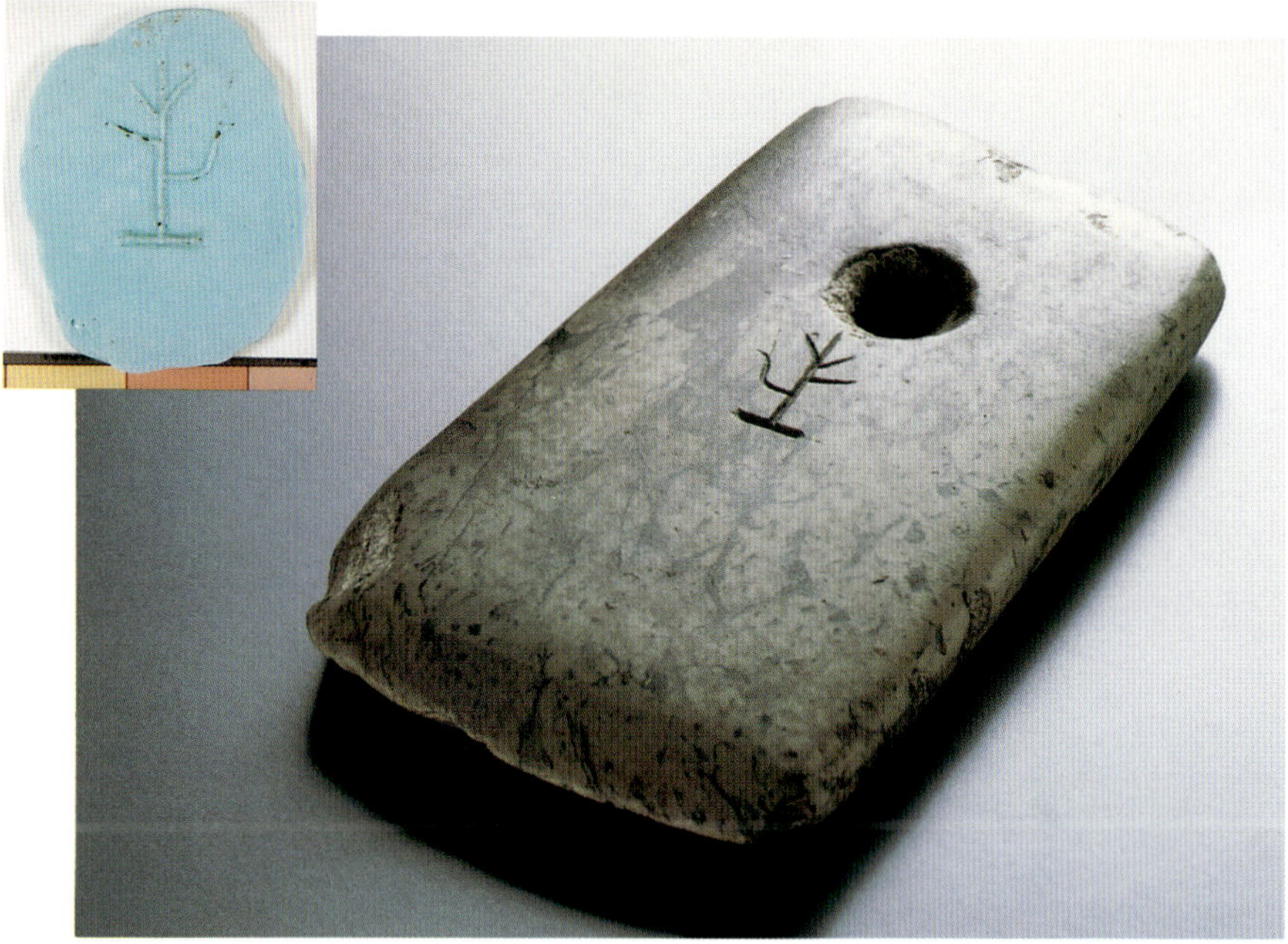

刻文付有孔石斧　刻文の沈刻は古代中国にも類例がなく懐疑視する声もあったが、刻部に付着する微量の土（左上）が出土土器（頁右下）の一次鉱物と一致し、中川代遺跡から出土したことが証明された。（撮影　星野薫・上條朝宏）

中川代遺跡　山形県羽黒町中川代遺跡に立つ、石斧を発掘した梅本成視（右）と古代中国からの渡来物と看破した浅川利一（左）。（撮影　安孫子昭二）

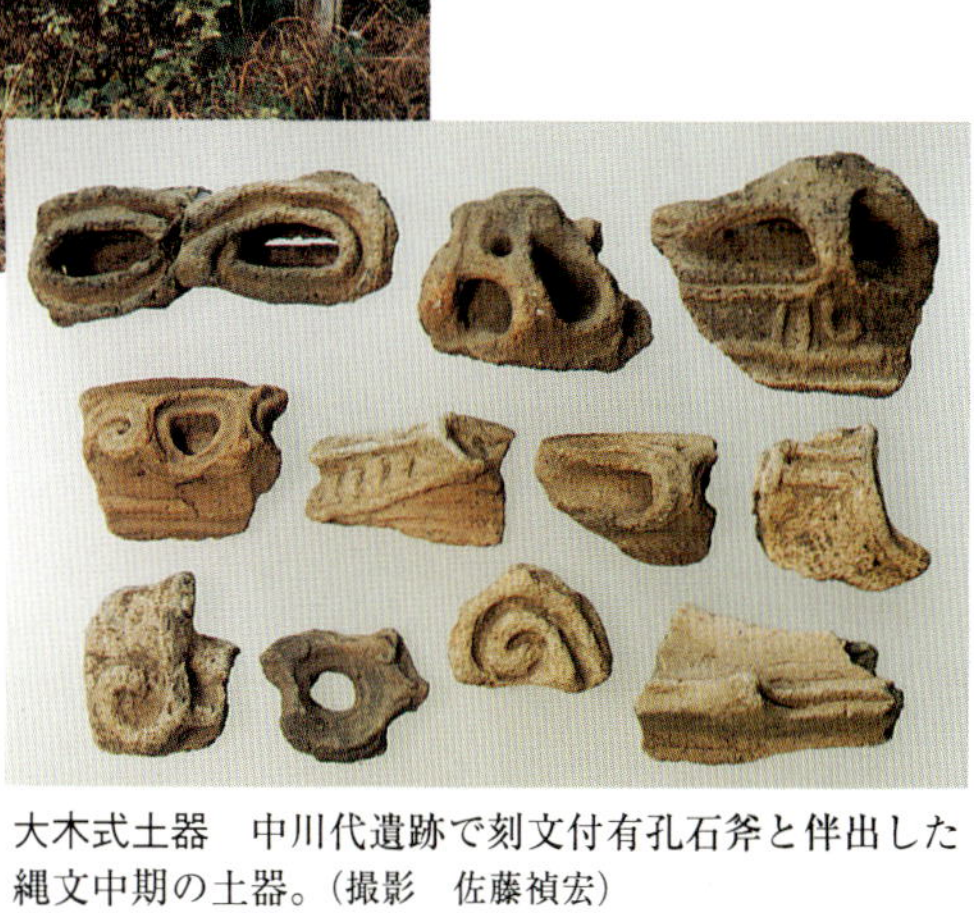

大木式土器　中川代遺跡で刻文付有孔石斧と伴出した縄文中期の土器。（撮影　佐藤禎宏）

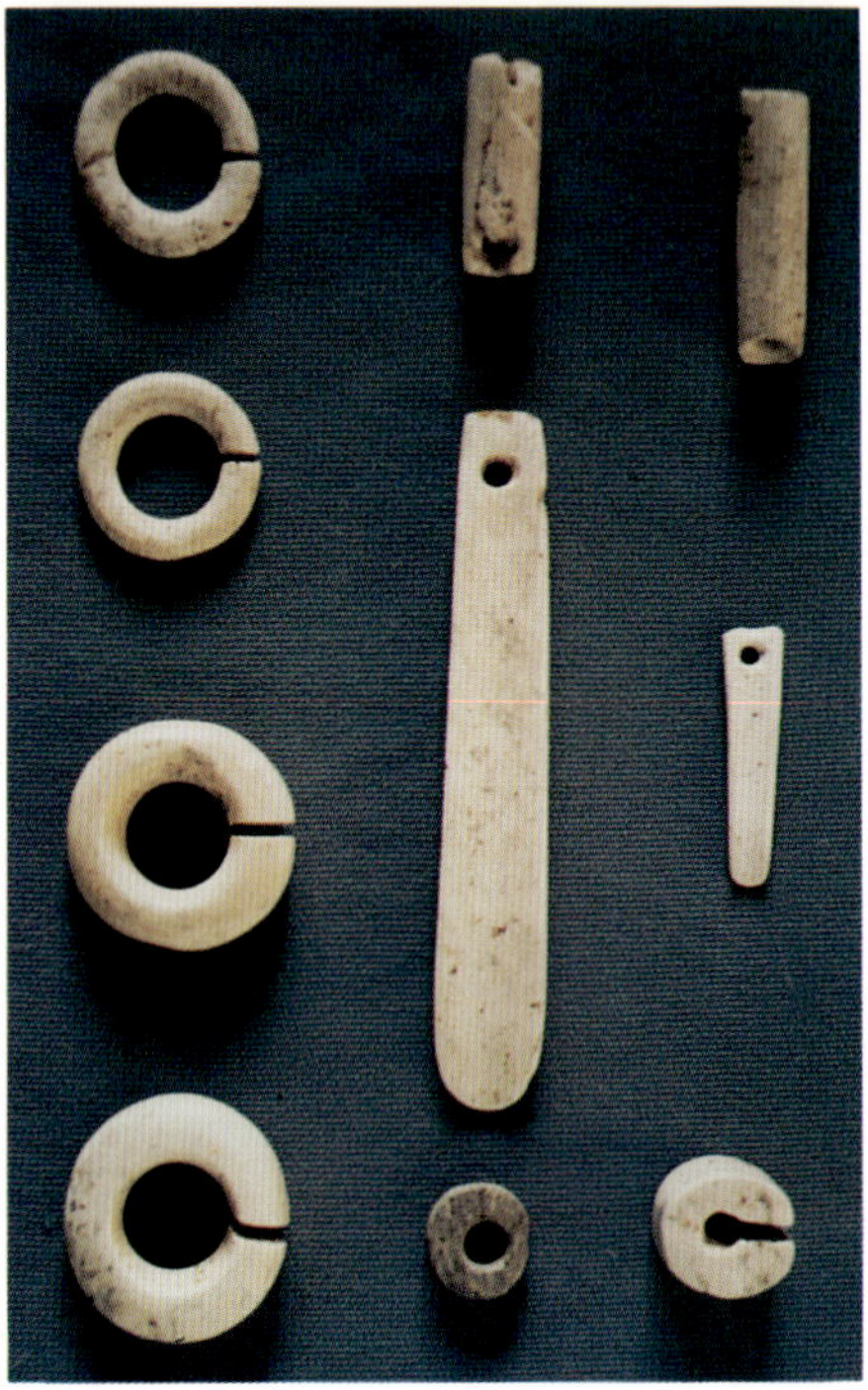

査海遺跡の装身具　中国遼寧省にある縄文時代早期末に相当する興隆和文化の遺跡から、古い形態の玦状耳飾（左列）をはじめ、肉厚の指貫形（右下）、管玉（上2点）、箆状垂飾（中央）が出土した。（撮影　郭大順）

桑野遺跡の装身具　福井県にあるこの遺跡は、縄文時代早期末から前期初の集団墓地で、ここから査海遺跡と同じような古い形態の装身具類が多数出土した。日本海を往来した渡来集団の墓地と考えられる。（撮影　木下哲夫）（提供　金津町教育委員会）

倉輪遺跡の装身具セット　黒潮本流を越えた八丈島の縄文中期初の遺跡から、「の」字状装身具をはじめ希少な装身具類が出土した。意外に豊かな孤島の遺跡の背景として、オオツタノハ製貝輪を生産した専業集団が浮かびあがる。（提供　八丈島歴史民俗資料館）

松原遺跡の装身具セット　倉輪遺跡の装身具類は個別の装身具とされていたが、その後、長野市松原遺跡からも類例が出土して、セットであることが確認された。（提供　長野県立歴史館）

押出遺跡の彩漆土器　遺跡が低湿地にあるために有機物質の保存が良好で、彩漆土器の出土も多い。縄文前期の当時、すでに完成された漆工芸の技術があった。（提供　山形県立うきたむ風土記の丘考古資料館）

虚空蔵遺跡（右）・今津遺跡（左）の三足土器　鬲に似た袋状をした三足土器は青森県の晩期中葉に出現する。古くから大陸古代文化の影響を指摘する声がある。（提供　青森県埋蔵文化財センター・早稲田大学考古学研究室）

青銅刀子と石刀　北海道から東北北部に分布する縄文晩期中葉の内反り石刀は、大陸から伝播した山形県三崎山発見の青銅刀子によく似ており、あたかも模したかのようである。（提供　東京国立博物館・北海道開拓記念館）

目次

まえがき

花綵列島とも呼ばれる日本列島は、日本海を湖盆のように抱きながらユーラシア大陸から太平洋に大きく張り出している。寒気厳しい大陸氷河が発達した氷期には、海面が著しく低下して海峡が閉じていたから、マンモスゾウやオオツノシカなどの大形動物が渡ってこられた。大陸側の旧石器人も獲物を追って北海道、九州の地に渡島した後、各地に散って行って、全国のいたるところに足跡を残している。

その旧石器人の後裔になる縄文人の動向となるとどうか。完新世になると、寒気が緩んで温暖化に転じると大陸氷河が融けて海水面が上昇し、日本海の北と南の大陸間の海峡が開いて対馬海流・リマン海流が流入するようになったから、それまでのような往来が困難となった。かくして日本列島の縄文文化は、その後の一万年という悠久な年代を孤立した自然環境に置かれ、大陸側の周辺民族とはほとんど没交渉となった。このため、火炎土器や亀ケ岡式土器に代表される個性的な縄文文化が、列島の各地に華ひらいたものと考えられている。

けれども、長く鎖国のような状態が続いた縄文時代の中にも大陸的な文化要素は垣間見られる。大阪府国府遺跡の人骨頭部に出土した縄文前期の玦状耳飾の命名は、古代中国の玉の一種「玦」に由来する。喜田貞吉先生は、亀ケ岡式土器の三足土器の背景に古代中国の鬲の影響を見出した。八幡一郎先生は、北海道・東北北部に分布する縄文早期から前期の擦切磨製石斧や後期の突瘤文土器を、北方ユーラシア大陸に祖源を求められた。柏倉亮吉先生は、山形県遊佐町三崎山で発見された青銅刀子を殷代のものとし、縄文後期にもたらされたものと考察された。閉ざされていた観のある縄文文化にも、わずかながら大陸側との間に交流はあったらしいのである。

そうした中、平成六年夏に、親しい仲間と酒田市在住の畏友梅本成視氏を訪ねた折に、私は氏が保管していた膨大な遺物類の中に〝刻文付有孔石斧〟を発見したのであった。訊ねると、羽黒町中川代遺跡から縄文中期の大木式土器と一緒に掘り出したという。この異形の石斧を、四五〇〇年前の大陸側との交流を物語る古代中国の玉斧であろうと直観した。縄文時代に渡来したまぎれもない証拠品が、青銅刀子と同じ庄内の地に残されていたのである。

この玉斧の性格は何か。古代中国の良渚文化では玉器の一つ「鉞」と呼ばれており、支配者が佩用するステータスと考察されている。するとこの「鉞」を携えて渡来した人物に想いをはせてみると、きっと祖国では高い位にあったが、政変か何か不慮の災禍により小集団で亡命を企てて日本海に漕ぎだし、命からがら庄内浜に辿りついたのであろう。遠く離れた異郷での暮らしはどうであったろうか。

ささやかながらでもこの亡命者の魂を鎮め、何らかの形で追悼して差しあげられないものか、この想いに駆られて縄文時代における渡来文化をテーマにした論集を構想したところ、中国の高名な研究者である安志敏・蔡鳳書・郭大順の三先生をはじめ、内外から多くの研究者が賛同され、ご寄稿くださった。

以来八年、この間、縄文時代における交易関連の研究は著しく進展した。いま時宜を得てようやく本書の刊行にこぎつけることができ、感慨無量のものがある。〝刻文付有孔石斧〟をとりまく刻文の意味や性格など、まだまだ疑問も残っているが、今後の研究により明らかにされてくることを期待したい。本書がそのための布石となることを祈念するとともに、関係された方がたに心からお礼申しあげます。

平成十四年八月二十日

浅川　利一

第一章　研究史

縄文時代の渡来文化の研究略史

安孫子　昭二

はじめに

縄文文化研究の礎が築かれたのが明治十年（一八七七）のE・S・モースによる大森貝塚の発掘調査とすると、これまでにおよそ一二五年が経過したことになる。この間の研究にはいくつかの画期が見られるが、その一つとして縄文土器の地域差、年代学上の単位を土器型式と呼び、日本全土の縄文土器型式による編年網を作ろうとした、昭和十年前後の山内清男等の業績が看過できない。この縄文土器の型式学的編年研究を通して、縄文文化の年代が弥生文化以前に位置づけられることがはっきりした。そして戦後まもなく、岩宿遺跡の発見により無土器文化（旧石器文化）の存在が明らかにされると、無土器文化の遺跡は全国各地から報じられるようになった。昭和三十年を境にしては、この無土器文化から縄文文化に移行する過程として、本格的に古い縄文草創期の土器・石器群が知られるようになった。昭和四十年以降になると、日本経済の高度成長により日本列島に未曾有の開発ブームが到来し、通年的な大規模発掘調査が全国で行われるようになった。緊急発掘調査の急増により、大規模な集落がまるごと調査されることもまれではなく、出土遺物も遺構も、質量とも従前とは比較にならないほどに拡大し、新たな発見が日常的に報道されるようになった。発掘は土木工事の一環であるとして重機類の使用が常態化し、高度な測量機器が駆使されて調査方法も一変した。遺跡を理解するための考古学調査の一環として、理科学分野の参加も必須となって、ひところまでの考古学はすっかり様変わりした。毎年、全国で刊行される発掘調査報告書は数知れずあり、研究者も咀嚼しきれないまま氾濫をきたしているのが現状といえる。

本書は、〝刻文付有孔石斧〟の再発見を契機として、縄文時代における大陸側との文物交流に着目して編まれたものである。ここでは上記したような縄文文化の研究の流れのなかから、大陸側との関わりについてどのように言及されてきたものかを概観するものである。

明治・大正年間の研究

石器時代の人びとはいつごろこの列島に現われたものか、そしてそれら先住の人びとと稲作を携えて渡来した弥生人との間にどのような邂逅あるいは抗争があり、そして解消されていったのか。現代の人間にも直接つながりのある人種のルーツ探しは、いつの時代も大きな関心事である。しかし、明治から大正年間を通して考古学の主流は、もっぱら日本列島の先住民を土俗学的に推測することにあって、必ずしも科学的な根拠によるものではなかった。「わが大御門の御祖先が始めてこの島に御到着なされたときには、国内にはすでに幾多の先住民がいたと伝えられます」。この一文は日本民俗学の泰斗柳田国男が、大正六年（一九一七）に、喜田貞吉博士の求めにより日本地理学会大会で講演した「山人考」の冒頭の語りである。ことほど左様に、明治から大正年間には、先史時代への関心事は先住民族としてのアイヌかコロボックルか、あるいは蝦夷、つちぐもといった未開で劣悪な部族を優秀な大和民族が駆逐して築き上げたという、およそ非科学的な天孫降臨思想が支配的であった。そこには明治の初期にE・S・モースをはじめジョン・ミルンや小シーボルトといったお雇い外国人が折角、芽出しさせた科学的な精神としての考古学も、坪井正五郎や鳥居龍蔵には引き継がれなかったのである。

坪井正五郎のコロボックル説と小金井良精のアイヌ説の対峙する中で、やがて坪井が異郷の地で客死するとアイヌ説が優位にたつ。これに対して清野謙次は、自ら積極的に各地の貝塚を発掘して人骨の収集に努めて計測し、「日本国には日本石器時代人種（縄文人）からなる一種独特の人種が生存した。そして其後においても時代が下るにつれて南洋から又大陸から、種々の人種が渡来して混血……又環境と生活状態の変化によりて、現代日本人になった」とする原日本人説を主張した（清野一九二五）。

「ミネルヴァ論争」の前夜

大陸文化との交流問題が具体的な資料をもって俎上に載せられるようになったのは、大正末・昭和の初めになってのことである。当時、東北帝国大学に在って常識考古学を自認していた日本歴史学の重鎮喜田貞吉は、柳田国男の求めに応じて『民族』（一—二）に「奥羽地方に於けるアイヌ族の大陸交通は既に先秦時代にあるか」（一九二五）を寄稿した。この論拠は、①わが国に産出しないとされる硬玉製玉が津軽地方の石器時代遺跡から採集されている、②津軽半島宇鉄遺跡から古代中国の刀貨に似た内反り石刀が出土した、③亀ケ岡発見の土器底部に四個の小さな足付き土器があるというもので、これらは、「石器時代既に東北方にアイヌ即ち毛民の國のあった事が事実にあるとすれば、而して其のアイヌが石器時代に於いて既に確に少なからず大陸の珠玉を有し、先秦の古刀剣に模したと思われる石刀と、足も先秦の銅器を模したと思われる土器とを傳えていたとしたならば、彼らが当時既に山丹地方に往来し、暫く其の存在が支那本土に知られて居たと解して置くも面白かろうと思う」というものである。

さらに喜田は新たな資料をもって、『民族』（二―二）に「奥羽北部の石器時代文化に於ける古代支那文化の影響に就いて」を寄稿、自説を補強する（喜田一九二七）。すなわち、①玉斧……この種の玉斧が佩玉の類として中国で使用されたのは、先秦時代から前漢のこと、②玦状耳飾……先年、河内国府の遺跡発掘の際に頭蓋骨の左右に伴ってそのい く組かが発見され、疑いもなく耳飾と証明された、③鬲状土器……青森県上北郡甲地村字蓼内から出土した小さな四ツ足の津軽式（亀ケ岡式）土器は、中国古代銅器の鬲を模したもの、④扁鐘型小土器（十腰内式に伴う鐸形土製品）……先秦時代の扁鐘に似る。その左右に鰭のついている所は銅鐸の意匠に似る、④四本のやや高い足を有する皿形土器は、アンダーソン「中華遠古の文化」所載の河南省仰韶発見の脚盆に似る、⑤青森県北津軽郡十三村願立寺蔵瑠璃製腕輪は、朝鮮慶州の瑞鳳塚のガラス製品腕輪に似る、というものであった。

東日本で石器時代が後世まで続いたと考えられた象徴的な理由の一つに是川遺跡（旧三戸郡是川村中居）の存在が挙げられる。津軽の亀ケ岡遺跡と並び称されるこの遺跡は、泉山岩次郎・斐次郎兄弟が大正年間から所有地を独力で発掘し続け、それまでにも大量の資料が蒐集されていた。昭和初年の発掘を見学した大里雄吉（一九二七）によれば、トチ・クルミ・ナラ等の果実からなる特殊泥炭層中から、亀ケ岡土器とともに多数の植物質遺物（朱または丹が塗彩された弓、木刀状木製品、木製容器、木製耳飾、腕輪、樹皮製品、籃胎漆器など）が出土した。この発掘を契機として、昭和三年（一九二八）に、大山史前学研究所が学術的に遺跡を解明するための発掘調査を行い、多大な成果をあげている（甲野一九三〇）。

この調査で有機質遺物を担当した杉山壽栄男は、「是等の遺物は石器時代の工芸水準からは到底製作し得ない様な優秀さを示している。石器、土器、骨角歯牙貝器等の硬質製品に現れた技工を観察するに馴れた吾々は同時代にこんな技術がありとは想像に難かった。更に有機質遺物に施された塗料工芸の多様性を一見した時には、他の製品に比較して恰も文化楷程の異なる工芸品とも考えられる」とし、「縄文文化の発達絶頂にあった頃、（西日本からの）新入文化との接触によって産れたものであって、重藤の弓、装飾太刀の如き又は轆轤応用はそれではないか。斯る推定が許されるならば、当然利器としても石器と共に金属器が併用されたとも考えられる」（杉山一九三〇）。

このような杉山壽栄男の見解は、喜田貞吉や濱田耕作等にも通じる当時の一般的な石器時代観で、このことは『ミネルヴァ』創刊号の座談会「日本石器時代文化の源流を語る」（一九三六）での若い江上波夫、後藤守一の発言にも知ることができるし、さらに精鋭の森本六爾、中谷治宇二郎もほぼ同じ所論であった。これに対して、山内清男をはじめ八幡一郎、甲野勇は、貝塚の層位的な発掘調査を基にした縄文土器の編年研究に取組んで相当の成果を得ていたから、縄文文化と弥生文化の違いを年代的な違いであることを確信していた。古豪喜田貞吉と新鋭山内清男ががっぷり四つに取組んだいわゆる「ミネルヴァ論争」（芹沢一九六〇）は、その意味でその後における石器時代観を転換する大きな画期になったのである。

中谷治宇二郎と山内清男の確執

中谷治宇二郎は山内清男と同じく明治三十五年（一九〇二）生まれの同年輩でありながら、中谷の東大理学部人類学科選科入学は山内の卒業と入れ違いで、席を同じくすることはなかった。この天才肌の二人の研究は周囲から極めて高く評価されながら研究方法が対照的で相いれることはなく、中谷の夭折で幕を閉じることになった。

中谷は、杉山壽栄男が編纂した『日本原始工芸』（杉山一九二八）に協力しながら、自身も『日本石器時代提要』（中谷一九二九）で旧来の所論を認めている。『注口土器ノ分類ト其ノ地理的分布』（中谷一九二七）は、注口土器を様式という観点で分類し、統計処理を導入するなど旧来にない研究方法が高く評価されて、異例の「人類学教室研究報告四」として刊行されたものであった。ところが縄文土器型式の変遷をすでに見通していた山内は、中谷の方法論に対して手厳しいしかし正鵠を射た書評をもって指弾した（山内一九二九）。

このことが一因となってか、中谷はヨーロッパの先史学に活路を見出すべく、先に留学していた兄宇吉郎を頼りにフランス留学を果たす。語学に豊かな才能を発揮した中谷は、パリで日本考古学の現状を矢継ぎ早やに発表する。親友森本六爾の主宰する『考古学』（五－四）に寄稿した「日本石器時代に於ける大陸文化の影響」（中谷一九三四）も、パリ人類学会で発表した論文の邦訳ではあるが、これは『日本石器時代提要』の遺物各論に分布図を添えて解説したものでもある。新石器末期に金石を併用する外国起源の金属文化の伝播のあったことが認められるとし、「青銅器の分布と青銅器と同一伝統を有する石器の分布を学ぶ事によって、新文化伝播の速度とその形状を学ぶ」であろうとし、下記の五形態に類別している。

第一　金属器を正確に石材に模した形式の遺物〔例　磨製石鏃、石製短剣〕。

第二　新しい遺物の中にも古い文化にも何の共通点も持たない新しい形式の遺物〔例　有角石斧、青龍刀石斧、子持勾玉〕。

第三　古い伝統の形式に並んで新しい形式の遺物が伝来されたもの〔例　片刃石斧、有溝石斧、有孔石斧、磨製石庖丁〕。

第四　新しい材料が招来されて入ったもの〔例　玉石器〕。

第五　新しい遺物が従来のものの位置に取り代わったもの〔例　玦状耳飾〕。

中谷は、青銅器文化は中国から紀元前一世紀頃にまず西部日本に伝来し、紀元後二、三世紀まで第一青銅圏（瀬戸内地方）に流布し、漸次、関東から東北北部へと新文化が浸透し、紀元後六、七世紀には石器時代は鉄器文化へと移行したという。それら遺物ごとの分布と西から東へと暫時波及する分布範囲を付図にしているから、一見は具体的で科学的な論文のようではある。しかし、資料の蓄積とともに研究が深化した現状に照らすと年代的にも地域的にも混乱しており、首肯できるものではない。つまり山内清男、八幡一郎、甲野勇が「地に即せるフンドとしての遺物を第一義的研究資料とする」のに対して、中谷の方は「摘出せる個々遺物を通じてフンドに還らんとする」（八幡一九二八）研究方法で、根本的に背反した立場にあった。確かに兄宇吉郎や寺田寅彦の物理学的な手法を採り入れた斬新な研究ではあったが、なにぶん石器時代および金石併用時代の文化の枠組みがまだはっきりしない時勢に、多種多様ある年代差や地域相の違いもある遺物を、単身で収集し分析すること自体、土台、困難というべきであった。中谷には唯一若い今井富士雄が補佐したものの、旧来の考えに立つ杉山壽栄男や森本六爾等との交誼を引きずっていた関係もあり、山内の地道ながら着実に研究を積み上げていく方法に追随することに抵抗があったろう。

ともあれ、喜田が東北・北海道の先住民族が山丹貿易により大陸側と交渉を持ったとしたのに対して、中谷は中国、大陸から西部日本への渡来文化を考えたのであった。これに対して山内は、「若し文化的交渉があって文物が入って来るとすれば、同時代のものは大體同時代に入ってくる。……大陸からの影響は単にありそうなものを想像的なもので、又中間地帯の所見を欠いていると思う。残念ながら賛成できない」（山内一九三二）という。「大陸の相当した時代の文化が十分研究されていないから、それがため交渉が明らかにならないことも考慮する必要がある」ものの、農業の痕跡のない縄文土器の文化と大陸との著明な交渉を持ち、農業の一般化した弥生式の文化を弁別する考えである。もっとも、「土器製作は最も古い時代に大陸から伝来したであろう」（山内一九三二）と、最古の形式が大陸の土器と系統的関連を持つであろうことを予測しながらも、現段階ではまだ起源問題に迫り得ないと慎重である。換言すると、「縄紋文化の系統的理解は文化要素の単なる羅列によって得られるものではなく、土器型式の細別を基礎とする縄紋土器の地域的、年代的編成、すなわち編年を基準にして求めるべきもの」（佐藤一九七四）というのが、山内の研究姿勢であった。

縄文土器の編年大綱を通して縄文文化の真相を探ろうとするような長期的な展望に立った研究テーマは、性急に成果を求めようとした中谷治宇二郎には、この時分にはまだ不向きなテーマだったのに違いない。

八幡一郎と硬玉の原産地

昭和十三年（一九三八）、八幡一郎の「先史時代の交易」が発表された。八幡は、交易の基礎を成すものは、特定の原産地から自然物資がいかに流通したかを吟味することであるとし、欧米の先史学における交易および交通の研究の実情を紹介するとともに、これに関連する日本の事例を取り上げ、交易の研究が先史時代の経済と社会、文化を知る上での重要な指針となることを、初めて系統立てて示した。この指針は考古学研究の本筋であり、いまに受け継がれている。

すなわち、フリント、黒曜石と瀝青石と讃岐石、硬玉と軟玉、琥珀と土瀝青（アスファルト）、貝殻、銅と錫と青銅器、それに水銀朱等の原産地と原材料・製品の分布状況を詳細に論じ、「近隣交易」と「遠路流通」の二つの型に分類した。ここで言う「近隣交易」は半径五〇里内外の物々交換の程度による主に縄文式文化期に行われた交易圏であり、黒曜石、瀝青石、讃岐石、琥珀、土瀝青等の物資である。「遠路流通」のほうは、ほとんど全国にまたがる交易圏にある硬玉や貝殻、銅、錫、青銅器、水銀朱等の物資である。後者は比較的特殊な物資で、一括埋蔵品（ホアーズ）の存在から、念頭に大陸から物資の将来を担った専門的な交易業者の出現が想像されるとしており、主に弥生式文化期を対象と考えた。この交易態様の違いは、両文化の経済機構の違いにもよるとしながら、そこに系統的、段階的、質的な違いを見ようとしている。

「遠路流通」物資の対象とされた硬玉や貝殻の一部、さらに水銀朱もいまや縄文文化期に認められており、戦前の研究段階とは隔世の感がある。その研究の基礎を築き推進したのは八幡である。その八幡がとりわけ深い関心を寄せたものに硬玉の問題がある。

「わが日本の先史時代にも玉製の装身具、斧頭が少なからずあった。しかるに国内には玉の産地が見当たらぬところから、早くより神保小虎、蒔田鎗次郎らの諸氏によって、これが国外から舶載されたものであろうと説かれ、先史時代当時に大規模な交通、交易の行われたことが考慮されておった」（八幡一九三八）。また、学界に君臨して京都帝国大学総長にまで上りつめた濱田耕作も「今日の知識に於いて我々は、此の両原料（硬玉・軟玉）は之を直接若くは間接に、支那新疆、緬甸（ビルマ）、西蔵（チベット）等から仰いだものとする外はない」（濱田一九二八）としていた背景もあったから、八幡も「私見をもってすれば、その原料あるいは製品は縄文式文化の中期頃には、大陸の原産地からわが国土内に将来されて流布し、やがて大陸からの補給が止むにおよんで、漸次大形品を崩して小形品に分用した」とせざるを得なかったのであろう。

それというのも八幡には、大正十二年（一九二三）に、糸魚川河口近くの長者ケ原遺跡から〝白くてきめのこまかい礫に点々と草緑色の斑点ある〟硬玉（？）をすでに採集していたが、鑑定を仰いだ東京大学の岩石学者からは石英岩の一種と裁定された経緯もあった。この時点で硬玉と認定されていたならば、日本の先史時代観も違った方向に進んだことであろう。

その硬玉の原産地が新潟県糸魚川市姫川の支流小滝川と確認されたのは、昭和十四年（一九三九）のことであるが、この報が考古学界にもたらされたのはさらにその二年後であった（島田貞彦「日本発見の硬玉について」一九四一）。この間にも八幡は、「硬玉製大珠の問題」（一九四〇）、「硬玉の鉱脈」（一九四一）等で執念を燃やしており、飛騨・越中・越後・信濃に硬玉製品が多い分布状況を踏まえて、硬玉の原産地を奥飛騨もしくは姫川渓谷に追い詰めていた。

なお、日本が太平洋戦争に突入したことから、考古学研究も長い停滞を余儀なくされ、硬玉の採取から加工、さらに交易にいたる一連の問題を究明する調査も途絶した。八幡が採取した長者ケ原遺跡が硬玉製品を加工する集落であると明らかにされたのは、ようやく昭和二十九年（一九五四）以降のことである。その後、一九五一年に小滝川の西側青海川渓谷からも硬玉産出地が発見され、小滝川と青海川を併せて糸魚川産と呼んでいる。

硬玉の産出地もいまでは北海道から九州まで全国に七カ所ほどが確認されており、北は北海道礼文島船泊遺跡（縄文後期）から南は鹿児島県種子島現和巣遺跡（縄文後期）、さらには沖縄島からも硬玉製品の出土が報じられている。藁科哲男の蛍光X線分析によれば、これら硬玉製品はいずれも糸魚川産としてよいという。南海産の貝製品の北上と加曽利B式土器の南下状況を見ると、特に縄文後期には北陸の地を中心にして海上交易が広域に行われていたらしい。糸魚川産の硬玉製大珠は、それら交易品の最たるものだったといえよう。

八幡一郎の縄文文化における大陸的様相観

戦前、八幡一郎は、北海道から東北地方北半の縄文文化の中に、突瘤文土器をはじめ大陸の文化的要素を少なからず見出している。北海道の縄文式土器の研究は杉山壽栄男、河野広道、後藤寿一等により進められて内容が明らかにされつつあった。内地には見られない北海道に特有の突瘤装飾の要素を注視した八幡は、「北海道と大陸―主としてシベリア―との関係は時期によっては、われわれが想像する以上に緊密」だったとして、「突瘤土器」と命名、内外の資料を精力的に収集した。突瘤には、「外側から突いて内側に瘤を作る土器」と「内側から突いて外側に瘤を作る土器」の双方の手法があるが、後者を本格的な突瘤土器と呼び、さらに施文と文様を子細に観察しながら、樺太からシベリアの事例にも目を馳せる。そして、この施文手法がヨーロッパ・アジアの北方大陸に広く分布する櫛目文土器との関係で発生したとし、大陸文化との関連性の研究を進める意向を示した（八幡一九三六・一九三八）。

いま、後期後半突瘤土器は、一部下北半島の先端まで到達している。この時期の東北地方にはコブ付土器（新地）様式が、関東地方には安行土器様式が分布する。いずれも文様の要所に粘土瘤を貼付して装飾効果をあげている。山内清男の「こぶつき」土器命名の背景には、「つきこぶ」土器を意識してのことであった。「こぶつき」装飾が「つきこぶ」装飾の影響下に出現したことを読み取ってひっくり返したもので、ユーモアと毒舌に長じた山内ならではであった。

さらに八幡は、北海道住吉町遺跡の貝殻文土器に伴う小形の打製石器の器種および擦切磨製石斧の存在に注視し、それらがシベリア方面と親縁関係にあるとした。さらに土器に施される縄文の施文技法と胎土に繊維を混入する手法が北に行くほど年代が遡りまた盛行していることから、この系譜はシベリアないし北満に求められるものであろうと考えた。後年、八幡の著作集を編集した加藤普平は、八幡が予測した通り、廻転縄文、絡条体圧痕文の土器、繊維混入土器が東シベリア・極東に発見されたことから、「日本列島における縄文土器とこれらの関係についての解明は、先生から私たちに課せられた問題」（加藤一九八〇）と結んでいる。

北海道の巨石記念物をめぐって

昭和十六年（一九四一）十二月に開戦した太平洋戦争は、昭和二十年（一九四五）八月の敗戦で終結する。この間、交易関連の研究成果はほとんど見られない。戦争による影響が大きかったことから、「太平洋戦争中の考古学の沈滞した数年」（斎藤一九七四）とも呼ばれている。これに対して坂詰秀一は、一五年戦争、とりわけ太平洋戦争と日本考古学との関わりではこの「沈滞した数年」は確かに学問的に華々しい成果が上げられたとはいえないだろうが、それ相応の活動はなされていたとし、特に「内地」だけでなく「外地」の考古学的調査という視点から、『太平洋戦争と考古学』（坂詰一九九七）を克明に掘り下げている。この戦争をはさんでは、弥生時代の原始農耕集落の全貌が明らかにされた静岡市登呂遺跡の発掘、相沢忠洋のローム層中からの旧石器発見を契機とする群馬県岩宿遺跡の発掘、それに秋田県大湯環状列石の調査が特筆されようが、ここでは大湯環状列石と並んで北海道の各地で発見された巨石記念物を取り上げてみよう。

北海道の巨石記念物は、早く明治の中頃に忍路三笠山の環状石籬が知られており、N・G・マンロー、鳥居龍蔵、河野常吉、大山柏、水野清一といった研究者がこれを紹介したが、正式な調査が行われないできたため、年代も性格もはっきりしないままにあった。

駒井和愛は、中華民国側の北京大学考古学会と日本側の東亜考古学会の間で結成された東方考古学協会における日中両国間の日本側の第一回交換留学生として、昭和三年（一九二八）四月から翌年六月まで北京に派遣された。この間に中国の東北や朝鮮の各地でドルメンを踏査、ホロンバイルのハイラル南方の巨石記念物の発掘では人骨を見出して、墳墓であることを確かめていた。駒井にはこうした経験を下地にして、小樽市地鎮山・余市町西崎山・狩太町北栄・空知郡音江などの北海道の巨石記念物を古代アイヌの墳墓であろうと想像、この種の遺跡を調査してこのことを証明しようと目論んだ。念頭には、福岡県石崎の弥生時代支石墓（ドルメン）は朝鮮方面から、北海道忍路などのクロムレック（ストーンサークル）はシベリア方面から伝わったものとの考えがあった（駒井一九五〇）。『大湯町環状列石』（一九五三）で、駒井は「北海道における類似の遺跡」を執筆担当しているが、「欧州新石器時代の墓制であるストーン・サークル、環状列石墓なども遙か東方のわが日本の北海道から東北地方にまでその影響を及ぼしたものと認めざるを得ない」と、さらに踏み込んだ見解を示したが、『音江』（一九五九）では、「我が北海道の環状列石の祖型を何処に求むるべきかも、将来の課題」とやや慎重な姿勢に変わっている。

北海道の各地に見られるストーン・サークル、環状列石墓の類には石こそ伴わないけれども、大規模な「環状土籬」もあって、それらは葬制に関わる縄文後期前葉から晩期前葉にいたる遺構の変遷形態と考えられる。矢吹俊男によれば、環状列石→配石・環状土籬→環状溝墓（周溝墓）→積石墓→盛土墓という変遷形態であり、当初の形態は東北地方の側からの影響で形成されたようで、その後ピークを迎えようとするとき、北海道で独自に発達したとの観測である

（矢吹一九八八）。本州では環状列石は中期中頃に出現するから、北海道のこの種の石造遺構もこの系統をひく可能性もあり、大陸側との関わりは依然としてはっきりしない。

芹沢長介の「縄文文化」観

昭和三十年代に入ると、戦後に復興した日本の考古学がそれまでの研究を総括する河出書房版『日本考古学講座』（全七巻）が刊行される。ここでは各時代の研究状況だけでなく、戦後の民主主義を反映して、第一巻「考古学の研究法」、第二巻「考古学研究の歴史と現状」が編まれている。第三巻「縄文文化」には戦後に存在が明らかになった「縄文文化以前の石器文化」が設けられて、編集担当の杉原荘介が執筆している。本論の「縄文文化」の概要は芹沢長介が執筆している。この中から交易に関連する内容を抽出してみると、一九五五年頃の清新な研究状況がうかがえる。

①北海道北半の縄文早期浦幌式土器には、北海道南半から東北地方に分布する沈線文・貝殻文土器文化の石器組成とは異質の、石刃鏃・ブレイドコア・グレーヴァーが伴うらしい。このような異質な文化は九州の捺型文土器文化と曾畑式土器文化の間にもいえるであろう。

②無土器文化の人びとが土器を発明したのでない限り、土器を持つ新しい人びとが日本列島に舟をもって渡って来たとしなければならない。早期初頭の土器群のそれぞれの母なる土地はどこであったか。これは隣接する諸外地の調査が、日本と同等以上に進んでいなければどうにもならない問題であろう。

③各時期の特徴の中で、特に後期加曽利B式土器に特徴的な「磨消縄文」は、関東を中心にして東北から北海道北端の礼文島の野幌式にも分布が見られ、西日本でも関西から九州の一円にはヘナタリのような巻貝をころがした

疑似縄文ともいうべき文様があるが、縄文手法も用いられており、薩南諸島の種子島にまで達している。この事実は、縄文文化の展開および成立についての、具体的な資料として少なからぬ意味を含んでいる（先述した硬玉製大珠の交易分布に重なることが注目される）。

④北海道から東北地方の後期後半および関東地方の安行式土器には、磨消縄文帯と瘤状の隆起をとりつける傾向がある。またちょうどこの前後の時期、北海道北半には、磨消縄文のある土器に伴って突瘤手法の土器が分布する。突瘤文と内地の瘤状突起とが、ほとんど時期を等しくしている事実は興味深いものがある。

⑤北海道北半は亀ケ岡文化の外側にあるが、前北式に混じって亀ケ岡式土器が出土する。

⑥北海道斜里町朱円・栗沢台地および静内町御殿山において、縄文後期後半から晩期初頭の墳墓群が調査された。壙底には例外なくベンガラが敷かれていた。一般には土葬であるが、まれに火葬が見られ、火葬人骨に付着してアッシ様織物の焼けた断片が検出された。副葬品には、土器のほかに土製の鈴・土版・円形紡錘車形土製品・漆器断片・両頭石棒・磨製石斧・石匙・石鏃・玉類・ドングリの炭化物などがあった。これらのことから、アッシ様織物断片が確実なものとすれば、内地の縄文文化に織物の痕跡が認められぬ以上は、当然外地との交流が予想されねばならない。織物が輸入されるとすれば、それに伴って栽培植物の技術も伝来の機会を持つわけである。

縄文文化の遡源を求めて

昭和三十年代前半には河出書房の『日本考古学講座』をはじめ芹沢長介『石器時代の日本』、江坂輝彌『考古学ノート2縄文文化』、八幡一郎編『世界考古学大系1日本1』などが堰を切ったように刊行された。縄文時代の研究を推進してきた立役者の山内清男は、この間それほど表立っては見えなかったが、カリスマ性をもって君臨していた。山内は、昭和三十年を境にして新たに発見されてきた本格的に古い縄文土器に、並々ならぬ関心を寄せていた。それは昭和三十一・三十二年の新潟県本の木遺跡の調査で大量に出土した石槍と押圧縄紋土器（先に山形県日向洞窟からも出土していた）の共伴の是非をめぐる山内と芹沢の見解の対立、三十三年の日向洞窟・新潟県小瀬ケ沢洞窟の調査を皮切りにした、草創期の設定にうかがい知ることができる。草創期の土器や石器（局部磨製石斧・断面三角形鑽・植刃・有舌尖頭器・有溝砥石など）の出現は、縄文文化研究の上でも、また大陸からの渡来文物の問題でも新たなる研究の転機となった。

山内清男は早く「日本遠古の文化」（山内一九三二）で、「縄紋土器は日本内地に長く存続していて、その間大陸とは孤立して独自の文物を発達せしめた。しかし、土器、石鏃、磨製石斧等新石器時代通有の特徴は、内地で発明されたものでなく、大陸のいづれかの地から伝えられたのであろう。縄紋土器の古い時期に大陸の文物が流入している時期があるだろうと予想」した。それがため「縄紋土器の由来を知るには、先ず最も古い縄紋土器を決定することが必要」でもあった。この時点で最も古い縄文土器として、アカガイ類の貝殻の縁で施文された函館市住吉町遺跡の尖底土器（関東では三戸式および田戸式等）を挙げているが、「折角古式と認めた土器が、これまでの如く、次ぎ次ぎ新発見の型式にお株を譲ることになるかもしれない。強いて縄紋式の底が見えたとは云い切れない」と慎重であった。

果たして、その後、八幡一郎が注意した押型文土器が最古型式に加わり、また昭和十四年には関東ローム層に食い込んで出土した東京都板橋区稲荷台遺跡の撚糸文系土器（稲荷台式）が発見された（白崎一九四一）。翌十五年には杉並区井草遺跡からも口縁部が肥厚する撚糸文系土器（井草式）が発見された。江坂輝彌は、縄文文化のはじまりのとき、関東以西を分布圏とする回転押型文土器と関東以東に分布する貝殻沈線文系土器の南北二系統あるとし、前者はシベリア方面から、後者は南方系統文化が伊豆諸島伝いに北上して展開したことを論じた（江坂一九四三・四四）。

撚糸文土器でも簡素な施文の稲荷台式は井草式よりも古く、簡素な施文が複雑な施文に変化するものと考えられていたが、神奈川県夏島貝塚（杉原・芹沢一九五七）および大丸遺跡（芹沢一九五七）の層位的な調査成果により、逆転することが明らかにされたりした。

こうした情勢の中で、昭和三十二年に、芹沢長介・中山淳子による新潟県津南町本の木遺跡が発掘され、縄文押圧施文の土器一個体が石槍二〇〇点等とともに出土した。無土器文化終末期の石槍を出す（ポイント）遺跡の調査を目的とした芹沢は、生活面である礫層上のものが何らかの営力で押し上げられて再堆積したものであり、共伴とは考えなかった（芹沢一九五七）。

先に山形県日向洞窟からもこの縄紋原体を押圧した土器が出ていることに注視していた山内は、翌三三年に同遺跡の第二次調査を行い、石槍一〇〇〇点以上とノッチドスクレイパー等とともにやはり縄文押圧施文の土器の出土を見た。山内はこの土器と石槍の出土の仕方を共伴と見て強調したことから、「この発掘は芹沢氏の無土器時代説と、山内の縄紋土器時代製作所説とに分裂」（山内一九六二）したことから「本の木論争」（岡本一九七九）と呼ばれるようになった。さらに、この発掘を参観していた長岡科学博物館の中村孝三郎は、最古の縄文遺跡である小瀬ケ沢洞窟（昭和三十三・三十四年）および室谷洞窟（昭和三十五〜三十七年）を発見、調査した。これらの成果から草創期が設定されていったのである。

芹沢長介は鎌木義昌とともに昭和三十五年から三十七年にかけて長崎県福井洞穴を調査し、ここで①半円錐形細石刃核・細石刃（第四層）、②舟底形細石刃核・細石刃・隆起線文土器（第三層）、③舟底形細石刃核・細石刃・爪形文土器（第二層）、④押型文土器・石鏃という、無土器文化の終末から縄文土器のはじまりの推移過程を層位的に把握することに成功する（鎌木・芹沢一九六五）。同じ頃、愛媛県上黒岩洞窟の調査でも隆起線文土器と有舌尖頭器および線刻画のある小円礫が発掘されて大きな話題になったり、長野県柳又B地点遺跡でも隆起線文土器と有舌尖頭器（柳又ポイント）の組合わせが確認された。

こうした時宜を得た昭和三十七年秋、小林達雄は、国学院大学考古学会による若木祭の「無土器文化から縄文文化の確立まで」の展示解説でいち早く縄文早期の五期編年案を発表しており、その編年案がその後の指針とされた。そのⅠ期は隆線文土器で、隆起線文（細石刃）→細隆起線文（有舌尖頭器）→微隆起線文、Ⅱ期は押圧施文土器で、爪形文（長脚鏃）→押圧縄文（石槍）、Ⅲ期は回転施文土器で縄文・羽状縄文の平底〔室谷Ⅰ群〕、Ⅳ期は関東の撚糸文系土器（縄文・撚糸文の尖底と丸底＝室谷Ⅱ群）、Ⅴ期は押型文土器の段階、というものである（小林一九六二）。

山内が、早期の型式数が多くなったことから早期を二分しその前半部分を草創期としたのは、ちょうどその直後である（山内一九六二）。山内が撚糸文系土器までを草創期としたのに対して、小林は本格的に古い縄文土器の発見史を重視し、撚糸文土器の中間段階には押型文土器が出現して並行するから室谷Ⅰ群（多縄文系土器）までとするべきという（小林一九八六）。この二説は依然として整合しないまま今日に至っている。

なお山内が草創期を設定した当時の研究者の反応は一様ではなく、鎌木義昌編『日本の考古学２縄文時代』（一九六五）に草創期は採用されることなく早期の範疇に止め置かれた。隆線文土器や押圧縄文系土器も、撚糸文系土器の地域色ではないかと疑う研究者勢力のほうが強く作用したらしい。それはともかく、山内は、本の木遺跡の押圧縄紋土器の前に爪形文系土器や隆線文系土器が存在するらしいという情勢を踏まえ、「土器は地方的な変化を持ちやすく、石器ほど用途に則した形を保ちえない。土器では、同様な遡源の可能性はあるいはないのかもしれない」と、土器への執着がやや後退したぶん、円鑿形石斧をはじめ植刃、断面三角形の錐、半月形石器、矢柄研磨器といった渡来石器へと傾いていく（山内一九六二）。この論文（「縄紋土器の古さ」）は共同執筆者の佐藤達夫が、その夏の青森県長者久保遺跡の発掘した一部を磨製した円鑿の存在が動機となり、日頃から懐疑視していたC14測定年代による縄文年代の古さ（一九五九年に発表された夏島貝塚の年代＝九二四〇±五〇〇年BP）への警鐘として、本来の考古学的方法による年代推定の正当性を問う目的で執筆されたようである。長者久保遺跡からは円鑿形石斧とともに石槍、彫器、削器、円形削器、側削器などが出土しており、昭和三十三年に藤沢宗平・林茂樹が長野県神子柴遺跡で発掘した無土器文化終末の石器群に共通することに着目した。山内・佐藤はこの特異な円鑿形石斧の一群を、A・P・オクラドニコフによるバイカル湖周辺の新石器文化編年のイサコヴォ期に対比した。すなわち「バイカルでは円鑿は細石器の盛行するキナ期の後、イサコヴォ期に現れている。そして同期以後、セロヴォ、キトイ期に続く系統的な文化の発達があとづけられている」というものであった。この編年を基に山内は、縄文文化のはじまりを紀元前三〇〇〇年（後に紀元前二五〇〇年に変更）と推測した。

これに対して芹沢は、「イサコヴォ文化と神子柴遺跡のあいだには一脈の類似点はあるけれども、それよりもなお大きな相異が存する―イサコヴォが日本につたえられる途中で、土器、細石器、石鏃などの最も重要な要素が脱落してしまった」ことを反論材料にした。また、福井洞穴の細石刃や上黒岩岩陰遺跡の有舌尖頭器に伴う隆線文土器の年代については、「大陸の旧石器時代終末期もしくは中石器時代に対比されてよい。実年代は大ざっぱにみて前三〇〇〇年ごろとかんがえて大過ないであろう」と予測した（芹沢一九六五）。ところが福井洞穴第三層のC14年代値は一万二七〇〇±五〇〇年、上黒岩岩陰遺跡の最下層は同じく一万二一六五年±六〇〇年という、予想をはるかに超えた古い年代が提示されたことから、山内の型式学的な対比による考古学的方法による短期編年観とC14年代測定値を有効とする芹沢の長期編年観の年代差はいっそう開くこととなった。

また加藤晋平は、オクラドニコフのバイカル新石器編年自体が、「時間的な前後を決定づける層位関係のない埋葬墓の出土品を土台にして、型式学的な方法で理論的に組み立てられたものであって、放射性炭素の年代によれば、キトイ文化期が紀元前六〇〇〇年紀、イサコヴォ期が紀元前五〇〇〇年紀、セロヴォ期が紀元前四〇〇〇年紀初頭から後半、グラースコヴォ期が紀元前四〇〇〇終了から紀元前三〇〇〇年紀終末とされる」とひっくり返ったことと、「シベリアでも、このキトイ文化期よりもさらに遡る土器群が発見され」てきたことから、山内説は型式学的にも年代的にも破綻をきたしていることに言及している（加藤一九八八）。

話が前後したが、山内の共同研究者であった佐藤達夫は、山内の当初の意志を継承するかのように頑に最古の縄紋土器を大陸に求め、小瀬ケ沢洞窟の「櫛目文土器・窩文土器」などをウラジオストク付近のザイサノフカⅠ遺跡の窩文土器に対比される最古の土器とし、沿海州か咸鏡北道から日本海を直接伝来した可能性を強調した（佐藤一九七一）。佐藤は、福井洞穴の層位的に得られた成果を否定するとともに、小瀬ケ沢洞窟の「篦文土器」は室谷下層式の口縁に段がつく特徴的な形態に共通するとの小林達雄の言にも耳を傾けることなく、独自の型式論を展開した。

その小瀬ケ沢洞窟の草創期資料が、平成五年（一九九三）秋の新潟大学における日本考古学協会新潟大会のシンポジウム「環日本海における土器出現期の様相」で、多角的な視野から再検証された。山内が断面三角形の錐と指摘した石器には、錐に特有の回転使用痕が認められず、破損の仕方からもやはり刺突具の用途である〝棒状尖頭器〟（中村一九七八）が相応しいと再認識された。また、佐藤達夫が最古に位置づけようとした〝窩文土器〟の施文の正体が、丑野毅の「レプリカ法による観察」により、縄の先端を垂直に押圧したもの（小林一九七七）で、小林の室谷第一群に共通するとした見解が裏付けられた（小野・鈴木一九九四）。

長者久保・神子柴の両遺跡からは土器が出土しなかったが、旧石器文化から縄文文化への推移を考える上で、長者久保・神子柴系石器群に土器が伴うか否かが論議されていた。それが昭和五十年になって青森県大平山元Ⅰ遺跡と茨城県後野遺跡で無文土器を伴ったことが報じられ、さらに昭和五十二年には神奈川県寺尾遺跡でも段状の口縁部に刺突状の列点ある土器（体部無文）が発見された。そして同県月見野上野遺跡で隆起線文系土器の一群の下層から、長者久保・神子柴系石器群に舟底形細石刃核・細石刃と土器が共伴することが層位的に明らかにされた（相田・小池一九八六）。

そして、平成十年（一九九八）に再び調査された青森県大平山元Ⅰ遺跡で長者久保石器群のブロックから無文土器が出土し、この土器に付着していた微量の炭素が、タンデトロン加速質量分析システム（ＡＭＳ）を用いた高精度Ｃ14年代測定により、暦年に較正されて一万六二〇〇～一万六五〇〇年前という年代値が与えられた。ここにいたり約一万二〇〇〇年～一万三〇〇〇年前とされてきた縄文土器のはじまりの年代がさらに二〇〇〇年遡ることになった。Ｃ14測定年代は、先進地域とされる大陸側の土器の出現年代と整合することなくアジアの孤児になりはしまいかという、山内のかつての懸念が想起される。しかしいまや、シベリアや沿海州でもこれに匹敵するような年代値が測定された土器文化の発見があいついでおり、「日本列島の遺跡で出土した土器ないし石器群とアムール河流域など大陸側のそれとが直接同定されることが、近い将来出てくることが十分に予測される」（谷口一九九九）趨勢にある。

なお、日本における最初の土器がいつごろどの地域でどのような目的で出現したものかは、永遠の課題でもある。日本において自生したという説あるいは大陸側からの渡来説など、研究者間にはいくつかの説がある。この中で比較環境考古学の安田喜憲の説に耳を傾けてみよう。安田によれば、一万二〇〇〇年～一万三〇〇〇年前を境に寒冷気候が緩んで大陸氷河が溶け、海水面が上昇したことにより、それまで大陸を挟んで大きな潟湖を呈していた日本海に対馬暖流が流入した。このことが引き金となって今日のような日本海側の冬季の多降雪気候の変動を招いたという。北緯四〇度以南では、それまでの寒冷で乾燥した大陸的なトウヒ属・ツガ属・モミ属などの針葉樹林帯が、多雪地帯に特有のブナ属の落葉広葉樹林帯に変わったという。最古の土器が日本列島に出現したのは、このような環境の変化に即応したときであり、森の多い多雪の環境に適応できる川や湖での漁労の技術と、木の実などの森の資源を利用する技術を持った、楔形の細石刃を持った人びとが大陸側からやってきた。彼らは最古の土器づくりの技術を持ちあわせていたのであろう、というものである（『世界史のなかの縄文文化』一九八七）。

玦状耳飾・玉斧・青銅製刀子に関する研究

本書のテーマにおいて柱となるのは標記三種の遺物であり、これらの遺物については所収論文の中に詳しく研究史が触れられているので、ここではごく概括だけをまとめておく。

玦状耳飾の玦とは、「殷周の佩玉で、系璧のごとく小で、一方に欠するところがあるもの……」（水野一九五九）に由来して命名されていたものの、耳飾であるかは不明であった。それが、大正六年（一九一七）から七年に調査された大阪府国府遺跡の縄文前期の埋葬人骨の頭蓋骨の左右の耳部から検出され、耳飾であることが明らかとなった。しかし、これら玉器はいずれも中国からの渡来と考えられた。樋口清之は、「玦状耳飾考」（一九三三）で全国の玦状耳飾を集成してA～Fの六形態に分類するとともに変遷を論じている。この変遷観はともかく、樋口の形態分類の基本はいまに受け継がれている。その後長い空白があったが、江坂輝彌は、縄文土器との共伴事例の増加をもとに前期初頭に肉厚で断面が円形の形態が出現し、前期後半に断面が肉薄となり、中期になると平面形が円盤状にならず下半部が下に伸びるという、玦状耳飾の型式変遷の傾向を示した（江坂一九六四）。さらにその型式変遷観で画期的な研究となったのは、藤田富士夫による型式率による計測値の発見である。型式率の計測値は、切目の長さ（b）÷孔側の長さ（a）により求められるというもので、計測値が低い方から高い方へと時間的に移行することがうかがえる。この型式率により、早期末の神奈川県上浜田遺跡の土壙墓の人骨が着装していた玦状耳飾も国府遺跡の玦状耳飾も、いずれも左耳のほうの計測値が低いことから、一対が同時に装着されたものではなく、左側が先に右側が後で時間差をもって装着されたことを説いている（藤田一九八九）。なお、国府遺跡の玦状耳飾を装着している人骨はいずれも女性であることが分かっていたが、西口陽一は、女性人骨のすべてが装着して葬られているわけでもなく材質や形態上の優劣が副葬品にも反映されているとし、縄文前期にすでに社会内部に階層差などがあったものと推測している（西口一九八三）。

北陸地方東部には、中国最古の浙江省河姆渡遺跡第四層出土に共通する玦状耳飾の古い形態に共通する事例が多く、また富山県極楽寺遺跡のような攻玉遺跡も存在するところから、かの地からの渡来の可能性が考えられてきた。ところが一九九一年に、中国東北部の遼寧省阜新査海遺跡でも同様に最古形態が出土していることが紹介されるに及び、いちがいに江南を起源とすることも困難になってきた。査海遺跡からは箆状装身具、管玉も出土しているが、この資料が紹介された頃に、福井県金津町桑野遺跡から八〇点を越す大量の石製装身具類が検出された（木下一九九五）。この中には査海遺跡に共通する装身具類も含まれているところから、俄かに彼我の交流が注目されてきたのである。

次に玉斧（有孔石斧）であるが、古く八幡一郎は玉篦と呼んで大陸とのつながりを求めようとしたことがあったが、太平洋戦争に突入したことから、その後の研究は途絶した格好になっていた。長崎元廣は、この類の資料を全国から数多く集成して「縄文の玉斧」とし、その形態分類から年代と系統、分布を基に用途と性格を考察して、改めて大陸との関わりを追究した（長崎一九八四）。

その玉斧との関わりで注目されるのに、「の」字状石製品と呼ばれる特異な装身具がある。一九八五年に、本土から遠く離れた伊豆諸島最南端の八丈島倉輪遺跡で出土したことからいっそう論議を呼んだ。調査者の中にはその特異な形態をイモガイに見立て、沖縄・西南諸島の黒潮文化の影響に結びつけようとする意向があった。一方、玉に造詣が深い藤田富士夫は、「の」字状製品をはじめ玦状耳飾、棒状垂飾品、有孔石斧（頭部側を欠損）などの蛇紋岩製装身具類が北陸にも分布することなどから、北陸で生産された装身具類が多くの北陸系土器とともにもたらされたものと考えた（藤田一九八九）。この時点では、倉輪遺跡のそれら装身具は違った個々の種類と考えられていたが、一九八九年から九一年にかけて長野市松原遺跡でも同じような装身具類が出土したことに着目した川崎保は、それらが単独の装身具としてではなく、「倉輪・松原型装身具セット」として捉えた（川崎一九九六）。ここにいたり長崎が取り上げた「玉斧」は、新たな展開を見せることとなったし、桑野遺跡に見られるような早期末から出現する各種ある装身具も、セットという観点で捉えられるようになってきた。

青銅製刀子は、昭和二十九年（一九五四）に山形県三崎山の採石場で偶然に発見されたもので、柏倉亮吉により付近の現地調査が行われ、縄文後期から晩期に大陸からもたらされたものと考察された（「三崎山出土の青銅刀」一九六一）。発掘調査による出土ではなかったことから学界内部でいろいろ論議もあったが、これについては柏倉本人がその後の経緯について述懐した講演録があり、本書に再録したので参照されたい。

おわりに

渡来文物に関する研究を振り返ってみたが、このほかにも紙数の関係で取り上げられなかった文物がいくつかあるので、以下に簡単に触れておく。

漆技術はかつて照葉樹林文化の一環として大陸から渡来したものとされてきた（中尾ほか一九六九）が、いまや本場中国の出現よりも三〇〇〇年も遡る九〇〇〇年前に、しかも冷涼気候である北海道南茅部町垣の島遺跡で漆塗装身具が発見されており、むしろ日本の縄文早期人による技術開発が取り沙汰されている。栽培植物とされるエゴマ・ヒョウタン・アブラナ・シソ・ソバ、ゴボウそれにカブなども早くに渡来した可能性が高いし、アブラナ類などは福井県鳥浜貝塚の草創期に出現している。コメも中期からほそぼそと栽培されていたらしい。その中でヒエは、縄文人が野生種を改良したと考えられている（坂本寧男『雑穀の来た道』一九八八）。

イノシシ土偶は縄文中期から出現し、後期から晩期に多いし、ウリボウがイヌと同じように手厚く葬られていることも知られている。加藤晋平はシベリア方面からイノシシ飼育が伝えられたという。西本豊弘は、考古学事実とイノシシ類骨格に対する動物考古学的研究とDNA分析などから、縄文時代におけるブタ飼育の可能性を追究している。土製仮面や土偶の関連資料はシベリア方面にもあり、その宗教や祭祀などの交流がうかがえそうである。さらに縄文土器のいくつかの型式は器形や文様要素で大陸側と共通するものがあるし、石器の中でも早期の擦切手法による石斧などもシベリア方面に広がっている。

こうした交流・交易の諸々多岐にわたる問題は、経済・社会・文化面に目配りすることになり、八幡一郎が説くように、考古学を研究する本質的な目的である。これまで縄文文化は対外的にはあまり交渉がない、日本列島に独自に発達したことが強調されてきたが、近年ではそんなに孤立的であったのだろうかという疑問もある。

根源的な問題は縄文文化の担い手であった縄文人が形成された系譜であるが、形質人類学者の埴原和郎によれば次のようである（『日本人の誕生』一九九六）。沖縄の旧石器時代の港川人をはじめ日本各地の貝塚から発掘された人骨の形質計測やミトコンドリアDNA（遺伝子）の分析から、縄文人の系譜は、かつて一万二〇〇〇年前まで存在したという、南シナ海を中心とする陸塊スンダランドに起源をもつ東南アジア系集団と近縁性が濃いという。それが弥生時代の初めから七世紀からまでの一〇〇〇年間に、秦が滅びて漢が興ったことが引き金となって、主に中国北東部に住む北アジア系のツングース人が朝鮮半島を経由して、およそ一〇〇万人規模で北九州に大挙渡来したという。このため渡来系集団は西日本を中心に広く拡散するようになり、縄文人の系譜を引く古墳時代の在来系集団は東日本と南部九州の地域に、さらに時代が新しくなるとアイヌと沖縄にローカル化する、「日本人集団の逆転現象」という二重構造が形成されたという。このことは人間に縁の深い動物たちの分布にも関連しており、日本犬の遺伝では北海道犬（アイヌ犬）と琉球犬は東南アジア系、秋田犬・柴犬・紀州犬などは北アジア系の犬の遺伝子を持っており、それぞれ縄文時代と弥生時代以降の渡来人によってもたらされたと考えられている。

すると縄文時代に大陸側との交流はまるで希薄のようにもみえるが、必ずしもそうともいえない。縄文文化を形成した人びとの系譜を遡れば、当然、旧石器文化に求められる。その後期旧石器文化における石器群の様相は、シベリア大陸側と一体を成すというか、その分布の東端に日本列島が位置することはいうまでもない（木村英明『シベリアの旧石器文化』一九九七）。山田昌久は、日本列島の始源文化の形成過程を理解する上で、弥生文化が大陸の〝技術の直接的移入〟であるのに対して、縄文文化には〝技術の伝聞的移入〟が認められるという（「『縄紋文化』の構図」一九九〇）。その一端として、縄文文化に垣間見る玦状耳飾、有孔石斧などの大陸側から渡来した文物が看過できず、日本海をとりまく東アジアの始源文化の広がり、動向の中に位置づけられるべきという。

刻文付有孔石斧（浅川・梅本一九九五）は、まさにそうした大陸側との文物交流を物語る、確かな一つの証拠なのである。

縄文文化における交易関連の研究史

(安孫子昭二 2001)

年　号	論　文　等　の　発　表	発　掘　調　査　等
1926（大15）	喜田貞吉「奥羽地方に於けるアイヌ族の大陸交通は……」民族 1 - 2	青森県是川遺跡で赤漆塗木製弓等が大量に出土
1927（昭 2 ）	喜田貞吉「奥羽北部の石器時代文化に於ける古代支那……」民族 2 - 2	
1928（昭 3 ）	八幡一郎「下総古作貝塚発見の貝輪入蓋付土器」人類学雑誌43- 8	大山史前学研究所が是川遺跡を調査
1929（昭 4 ）	中谷治宇二郎『日本石器時代提要』甲鳥書林	
1930（昭 5 ）	山内清男「所謂亀ケ岡式土器の分布と縄紋式土器の終末」考古学 1 - 3	
	八幡一郎「奥羽文化南漸資料」考古学 1 - 1 ～ 3	
1931（昭 6 ）		
1932（昭 7 ）	山内清男「日本遠古の文化」ドルメン 1 - 4 ～ 2 - 2	(中谷パリで日本の石器時代文化を講演)
1933（昭 8 ）	樋口清之「玦状耳飾考」考古学雑誌　23- 1・2	
1934（昭 9 ）	中谷治宇二郎「日本石器時代における大陸文化の影響」考古学 5 - 4	
1935（昭10）	甲野　勇「関東地方に於ける縄紋式石器時代の変遷」史前学雑誌 7 - 3	
1936（昭11）	甲野・山内他「日本石器時代の源流と下限を語る」ミネルヴァ 1 - 1	(喜田貞吉と山内清男の所謂「ミネルヴァ論争」)
1937（昭12）	山内清男「縄紋土器型式の細別と大別」先史考古学 1 - 1	
1938（昭13）	八幡一郎「先史時代の交易」人類学先史学講座 1・3・5	(姫川の支流小滝川産の石材、硬玉と鑑定される)
	八幡一郎「縄紋式文化」『日本文化史大系 1 』誠文堂新光社	
1939（昭14）		
1940（昭15）	八幡一郎「硬玉製大珠の問題」考古学雑誌30- 5	
1941（昭16）	八幡一郎「硬玉の鉱脈」ひだびと 9 - 6	(太平洋戦争が始まる)
	島田貞彦「日本発見の硬玉について」考古学雑誌31- 5	
1942（昭17）		
1943（昭18）	中谷治宇二郎『校訂　日本石器時代提要』養徳社	(採土地の水田下から登呂遺跡が発見される)
1944（昭19）	清野謙次『日本人種論変遷史』小山書店	
1945（昭20）	江坂輝彌「廻転押捺文土器の研究」人類学雑誌59- 8	(太平洋戦争が終わる)
1946（昭21）	清野謙次『日本民族生成論』日本評論社	
1947（昭22）		(登呂遺跡の発掘→1950まで)
1948（昭23）	甲野　勇「秋田県大湯の巨石遺跡」民族学研究 9 -12	
1949（昭24）		(岩宿遺跡が発掘され旧石器の存在が確認される)
		駒井和愛、北海道の環状石籬調査開始（1958まで）
1950（昭25）	駒井和愛「日本における巨石記念物」考古学雑誌36- 2	明治大学、神奈川県夏島貝塚（早期）を調査
1951（昭26）	坪井清足「滋賀県大津市滋賀里遺跡」日本考古学年報 1	文化財保護委員会による大湯環状列石の調査
		青海川渓谷でも硬玉の産出地が発見される
1952（昭27）		
1953（昭28）	甲野　勇『縄文土器のはなし』世界社・八幡一郎『日本史の黎明』有斐閣	
	斉藤忠他『大湯町環状列石』吉川弘文館	
1954（昭29）	奥山　潤「縄文晩期の組石墓」考古学雑誌40- 2	(山形県三崎山の縄文遺跡から青銅刀が発見される)
1955（昭30）	後藤守一他『日本考古学講座 1 』河出書房	神奈川県南堀貝塚で縄文前期の環状集落を発掘
1956（昭31）	芹沢長介「縄文文化」『日本考古学講座 3 』河出書房	新潟県長者ケ原遺跡で硬玉等玉類の製作跡を確認
		新潟県本ノ木遺跡で大量の石槍と押圧縄文土器
1957（昭32）	江坂輝彌『考古学ノート 2 　縄文文化』日本評論社	
1958（昭33）	永峯光一「千曲川沿岸地方における晩期縄文土器……」石器時代 1	山形県日向洞窟・新潟県小瀬ケ沢洞窟の調査
1959（昭34）	駒井和愛『音江』・八幡一郎編『世界考古学大系 1 　日本 1 』平凡社	(夏島貝塚の ^{14}C 年代測定値が発表される)
1960（昭35）	芹沢長介『石器時代の日本』築地書館	長崎県福井洞穴の第一次調査(細石器と土器が伴出)
	山内清男「縄紋土器文化の始まる頃」上代文化30	近藤義郎、茨城県広畑貝塚で製塩土器を確認
1961（昭36）	柏倉亮吉「三崎山出土の青銅刀」東北考古学 2	
1962（昭37）	近藤義郎「縄紋時代における土器製塩の研究」岡大法文学部紀要15	長者久保遺跡で丸鑿形石器・上黒岩岩陰遺跡で刻線礫
1963（昭38）	加藤晋平「石刃鏃について」物質文化 1	富山県極楽寺遺跡で前期初の玦状耳飾製作跡を確認
1964（昭39）	山内清男編『日本原始美術 1 』講談社	東京都八丈島湯浜遺跡で特異な石器文化を発掘
1965（昭40）	芹沢長介「周辺文化との関連」『日本の考古学 3 』河出書房	(多摩ニュータウン遺跡調査会が発足)
1966（昭41）	江坂輝彌「青龍刀形石器考」史学38- 1	(山形県中川代遺跡で刻文付有孔石斧が出土)
1967（昭42）	江坂輝彌『日本文化の起源』講談社現代新書108	長野県栃原岩陰（早期）南方海域産タカラガイ等出土
1968（昭43）	渡辺　誠「九州地方における抜歯風習」帝塚山考古学 1	(東北縦貫自動車道・東北新幹線の事前調査開始)
1969（昭44）	山内清男「縄紋草創期の諸問題」MUSEUM224	新潟県寺地遺跡で硬玉製玉類の製作跡を確認
	中尾佐助他『照葉樹林文化』中公新書	
1970（昭45）	向坂鋼二「原始時代郷土の文化圏」朝倉書店	長崎県泉福寺洞窟の一次調査（79年まで）
1971（昭46）	江坂輝彌「天然アスファルト」『新版考古学講座 9 』雄山閣	埼玉県高井東遺跡で後晩期集落の全貌を発掘
1972（昭47）	吉崎昌一他「アイヌーその起源と文化形成」北海道大学図書刊行	群馬県三原田遺跡（中期）の試掘で大集落を確認
1973（昭48）	渡辺　誠『縄文時代の漁業』雄山閣	富山県不動堂遺跡（中期）で大形住居跡を発掘
1974（昭49）	佐藤達夫編『日本考古学選集21　山内清男集』築地書館	福井県鳥浜貝塚で縄文前期の漆塗櫛・エゴマが出土
1975（昭50）	渡辺　誠『縄文時代の植物食』雄山閣	青森県大平山元、茨城県後野遺跡で無文土器と旧石器
1976（昭51）	加藤　稔『古代東北文化の源流』新人物往来社	岩手県萪内遺跡でえり跡や大形土偶頭部が出土
	佐藤禎宏『庄内を掘る』致道博物館	
1977（昭52）		長野県阿久遺跡で大環状集石群と馬蹄形集落を発掘
1978（昭53）	江坂輝彌「考古学から見た海上の道」東アジアの古代文化14	北海道恵庭市柏木B遺跡で環状土籬を発掘
1979（昭54）	大塚・戸沢・佐原編『日本考古学を学ぶ 1 ・ 2 ・ 3 』有斐閣	群馬県深沢、長野県宮中遺跡で後期の石棺墓等を発掘
1980（昭55）	加藤晋平「縄文人の動物飼育」歴史公論 6 - 5	石川県チカモリ遺跡（晩期）で巨大木柱遺構を発掘
1981（昭56）	松谷暁子「灰像と炭化物による縄文時代の作物栽培の探求」ジャーナル192	埼玉県寿能低湿地遺跡（後期）で遺物廃棄場を全掘
1982（昭57）	安孫子昭二「アスファルト」『縄文文化の研究 8 』雄山閣	石川県真脇遺跡でイルカの大量捕獲跡を発掘
1983（昭58）	藤田富士夫「玦状耳飾の編年に関する一試論」北陸の考古学	北海道苫小牧市静川遺跡で全長138mの環濠を発掘
	『なすな原遺跡』同調査会	
1984（昭59）	長崎元広「縄文の玉斧」信濃36- 4	富山県境A遺跡で硬玉製玉類の加工場を確認
1985（昭60）	加藤晋平『シベリアの先史文化と日本』六興出版	八丈島倉輪遺跡の調査で石製装身具類が出土
1986（昭61）	戸沢充則編「特集　縄文時代のものと文化の交流」季刊考古学12	寺村光晴、千葉県粟島台遺跡で琥珀玉製作跡を確認
1987（昭62）	柏倉亮吉「大陸文化伝来の道」羽陽文化124	栃木県根古谷台遺跡で大形住居と装身具副葬の墓壙群
1988（昭63）	加藤晋平『日本人はどこからきたか』岩波新書	山形県押出遺跡（前期）で漆塗彩土器が大量出土
	坂本寧男『雑穀の来た道』NHKブックス	
1989（平元）	藤田富士夫『玉』ニューサイエンス社	長野県松原遺跡でも倉輪類似の石製装身具類が出土
1990（平 2 ）	山田昌久「縄紋文化の構図」古代文化42- 9 ・12	多摩ニュータウン遺跡（中期）で粘土採掘坑を発掘
1991（平 3 ）	佐々木高明『日本史誕生』集英社	長野県鷹山遺跡（後期）で黒曜石の採掘坑群を発掘
1992（平 4 ）	西谷・木村編「特集　アジアのなかの縄文文化」季刊考古学38	鹿児島県上野原遺跡でアカホヤ層下から早期の集落
1993（平 5 ）	藤田富士夫『玉とヒスイ』同朋社	福井県桑野遺跡で大陸系（？）の玦状耳飾が大量に出土
1994（平 6 ）	小林達雄編「縄文世界と土器」季刊考古学48	三内丸山遺跡で巨大な六本柱遺構が検出される
1995（平 7 ）	浅川利一「山形県の縄文遺跡から出土した中国古代の有孔石斧に……」多摩考古2	(文化庁主催「新発見考古学速報展」はじまる)
1996（平 8 ）	川崎　保「『の』字状石製品と湯浜・松原型装身具セット」長野県の考古学	東京都中里貝塚の厚 4 mの純貝層、むき身加工と認定
1997（平 9 ）	岡村道雄編『ここまでわかった日本の先史時代』角川書店	富山県桜町遺跡で高床式建物を示す建築部材が出土
1998（平10）	西谷正編『考古学による日本歴史　対外交渉　10』雄山閣	北海道礼文島船泊遺跡で貝装身具やヒスイ大珠が出土
1999（平11）	橋口編『海を渡った縄文人』小学館・小林編『最新縄文人の世界』講談社	北海道カリンバ遺跡(後期末)で漆塗装身具が出土
2000（平12）	藤田富士夫編「縄文時代の渡来文物を探る」ジャーナル454	北海道垣の島Ｂ遺跡(早期)から漆塗装身具が出土

第二章　刻文付有孔石斧の発見と周辺の遺跡

山形県の縄文遺跡から出土した中国古代の有孔石斧

浅川　利一
梅本　成視

有孔磨製石斧発見の経緯

羽黒町の気候と地質　羽黒町は鳥海山、月山、朝日連峰に連なり、山間部は主として火山灰土と第三紀層とによってなる腐植土で覆われ、平地部では第四紀層土壌と腐植質土壌である。気候は日本海からわずか二〇キロに位置しているため、海洋性気候の特性があり、多雨多湿の傾向が見られる。冬期になると、シベリア大陸から吹きつける北西風が日本海の水蒸気を吸収して吹雪き、積雪多量となる。

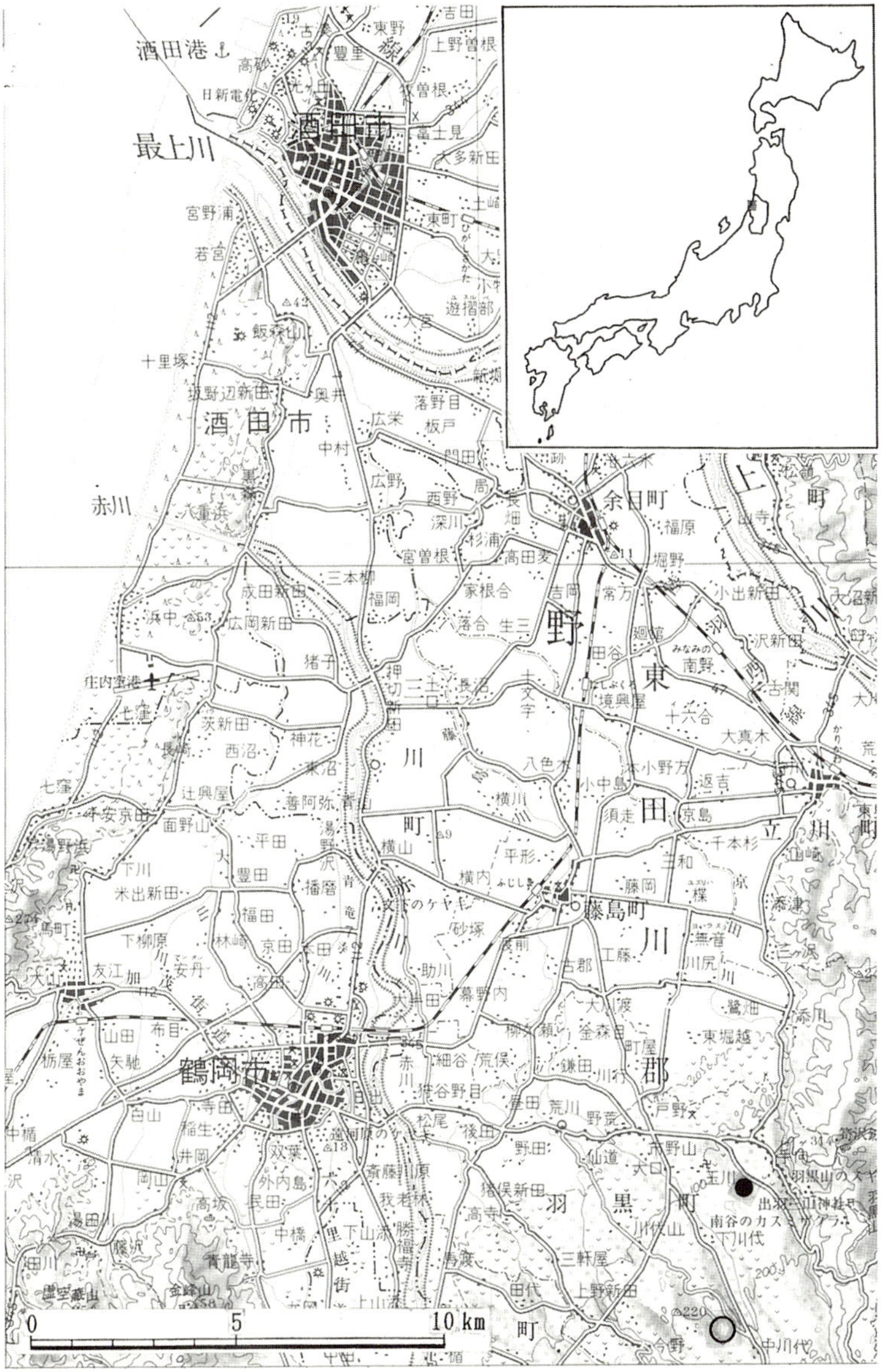

図1　遺跡位置地図（「酒田」：20万分の1）○印　中川代遺跡
●印　玉川遺跡

笹川（藤島川）上流の川代地域

著名な羽黒山神社や門前町の手向集落の西麓を流れる笹川は、水量は多くないが流路は長く、広く流域を潤している。縄文遺跡の多いこともその証であるが、縄文晩期の玉川遺跡（図1右下の●印）から川ぞい南には下川代集落があり、中川代《なかかわだい》を経て上川代集落に至る。地形環境では、下川代は平野に入るが、上川代は山間部に位置し、中間にある中川代は丘陵上の集落である。ここから西約三〇〇メートルで標高二二五メートルの高台農地に中川代遺跡（同図右下の○印）があり、縄文土器片などとともに有孔石斧が出土したのである。

遺跡からは日本海まで一望することができ、また南北方向には谷が開折されていて、小川が流れ出ている。縄文人が生活する環境としては、最適であったろうと思われる。

中川代遺跡の発見と発掘

大正十四年（一九二五）、中川代耕地整理組合により開墾のための水路が構築されて、翌年から開墾が進められた。このときに縄文土器や石器が出土したが、その一部はいまも川代分校に保管されている（近年、分校が廃校になり、保管されていた遺物は羽黒町教育委員会に移された）。戦後の昭和二十一年から二十二年にかけて、鶴岡市立第一中学校の佐藤茂先生が、生徒たちに「生き生きした歴史学習」をさせるため、中川代の村民の案内で発掘を行った。出土品は縄文中期、後期の土器や石器類で、後日、致道博物館に納められたという。それ以後私たちの発掘まで手をつけられることはなかった。

郷土研究クラブの活動

昭和四十一年（一九六六）、私は羽黒中学校に郷土研究クラブをつくり、自分たちの手で教育資料館をつくるための活動を展開した。その活動の一つが中川代遺跡の調査と出土した土器の復元であった。当時、玉川集落の人たちが、生徒の学習に使ってほしいと、玉川遺跡の土器片を持参したこともあった。クラブの部員は男子が二六名、女子が一二名であった。玉川地区が五名、中川代地区が三名、手向地区が一二名おり、この地区の生徒たちは遺跡についての関心が高く、常に活動の中心になってくれた。当時の中学校では、遺跡の発掘や復元まで手が

図2　クラブ活動の生徒たちと昼食後の休息

図3　有孔石斧と共伴した縄文土器（大木8 a 式）の一部

けている学校は珍しく、ときには参観者の来校もあった。

発掘調査は、四月から十一月までの第一日曜日をあて、発掘した遺物は学校に運んで、クラブ活動時に整理復元した。成果品としては、縄文中期と後期の土器が一二個体、磨製石斧の破損品が約二〇点、石槍一五点、石鏃二五点、ほかに磨石、凹石、砥石などがあり、それぞれに説明を記入して木箱に納め、整理して資料室に保管した。また生徒たちもよく表面採集に出かけては石器を拾い、自分なりの説明を書いてくれた。羽黒町には多くの遺跡があって、表面採集では必ずと言えるほど石器類を拾うことができた。特に昔、郷の浜と呼ばれていた羽黒高校の東側一帯からは、広範囲にわたって遺物を採集することができた。

この有孔石斧（図4）は、昭和四十一年六月の発掘の際に、地下約四〇センチほどで、縄文中期の土器や石器の折損品とともに出土した。大きな石斧が赤土にまみれて出てきて、水洗いをしたら、刻み文様が現われた。こんな石斧があったのかと驚いた。かつて見たこともない石斧であったので参考書等で調べてみたが不明だった。だが、貴重な資料として保管しておいたものである。

その後、私も身辺が多忙となり発掘から離れて久しい。教員を退職したので、平成六年五月に、学生たちに学習の場を提供するための考古資料室を自宅二階につくった。これが機縁となって、旧知の浅川先生と玉川学園関係者の来宅となり、この有孔石斧が紹介されることとなった。この有孔石斧が研究により、やがて解明されることを切に願っている。

（梅本成視）

図4　山形県の縄文遺跡から出土した古代中国の刻文付有孔石斧
（実寸・高12.5 cm×厚1 cm、重量335 g）　上原錬二郎氏撮影

謎の刻文付有孔石斧

有孔石斧との出会い　平成六年（一九九四）の八月下旬に、玉川学園関係の仲間・上原錬二郎（写真家）、山口高弘、柿崎武志の諸氏と私は、例年のように博物館や遺跡見学の旅に出た。今回のテーマは「火焔形土器の系列と遺跡探訪」で、乗用車で新潟県北から山形県南をめぐる計画であった。十日町市博物館を最初に、長岡市立博物館、藤橋遺跡、与板町、巻町、村上市などと資料館の旅を重ねて、二十六日の午後に鶴岡市の致道博物館で梅本氏と合流し、この日は、酒田市の梅本氏宅の考古資料室を見学して一泊の予定だった。梅本氏から案内された二階の資料室は、三方が棚とガラス戸棚で、それぞれ箱に入った石器や土器で一杯だった。あれこれ見ているうちに、彼が持ち出してきた一箱の石器を眺めて驚いた。

古代中国の文字入り玉斧か　一見して異形である。斑文のある石質、孔のあけ方、位置、孔の周囲の白い固着物は何か。それにしても鋭利に刻まれた甲骨文様の記号は何か。縄文文化のどんなバラエティーとも関連なさそうなこの石器は、朝鮮半島でもなく、端的に中国それもなぜか北部の文化の印象があった。

訊ねると、これは梅本氏が羽黒中学校の教諭だった頃に、クラブ活動の発掘調査の際に、縄文土器や石器とともに出土したものだという。つまりこの有孔石斧は、山形県羽黒山麓の縄文中期の遺跡から出土したのである。ＢＣ二〇〇〇年代の、縄文人という意識すらなかった彼らと、おそらくは中国から数十人の同族集団で、日本海を漂流、あるいは難破船で漂着した人たちとの出会いはどんなものであったろうか。亡命の生涯の証としての石斧でもあるが、その彼らがなんとも哀れでならないのであった。

この梅本資料の石斧ショックの抜けない九月中旬に、「中国シルクロードの旅」のツアーに参加する機会があった。その途次、西安の陝西省博物館を見学したが、その第四室中央に、例の有孔石斧とほとんど同大の資料が展示されていた。解説票には「先商—青玉鉱、礼器、西周（約BC一〇二七～七七一）」と記されていた。

文献で探る中国の有孔石斧

わが国の有孔石斧（器）は垂飾としての用途が考えられているが、中国の場合は良質の玉が産出することもあって、宝器、儀器あるいは礼器（身分の証）、実用的な斧《フ》〔オノ〕など多様で、名称を鏟《サン》〔スキ〕、錛《ホン》〔スコップ〕、鏨《サン》〔ノミ〕、鉞《エツ》〔マサカリ〕のように使用法を思わせるが、図や写真で見るかぎり、実用品でないものが多い。

中国の有孔石斧の変わった使用法では、装着する木柄部に数カ所の小孔と放射状に緊縛して固定する例があるが、本例は刃先に擦痕もないので、実用品とは考えにくい。

中国出土の類例資料は、幸い数十篇の文献や報告書から選択することができたので、考古学上の各文化期（仰韶《ヤンシャオ》、大《ダイ》汶口《モンコウ》、良渚《リョウショ》、石峡《セッキョウ》、屈家嶺《クツカレイ》など）の有孔石斧一四例を図示した（図5）。スケールを統一してあるので、今後の研究の目安にはなるだろうと思う。本資料に近似するのは大汶口文化期と思われるが、中国は広大で、均一な尺度で各文化期を測ることはできないようだ。また、いわゆる軟玉製の有孔石斧は副葬品で出土することが多く、何か身分の証を感じさせる。

東京都埋蔵文化財センターの安孫子昭二氏には、この石斧の発見以来、現地視察に同行してもらったり、文献収集で力添えをいただいたりした。また中国考古に関心を持つ東京都文化課の岡崎完樹氏は、北京に滞在した平成六年秋の数日、中国考古学の諸先生に、浅川が託した実寸大の有孔石斧写真と拓本コピーを見せ、次のような所見を聞いてきてくれた。

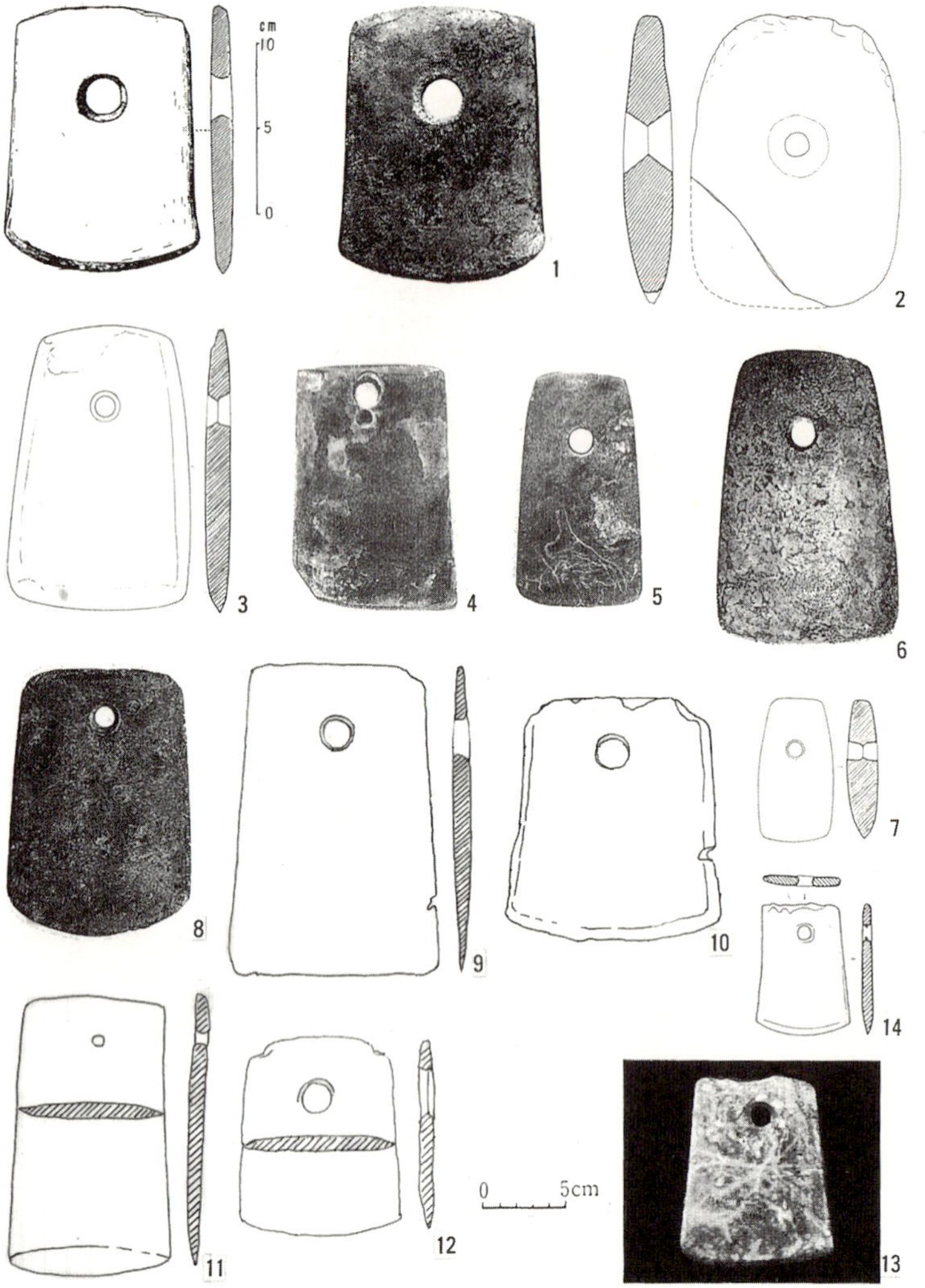

図5　中国出土の有孔石斧・玉斧の例

1 副葬の有孔石器（遼東半島、単砣子）、2 石斧（陝県廟底溝、仰韶文化）、3 鏟（山東省泰安大汶口）、4 双孔石鏟（出土3に同じ）、5 穿孔玉斧（章丘県董東）、6 石斧（大汶口59号墓）、7 斧（大汶口遺跡）、3～7（大汶口文化）、8 穿孔石斧（浙江省嘉南地区）、9 石鏟（上海市馬橋）、10 石鉞（杭州老和山）、8～10（良渚文化）、11 石鏟（広東省曲江石峡）、12 有段石斧（広東省曲江石峡）、11～12（石峡文化）、13・14 石鏟（湖北省原山屈家嶺）、13～14（屈家嶺文化）

岡崎氏が聞いてきてくれた三先生の所見を列記する。

中国考古学者の所見

朱延平先生（中国科学院考古研究所副研究員で、東北地方の新石器時代を中心に専攻）

（中国では）土器には線刻によって記号が施されたものがあるが、線刻のある石斧はない。本資料の年代は、時期的には大汶口の古い時期（新石器晩期）に相当する。有孔石斧は、一般的には副葬品として多く発見されている。

徐天進先生（北京大学考古学系副教授で、殷周時代青銅器の専攻。数年来、山西省曲村の発掘に従事）

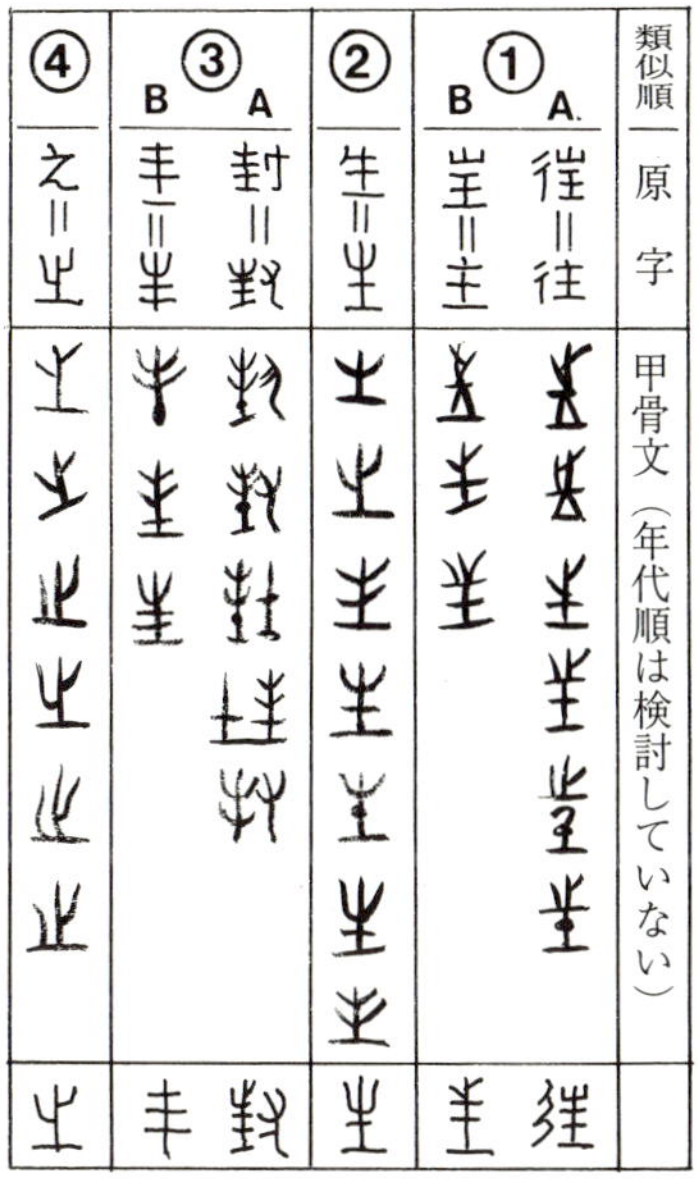

実物大

図6　刻文（右）と類似している甲骨文字

出土品として間違いはないか。戦前に日本人が持ち帰った可能性はないか。殷周代の文字から類推すれば（丄）は木を表わし、杜を表わすのではないか。山東呂県陽河M一七墓（「史前研究」一九八九）に類例がある。

張忠培先生（前吉林大学教授・前故宮博物院長）

出土品に間違いないか。年代的には良渚文化に対応するが、良渚文化の類例には赤い斑点はない。むしろ山東から東北地方と考えたほうがよい。現在のところ、土器に線刻されているのは甲骨文字からである。したがって現在の学問レベルからいえば、記号として理解しておいたほうがよい。

以上が中国考古学者の所見であるが、それぞれに観点が明確で重みがある。また後世の渡来を危惧しているが、出土の状況が明らかで、それだけに研究に値する資料となった。

刻文の記号について　いわゆる甲骨文と思われるこの記号は、図6のように金属器により彫られている。手元にある『広漢和辞典』上・中・下巻や『漢字の起源』、『甲骨文の世界』一・二等でこの刻文をくまなく探したが、似た文字はあったものの同一のものはなかった。幸い玉川学園の町には、漢藉の蔵書では国内で屈指の無窮会図書館があるので、職員を通じて調査を依頼したところ、池田英雄先生（元東洋文化研究所特別研究員）から出典のコピーなど一五枚を添えた返書を頂戴した。『古文字集輯』等のすべてを通覧したが同一の文字はなかったとのことで、近似した四種が挙げられていた。図6はそれを一覧図にしたものである。

しかし私は望みを捨てていない。記号なら意味があるだろうし、敗者（亡命者）の文化は抹殺される例が多いと思われるからである。

謎の石斧の出自をたずねて

山東大学教授・蔡鳳書先生の所見　前報告（『多摩考古』二五、一九九五）の別刷で、「共同研究論文集」への寄稿を呼びかけてから本報告（『多摩考古』二八、一九九八）までの間に、国内の研究者や先生がたから多くの激励と寄稿をいただいた。

このほかに山東大学歴史系考古研究室主任の蔡先生から、直接、所見を聞くことができた。それは平成九年六月二十六日に、和光大学芸術学科の公開講座「山東省の古代遺跡を掘る」を安孫子昭二氏と拝聴、その後の懇談会の席で持参した石斧を前にしてであった。先に岡崎完樹氏を通して、私の報文別刷を差し上げていたこともあって、蔡先生も私の名も知っていた。蔡先生は黒板に図示しながら、日本語で次のように説明した。「石斧については北京大学で気にしていたとのこと。大汶口文化の所産と思う。山東省で作られたものが対岸の遼寧省に渡り、韓国北部から渤海方面に行き、海を南下した可能性もある（私も考えた末、この経過を考えていたので驚いた）。文字は甲骨文ではないが、鉞形は王の意味で、上の孔は白、つまり記号も皇を表わしていて、腰に佩用したもの。孔の開け方は中国風に両面から開けている」とのことであった。

待望の上海・杭州の博物館めぐり

青森県の三内丸山遺跡で縄文文化が見直されている一方、中国の長江文化の河姆渡遺跡ではBC五〇〇〇年の稲籾の発見が報じられたことなどもあり、その関連としてか、この石斧も古代日中交流の証として注目され、週刊誌などにも取り上げられたりした。

私の関係する玉川文化財研究所では、職員の特別研修に長江下流域の博物館めぐりの計画があり、気候条件のよい平成九年（一九九七）九月に、三名の幹部職員と上海・杭州の博物館めぐり四日間の充実した旅を体験できた。

杭州市の西湖畔にある浙江省博物館では、浙江省と日本の福井県とが友好提携五周年ということで、福井県立博物館での文物展が開催直前のために館長は不在、副館長の鮑復興《ばおふくこう》先生の案内で見学することができた。この博物館では河姆渡文化の稲穀が、そのかたわらには牛の肩甲骨製の「耜＝鋤」が三点展示されていた。案外知られていないが、この骨製鋤（耜）の幅と長さ、軽さと強度がアジア最古の農耕文化を支えていたことが理解でき、ひいては風雨を占う卜骨の原点とも重なって見え

図7　稲籾（河姆渡文化、BC5000）

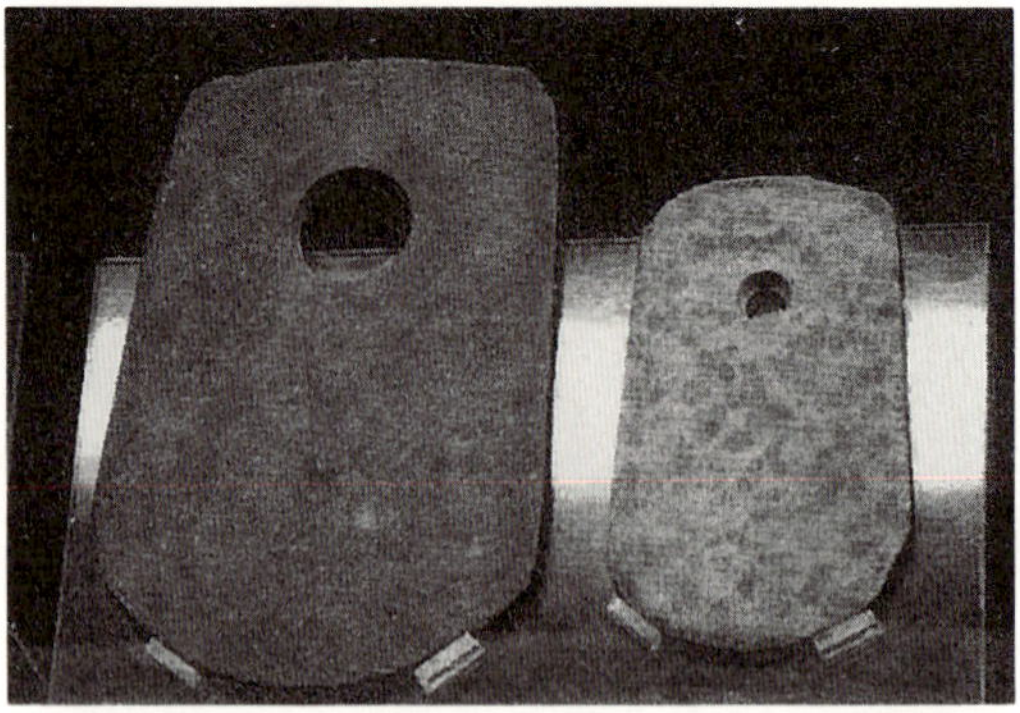

図8　石鉞（余杭瑶山・良渚文化）浙江省博物館

図9　良渚文化博物館

図10　貴顕者大墓の郭内部状況（玉琮・玉斧・管玉など）
良渚文化　BC3000～2000年

てきた。貴顕者の墓では玉鉞、管玉のほかにも見事な玉琮《そう》が見られ（図10）、それぞれに精巧な彫文があるが、意味も不明な遺物である。事務系の女子だけで内容の説明は聞けなかったが、後で上海博物館長の黄宣佩先生に聞くと、玉琮の彫文は鮫の歯で細工するとのことだった。なお良渚文化博物館の入口の扁額は江沢民の書であった。

上海博物館は一九八六年九月にも見学したが、すっかり建て替えられていて、青銅器なども充分に見学できた。一万平方メートルの展示スペースが四階に分けられ、約一〇万点が保管されているという。写真撮影もスケッチも自由であった。また、英語と日本語のオーディオ解説器を無料で貸してくれ、どんな展示の前でも不自由はない。今回は有孔石斧のレプリカを持参して黄館長に面会を予約していたところ、当日は交通事情が悪かったために三〇分も遅れたが、先生は博物館の入口で待っていてくれた。図11・12はその時のもので、ガイドの黄さんに前夜説明して置いたので、館長との会話もスムーズにできた。

図11　黄館長（右端）と浅川（中央）。左端はガイドの黄氏

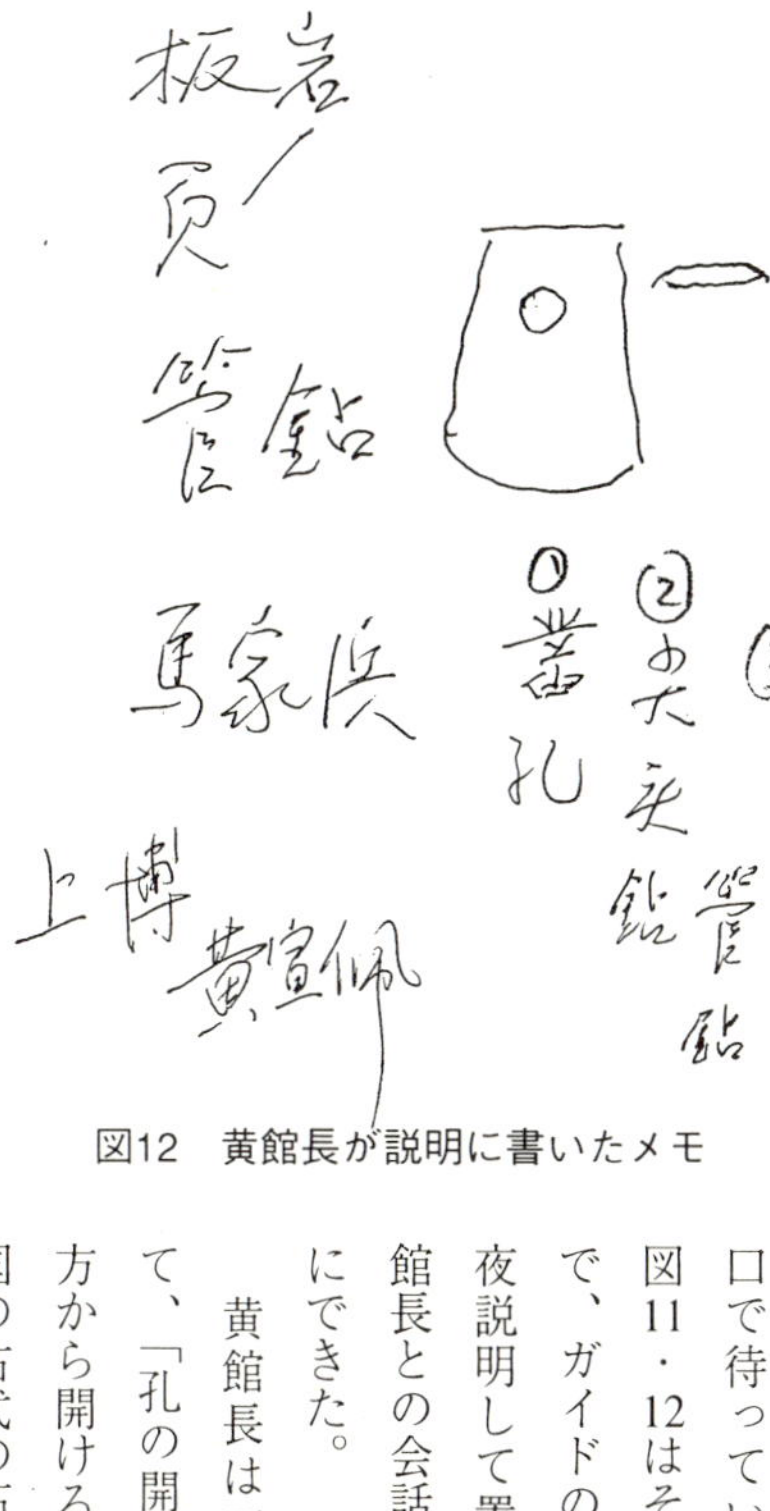

図12　黄館長が説明に書いたメモ

黄館長は石斧について、「孔の開けかたも両方から開ける方法で、中国の古代の石斧です。石

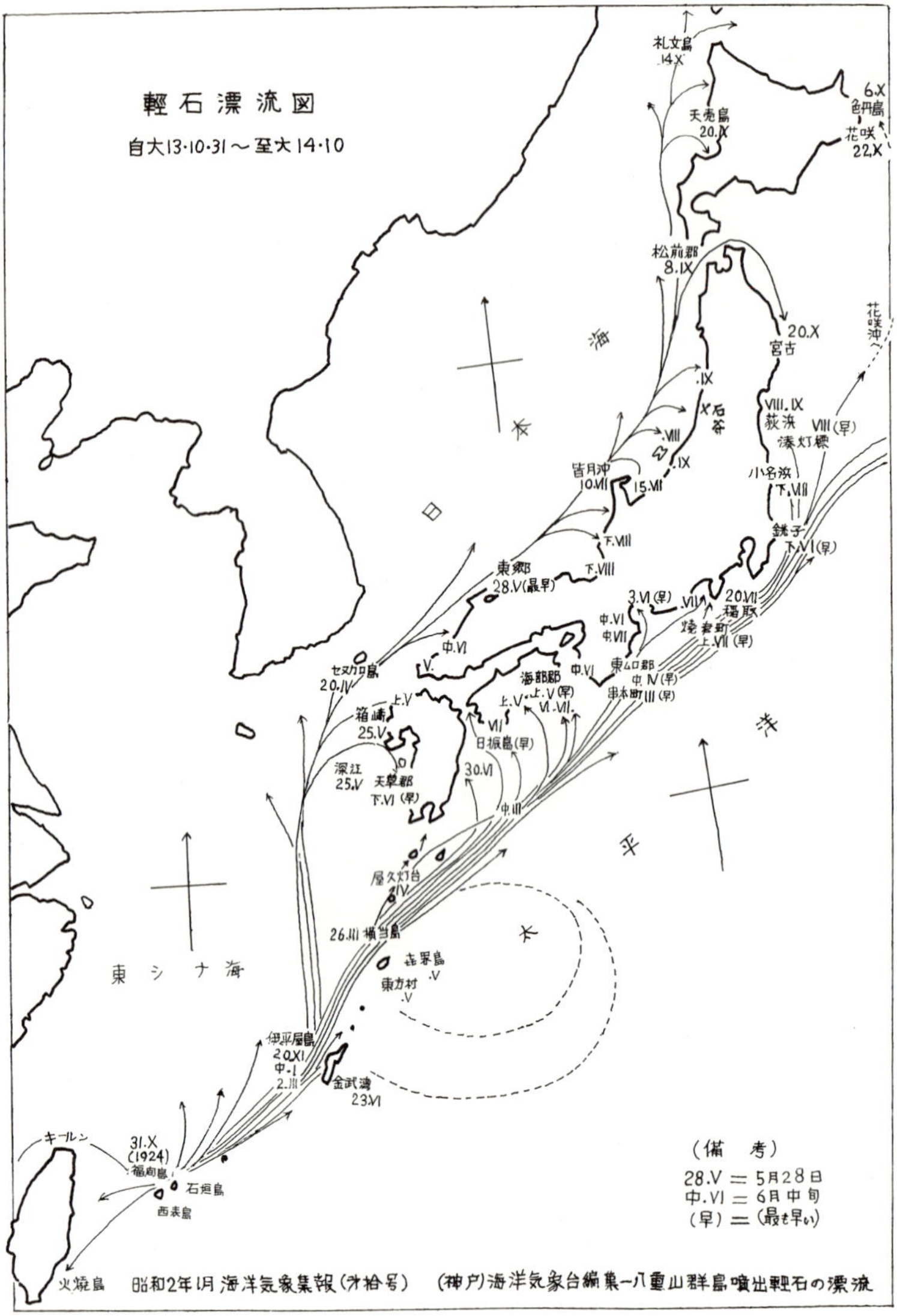

図13　軽石漂流図　八重山群島の火山噴出物（軽石）の漂流や漂着地を記録した資料である。手漕ぎの舟の時速は3 km、朝鮮半島から対馬まで60 kmだから20時間はかかる。海流や風を考えれば、日本海を渡ることはなお困難である。しかし、この図を逆に見ていただきたい。寒冷の地から海の向こう（南側）へ渡ろうとする願いも理解されよう。

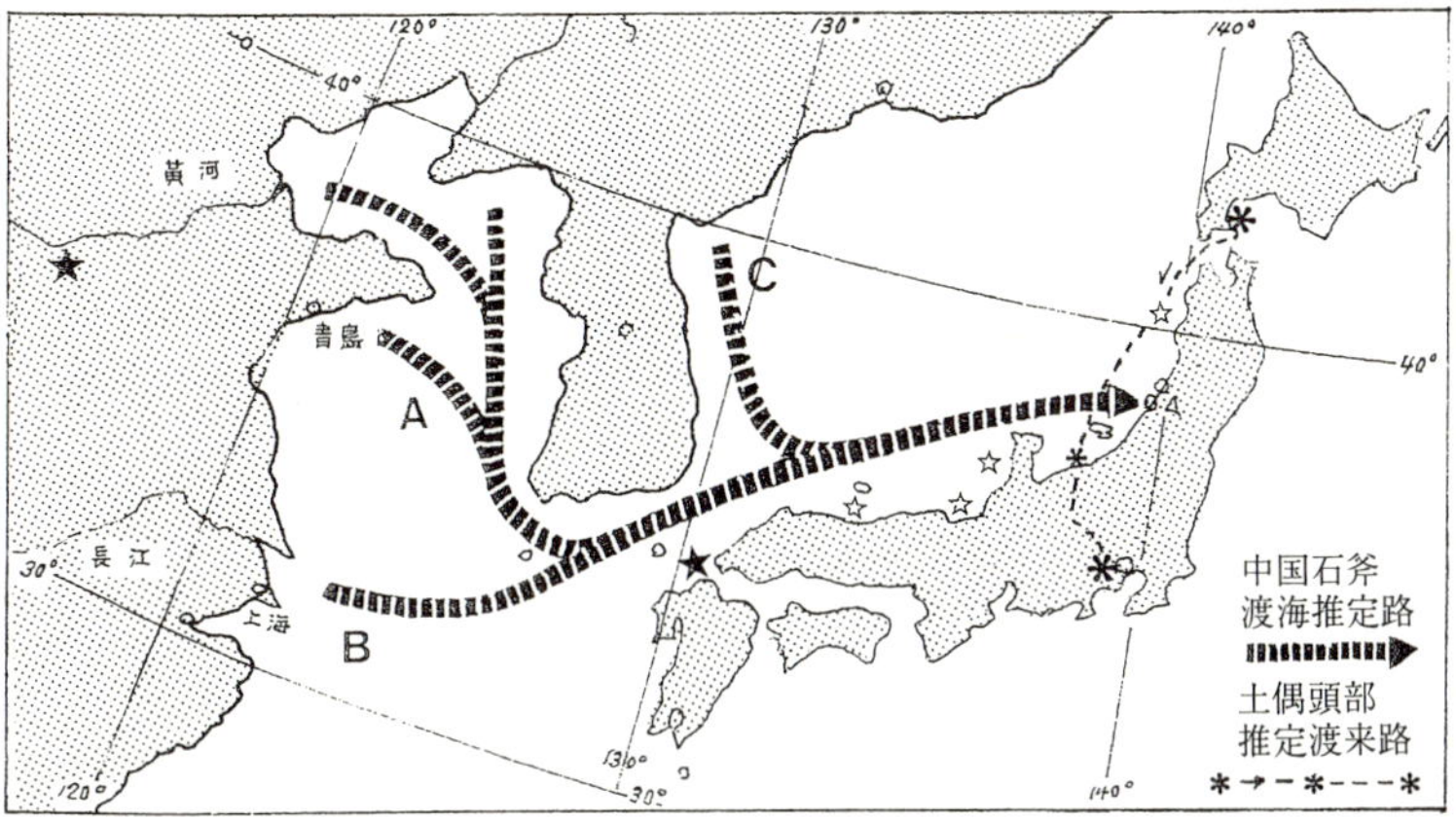

図14　中国から山形県鶴岡市付近に至る海路想像図

図15　町田市田端東遺跡出土の土偶

質は、こちらで板岩あるいは頁岩といいます。良渚文化とは少し違います。良渚は頭部が平らで下部が湾曲しており、断面が平らで、管鑽《かんせん》という管状のもので孔を開けます。この石斧はおそらく良渚文化よりも古く、馬家浜《まかひん》文化あたりでしょう。また黄河下流域の大汶口文化、それも中頃より古い特徴を持っています。その頃の孔の開けかたには三種あって、①撃孔（たたいて孔を開ける）、②尖頭鑽（尖ったもので揉む）、③管鑽（竹や骨などの管状のもので開ける、鳥の骨などが多い）」と丁寧に説明してくれ、レプリカの出来がよいとほめてくれた。

ガイドの黄さんが、「この石斧は中国の貴重資料だとして、出国のときに取り上げられるかもしれない」と心配したら、「そのときはすぐに私のところに電話するように、私からよく話してやりますから」と、黄館長が名刺をくれた。肩書きに「中国考古学会理事・上海市文物管理委員会委員」とあったが、帰途の空港税関で荷物のチェックはなかった。

日本海をめぐるヒトと文化　いく度も遭難しながら往来した渤海国史よりもはるか以前の、中国殷代の内反り青銅刀が、昭和二十九年（一九五四）に、酒田市北方の三崎山遺跡から発見されている。この青銅刀は、その後の日ソ共同シベリア調査団により、さらに古い年代と評価されている。青森県才の神遺跡からは中国の特徴的な鬲（三足）状の土器が出土（昭和五十九年）している。この有孔石斧も渡来の事実の証拠であるが、この影響などは謎である。日本海をめぐる沿海地域や中国との関わりも、今後の学際的な研究が待たれている。

図14は、遣唐使や渤海使との交流航路なども参考にしながら、A、B、Cに分けて示したものである。海流に乗って流されるだけだと、対馬海峡から酒田、鶴岡へ到達するには六カ月かかるという。また図15の田端東遺跡出土の土偶は、北海道函館の東方の南茅部町著保内野遺跡から出土した著名な土偶に、まったく似ている。この場合は、北海道から日本海を南下してきたことを想定するしかないようである。しかも、上陸地点はどの辺だったろうか。仮に新潟の辺りとすると、山坂を越えて町田市内までおよそ三〇〇キロを辿ってきたことになる。

中国古代の土器と縄文土器とでは、中国の滑面器形に彩色文なのに対して、縄文土器の立体造形とでは異様な差がある。また、青銅器製作の技術では、日本の鋳造技術では、日本の鋳造キズの孔もある銅鐸などとは比較にならない高度な文化を展開している。

日本海の謎はまだ緒についたばかりである。この刻文付有孔石斧の研究も、直接的な政治的背景や渡海技術の研究だけでなく、比較装身具や原始「神」観念まで追ってみたいと考えはじめている。

（浅川利一）

中川代遺跡と庄内地方の縄文中期

佐藤　禎宏

はじめに

致道博物館が主体となり山形大学柏倉亮吉教授の下で、鶴岡市岡山《おかやま》遺跡第三次発掘調査が実施された一九六六年、梅本成視氏は羽黒町中川代《なかかわだい》遺跡を調査していた。あたかも両遺跡とも縄文時代中期であり、岡山から集落跡が出現する一方、中川代では刻文有孔石斧が発見されていたという。岡山の調査には時折梅本氏が来跡し、酒井忠一氏と歓談する姿を見受けている。岡山は庄内地方で遊佐町吹浦《ふくら》遺跡以来ともいえる本格的な発掘となり、梅本氏に新鮮な影響を与えて中学生を引率しての中川代行きとなった、と推察する。しかし、この時点で刻文有孔石斧を実見することはなかった。それから二八年を経過した一九九四年、浅川利一氏の梅本氏宅来訪を契機として、この石斧はにわかに注目されることとなった。この前後の経過については浅川氏が報じており、「刻文付有孔石斧」の名称が使用されている(1)。ここではこの石斧について再検討を加え、出土した遺跡の位置と時期を吟味し、庄内地方の同時期の縄文時代について触れておきたい。

刻文有孔石斧は幅広で扁平な長方形をしており、上半中央部に穿孔と刻文を持った磨製石斧である。石質は淡い乳緑色を基調とし、青緑色やくすんだ赤褐色が斑状に入る蛇紋岩である。全長が一二五ミリ、最大幅が七六ミリ、最大厚が一七ミリで、重量は約三三〇グラムである。上端の基部より二五ミリ下に表裏二方向からの穿孔があり、開口部の直径が二一～一九ミリ、貫通部の直径が八ミリである。穿孔の中心位置は両側辺からの幅七〇ミリの真中三五ミリにあり、この位置は上端からも三五ミリを測る。穿孔の直下、石斧の中央部に刻文がある。上下二一ミリ、左右一四ミリの範囲内に、幅約二ミリの細線で枯枝状に刻まれている。刻文の縦線は両側辺の中心線上にあり、穿孔中心位置から垂直に下ろした延長線上にあたる。上條朝宏氏が撮影した八倍の顕微鏡写真を使用して図化したが、線刻の断面はV字状の薬研彫で、線内には縦位の微細な条線が走行しており、鋭い針先様の工具による丹念な作業が観察できた。また刻線最上部と左枝先端部に、本線以外の同じ工具による細線が認められる。石斧の刃先は両面からの研磨で鈍角に尖る両刃であり、両側辺は曲面に仕上げているが、かすかに縦位に研いだ細長い面が並走している。刃部の左右両端に比較的大きな損傷があり、刃先に刃こぼれ状の痕跡もあるが、擦痕などの使用痕は見当らない。なお、穿孔内面や破損部分に白色の付着物があり、石斧の左側辺や裏面左側などにも飴色に変色した付着物がある。

以上が刻文有孔石斧の事実確認である。穿孔位置を企図した三五ミリという数値は、藤田富士夫氏の説く縄文尺三五センチの一〇分の一にあたるのは偶然であろうか。また一見、捻れて見える刻文も、穿孔中心の垂直二等分線の下部、石斧の縦位中心線上に刻んでいる。したがってこの穿孔と刻文は、極めて計画的に意図された一連の作業であっ

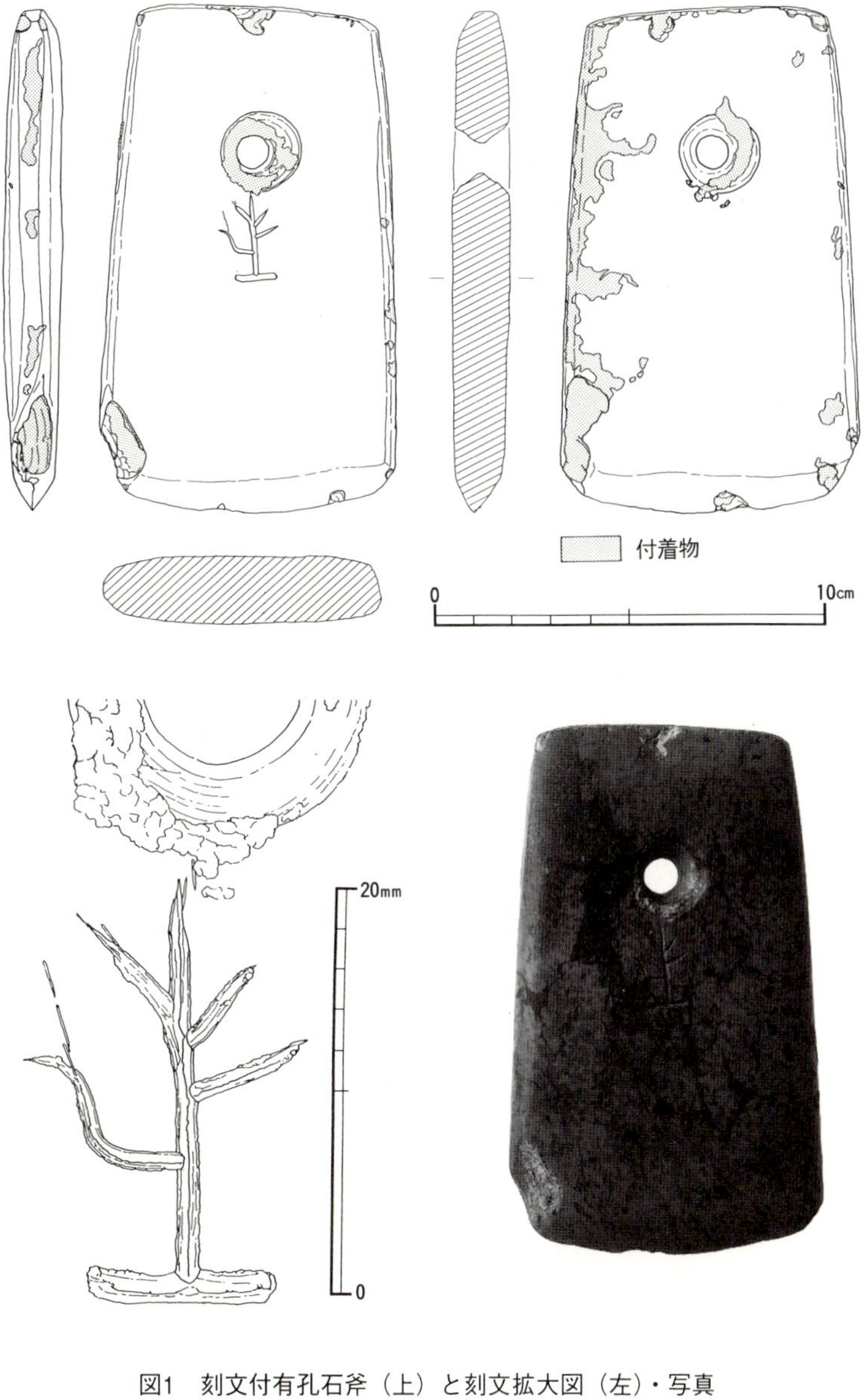

図1　刻文付有孔石斧（上）と刻文拡大図（左）・写真

たことが窺える。線刻の工具も極度に細く硬く鋭い物質を使用しており、金属器であった可能性もある。その特異な形状・石質そして刻文・穿孔を有することから、海外から渡来した遺品と推定している。なお、このたびは時間をかけた検討をしており、以前に紹介した石斧の事実認識(2)を訂正しておきたい。

中川代遺跡の位置

刻文有孔石斧の出土地は、梅本・浅川氏により中川代遺跡と名付けられてはいる。しかし発見以来三〇年近い歳月は、遺跡周辺の景観と地勢を一変しており、出土の現在地を確認することは困難となっていた。すでに遺跡の発見と経緯については梅本氏が紹介しており(1)、同じ一九九五年と翌年に羽黒町教育委員会が主体となり、酒井英一氏を中心に遺跡確認の分布調査が実施されている(3)。今年（二〇〇〇年）の五月十八日、梅本氏に同行を願って現地を踏査して以降も訪跡を重ねており、羽黒町の山田雄介文化財専門員の談話も拝聴した。これらを踏まえて遺跡の位置を確定しておきたい。

突然の遺物出土は大正末の一九二六年、原野の田地開墾工事にある。その時、多量の土器片が出土して旧川代分校に持ち込まれたという。終戦直後の一九四六年と翌年、稲刈り後の十月、鶴岡市立第一小学校の佐藤茂教諭が、小学生を率いて段ボール三箱位の土器・石器を採集しており、その遺物は羽黒町立第二小学校に保管されているという。一九六五年以前、羽黒町立泉小学校川代分校の本間徳巳教諭も生徒とバケツ一杯の土器を収集し、分校に教材として陳列していたらしい。一九六六年に梅本氏が遺跡に赴く以前には、このような踏査が経過していた。一九七〇年頃、遺跡周辺一帯に圃場整備が実施されて、大がかりな地ならしによる新区画の水田に変貌し、起伏に富んだ遺跡の原風

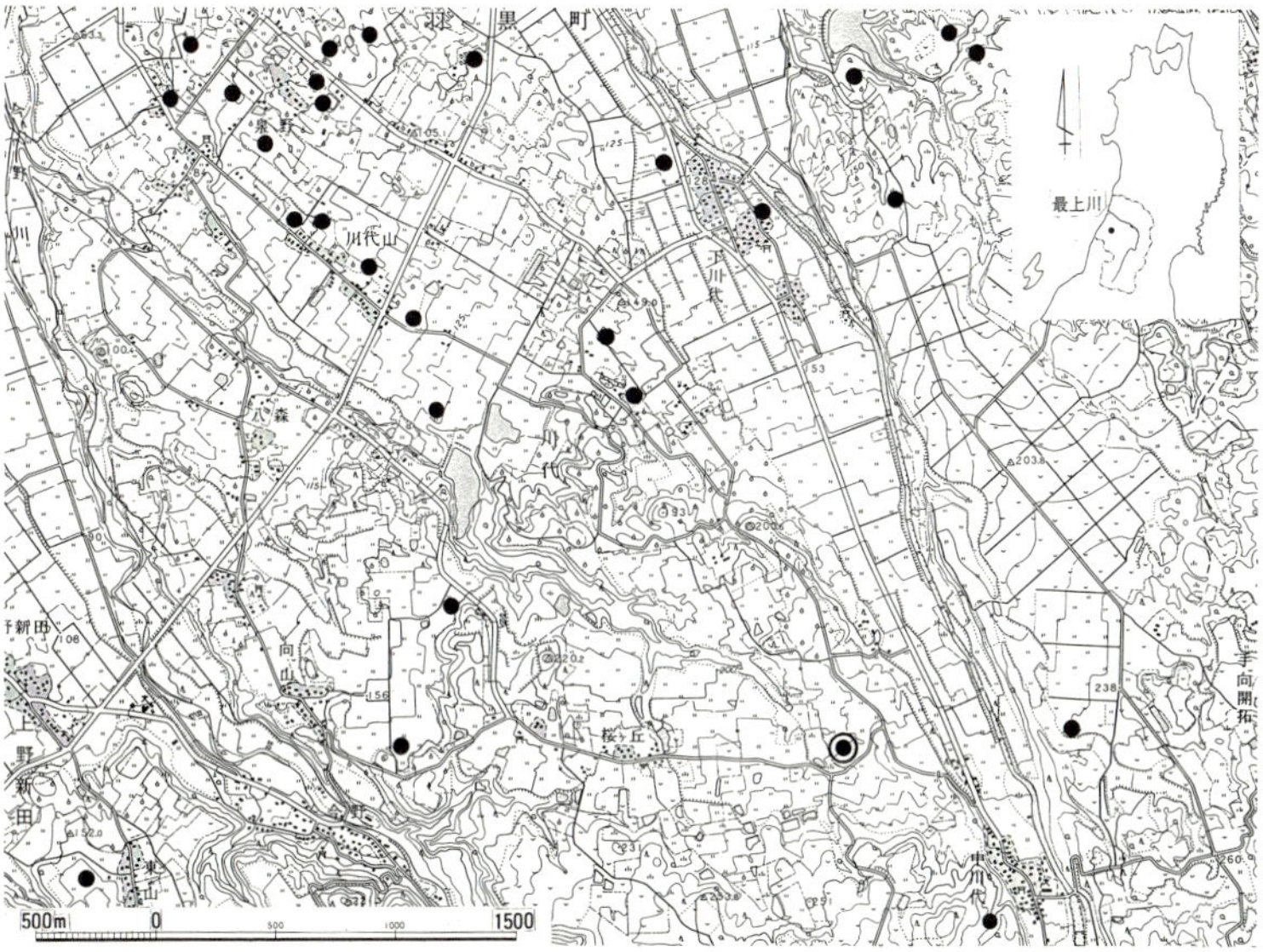

図2　中川代遺跡の位置（◉）

景は消失した。だが酒井氏らが聞き込みと分布調査で土器の出土地を確認しており、中川代遺跡として新たに登録し、現在は案内板が設置されている。この地がおおむね妥当との梅本証言を得ているが、土器類と有孔石斧が出土したのは、酒井調査区の農道を挟んだやや北側か、ということでもあった。有孔石斧などの出土原地点の限定はまして至難であるが、遺跡の原位置はかなり明白になってきたことになる。

さて、中川代遺跡のある川代山台地は庄内平野の東南部、名峰月山（一九八〇メートル）の西北麓にあり、遺跡は山形県東田川郡羽黒町大字川代字大正の地内にある。修験の羽黒山頂から西南に約一・六キロ、笹川上流の集落中川代から北西〇・七キロにあたる。標高は二二三〜二二六メートルで、地理上の数理的位置は東経一三九度五七分二〇秒、北緯三八度四〇分二八秒である。

川代山台地は北西に流路をもつ笹川と今野川に挟まれ、両河川の開析が台地の東西に谷底平野・段丘・扇状地・氾濫原を形成している。遺跡は笹川の左岸約〇・六キロ、比

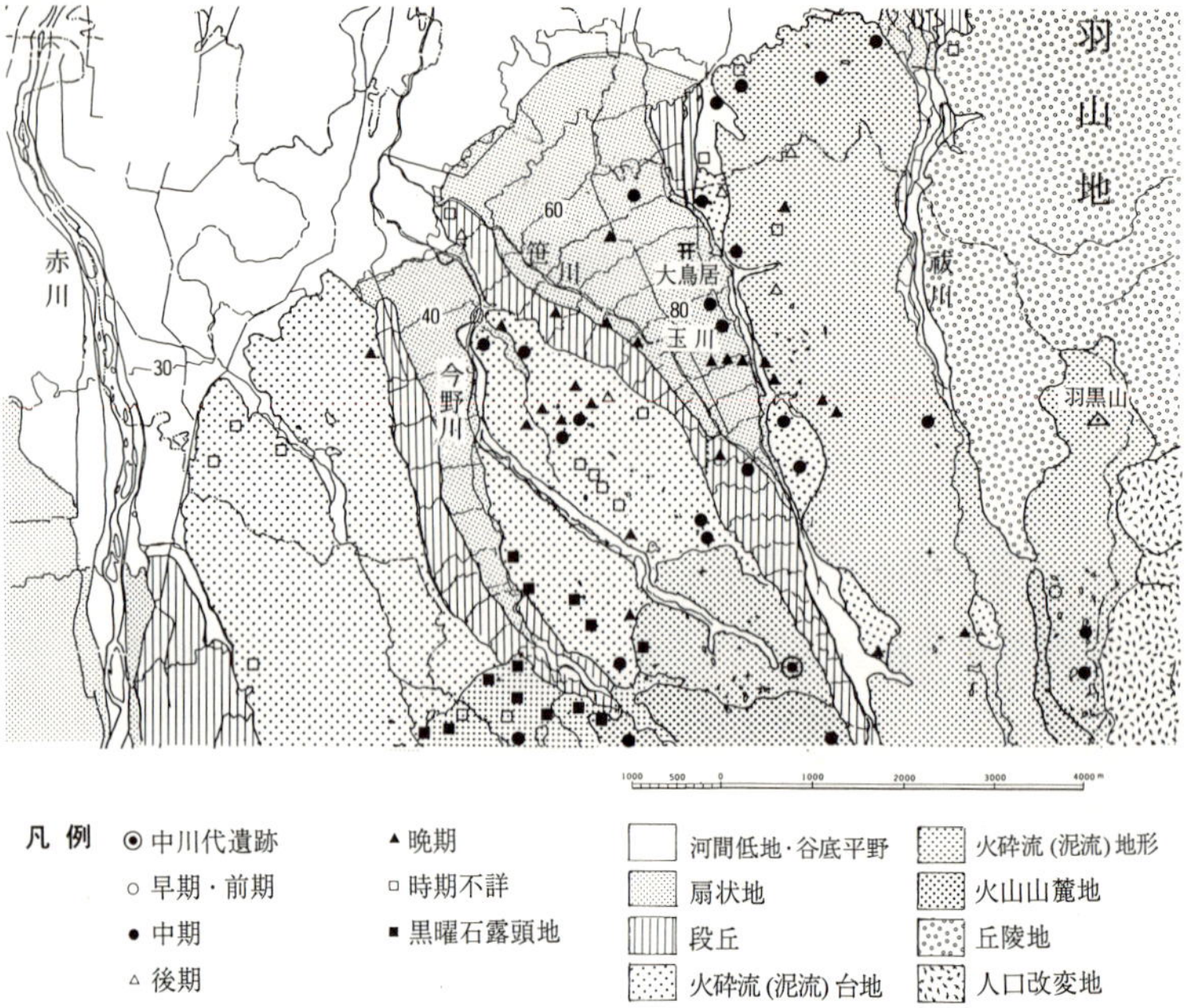

図3　中川代地区の地形と縄文時代の遺跡（地形区分は米地文夫1979より作図）

高二五メートルの台地上にある。この台地上は大小の起伏があり、随所に溜池が散在している。中川代遺跡は今野川支流の小開析、俗称「オサワ」の源流東部にあり、豊かな湧水に恵まれている。吉田三郎・植松芳平両氏によれば、川代山の表層地質は月山火山の噴出物である砕屑物で二～三メートルの堆積があり、その上部は主に火山灰、下部は安山岩塊が混入しており、洪積世末期の噴火による火砕流と推測されている(4)。米地文夫氏によれば、地形上は川代山泥流台地と呼ばれており、向山付近の原泥流との相違から二次泥流としている(5)。

中川代遺跡の周辺は県下有数の縄文遺跡密集地である。羽黒町には六六カ所の縄文時代の遺跡があり、時期別にすれば早期一カ所、前期一カ所、中期二三カ所、後期五カ所、晩期二九カ所、時期未詳一二カ所で、延べ七一カ所となる。中期と晩期の遺跡数が極端に多い。これらの遺跡が約一〇〇平方キロの面積内に分布している。月山の押し出した泥流台地の縁辺、笹川の形成した低位段丘ないし扇状地の扇頂から扇央部の立地である。縄文時代の前半は比較的小高い部分、後半は笹川扇状地とその近隣の低位な地点に散布している。これらの中で発掘調査が実施されたのは、大鳥居から一キロ余り南、笹川扇状地扇頂部の玉川《たまがわ》遺跡群だけである。明治以来、硬玉製玉類の採集で知られていたが、一九五二年以来A～Eの五遺跡が確認され、A・B・Cの三地点で発掘調査が実施されている(6)。調査では縄文時代中期から晩期の竪穴住居跡や墓地が検出され、土器・石器類と勾玉・丸玉・管玉が出土している。採集品も含む一一七点が硬玉類あるいは硬玉製勾玉類として県の文化財に指定されている。石器には黒曜石の石鏃が出土している。この黒曜石については、今野川上流の台地崖面で露頭が一四カ所も確認されている。植松芳平氏によれば、黒曜石層は流紋岩質岩石の上部にあり、上昇した粘性の強い酸性マグマが急冷して流紋岩となり、空気や水に接する最上部が再急冷して黒曜石になったと推定している。黒曜石のフィッション・トラック法による二点の絶対年代が、三二万、三五万年前と測定されたことから、第四紀新期の火山噴出物としている。なお、月山周辺では四八カ所の黒曜石露頭が認められており、流紋岩質層には硬い緑色の岩石も産出されるという(4)・(7)。

中川代遺跡の出土遺物

刻文有孔石斧とともに出土品として梅本氏が保管している遺物は、すべて縄文時代の遺物である。土器片が二一二点、石器類が八点、合計二二〇点であった。

土　器

土器片の部位と点数は、口縁部五八点、口頸部二三点、胴部一一二点、底部一九点であった。若干接合する土器片もあったが、全形が把握できるものはなかった。二〇一点が縄文時代中期の土器で、微量ながら前期と後期の土器が含まれていた。

図4の1～37は中期の土器である。淡黄褐色ないし淡茶褐色をしており、器厚は約一センチ前後で部厚いものが多く、器壁には砂粒が含まれている。器種は5の浅鉢以外、大半が深鉢とみられる。1～19は口縁部文様帯、20～25は口頸部文様帯、26～35は胴部文様帯、36は一二片が接合した深鉢の胴部、37は底部の破片である。1～4・12・13・15などの口縁部は、大形な長胴器形の破片で他は中・小形の製品であろう。口唇部は平口縁が多いが、緩やかな波状を成す6、小波状口縁の13、口縁上部に突出する把手破片の9などもある。口縁部の断面は直立状の例よりも、やや内湾するもの、強く内湾したキャリパー状の器形が目立っている。

口縁部文様帯の1～14は、貼り付けた粘土塊の凸帯に豪華な装飾を施している。橋状・環状・眼鏡状の貫通孔を造り出したり、把手・突起などの起伏を造形している。1～3は凹みや穿孔部に細い粘土紐で縁取りがある。4は眼鏡状隆起帯の上部に横S字状の沈線が連結し、1・2の凸帯下部には横位ないし縦位の平行貼付文がある。3は上端を正面にすると一文字の口の沈線があって獣面になる。凸帯に縄文を縦位に並列して押圧した11、横位の平行した絡条体の撚糸を押圧した10、把手の裏面に逆V字形の縄文押圧の9などの圧痕文もある。隆起帯から剥落した7、把手部の9と10には沈線や貼り付けによる渦巻文を描いている。15～19の口縁部は、平行する貼付文や沈線文を主体にした簡潔な口縁部である。

20～25は口頸部の破片で、二～三条の沈線文や貼付文あるいは両文併用の隆沈文により、口縁部と胴部の文様帯を区切っている。25は薄い幅広の粘土帯の上面に、縦位に縄文を短く並列して押圧している。

胴部文様帯26～34は、縄文や撚糸文のみのほか、地文の上に沈線文を施す28、曲線的な隆沈文のある26、平行貼付文の間に粘土紐の波状文を付した27などがある。33は斜行する沈線文のみの文様例である。36は深鉢胴部の接合例で

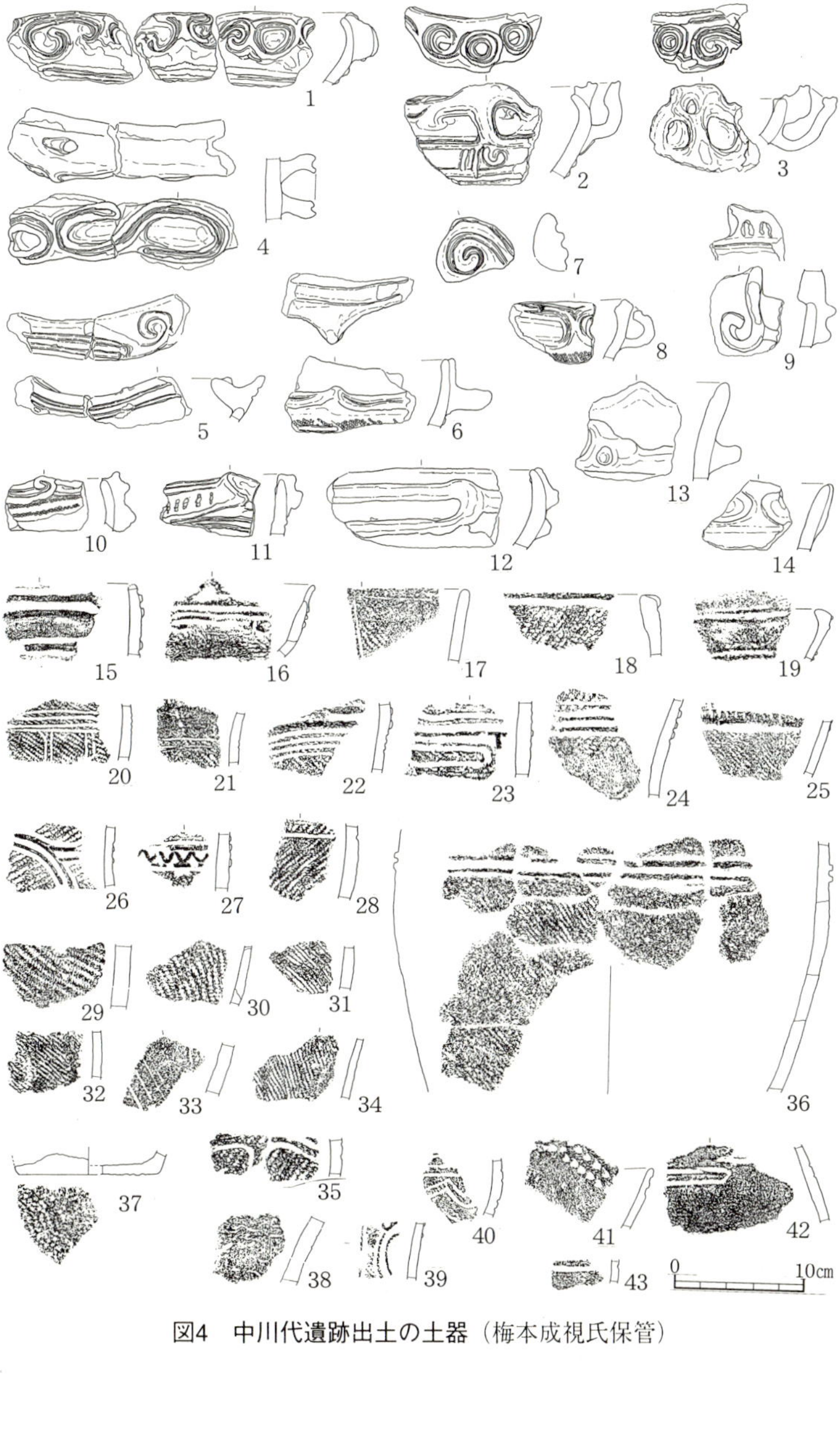

図4　中川代遺跡出土の土器（梅本成視氏保管）

最大径が約三二センチ、黒灰色で多量の砂粒を含んだ器壁の厚い土器であるが焼成は脆い。上部の二条の横位平行貼付文が口頸部文様帯となり、その上は無文、下はＲＬの縄文を施した中形の深鉢である。37は直径一一センチの網代底の底部であるが、無文の底部破片が多い。

このような深鉢を主体とした土器の特色、口縁部の器形とその文様帯の隆起文や貼付文、押圧の縄文や撚糸文、口頸部の平行沈線文・貼付文・隆沈文などの装飾は、東北地方南部で盛行した大木８ａ式土器の範疇で理解できる。縄文圧痕文は大木７ｂ式の系譜にあり、渦巻文は大木８ｂ式の主要なモチーフではあるが胴部には施文例がない。口縁部破片14は、薄い粘土帯を貼り付けて左右に浅い凹みを浮き彫りにしており、胴部破片40も磨消縄文ではないが曲線的な沈線で縄文を囲っており、両片は大木９式土器に類似する。34の底部付近の破片は縦位回転施文の細かい撚糸文で、薄い器厚から晩期の粗製土器ともいえるが、晩期特有の象徴的文様例がないので中期の小形土器の破片とみられる。

38は明黄燈色をした厚手の土器で、絡条体撚糸文いわゆる綾繰文であり、前期の大木２ｂ式土器に比定できる。39は曲線的な細い貼付文に刻みを入れており、40は連弧文の破片であるが加曽利Ｅ式とは地文などの相違があり、大木６式土器であろう。41は波状口縁の深鉢破片で、縁辺に沿って竹管の先端で斜めからの刺突を並列している。42は胴上部破片で、閉じる平行沈線文を施しており地文はない。いずれも薄手でやや堅い焼成であり、関東地方の後期堀ノ内Ｉ式土器に類似している。

石　器　石器類は砥石・磨石・磨製石斧状石器が各一点と石片五点である。図５の２の砥石は安山岩製の破損品で幅七一ミリである。周囲に四面の平坦な砥面があり上端には打裂痕がある。３の磨石は軽石製で、幅六九ミリの完形品である。上面が浅い皿状を呈し全面に擦った面がある。１は磨製石斧の刃部残欠のような粘板岩の石器である。残長六五ミリ、身部は部厚く下端は刃先としての鋭さを欠き、磨製石斧に成形した形跡はないが片面に擦

図5　中川代遺跡出土の石器（右下85 mm、梅本成視氏保管）

痕がある。石片は全長八五ミリを最大とする小片で、二次的な剥離痕もあるが削器ともいえず、石器製作時の剥片である。

以上が梅本氏保管遺物の概況である。遺物に注記されていないが、他遺跡採集品が混入してはいないはずという。したがって一九六六年の調査において、刻文有孔石斧を出土した中川代遺跡の時期は、縄文時代中期の大木8a式土器を主体とすることになる。中期以外の土器は前期七点、後期四点にすぎず、中期が九四・八パーセントを占め、中期の土器でも9式は三点のみで、ほとんどが大木8a式土器に当たり大木8b式の要素が含まれている。

分布調査と出土品　羽黒町教育委員会は一九九六年五月に二日間（第一次とする）、十、十一月に五日間（第二次）と、試掘を伴う分布の確認調査を実施している[3]。調査区は図6のような設定である。第一次は遺跡南西端の水田と切取り斜面六カ所に試掘溝を設けているが、五カ所の計八平方メートルを調査している。北部の試掘溝三カ所から遺物が出土し、地下三〇～六〇センチに黒褐色土の包含層を確認している。第二次調査は水田面にグリッドを設定して、一メートル四方

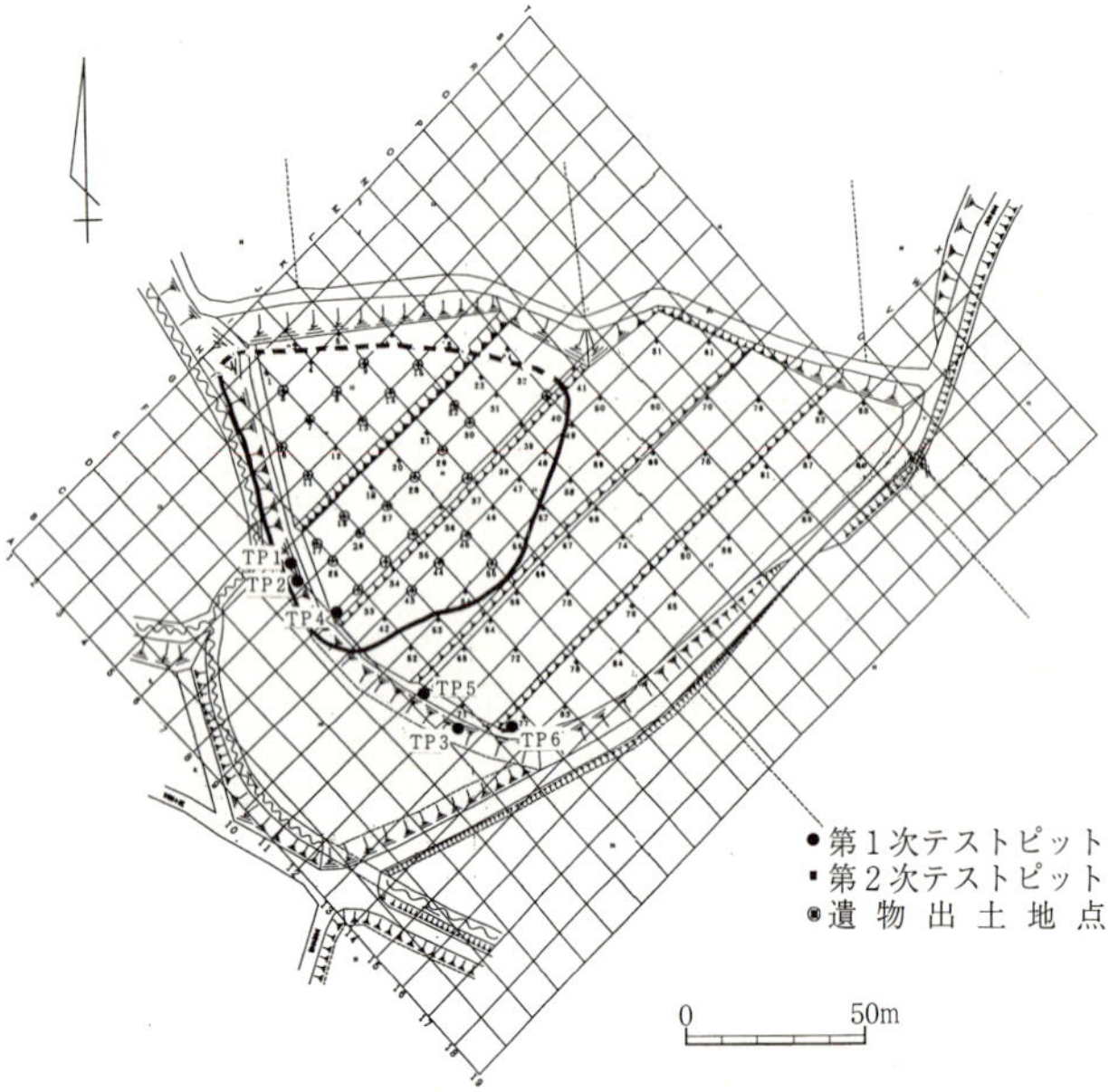

図6　中川代遺跡の試掘調査区（酒井英一1996・1997に加筆）

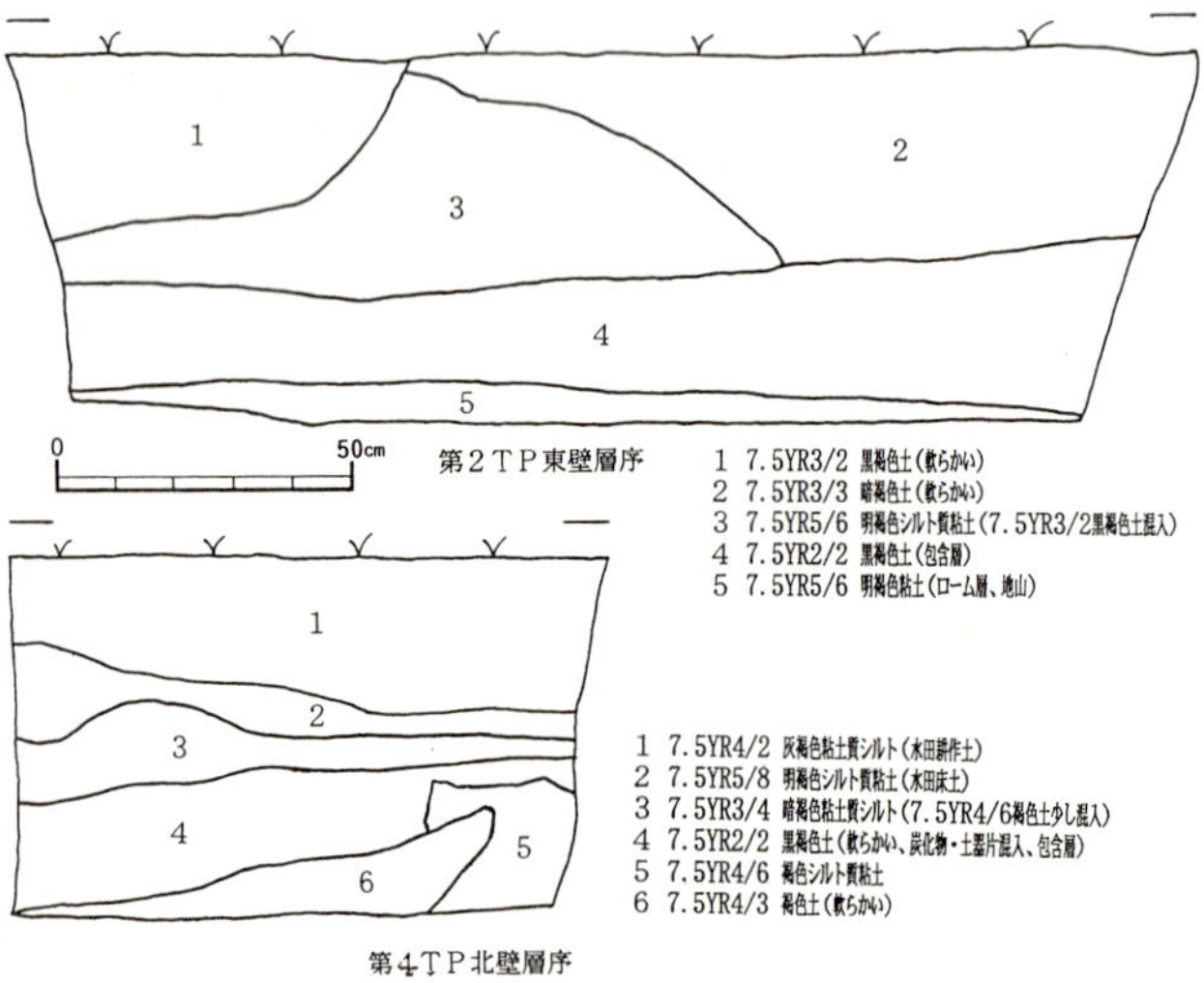

図7　中川代遺跡試掘溝の層序（酒井英一1996年より）

図8　中川代遺跡の発掘資料（羽黒町教育委員会所蔵）

の桝目八三カ所を調査している。土器・石器などの出土した二七カ所の平面分布により、遺跡の範囲は南北七〇メートル、東西八〇メートルと推測されたが、調査区北方への広がりに不安を残している。しかし遺跡の位置が明確になり、その範囲もかなり限定されてきたことになる。

この調査で出土した遺物は、第一次調査で二四六点、第二次調査で九二点、合計三三八点であった。その大半が縄文土器片で三二五点、石皿・砥石・石片などが一三点で、石片には黒曜石がある。土器はほとんどが中期で、わずかに後期ないし晩期とみられる、と報じている(3)。これらの出土品を実見したところ、大木8b式土器が多く大木8a式と小量の9式があった。図8は試掘溝2・4出土と表面採集の土器である。すべて深鉢の破片で、口縁部は内湾してキャリパー状を成し、その文様帯には渦巻文が顕著である。胴部にも縄文の上に貼付文や沈線文ないし隆沈文で区画し、渦巻文を描いている。このような大木8b式土器片が中心で、貼付文に起伏を加えた大木8a式土器の口縁部、彫りの深い中小の渦巻文を持つ堅質な土器の大木9式土器が含まれていた。

　羽黒町立第二小学校の遺物を点検していないが、梅本氏保管資料と羽黒町教育委員会の発掘資料を実見できた。両出土品には微細な相違もある。梅本保管品は大木８ａ式土器、羽黒町教育委員会所蔵品は大木８ｂ式土器がそれぞれ量的に主体を成し、両者とも微量の大木９式土器を含むが、羽黒町教育委員会品には前期・後期の土器はない、などの点である。しかし、主体的な分量の土器が接近する大木８ａ・８ｂ式土器であり、大局的には中期中葉を中心とする同一遺跡の土器と判断できる。したがって中川代遺跡は時期とともに、遺物の点からも現在地が確定されたことになる。

庄内地方の縄文中期

一九七六年に終了した『山形県埋蔵文化財包蔵地分布調査』によると、山形県内には縄文時代の遺跡として一三〇四カ所が登録されており、中期が五一六カ所と最多であった。庄内地方には三二一カ所の縄文遺跡があり、時期別にすると早期三、前期一三、中期一〇四、後期五五、晩期九七カ所と時期不詳九七カ所である。現在の遺跡数はさらに増加しているが、中期と晩期に頂点をもつ増減の傾向は不動である。

　県の西北部で秋田県境に接する庄内地方は、西の日本海と庄内砂丘で限られた庄内平野が、東方は鳥海山から月山に連なる出羽山地、南方は朝日連峰・摩耶山系の山並みに囲まれた地勢にある。縄文時代の遺跡は早期後半から山地内で認められるが、酒田市飛島の葡萄崎《ぶどうざき》遺跡でも早期末の条痕文土器が出土している。前期から中期にかけての土器編年は、宮城県松島湾の大木囲貝塚資料を指標とし、東北南半に広がる大木式土器型式を基準としている。前期前・

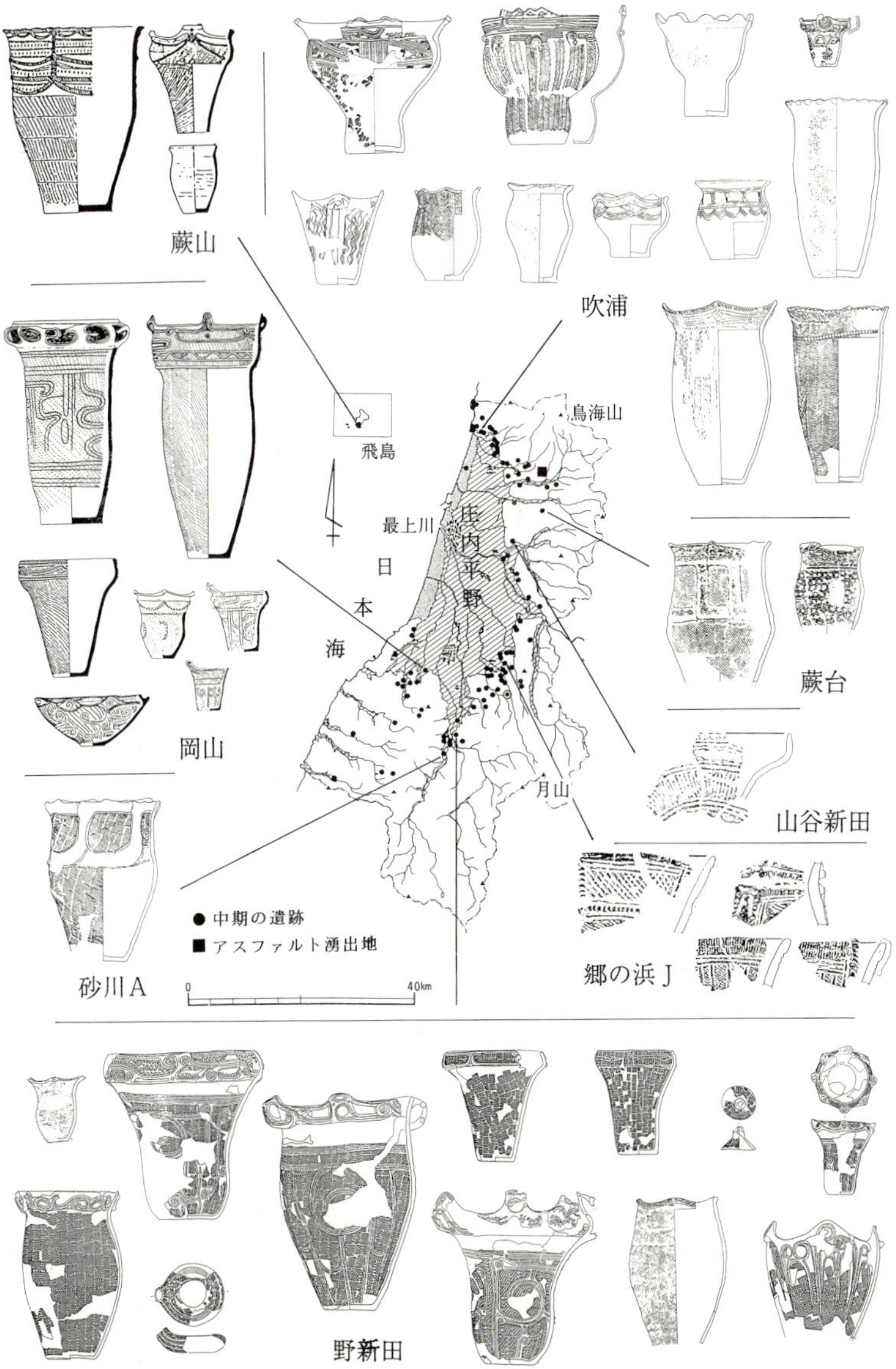

図9　庄内地方における縄文時代中期の遺跡と土器

中葉の遺跡は極めて少なく、大木5式がわずかに見られるにすぎない。前期としている遺跡のほとんどは、末葉の大木6式土器の出土による。

　中期の遺跡の分布状態と主要な遺跡の出土土器を図9に示した。遺跡は半月形を成す庄内平野の縁辺を縁取るように分布している。山麓の台地や丘陵、山腹、河川沿いの段丘などに多く、平野部では山地間近の高位にある。遊佐町吹浦遺跡では、口縁部が朝顔形に開いて胴部の膨らむ器形や台脚のつく金魚鉢形の中形深鉢、円筒ないし長胴形の深鉢などがあり、半截竹管の浮文に刻みを入れた文様や縄文圧痕文などが施されている。大木6式主体で大木5・7a式を含んでおり吹浦式土器の呼称もあったが、円筒土器や中部・北陸系土器の影響が指摘されている(8)。中期前葉の大木7a・7b式土器は、内陸の最上町水木田《みずきだ》遺跡で整理箱で約一〇〇〇個に達する良好な資料が出土しているが、庄内では前期後葉か中期中葉の土器に伴う場合が多い。中期中葉になると遺跡数は頂点となり各地に散在する。鶴岡市岡山遺跡(14)、朝日村野新田《のしんでん》遺跡(15)などを代表とする大木8a・8b式土器の時期である。口縁部が内湾あるいはキャリパー状の大形深鉢は、凸帯の文様が強い起伏の豪華な装飾になり、胴部にも一面に沈線文や貼付文を施している。器種にも浅鉢が加わり、野新田遺跡では環状注口土器が出土している。酒田市飛島の蕨山《わらびやま》遺跡では大木7b式と円筒上層b式の深鉢が共伴していた(9)。大木9式土器は大木8ないし10式との併存が多い。中期後葉の大木10式土器は八幡町蕨台《わらびだい》遺跡(16)、朝日村砂川《すながわ》A遺跡(7)などで出土している。蕨台の深鉢は胴中央に最大径があり、上半の弱く外反する口縁部文様帯には、L字形の幅広な隆帯で方形に仕切り、帯内の縄文を磨り消している。刺突文の小形深鉢もある。砂川Aの深鉢も同じ器形であるが、文様帯の方形区画はS字形の連結となっている。中期の土器は大木式土器を基調としているが、北方から円筒上層式土器の波及があり、また南方の北陸系の影響も受けている。新保・新崎式類似の土器は、羽黒町郷《ごう》の浜《はま》J遺跡で最初に発見された(10)。区画する粘土紐に半截竹管を用いた爪形文や格子目文があり、同時に刻目状に撚糸圧痕を並列する円筒系の技法が認められている。北陸系の土器は平田町山谷《やまや》新田《しんでん》遺跡などでも出土している(11)。野新田遺跡の蓋形土器は、新潟県の三十稲葉式土器の系譜であろう。このように中期の土器には大木式土器を軸にしながら、南北の広い影響下に置かれた変遷を辿ることができる。なお中期後半の土器編年については菅原哲文氏の試論がある(12)。

前期後葉から中期は集落跡の調査も進展している。前期末中心の吹浦遺跡は、秀峰鳥海山の日本海を眼前にした南

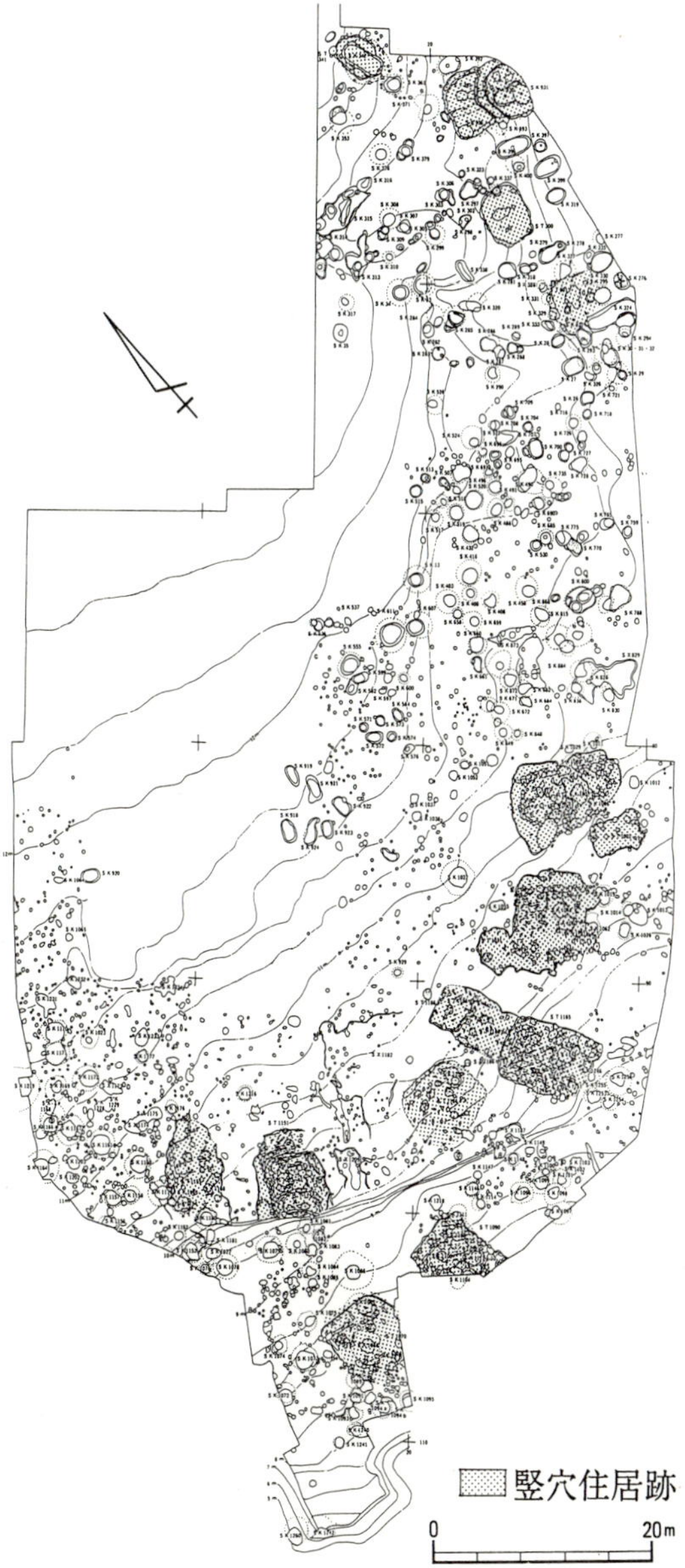

図10　遊佐町吹浦遺跡の集落跡（渋谷1988年に加筆）

西麓にある。青銅刀の発見された三崎山《みさきやま》C遺跡は北方二・六キロにあたる。吹浦は一九五一年から県初の発掘調査が四次にわたって実施されて一躍著名な遺跡となった(8a)(第一期とする)。その後、国道七号線吹浦バイパス建設に伴い、一九八三年から再び四次の調査が行われて、第一期の成果を補完している(8b)(第二期)。第二期調査では竪穴住居跡が一三カ所で重複して四八軒出土している。平面が長方形で、長辺が三・五～七メートル、短辺が三～五・五メートルで、床面積約三〇平方メートルのものが一三軒で最も多かった。竪穴住居群は標高一〇メートル前後の緩傾斜面から、北部の広場を囲んで弧状に検出されている。地床炉を複数設置した住居もあった。住居跡周辺に三三四基の土坑があり、袋状またはフラスコ状の貯蔵庫が一七三基に及んでいる。深さと底径が三メートルに近い例もあったが、貯蔵物は入っていなかった。第一期で小貝塚を調査しており、動植物遺存体が出土して食料の標識的資料となっている。吹浦とほぼ同時期、大木5・6式期の集落跡が、立川町早坂台《はやさかだい》遺跡で出土している(13)。最上川支流の立谷沢川左岸、標高一三〇メートルの河岸段丘上の遺跡で、一九八〇年から二次の調査が行われ、重複する一八軒の竪穴住居跡を検出している。海と潟湖に面した吹浦に対して川を眼下にする丘陵に占地しており、竪穴住居の平面形は吹浦が長方形、早坂台が円形プランであった。

岡山遺跡では一九六四年から六次の発掘調査が実施されて、前期末と中期中葉の集落が発見されている(14)。庄内平野南西端の台地上にあって、標高六九メートルの頂上部を広場として、三四軒の竪穴住居跡が回っていた。第14号住居跡では八軒が重複している。大木6式土器の時期を五軒含むが、他は大木8a・8b式期であった。直径四～六メートルの平面プランである。前期末は地床炉、中期は地床炉か石囲炉であり、祭壇に石棒を立てた例もある。野新田遺跡は庄内平野南端の赤川右岸、標高八〇メートルの低位段丘上にあり、一九九四年に高速道路部分が調査されている(15a)。大木8a・8b・9式期の竪穴住居跡五九軒が重複しており、土坑・集石遺構・埋設土器などが検出された。

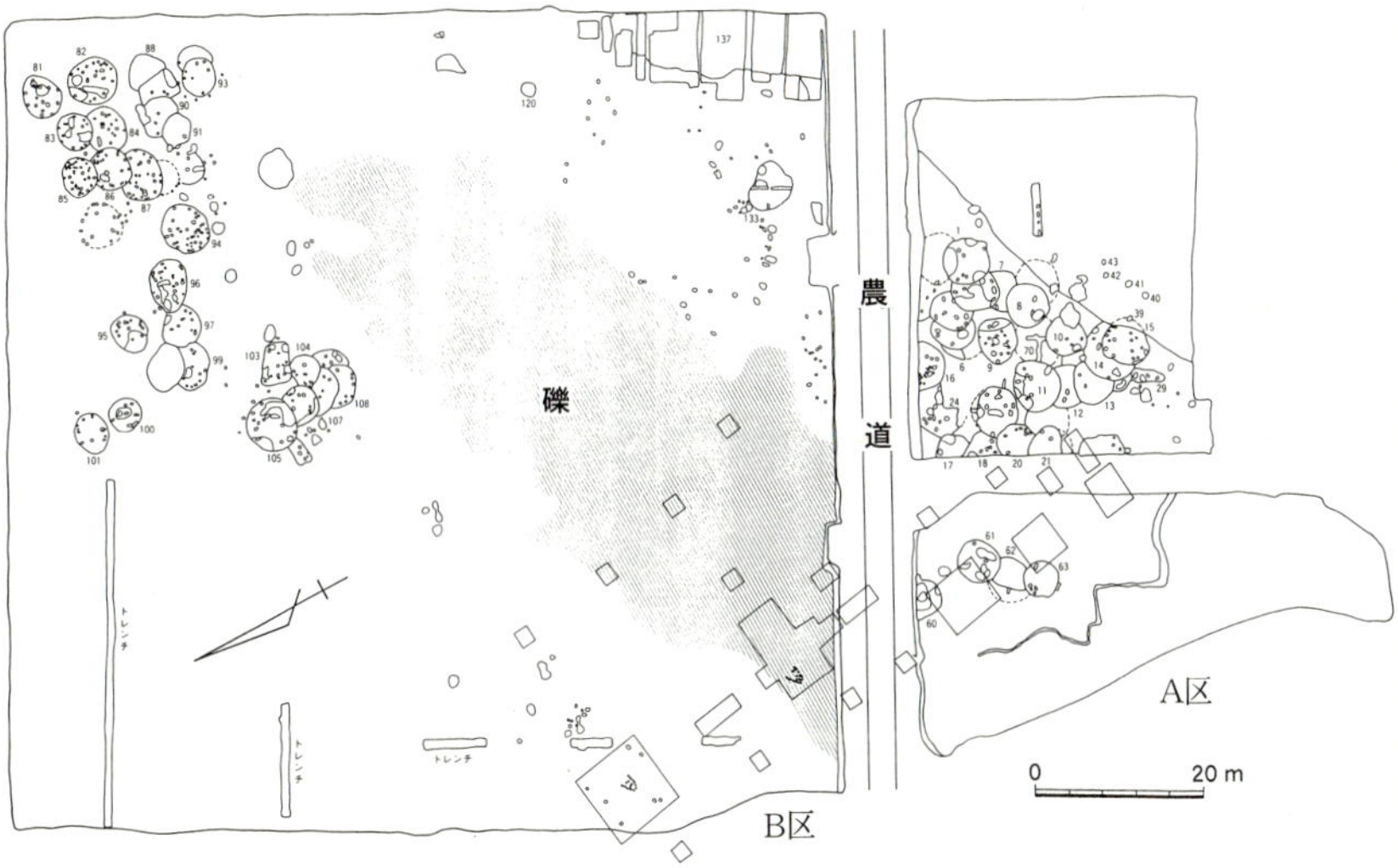

図11　朝日村野新田遺跡の竪穴住居跡（伊藤ほか1996年より）

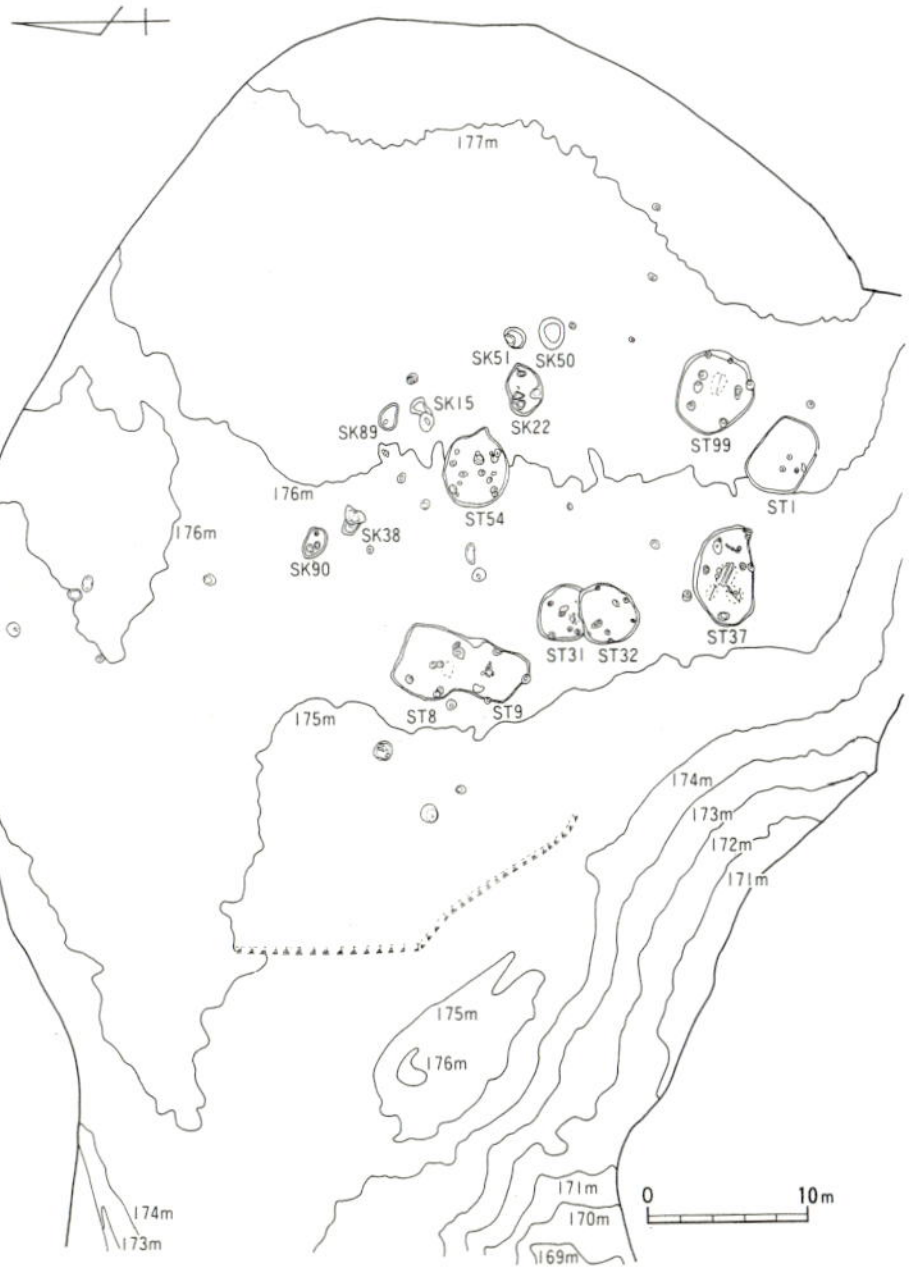

図12　八幡町蕨台遺跡の集落跡（斎藤1994年より）

図13　遊佐町吹浦遺跡出土の有孔石斧と玦状耳飾
（山形県埋蔵文化財センター所蔵、5の現長9.4 cm）

集落跡は東西方向の河川跡で南北に二分されており、北部の住居跡は円形プランと不鮮明な柱穴のみで、炉跡・遺物などはほとんど皆無であった。南部の住居に伴う炉跡は、方形と馬蹄形の石囲炉である。この遺跡では一九七二年に、大木８ｂと９式期の馬蹄形複式炉二基を出土したことがある(15b)。蕨台遺跡は出羽山地を横断する荒瀬川の左岸、標高一七七メートルの山腹にあり、一九九三年に全面調査された(16)。遺跡は北面する斜面に瘤状に突き出た直径約四〇メートルほどの小さな円形の平坦面にある。大木10式期主体の竪穴住居跡八軒と土坑などが出土した小集落であったが、大正時代の運動場整地の際に一部削平されていた。炉は地床炉か石囲炉であった。

縄文時代中期の遺跡の分布、土器の変遷、主要な集落跡の概況は以上である。遺跡数が急激に増加する前兆は前期末に生じていた。その分布状態も河川や平野部を望む周囲の小高い段丘や台地・山麓に限らず、出羽山地内や摩耶山系内にも散在して面的な広がりがあり、遺跡の標高も二～二八〇メートルと垂直的な幅も大きくなる。居住域が最大に拡散した時期といえる。集落の規模・構造・継続期間・竪穴住居の構築法や炉の形式そ

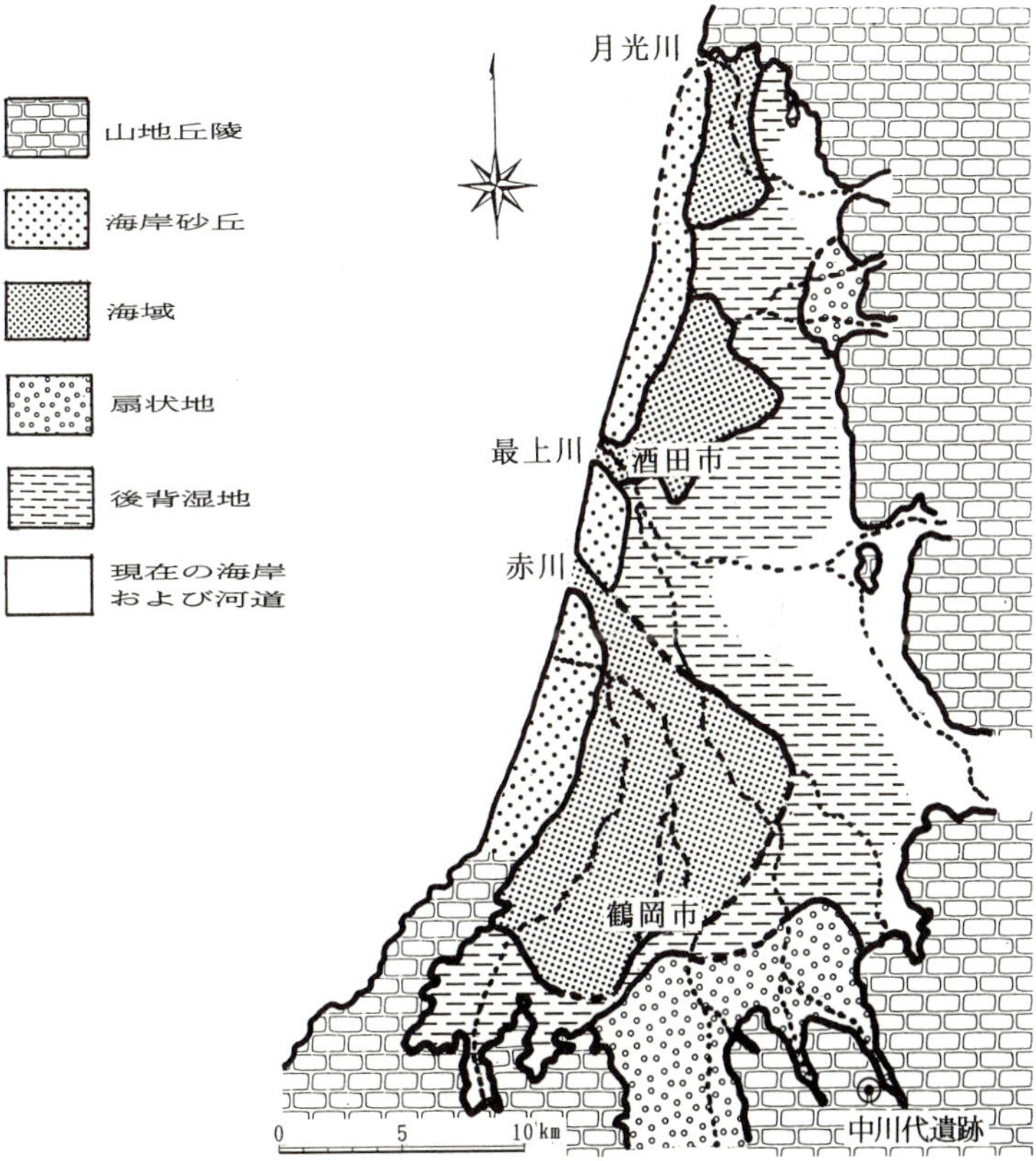

図14　約6000年前の庄内平野（有賀1984より作成）

して伴出遺物など、仔細に検討すれば各遺跡に特筆すべき要素があるが、ここでは中期に庄内一円に隆盛する拡散現象の指摘にとどめたい。さらに後期から晩期あるいは弥生初頭までの長期にわたって、中核的・拠点的に集落が営まれた遺跡、例えば遊佐町神矢田《かみやだ》遺跡、羽黒町玉川遺跡、朝日村砂川A遺跡などは平野部や谷底平野にあるが、その居住の開始は中期後半の時期である。このような新しい生活環境への適応としての低地への進出が、中期を端緒としているのは留意すべきである。

　これら大木文化圏内の遺跡が類似する土器を使用していることは、相互の交流と連携を語っているが、それは東北北部や北陸あるいは中部・関東へも及んでいた。その痕跡は土器に限られるものではない。早坂台遺跡では石槍二七〇点、石篦二二五点などと、珪質頁岩製の石器や未製品が多量に出土している(13)。遊佐町神矢道《かみやみち》遺跡からは、江戸時代に升で量るほどと表現されて採集された石鏃の一部が保存されており、縄文中期から弥生の時期と推定している。このように一遺跡の使用量をはるかに凌駕する遺物の出土は、少なくとも庄内地域内の交易に関わり分業を示唆する形跡であろう。鳥海山南麓にはアスファルトの湧出地があり、庄内の前期末以降の遺跡では接着剤としての使用例が珍しくない。八幡町八森《はちもり》遺跡出土の槍先形尖頭器に着柄用の付着物があり、それがアスファルトであるとしたら、その利用は約一万三〇〇〇年前に遡ることになる。月山山麓では黒曜石を産出する。砂川A遺跡の石鏃や石片は中川代近隣の原産と確認されているが、各遺跡の出土品も産地同定が進めば月山産増加の可能性が高い。吹浦遺跡では石製や土製の玦状耳飾とともに、有孔石斧が六点出土している（図13）(8b)。その中で玉斧と報告された乳白色の硬玉製品は、少なくとも庄内の製品とは言い難く地域外からの導入であろう。吹浦の小貝塚の食料残滓には、クジラ類・イシガメと鹹水産の貝類一二種類があり(8a)、海洋での漁撈が日常生活として展開していた。神矢道遺跡の石鏃は日本海に面した庄内砂丘中からの出土である。玉川遺跡の翡翠製の玉類の一部は、蛍光X線分析により糸魚川産と確認されている。縄文時代の物資の流動は陸路だけではなく開かれた海上の道がある。孤島の飛島への最短距離は鳥海山西麓の三崎山付近で二二・八キロであるが、早期末の土器があり、その頃からの果敢な渡航を示している。中期の庄内には一層活況を呈する発展を思わせる。自然環境の推移はまだ充分に解明されていないが、平野西部には広大な潟湖が存在していた（図14）(17)。この潟湖や海洋は生活圏を遮る障壁ではなくて、豊かな食料の宝庫としての恵みを吸収し、また人と文物が行き交う水上の道としてかなり開発されていたことになろう。

半ば唐突に浮上した刻文有孔石斧は、三崎山青銅刀の発見時に似ている。その衝撃の大きさもあるが、類例に乏しく孤立した状況にある。その要因には出土地周辺の情報不足もあって、少しでも払拭したい思いがあった。中川代遺跡の縄文時代中期には、南北長が約五〇キロの庄内平野縁辺部でかつてない活況を呈した様相があり、地域内外の広範な交流が展開していた。といって短絡的に、刻文有孔石斧の実在を必然的な存在とはとてもいえず、そして大陸との直結ルートというよりも、直結自体を議論すべき時点であろう。だが少なくとも、中期の活発な地域外との接触現象は、大陸製品流入の可能性を暗示しているともいえよう。今後は刻文有孔石斧の石質による原産地の同定、流入の系譜、刻文の意味や有孔石斧の用途など究明すべき課題が多いが、何よりも国内外の類例の発見が待たれる。

あとがき

本文は浅川利一氏のお勧めによるのであるが、起稿にあたり多くの機関や学友から助力を得ている。梅本成視氏からは刻文有孔石斧をはじめとした出土品を長期にわたって借用した。山形県埋蔵文化財センター・羽黒町教育委員会・致道博物館には所蔵資料の閲覧と写真撮影などを許された。安孫子昭二・酒井英一・伊藤邦弘の各氏からは、貴重なご教示やご助言があった。末筆ながら記して深謝申し上げたい。

註

（1） 浅川利一・梅本成視一九九五「山形県の縄文遺跡から出土した中国古代の有孔石斧について」『多摩考古』第二五号

（2） 佐藤禎宏二〇〇〇「山形県庄内出土の有孔石斧と青銅刀」『考古学ジャーナル』第四五四号

（3）a酒井英一一九九六『山形県東田川郡羽黒町中川代遺跡―分布調査概報―』羽黒町教育委員会
b酒井英一一九九七『山形県東田川郡羽黒町中川代遺跡―分布調査概報(2)―』羽黒町教育委員会
（4）吉田三郎・植松芳平一九七九「表層地質」『土地分類基本調査鶴岡』山形県企画調整部土地対策課
（5）米地文夫一九七九「地形分類」『土地分類基本調査鶴岡』山形県企画調整部土地対策課
（6）加藤　稔・米地文夫ほか一九七三『玉川遺跡』羽黒町教育委員会
（7）佐藤禎宏・植松芳平ほか一九八四『砂川A遺跡発掘調査報告書』朝日村埋蔵文化財発掘調査報告書第二集
（8）a柏倉亮吉ほか一九五五『吹浦遺跡』荘内古文化研究会
b渋谷孝雄・黒坂雅人一九八八『吹浦遺跡第三・四次緊急発掘調査報告書』山形県埋蔵文化財調査報告書第一二〇集
（9）川崎利夫一九七一「飛島の縄文土器」『庄内考古学』第一〇号
（10）川崎利夫ほか一九八一『郷の浜J遺跡』山形県埋蔵文化財調査報告書第五〇集
（11）名和達朗ほか一九九一『山谷新田遺跡・山海窯跡群発掘調査報告書』山形県埋蔵文化財センター調査報告書第一七〇集
（12）菅原哲文一九九九「山形県における縄文時代中期の土器様相―中期後半の編年を中心として―」『山形考古』通巻二九号
（13）八木藤太一九八二『早坂台遺跡』立川町埋蔵文化財調査報告書第二集
（14）a柏倉亮吉ほか一九七二『岡山』致道博物館
b佐藤鎮雄ほか一九七五『岡山遺跡発掘調査報告書』山形県埋蔵文化財調査報告書第四集
（15）a伊藤邦弘・黒坂広美一九九六『野新田遺跡発掘調査報告書』山形県埋蔵文化財センター調査報告書第四〇集
b佐々木七郎一九七二「馬蹄形の複式炉跡―山形県東田川郡朝日村野新田遺跡―」『庄内考古学』第一一号
（16）斎藤　守一九九四『蕨台遺跡発掘調査報告書』山形県埋蔵文化財センター調査報告書第五集
（17）有賀友子一九八四「庄内平野の地形発達―更新世末期以降の砂礫分布範囲の変化」『東北地理』第三六号

大陸文化伝来の道

柏倉　亮吉

はじめに

みなさんは「白河以北・一山百文」という標語みたいな言葉をお聞きになったことがあるでしょう。これは白河以北いまの東北地方には碌な物がなく、人物もたいした人がいないとか、文明が遅れた地方という言い方で、いわば東北地方を見下げた言葉であります。近頃になってこそ、東北地方は食糧の宝庫であるとか、自然が豊かに残っているとか、人情が厚いとかで、見直されつつありますが、先頃までこの言葉が通用していたようで、一般的には東北地方は文化の低いところと思われていたようでした。もっとも、そう思われていたのには理由がないわけではありません。次のような例があります。

稲作文化がわが国に広まる状態です。紀元前三世紀頃、中国の揚子江または朝鮮半島から稲作が北九州に伝わりましたが、それから一五〇年ほどで近畿地方へ、紀元前一〇〇年に関東地方へ、紀元後一〇〇年頃東北地方南部、それから二〇〇年位のうちに本州の最北端に伝わったと言われています。このように日本の稲作文化は西のほうから東方へ伝わったことは日本史の常識になっています。他にも似たことは数々あります。

このような一般論を基にして、明治初年に官軍が東北地方に進んできたとき「白河以北、一山百文」と言いはやした言葉なのでしょう。

ところで、このように文化の伝わるルートが、いつでも西日本から東日本へという方式に従うものだろうか。もっと別な道があってもいいのではないか。日本は島国であり北の道を通るルートがあってもいいのではないか。これを証明するものはないだろうか、と考えたわけです。

大正時代に喜田貞吉先生という先達が指摘しておられますが、気をつけてみるとわれわれの身近なところにもいくつかの例を挙げることができそうです。県内の数ある遺跡のうちから三つの遺跡を選んでこのことを考えてみます。

県内の三地域から一つずつ選んでみると、庄内地方では飽海《あくみ》郡遊佐《ゆざ》町吹浦《ふくら》町女鹿《めか》の三崎山、内陸では山形市の西方、門伝《もんでん》の大《だい》ノ越《こし》古墳、置賜《おいたま》地方では東置賜郡高畠《たかはた》町の押出《おんだし》遺跡です。この三遺跡はそれぞれ時代が違います。しかしここでは遺跡の年代の新旧によらず、発掘された調査の年度の順序に従ってお話をしましょう。

三崎山出土の青銅刀

三崎山というのは庄内地方の北の端、秋田県との県境に近い所ですが、そこから昭和二十九年の秋に思いもかけな

図1　三崎山出土の青銅刀（2分の1）

い物が掘り出されました。それは図1のような刀一振であります。現存部の長さ二六センチ、全体が緩くカーブしていて、湾曲の内側が刃、外側が厚くて背になっている、いわゆる内反りの刀であります。柄の端が壊れておりますが、もとは環になっていた痕跡があります。青銅の鋳造で全面を緑青が覆っています。

この青銅刀が掘り出された所は鳥海山の西麓、日本海の海面から七〇メートルほど高い、ちょっとした平地であります。西側を高さ二五メートルの小さな尾根で限られた細長い窪みとなっていて、南北二五〇メートル、東西一〇〇メートル。この地域内の六カ所で縄文時代の遺物が見つかっています。

青銅刀はその第1地点から、鹿骨や縄文後期土器とともに採集されたのです。ここの地点は地表の腐食土、その下に安山岩の集積層があります。刀子は地表下二メートルに、岩石の隙間に落ち込んだ腐食土に混じって、復元可能な土器片とともに横たわっていました。そこの地表の腐食土には若干の土器片が残り、もとの縄文期住居跡の床面を思わせる堅さの層がありました。これを考えますと、もと縄文後期の住居跡にあった刀子が、長い年月の間に、土と一緒に落ち込んだ状態と思われたのです。

青銅刀の仲間　この青銅刀に似た形の仲間は少なくはありません。これまでアジア大陸で出た数は数百本に達するといいます。出土地は中国旧満州・蒙古・南シベリア等で、主なものは、

①安陽県　中国河南省付近一帯に殷代の遺跡がある。

②オルドス地域　黄河を遡って長城を北に越えた内蒙古自治区。黄河の湾曲部に囲まれた地域。

③アルタイ山脈地区　オルドスの西北二〇〇〇平方キロ。蒙古人民共和国の西部（樋口幸雄氏による）。

これらのうち、若干を図示します（図3）。

三崎山出土の刀と類似するものは、刃部の幅が広く、刃から柄にかけて緩やかに内湾し、柄端に環をつけたもので、これに類似したものは図の2・3の安陽県出土のものや、図示していないが東京国立博物館所蔵品（伝安陽県殷墟出土）、さらに樋口幸雄氏の報告によれば、アルタイ山脈地区出土の一口などがあります。

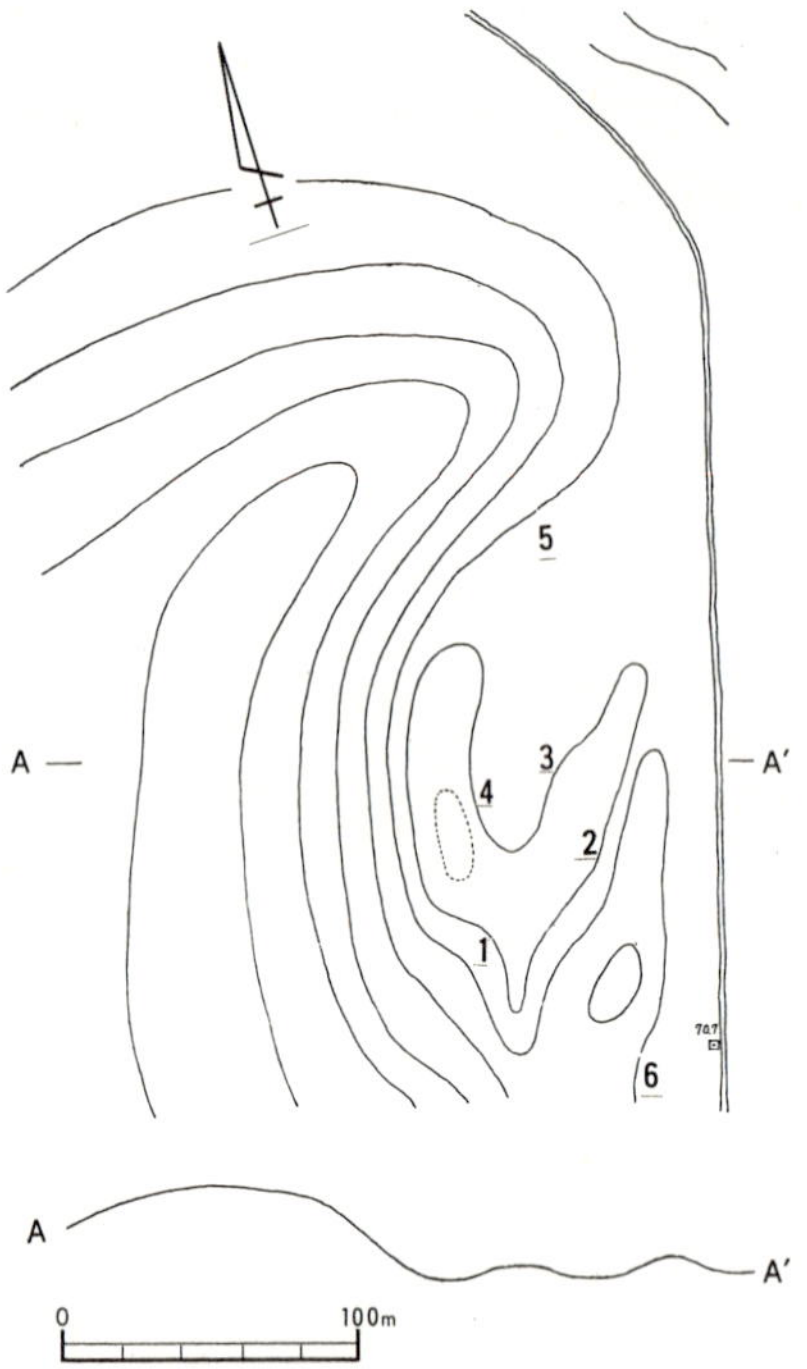

図2　青銅刀出土地域（A地区）

中国の李済博士は安陽県小屯出土の刀子について製作年代を推定しています(1)。それによると、図3所載の2が殷代盛期、3がこれに続くという順序立てです。三崎山出土の青銅刀は2に類似した形であり、したがって殷の時代に造られたと考えられます。

これが三崎山で縄文後期の土器と一緒に出たということになると、鋳造されてからあまり久しい年月を経ないで、旧満州やその北方を経由したかもしれないが、三崎山辺りに到着したということになりましょう。そして現在まで数千年もの間、この地に埋もれていたということになりましょう。

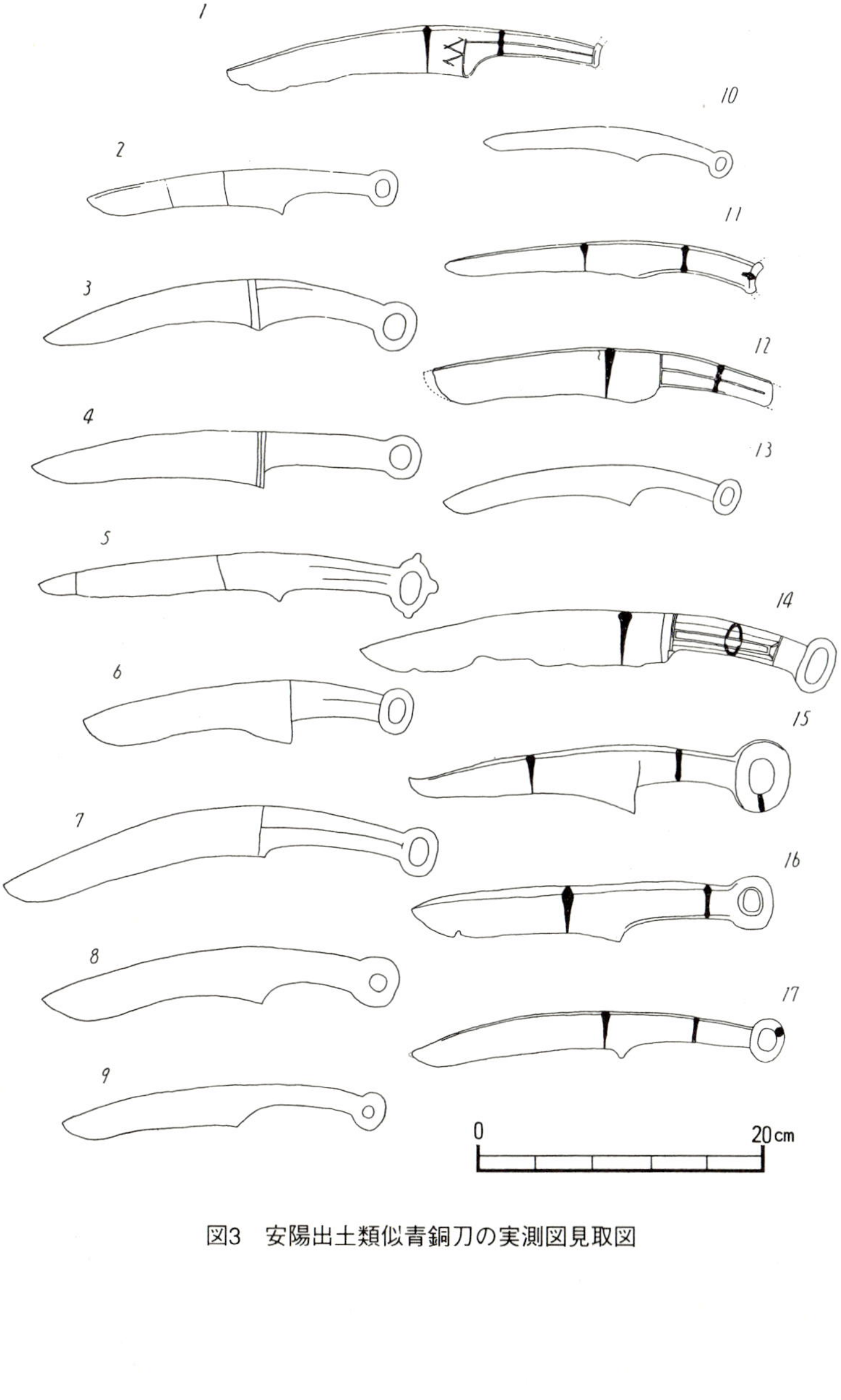

図3　安陽出土類似青銅刀の実測図見取図

このことが新聞記事になったのは、昭和三十一年二月九日の朝日新聞です。その趣旨は「三〇〇〇年前の青銅刀が山形県で発見されたが、日本では最初の出土」とあって、京都大学梅原末治教授の談話を載せています。

私は昨年十月山形へ行った時、実物を見て吃驚した。これが発見された事によって、一部の学者に考えられていた地方文化の日本伝来が実証されたことになる。あの刀は日本のどこにも発見されなかったもので、刀の作り方、特徴から見て、明らかにシベリアのミヌシンスク（中部シベリア）地方で青銅時代から鉄器時代に移る頃に作られたものである。今まで朝鮮を経て大陸文化が日本に伝えられたコースの他に、シベリアから東北・北海道に伝わるコースがあったと考えられていたことが実証されたものであり、考古学上貴重な発見である。

また同じ二月の十日付け日本経済新聞には同じく教授の談話を載せていますが、それには「今度の吹浦青銅刀の発見は、昭和三十年における考古学上、最も偉大な発見である」と評価しています。

青銅刀に対する学界の評価

しかしこの考えが学説として定着するまでに若干の紆余曲折がありました。

私が青銅刀出土の件を学会に発表したのが、昭和三十一年五月でした。東京のある大学で行われた日本考古学協会の総会であります。けれどもその時の受け取られ方は、私の説に承服しがたいのが大勢のようでした。その後、国の文化財保護委員会、いまの文化庁の委員の先生方が、現物をよく検討したいということから、青銅刀を東京へ送りました。委員会の結論は、刀の刃部に赤色の付着物があるのが変だということでした。特に中国の青銅器に造詣の深いK博士は、赤っぽい付着物が指で擦ってもなかなか落ちないほど密着しているから、これは日本の粘土ではなく、それよりも粒の細かい中国の黄土の付着であろうと考えられたのでした。

中国に永く埋もれていたものが、戦時中、日本の兵士によって買い求められ、その後、何かの理由で三崎山に捨てられたのではないかと推察されたわけです。

青銅刀三崎山出土の証拠　そこで青銅刀が三崎山に長く埋まっていたことが承認されなければならないわけですが、前記の青銅刀が出た場所の西側の別な谷間から古墳時代の蕨手刀が出ているのです。これにも赤っぽい付着物があります。鉄製の刀ですから赤鏽《せきしゅう》は当然ですが、その上に少し変わった赤っぽい物が着いているのです。どうしてかと考えますと、この場所は鳥海山の噴火による火山岩が堆積していて、この岩石が割りと脆いもので、雨水に遭うとだんだん融解して、その成分が下の堅い岩石等に付着する。この現象は採掘の人たちも確認していることでした。

蕨手刀は酒田市の光丘文庫（図書館）に保存されていますが、その付着物は刀が長い間、鳥海山麓の火山岩の下に置かれていた証拠であろうと思われます。そこでK博士に一度、現地調査をしていただきたいと致道博物館の酒井忠一氏とともにお願いしたところ、早速秋にお出かけになって、詳しく現地をご覧になった。その結果、これまでの御自身の主張を撤回なさったのです。『日本歴史』という学術雑誌に「冬の出羽の旅」と題する随筆で、

青銅刀に附着している泥や赤鏽が、中国の河南省の殷墟ノ青銅の鉾に附いている物と非常によく似ていた。そこで私はこの青銅刀が女鹿の三崎山から出土したということを疑い、何人かの悪戯であろうと考えてみた。日華事変の際、彼の地に渡った人が、土地で売っている出土品を買ってこないとは誰が保障できようか、というのが理由であった。そこで実際、出土状況をみると、私が考えていることが間違いで、柏倉君の言っていることが真実である。

さすがにいさぎよい真実追求の態度でした。それから後は、私の主張がほぼ学説として定着したようです。

結局、私の言いたいことは、この青銅刀は殷の盛時から終わりにかけて、中国の黄河流域（もしくは旧満州・シベリア等）で作られ、間もなく日本海を渡って鳥海山の麓に着地したものであろうということです。このとき、鳥海山麓には縄文後期の人たちが住んでいたでしょうが、この人たちは金属器の造りかたを知らないので、青銅刀を見てさぞ

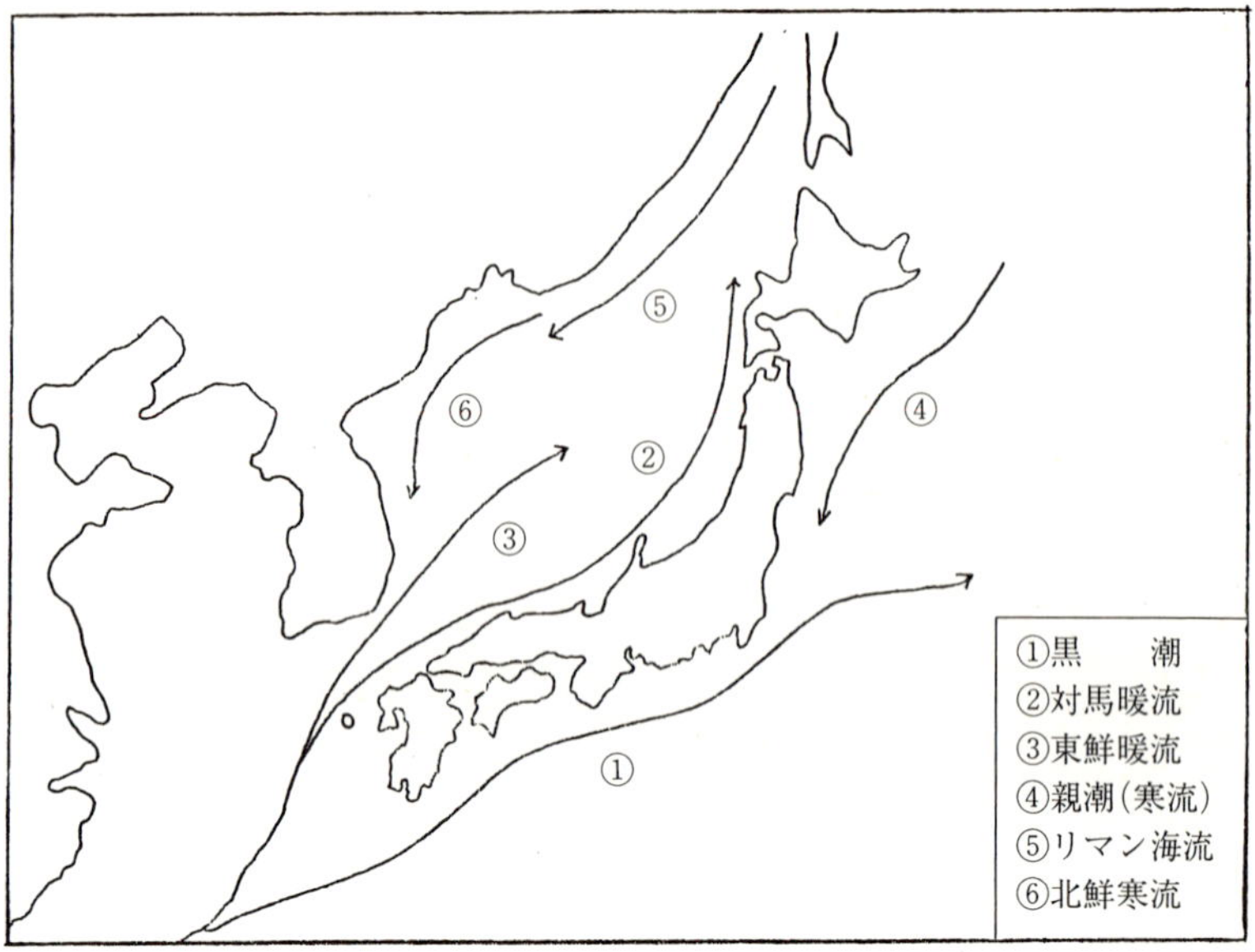

図4　日本近海の海流

かしびっくりしたのでしょうね。その形を真似て、石で類似品を作ったようで、東北地方から北海道にかけて、内反りの石刀が六〇点ほど出土しているのです。

青銅刀の道

ところで中国河北・大陸と三崎山がどのように結びつくか。一般的に大陸の文化は朝鮮半島から北九州に伝えられ、それから日本列島を東のほうへ伝わるものと考えられています。そういう一般ルートによったものならば、西日本にこういう例が数々あってもよいでしょうに、それがなく、唯一例が鳥海山麓からの出土であるということは、青銅刀が西日本や畿内地方を通らないで来たという考えに導きます。とすれば、河北から旧満州・南シベリアを経由し、間宮海峡を通るルートを含めて、日本海ルートを想定するのが自然でしょう。

こういうルートがあったということは、大正時代に喜田貞吉先生が唱えられましたが、最近になって特に日本海ルートが重要視されるようになりました。例えば、京都府立大学の門脇禎二先生、同志社大学の森浩一先生らが、古代日本海諸地域という本をつぎつぎに出しておられ、日本海ルートが注目されるようになってきました。

ところで日本海を伝わるとして、どういう道筋かというと、私は海流を考える必要があると思います。それには奈良時代のことですが、渤海国の船団の来航がよい例になるだろうと思います。

渤海国というのは八世紀に建国、約二四〇年間朝鮮半島北部から旧満州（中国東北吉林省）にかけて広がっていた国です。この国が日本に友好を求め、縷々《るる》船団を日本に派遣しています。わが国の史書によると、七二七年から九二二年までの二〇〇年の間に三五回に及んでいます。渤海の領土は、東は日本海にのぞんでいましたが、西は渤海湾にのぞんでいませんでしたから、船団の就航地は五京のうちの南京（南海府）、いまのある咸鏡北道鏡城からであろうと思われます。

船団は多ければ一〇隻以上にもなり、土産品を積んで都に向かい、滞留何カ月かで、帰りは日本からの土産品を積み込んで行きました。七二七年（神亀四）の例をいえば、船団は漂流して庄内浜に着いたので、出羽国司が奈良の都まで送り届けました。

朝廷に対する土産は、貂の皮三〇〇枚、都では天子から謁見を許され、滞在期間は一年でした。七四〇年（天平十二）のときには貢品に大虫（虎）の皮七枚、羆の皮七枚、豹（海豹《あざらし》?）の皮六枚、その他人参三〇斤、ミツ三石を持参したが、帰りには紙、繊維製品を贈られました。

渤海の来航についてわが国では、船団が遠隔の辺境に着陸されても困るので、外交事務を担当する役所のある太宰府に来るように通達しておきました。渤海側もそのつもりで船出したようですが、リマン海流から対馬海流に流されて、山陰・北陸・出羽の海岸に漂着することが少なくありませんでした。次に掲げる表は、渤海使節の来航一覧ですが、「漂流」と日本の史書に記されたものがあります。漂流と記録されないものでも、山陰地方、北陸地方に来着した

表1　渤海使者一覧（小島芳孝氏による）

西　暦	年　号		着　岸　地		入　京　月　日	
727	神　亀	4	漂流	出羽国	12.2 0	入京
739	天　平	11	漂流	出羽国	10.2 7	
752	天平勝宝	4		越後・佐渡	5.2 5	以前
758	天平宝字	2		越　前？	1 2.2 4	
759	〃	3	漂着	対　馬	1 2.2 4	
762	〃	6		越　前	1 2.1 9	
771	宝　亀	2		出羽・野代湊	1 2.2 1	
773	〃	4		能　登		
776	〃	7	漂流	越前？	1 2.2 2	
778	〃	9		越　前	1.1	以前
779	〃	10		出　羽		
786	延　暦	5	漂流	〃		
795	〃	14	漂流	蝦夷地	4.2 7	以前
798	〃	17		隠　岐	1 2.2 7	以前
809	大　同	4				
810	弘　仁	1			1.1	以前
814	〃	5		出羽国？	1 1.9	～　1.1 間
818	〃	9	漂流			
819	〃	10			1.7	以前
821	〃	12			〃	
823	〃	14		加賀国		
825	天　長	2		隠　岐	5.8	
827	〃	4		但　馬		
841	承　和	8		長　門		
848	嘉　祥	1		能　登	4.2 8	
859	天　安	3		〃		
861	貞　観	3		隠　岐		
871	〃	13		加　賀	5.1 5	
876	〃	18		出　雲		
882	元　慶	7		加　賀	4.2 8	
892	寛　平	4		出　雲		
894	〃	6		伯　耆	5.7	
908	延　喜	8		〃	4.2 6	
919	〃	19		若　狭	5.8	
922	〃	22				

ものが多かったことが明らかであります。漂着地を調べてみると、対馬（一）、長門（一）、出雲（三）、隠岐（三）、伯耆（二）、但馬（一）、若狭（一）、越前（四）、加賀（三）、能登（三）、越後（一）、出羽・蝦夷（六）、不明（六）となっています。国として見れば、越前・加賀・能登よりも、出羽海岸にダントツに多く着岸しております。その漂着率は一七パーセントに達します。こうすると大陸の文化は、いつも日本列島の西からはじまって奈良・京都・関東と伝わるルートの他に、直接に出羽国の海岸から入る大きな入口であったと言えるのではないでしょうか。

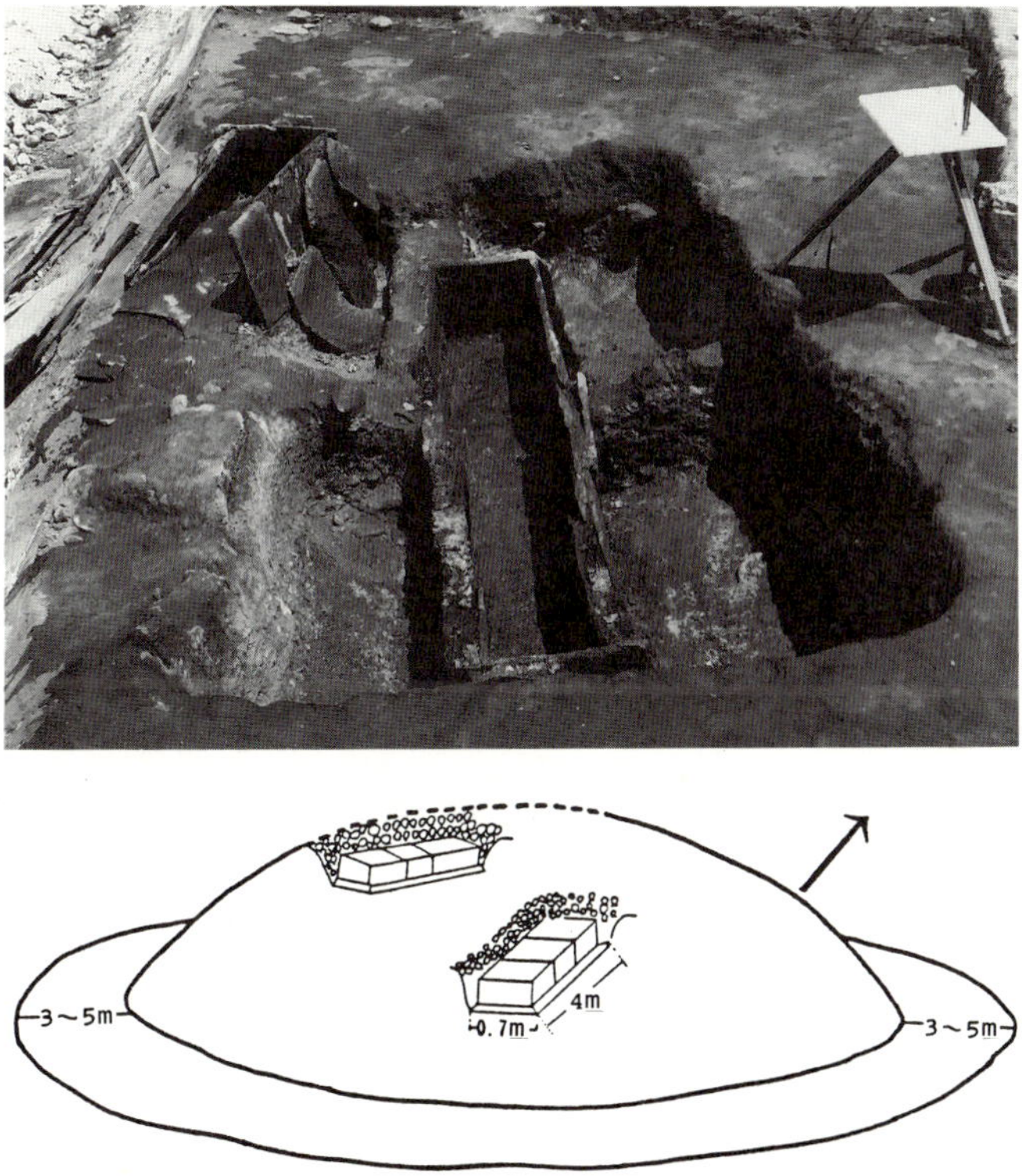

図5　山形市大の越古墳の二つの石棺

大ノ越古墳　次は大ノ越古墳であります。山形市の西のほうの山麓にあります。水田面より一段高い畑に埋まっていたのですが、昭和五十三年に農道を切り開いたところ、その切崖面に一つの石

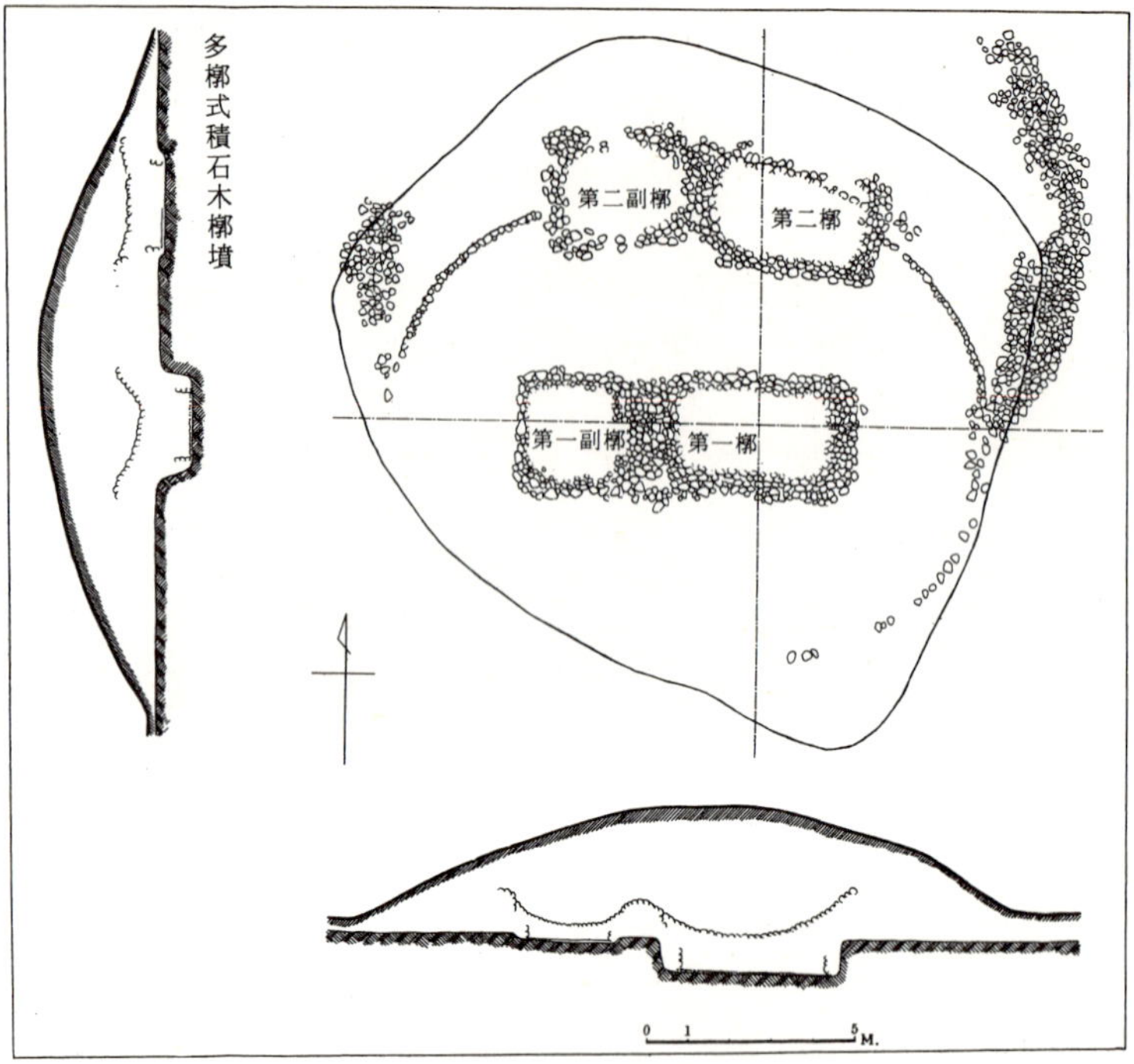

図6　皇吾里14号墳の実測図

棺が現われ、県の文化課により調査されたものです。県の報告書によりますと、もと高塚古墳で、元の封土の頂上部は平らにならされて畑になっていますが、元は封土をめぐって三～五メートル幅の周溝を具えた円墳だったようです。

封土の高さは推定五～六メートル、直径は一五メートルということです。現われた石棺は、付近の富神山の板石を十数枚組み合わせて、床石、側壁、蓋石とした長い箱式の石棺でありますす。これを第1号石棺とします。

調査を進めて明らかになったことは、1号棺のほかにもう一基石棺があったことです。1号棺の斜め下、1号棺より一・二メートル下位にあり、長軸方向を異にしていました。同じく板石を用いた組合せ箱式石棺で、長さ四メートル、高さ五五センチ、北東に向いています。

副葬品としては1号棺の床面に単鳳式環頭太刀(2)・剣・斧・馬具・鉄鉗等で、剣は珍しく長い八〇センチ。2号棺では蓋石に挟まって鉄製の銙《か》帯金具がありました。
それからもう一つ注意すべきことがあります。それは地中に埋められた石棺の上に、丸石・人頭大の河原石がたくさん積み込まれていたことです。石棺を地中に納めるために竪穴を掘る。この竪穴―掘方という―の中、石棺の上に河原石を十数個も積み重ねてあるのです。1号棺にも2号棺にもありました。一種の積石塚といえそうですが、ある程度積んだら、その上は盛土をして、古墳のマウンドとしているのです。封土の上表に石を敷く葺石とも違う置き方です（図5）。

古墳の墳丘に複数の主石棺を置くこともまれなことですし、石棺の上に重ねて丸石を置いたことも珍しいことです。県内でも初めてのことですが、他にもあまり例がありません。こういう特殊な古墳築造の方法はどこから来たのであろうか。私にはそのルーツが、どうやら新羅にあるのではないかと思われるのです。

新羅の都は慶州でしたが、その一部に古墳が集まっている所があります。そこの古墳の築造は、一つの墳丘に複数の木槨が納められ、その槨の中に木棺が置かれます。木槨の上には河原石を積み上げ、粘土で固めるという築き方であります。学者はこれを多槨式積石塚と名付けています。

皇吾里33号墳は、円墳の墳丘の上に二基の主槨があります。槨の中に木棺があり、木槨の上に丸石をごろごろ積み上げ、その上を黄色の粘土で目張りをしています。東槨からは金製細環式垂飾付耳飾、銀製銙帯、鉄製太刀など、男性を思わせるものが副葬されていました。14号墳も同じく副槨を伴った二つの主槨があります（図6）。

また109号は主槨が三基あります。この多槨式積石塚は新羅の古墳築造法で、時代は四～五世紀、大ノ越古墳より少し先立つようです。朝鮮半島東側の新羅から海流によって日本列島に伝わってきたものかと思われます。

押出遺跡

押出遺跡は南陽市赤湯の近くで、行政区でいえば東置賜郡高畠町押出にある遺跡です。白龍湖の南三キロで、以前は「大谷地《おおやち》」といわれた湿田地帯でした。この大谷地の一部分に、国道一三号線のバイパス（赤湯バイパス）を作ることになりました。前に乾田化作業のときに縄文土器が出土していることから、昭和六十年から三年計画で、県の文化課が調査することとなりました。

発掘しましたところ、いろいろなものが出てきたのです。地表から二メートルほどの深さで材木がたくさん出ました。建てられた家の柱や建築資材が残っているのです。伴う土器は縄文前期のものでした。縄文時代のしかも前期の木材が建物の姿を保ちながら残っていることは珍しいことです。ところが、それらに混じって変わった土器が埋まっていました。見つかったときには鮮やかな赤色を呈していましたが、それは赤地に黒漆で曲線文様が描かれていました。発掘後、文化課の方々が破片を寄せて復元しましたところ、わりと低いが胴の張った見事な壺になりました。高さ一五センチ、胴径二四・五センチ、平底に低い脚台がつきます。文様は全体に赤漆を塗り、その上に黒漆で線を描くが、胴の張った所に横位線を描き、その上に渦巻文を重ね、隙間を曲線で埋めてあります（図7）。

図7　押出遺跡の漆塗り彩文土器

土器は表面は滑らかですが、轆轤を使ったものではなく、輪積み法によって作り上げたようです。これは日本の石器時代では珍しい例で、いまのところ福井県鳥浜遺跡で類似品が出ているだけと思います。こういう土器が出てきたのはどういうことか。調査担当者もいろいろ考えたようですが、これのルーツは大陸にあるのだろうと見当をつけたわけです。

大陸の例というのは彩文土器または彩陶といわれるものです。中国の新石器時代を代表する仰韶文化に伴う土器といわれます。表面はすべすべしていますが、轆轤使用ではなく、輪積み法で作られ、黒漆、赤漆で典型的なものは渦巻文または同心円をつないで、雄大に文様が描かれています。押出遺跡の土器は、形・製法・文様の点で、この彩陶に非常に似ていると思われるのです。

さて仰韶文化の行われた広がり—文化圏のこと—ですが、非常に広かったようです。西は地中海から中近東を経て帯状にのび、東は黄河の流域、さらに北東、旧満州にまで至ったといいます。

そういうグローヴァルな文化が、日本海を渡って東北日本、われわれの地域に入ったと考えるのも楽しいではありませんか。

まとめ

以上述べました三つの遺跡の例を通じますと、大陸の文化は日本海のルートを通って東日本に伝わることがあると考えられるということです。

文化は常に日本の西のほうにまず入って、それからだんだんと東のほうに入ってきた、だから東北地方はいつでも文化の上では西日本の後塵を拝してきたという常識論では片づかないものがあります。それとは違う文化伝播のルートがあるだろう。日本海の伝来ルートがこれから後、歴史学の研究題目となることでしょう。

註

（1）李済一九五三「記小屯出土之青銅器」『考古学報』一九五三年第Ⅱ期

（2）川崎利夫・野尻　侃一九七八『大之越古墳発掘調査報告書』山形県埋蔵文化財調査報告書第一八集、山形県教育委員会
穴沢咊光・馬目順一二〇〇二「出羽出土の韓半島系環頭大万」『清蹊史学』一六・一七合輯、清蹊史学会

大陸と日本列島を結ぶ日本海

川崎　利夫

はじめに

山形・秋田の県境をにそびえる鳥海山は、標高二二三七メートルで出羽富士ともいわれ美しい山容を誇る。その日本海にのぞむ山裾から、一九五四（昭和二十九）年十一月、採石にたずさわっている業者の一人が一本の青銅刀子《とうす》を石のすき間から掘り出した（口絵）。

それは中央アジアのカラスク文化など北方ユーラシアの遊牧民族の間に紀元前に広く使用されていた刀子である。武器というよりも、削ったり切ったりする大型のナイフや鉈《なた》のようなものであったらしい。さらに中国古代の殷《いん》や周の時代にも用いられて、殷の都の跡である殷墟などからも出土している。中国古代の戦国時代に燕《えん》を中心に流通し、まれに沖縄などからも発見される銭貨「明刀銭」の祖型を成すといわれる内反《うちぞ》りの刀子である。

鳥海山の麓から内反りの青銅刀

これが出土した鳥海山の麓には多くの遺跡が密集する。南西麓の裾野の台地には縄文前期後半の「吹浦《ふくら》遺跡」があり、この地域では数少ない貝塚であった。広大な集落跡であるこの遺跡の一部は、上層に平安時代前期の集落跡が存在する複合遺跡である。吹浦には古い文献にみえる「大物忌神《おおものいみ》社」や「神宮寺」などもあり、三崎峠を越えて出羽北部に向かう交通の要地でもあった（図1）。

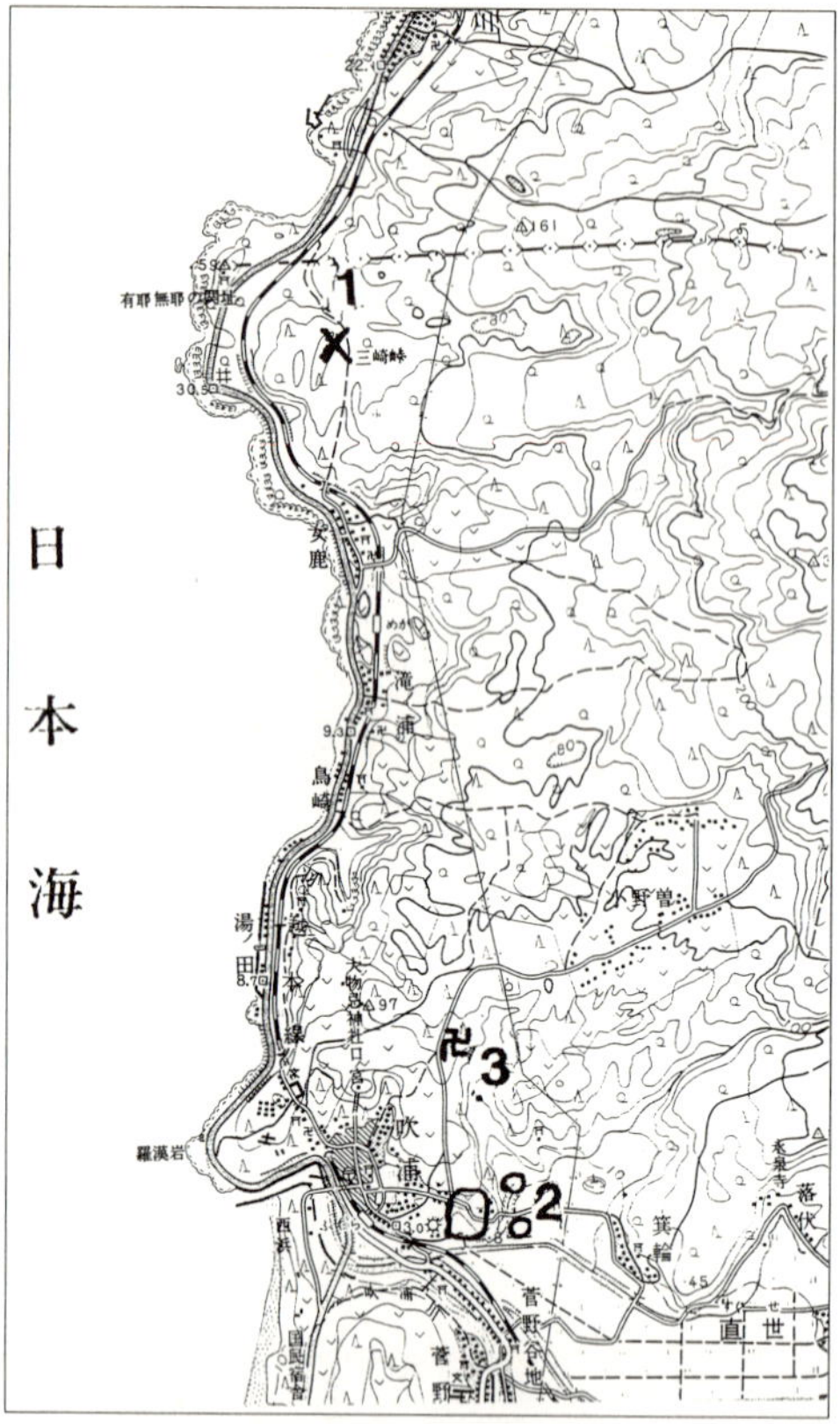

図1　鳥海山麓付近地形図
①三崎山遺跡　②吹浦遺跡　③神宮寺遺跡

吹浦遺跡がある台地を下りると庄内平野北端である。『続日本紀』八三九（承和六）年の条にみえる〃雨後石鏃〃の記事は、日本最初の石器発見の状況を伝え、「神矢道《かみやみち》遺跡」や「神《かみ》矢田《やだ》遺跡」はこれと関連する遺跡であろう。石鏃は古くから天の神軍の矢という意味で「神矢石」「神矢根」と呼ばれてきた。神矢田遺跡は一九七〇～七一年に発掘調査が行われ、縄文後・晩期の遺物を大量に出土した。

この辺りには、律令体制に編入されてからの平安時代の集落跡や官衙《かんが》跡も最近の緊急調査によって多く発見されている。『延喜式』によると吹浦・三崎山一帯と庄内平野の北端を占める遊佐《ゆざ》町には、「遊佐駅」があり、平安時代後半には藤原頼長の荘園である「遊佐荘」が最北限の荘園として成立する。

また、鳥海山南麓の金俣付近の台地にも旧石器時代から縄文時代、鳥海山信仰と関連する中世の信仰遺跡も数多く分布している。もちろん秋田県側の北麓も同様である。山容が美しく高くて大きな山の周辺には縄文遺跡が密集する傾向があるようである。

青銅刀子が発見された場所は、鳥海山の裾野が日本海にのぞむ辺りに位置し、山形県飽海《あくみ》郡遊佐町大字女鹿《めが》字三崎山で、秋田県境に近い。出土地付近にいま標柱が立っているが、ここを三崎山A遺跡と呼ぶ。

裾野といってもなだらかな台地ではなく、起伏が多い土地で、大小の安山岩塊が地表を覆っている。現在海岸を走る国道七号とそれと平行する羽越本線の西側は急な崖を成して海にのぞむ。その東側を旧道が通り三崎峠に向かうが、その西側に南北二五〇メートル、東西一〇〇メートルほどの窪地がある。いまは採石などのために、発見当初とはかなり違った状況に変化している。標高は七〇メートル。青銅刀子は、この窪地の南西隅の北向きの斜面から発見された。この窪地の西側は、高さ三〇メートルほどの小丘陵が横たわっているが、これによって日本海からの強い季節風が防がれる格好となっている。出土地点は窪地の低いところから三～四メートル上部にある。

付近の土層は、地表から四～五〇センチが腐植土、安山岩の崩壊土、安山岩の破砕礫が堆積し、その上を樹木が覆っている。下層は安山岩が基盤を成しているが、これは有史以前に噴火した猿穴火山体からの噴出物と言われている。

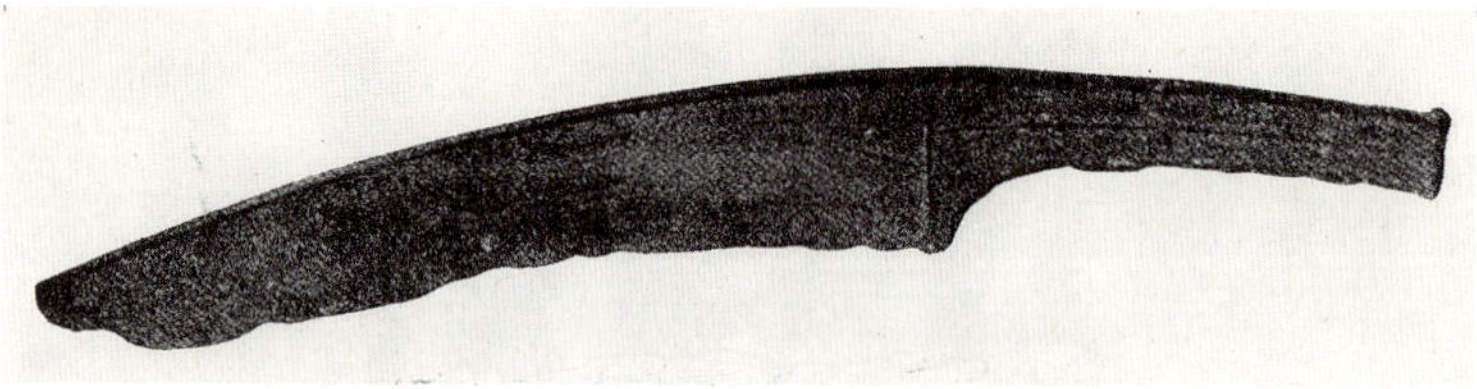

図2　三崎山出土の青銅刀子

有史以前の噴火では、平安時代に噴煙を上げたことが古代の文献にも見え、近くの下長橋遺跡と呼ばれる平安時代の住居跡の柱穴が一定方向に傾いているのが指摘されているが、この当時の地震の影響と考えられている。最も大きかったのは、一八〇一（享和元）年に新山が新たに形成され、現在のようなコニーデ型の複合火山体ができたのであるが、腐植土上層に見られる石英安山岩の破砕礫は、その折に降下したものとみられる。

その後に最近も、少量の溶岩流出はあるが、大きな噴火はない。周辺に縄文遺跡が最も多く分布するところをみると、縄文時代は最も安定した時期のようである。

青銅刀子は、大きな安山岩塊の下の腐植土に覆われた場所から発見された。地表下二・五メートルのところであるから、石と石のすき間に落ち込んだ状態である。もともと腐植土中にあったものが、大石の下にずり落ちたものであろう。周囲に特別の遺構らしいものはなかった。

青銅刀子は採石中に地元の人が発見したものであり、遺跡の調査によって発見したものでないところから、その後真偽論争があった。最近中国から復員した人が捨てたのではないかなどとも言われたが、第一発見者の証言が的確であることや付着していた土からも、ここから出土したものに間違いないということになったのである。

発見から二年経った一九五六年三月から四月にかけて、当時山形大学教授であった柏倉亮吉氏と鶴岡市致道博物館によって、出土地を含む周辺一帯の調査が行われた。筆者もこの調査団の一員であった。

海からの目印になる鳥海山

　さて、その青銅刀子は、全長二六センチ、刀の部分の長さ一六・六センチ、刀の最大幅三・二センチを測る。柄の部分と刃の部分を区画する区《まち》は緩やかな弧線を描いて刃の部分に移る。そして柄の部分に横に一文字状に線が入り、柄と刀の間に縦に鋸歯文《きょしもん》が鋳出《いだ》されている。柄の先端は破損していたが、環状を成していたものと思われる。厚さは柄の部分が八ミリ、刃の中央部が三ミリで、峯の部分に鋳出した際の縫い痕が認められる（図2）。

　調査の結果は、青銅刀子の出土を直接裏付ける類似のものや大陸系文物の発見はなかったとはいえ、非常に満足すべきものであった。青銅刀子出土地点のすぐ近くからは、ニホンカモシカの骨片が発見され、人びとが住んでいたことが明らかになった。

　また、三〇メートルと離れていない場所から、縄文時代後期の完形土器を含む土器片、石槍《いしやり》、有茎石鏃《ゆうけいせきぞく》などが出土している。それらはやはり岩石の上にあったものが、青銅刀子同様に後世に上面の土砂が流失して岩石の間にずり落ちた状態で発見された。

　これらの遺物と青銅刀子は、まったく同じ状態で同じ層位から、しかも至近距離から出土しているので、同一遺跡であることは明白である。調査当時ですら、石材採取のために遺跡はかなり破壊されていたが、おそらく縄文時代後期の人びとが居住し、住居跡なども含む生活の場であったと考えられる。

　ここから出土した完形土器は、高さ一七・六センチを測る。やや内湾しながら外へ開く深鉢で、口縁端に三角形の突起があり、口頸部分を帯状にめぐらし、全面に縄文を持つ土器である。関東地方の加曽利《かそり》B1式、東北南部の宮戸

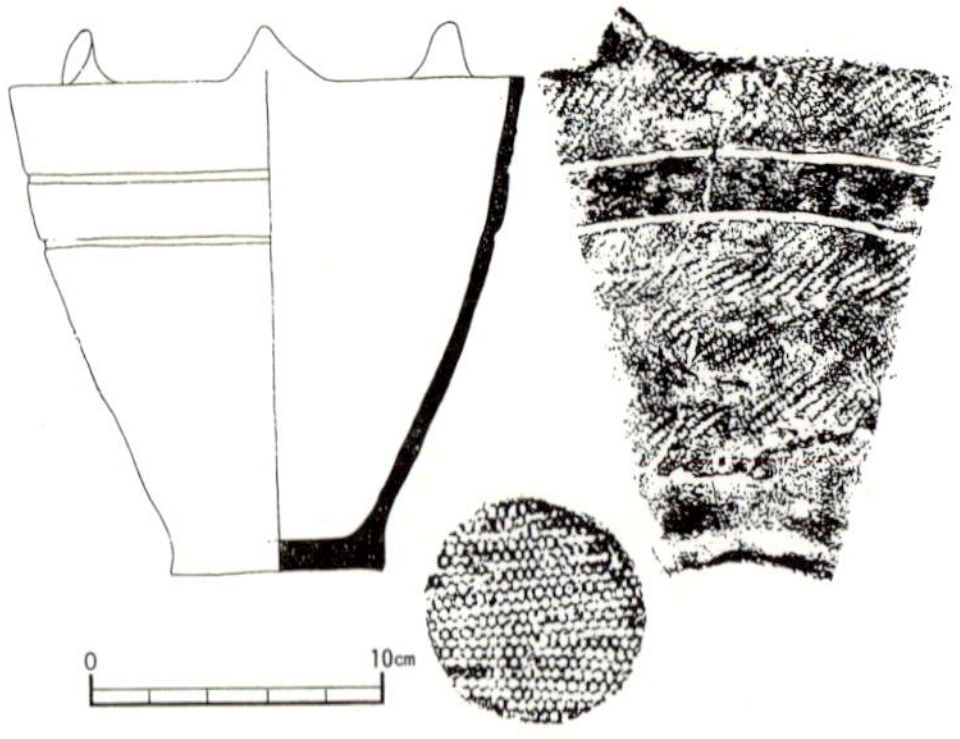

図3　青銅刀子出土地より発掘された縄文土器

2a式に並行する土器である（図3）。他の破片もこれと大同小異で、若干これより下がると思われる土器片もあるが、縄文後期中葉の中におさまる遺物である。したがって、青銅刀子もおそらくこの時期にもたらされ、重用されたものであろうと考えられる。

なお、これより三〇メートル西北方に、窪地に突き出た状態の小丘陵があり、ここには縄文中期末の大木《だいぎ》9・10式、後期初頭の袖窪式などの遺跡があり、これは青銅刀子出土の地点とは地形上も区別される。さらにこの窪地の北端、青銅刀子出土地点から一五〇メートル北の地点からは、縄文晩期の遺物が発見され、晩期初頭の大洞《おおほら》B式土器片が確認されている。

このように窪地内からは縄文中期末から晩期初頭までの遺物が点々と発見され、窪地の底から二〜三メートルの高さの周辺部から見出せるところから、窪地の底面にはかつて水をたたえていた沼があり、そのほとりに縄文人が生活を営んでいたと考えられる。その中でも青銅刀子が出土した三崎山A遺跡第一地点は縄文後期中頃の遺跡である。

故柏倉亮吉氏は、青銅刀子の紹介とともにこれらの調査結果を「三崎山出土の青銅刀」（「東北考古学」第二輯、一九六一）としてまとめた。

その中で、李済博士の「記小屯出土の青銅器」（考古学報、一九五三年）を引用し、殷墟の青銅刀子の編年を適用して、この青銅刀子が紀元前一〇〇〇ないし二〇〇〇年とした（図4）。

なお、時期を限定すれば、殷墟である河南省安陽県小屯の遺跡は、殷代の後期といわれ、紀元前一四世紀から一一世紀まで三〇〇年にわたる遺跡である。ここから出土している青銅刀子と三崎山のものが類似するところから、紀元前一三〇〇年から一〇〇〇年という年代が与えられることになろう。

では、ここから出土した遺物を含む縄文後期中葉の年代はどうであろうか。この時期のカーボン14（C14）の測定資料はいくつかあり、福島県川原《かわはら》遺跡、千葉県加曽利貝塚などでは、紀元前一五〇〇年から一六〇〇年という年代が測定されている。ここの土器が後期中葉の終わりごろ、つまり後葉に近い年代であることからすると、これよりは二～三〇〇年下がると考えるならば、青銅刀子の年代と伴出した土器の年代は見事に一致するのである。

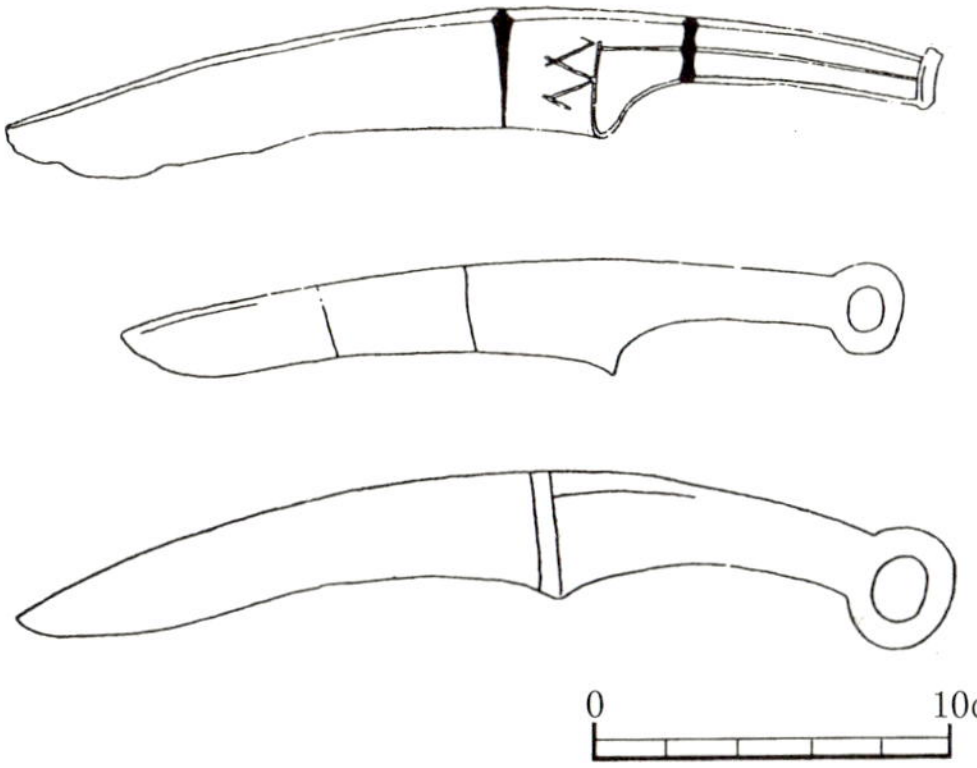

図4　三崎山青銅刀子（上）と類似の青銅刀子（下）
中国河南省安陽県小屯出土（1/4）

庄内海岸、なかんずく鳥海山麓の海岸は、暖流と寒流が合わさる地域であり、『六国史』などにも、渤海などからの人びとの漂着の事実をたびたび伝えている。

たとえば縄文後期の終わりごろに近い時期に、殷の滅亡などにより中国のある地から船に乗って青銅刀子をたずさえた人びとが流れついた所がこの地であったとも考えをめぐらすことができる。人びとが海を渡るときに、目印になるのが、鳥海山などのように遠くからも望むことができる山であった。そして現地の縄文人との間になんらかの接触があり、縄文遺跡からこれがたまたま発見されたということは容易にありうることである。

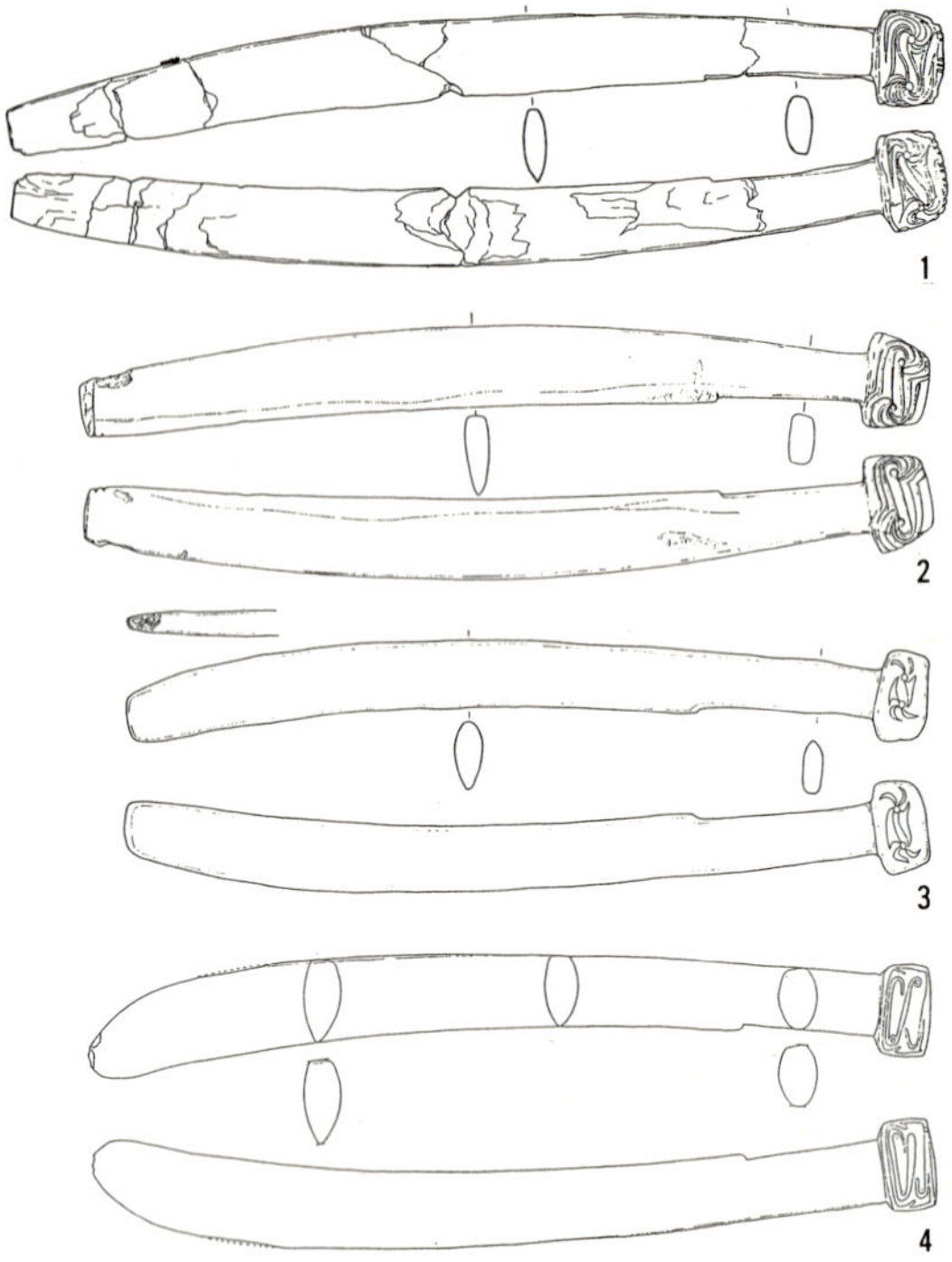

図5　東北・北海道の石刀（1/4）

縄文時代に大陸の青銅器文化との接触があったであろうとの考えは、昭和初年に故喜田貞吉によっても指摘されている。青森県是川《これかわ》遺跡出土の飾り大刀などの木製品はじめ、亀《かめ》ケ岡《がおか》文化に伴う石刀・石剱・骨刀などは、日本海を渡ってたまたま伝えられた青銅器の影響のもとにそれらを模倣して作られたものであるとの見解も示された。

野村崇氏（北海道開拓記念館）は「北部日本における縄文時代晩期の石刀について」の中で、北海道札苅、同仏沢、青森県宇鉄《うてつ》出土の内反石刀を例に挙げ、青銅刀子を模倣した可能性を指摘されている（図5）。

ここに初めての青銅刀子が縄文遺跡から発見されたことは、くすぶっていたこれらの見解に対して明確な証明を与えるものとなったのである。青銅刀子の発見は、大きな意義を持つものであり、日本海側にのぞむ地から大陸的文物が今後とも発見されることを予測させるものであった。

山形県羽黒町から有孔石斧

青銅刀子の発見から四〇年たった昨年（一九九五年）の夏、大陸から渡来したという有孔石斧《ゆうこうせきふ》が同じ山形県羽黒町の縄文遺跡から発見されたことが話題になり、各新聞に報道された。

一九六六年に当時羽黒中学校で社会科を教え、郷土クラブを指導していた梅本成視氏（現在酒田市在住）がクラブ活動の一環として近くの中川代《なかかわだい》遺跡で土器や石器の採集を行ったときに、縄文中期の土器片や石器とともに掘り出したものだという。梅本氏はその有孔石斧を一風変わった貴重な遺物として、自分で保管されていた。たまたまそれを梅本コレクションの中から見出し、世に出されたのは浅川利一氏（玉川文化財研究所長）であった。そして、『多摩考古』二五号（一九九五年）に「山形県の縄文遺跡から出土した中国古代の有孔石斧について」という論文で紹介された。初めてこれを見たのは前年八月末の新潟と山形の遺跡の旅の途中で、梅本氏宅に寄ったのがきっかけだったらしい。

これを伝え聞いた筆者も、翌年二月の雪の降る日、致道博物館前館長酒井忠一氏とともにこれを親しく観察する機会にめぐまれた。

それは長さ一二・四センチ、幅七センチ、厚さ一・二〜一・六センチで扁平な石斧である。中央よりやや上部に表裏両面からあけた穴があり、その大きさは〇・七センチで、まん中は狭くなる。穴の下方に、木を象徴化したような文字とも記号ともつかない刻文がある。それは鋭く金属器で刻まれたようである（図6）。

材質はくすんだ緑色に黒や赤の斑紋のある蛇紋岩、全体的にきれいに磨かれ、刃先の部分がわずかに欠けているが、

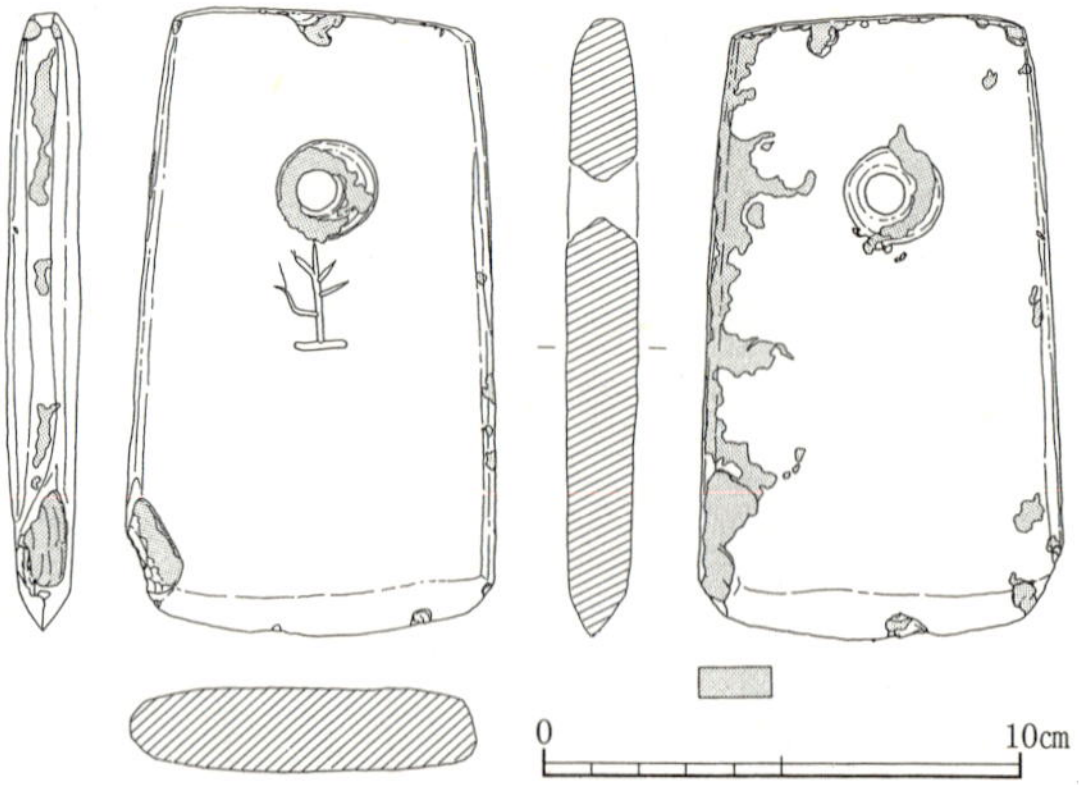

図6　中川代出土の有孔石斧（佐藤禎宏原図）

良好な状態で保存されている。

一見して日本の縄文時代の石斧とは趣を異にする。孔《あな》があいていることはもちろんのこと、薄手で、実用の斧でないことが分かる。

孔の下に刻まれている記号は、甲骨文字の中に類似のものはあっても同じものはないから、甲骨文字以前の記号のようなものだろうか。これと類似の文字に「生」があるが、浅川氏の言うように「樹」を表わすものかもしれない。

筆者はたまたま平成七年の夏、中国の洛陽や西安を訪ねる機会があり、洛陽博物館や西安の博物館でこれに類するものをいくつか見ることができたが、中国の新石器時代の仰韶《ぎょうしょう》文化期から、青銅器が出現する殷・周時代までずいぶん長い間使われている。刃の幅が広く、刃が曲線を成す大型のものもあり、これには畑を耕す鋤《すき》のようなものもあった。もともとは孔に木の柄をさし込み、農耕など実用的なものではなかったかと思われる。殷・周代のものは軟玉（ヒスイ）でつくられたものが多く、文字どおり玉斧といわれるもので、墓に副葬されたり宝器として用いられたりしている。あるいは身分や集団の所属を示すものとして使用されることもあった。

中国を訪ねた際に、西安郊外の半坡《はんぽ》博物館を訪ね、魏光館長をはじめ二、三の考古学者の意見を聞く機会があったが、中国出土のものであることはほぼ一致した見解であった。刻文の意味については不明であった。また、大汶口《だいもんこう》文化に伴うものではないかという意見もあった（北京大学、李東方氏）。

大汶口文化は山東省を中心に中国北部の沿岸部に展開する新石器時代の文化で、紀元前二〇〇〇年を中心とした山《さん》東龍山《とうりゅうざん》文化に先行する文化である。およそ紀元前四五〇〇年から二五〇〇年と考えられている。そこでも盛んに有孔石斧が使われ、墓などからも多く発見されている。中川代から発見された有孔石斧が中国からもたらされたとしたら、やはり中国北部の海岸部かそれに近い場所からであろう。大汶口文化は農耕を主とし、木工技術などもかなり進んだものがあるから、船にしても丸木舟ではなく構造船のようなものを持っていた可能性もある。

巨大な潟湖だった庄内平野

さて梅本氏が有孔石斧を掘り出したところは、山形県東田川郡羽黒町大字川代《かわだい》の中川代遺跡（仮称）である。山岳信仰のメッカといわれる出羽三山の西麓にある。死火山となったアスピーデ型火山である月山の泥流によって形成された台地にある。三崎山が霊山・鳥海山の麓であることは偶然の一致であろうか。両者とも山形県内では縄文遺跡が最も多く分布する地域である。

中川代遺跡は、出羽丘陵の一部を成す羽黒山系から庄内平野へ向かってその北西方向へ突き出した幅一キロ、長さ三キロにわたる低丘陵で、標高六〇〜一三〇メートルである。この低い丘は起伏に富むなだらかな地形を呈し、庄内平野が巨大な潟湖《せきこ》であったといわれる縄文時代のある時期には絶好の生活環境にあった。この東は笹川、西は今野川に区画され、河川によって台地状を成していることが分かる。三〇年前に作製された山形県の遺跡地図には、この台地上に三〇カ所の縄文遺跡が確認されているが、中川代遺跡は記載されていないから、実数はもっと多かったに違いない。それらの遺跡は縄文中期から後期までが最も多く、まれに弥生遺跡も見出される。その丘陵部の奥に入ったところに中川代遺跡がある。

戦後まもなくこの辺りの開田や開墾が行われ、いたるところで遺物が発見されたことが語り草となっている。いまはすっかり様子が変わってしまったが、縄文時代の一大遺跡密集地帯であった。

梅本氏が有孔石斧とともに発掘した土器は、縄文時代の最盛期といわれる中期の大木8a・8b式などの土器で口縁把手の隆起文に特色があり、豪壮な土器が作られている。

この時期に、台地上にいくつもの集落があって縄文の大きな村があり、一大集落が存在していたものと推測される。笹川を越えた東には、玉川遺跡群がある。鶴岡市から羽黒山町に向かうバスに乗ると、前方に巨大な赤鳥居が目につくが、ここから南へ農道を一キロ行った場所が玉川集落で、ここには国指定の玉川寺庭園があり、周囲にはヒスイの玉類を多く出土した玉川遺跡群がひろがり、十数カ所の中期から晩期の遺跡が分布する。玉砥石やヒスイの玉の未成品も出土することから、玉つくりの集落があったのであろう。玉の原料となったヒスイの原産地は新潟県の糸魚川と青海町付近であろうから、日本海を通して交流があったのである。

縄文時代のこのような環境のところから、中国古代の遺物が出土することは偶然と思えない。浅川利一氏は論文の中で次のように述べている。「BC二千年代の、縄文人という意識すらなかった彼等と、おそらくは、中国から数十人の同族集団で、日本海を漂流、あるいは難破船で漂着した人達との出会いは、どんなものであったろうか。亡命の生涯の証としての石斧でもあるが、その彼等がなんとも哀れでならないのであった。……」。そして「大変な資料が見つかったものです。縄文人と古代中国の小集団、生死をかけた日本海、それらがこの遺物に凝縮されているのです」と結んでいる。

この有孔石斧は、縄文中期中葉の遺物に伴うものであるが、年代的にも矛盾はない。近く羽黒町教育委員会において、中川代遺跡の発掘調査を実施するときくが、その成果に期待し、見守っていきたいと思う。

〝鬲〟に似た三足土器の発見

一九八四年に青森県今津遺跡から、縄文晩期の遺物とともに、中国古代の「鬲」に類似した三足の土器が出土したことは、考古学に関心ある人たちにとって記憶に新しい。それほど話題にはならなかったが、中国古代文物の影響を残す遺物として極めて重要な発見であった。

この三足土器は、口縁部が欠けているが、現在の器高一一・一センチ、胴部の径一二・一センチ、足の部分の高さが四・二〜四・七センチである。青森県教育委員会から出された報告書（青森県埋蔵文化財調査報告書第九五集『今津遺跡・間沢遺跡』一九八五）に、岡田康博氏が詳しく述べている。

胴部がふくらみ肩がやや張る壺に、中空袋状の足をつけたもので、胴部文様帯は磨消縄文によって雲形紋と工字文を表わし、全面に施された朱による彩りの跡を残す。カラー図版で見ると黄褐色で、ところどころに焼成の際に生じた黒斑がある。器面はへらのようなものでていねいに磨かれている。朱彩は漆によるものではなく、ベンガラ（酸化鉄）が塗られ、縄文の文様から晩期大洞C２式に属するものである。

つまり中国から直接もたらされた遺物ではなく、その形を模倣してその地で作られた土器である。縄文時代の終わりごろ、北の地に絢爛と咲き誇った「亀ケ岡文化」の所産である。

この鬲状の三足土器が出土したのは、青森県東津軽郡平舘村大字今津字才の神である。国道二八〇号の改良工事に

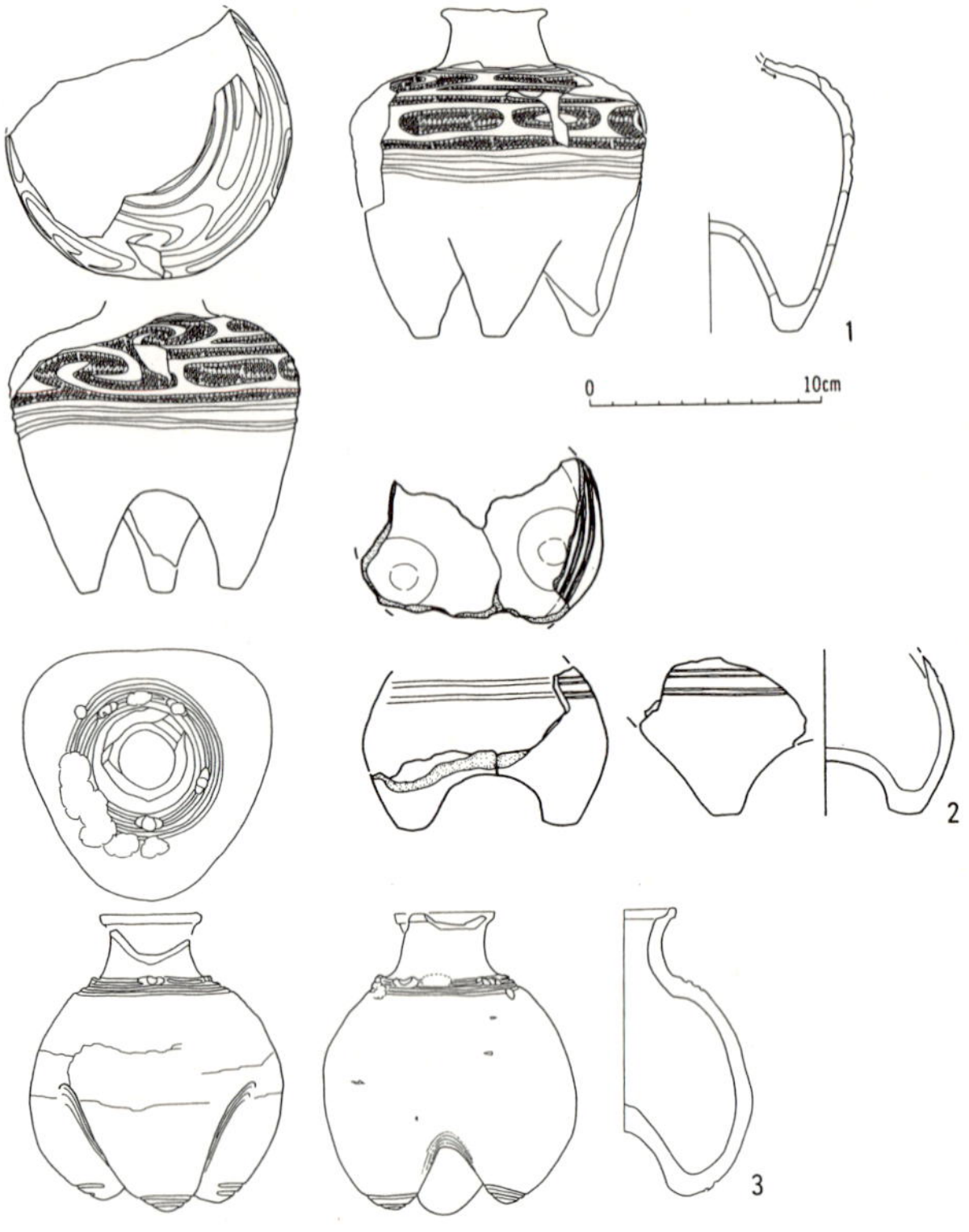

図7　青森県出土の鬲状三足土器　1 今津（青森県教委1986）
2 富ノ沢（青森県教委1984）3 虚空蔵（菊池徹夫ら1996）

あたるため、八四年に青森県埋蔵文化財センターによって発掘調査が行われた。今津遺跡は、津軽半島の突端部に近い北東部にあり、津軽湾にのぞみ、背後に平舘山地を控える。山裾にひろがる小さな平坦面に位置し、標高一〇～二〇メートルで、いまの集落は海岸部にあるが、それより一段上の台地である。

　この遺跡からは、屋外に設けられた石組みの炉、土坑、埋設土器（墓と思われる）、土器など壊れたものを廃棄した遺物密集ブロックなどが検出され、土器・土偶・石器などが大量に掘り出された。時期は縄文時代晩期後半の「大洞C２式」を中心にしている。鬲状の三足土器は、東向き斜面のややくぼんだ場所から他の遺物と同様に廃棄された状態で発見されたのである。

　このような有足の土器は、以前に大分県秋葉遺跡から出土した例があるし、断片的ながらそれと推測される脚部破片が亀ケ岡文化の遺跡から出土したことがあり、かつて喜田貞吉も中国の鬲をまねて作られたものであることを述べている。袋状で中空の三足土器が、日本の縄文土器の中から独自に生みだされる可能性は乏しいと思われ、喜田の主張と同じように大陸古代文化の影響によって成立するものと考えるのが自然である。

その後、今津遺跡の有足土器に類似した土器破片が、むつ小川原開発に伴う富ノ沢遺跡の発掘調査で出土していることを、青森県埋蔵文化財センターの成田滋彦氏から聞くことができた。

この土器は、やはり上部が失われて二足だけが残っているが、どのような器形であったか不明である。足部はやはり中空袋状で、今津の例のように足部は高くなく、緩やかに内側に湾曲する。高さは一・五センチで、現存する全部の高さは五・七センチ、胴部に二本の浅い沈線がめぐる。縄文晩期のものであるが、時期は特定できない。

今津や富ノ沢例のような有足の土器は、東北地方の縄文時代晩期の土器の中にもっと見つかる可能性がある。これら三足土器のモデルとなった鬲は、古代中国で広く用いられた器形で、煮沸具である。その上に甑（こしき）をのせて穀物を蒸すのに用いられたという。紀元前二五〇〇年にはじまる龍山文化の初期に出現し、殷から西周にかけて最も盛んに使用された。殷代には青銅製の鬲も現われる。典型的なものは、口縁部がくびれ、腹部から足にかけて丸みを持ち、太い足は中空で、袋状、口縁に把手の付くものもある。時代が下がるにつれて足が短く退化し、中空でないものが多くなる。

今津や富ノ沢遺跡から発見された有足土器は、鬲をコピーしたものに違いない。今津例に見られる三足が中空袋状で、口縁が欠けているものの腹部から足部にかけての湾曲も似ており、足部はそれぞれ別個に作り、腹部に接続させる技法も同じである。これまで鬲状の土器の一部は検出されたことがあるが、このように三足がそろい、腹部も残しおおまかな器形を知ることができる例ははじめての発見である。

その後、同じ青森県三戸郡名川町大字平の虚空蔵遺跡からも鬲状三足土器が出土していることを知った。一九九六年の日本考古学協会において菊池徹夫らによって発表され、遺物が会場にも展示された。

遺跡は馬渕川中流域の段丘で、これまで数回にわたる発掘調査が行われており、縄文晩期の遺跡である。鬲状三足土器は、現地の個人が大洞C２期の注口土器・鉢・壺などとともに収蔵されていたものであった。

口のやや細い壺形土器である。肩部に平行沈線が四条めぐり、二条目の辺りに二個一対の突起が横位に五カ所貼りつけてある。あとは無文である。この辺りにベンガラによる赤色塗彩の痕跡が認められる。高さ一二・五センチ、胴部の最大径一一センチ、足部の高さ二・五センチである。足部は、丸みを帯びた中空袋状で、輪積みによって整形している。文様は乏しいが、よく磨かれた精製土器である。大洞C２期に属し、今津・富ノ沢のものと同様に現地で作られた土器である。

今津や虚空蔵遺跡の有足土器が朱彩されているところをみると、特別な呪的なもの、あるいは祭りに用いられたものであろう。何らかの意味で、古代中国文化との接触によってこのような形の土器が作られたのであろう。縄文晩期に技術的に鬲状の三足土器を作ることは可能であるかもしれないが、この系譜を縄文土器に求めることには無理がある。やはり鬲をモデルにして、晩期の人びとが亀ケ岡文化の文様を施し製作したものと考えるほかはない。

縄文の海は大陸との接点

縄文時代に日本海を渡って中国大陸からもたらされたと思われる青銅刀子と有孔石斧について述べた。日本海沿岸においての大陸系遺物はまだ数は少ないが、将来にわたって類例が増えていくことが予想される。

山形県押出《おんだし》遺跡から発見された漆塗り彩文《さいもん》土器（図8）と同様なものは福井県鳥浜貝塚からも出土しており、日本海を通しての文化的交流を思わせる。またその源流を中国の仰韶期から龍山期の初めまで盛行した彩陶に求めようとする説もある。

図8　押出遺跡出土の漆塗り彩文土器（胴径19.5 mm）

従来、海を隔てた大陸との交流は、弥生時代以降に組織的な交易が行われていたことは「魏志倭人伝」にも記載があるように、極めて明らかな事実である。その後の国家形成期においても、大陸との交流が政治権力の形成に大きな役割を果たした。それより遡る縄文時代には、海によって隔てられた日本列島において大陸との交渉がなく、独自の狩漁文化を形成したと言われることが多かった。

しかし、海が縄文人を隔てるものではなく、むしろ縄文人が大陸文化に接触する場であった。青森県三内丸山遺跡の発掘成果は、これまでの縄文文化観を大きく転換させる契機となった。ここには日本海を通して、北陸のヒスイ、北海道の黒曜石、岩手・久慈のコハク、秋田のアスファルトが持ち込まれているのである。また縄文時代直後に、弥生前期の「遠賀川《おんががわ》式」土器が、津軽平野まで東北日本海沿岸各地に分布し、稲作も同時にもたらされたことは、弘前市砂沢遺跡における水田遺跡の発見によっても明らかである。海岸線を北上して北九州から伝播したものであろう。

もちろん縄文時代に組織的に交易が大陸との間に行われていたとは考えられない。これは航海術や造船技術の発達にまたなければならないが、沿岸で漁や交易に従事する海人の集団が偶然に漂着したり、海流に乗って日本に辿り着くことはあり得ることである。

三崎山の青銅刀子も羽黒山麓の有孔石斧も、あるいは今津遺跡の鬲状の土器もこのようにしてもたらされたものであろう。そしてそれらの大陸系遺物は、当時の地域文化に影響を与えている。漆の技術にしても、縄文晩期の石刀や八戸是川の木製品にしても、かねてから主張されてきたように大陸からの影響によるものであろう。

弥生時代になって大陸との交流は活発化するが、縄文時代からの海を渡る経験の蓄積があってこそそれが可能となるのである。旧石器時代に大陸と陸続きであったこともあるが、日本海は縄文時代以来大陸の人びとと日本列島をつなぐものであった。

二つの大陸遺物

酒井　忠一

庄内地方に二つの大陸遺物が出土している。一つは、昭和二十九年遊佐町三崎山出土の青銅刀子、もう一つは、昭和四十一年羽黒町中川代出土の刻文付有孔石斧である。それぞれ正式発掘品ではなく偶然に見つかったもので、発見・発表された当時は、新聞紙上を賑わし、記憶されている方も少なくないと思う。この青銅刀子については、故柏倉亮吉先生が精力的に調査研究し、『東北考古学』第二号、『羽陽文化』第一二四号、『山形県地域史研究』第一六号などに発表している。また、刻文付有孔石斧については、いまも活躍している浅川利一氏を中心に調査研究がなされ、その成果が『多摩考古』第二五号や新聞などに発表されている。私は両方の出土品になかんずく興味をもっており、いつも頭から離れないのである。

青銅刀子は、出土して間もなく、国の所有となり、現在は東京国立博物館にある。出土した場所は庄内の最北端、日本海に面した台地であったが、現在は採石（庭石）工事により、台地は姿を消している。ところどころ樹木の根もとに残っている土中からわずかながら縄文後期の土器片が出土し、刀子は採石中、地下六尺、青粘土になかば姿を隠しているのを見つけたという。柏倉先生はたびたび現地を訪れ、私も同行して近くから出る縄文土器片を拾い集めたりした。刀子は、長さ二六センチ、最大幅三・五センチで、日本刀とは逆に内側に反り返っているのが特徴で、中国殷代の遺物や広く北アジアの遺跡から出土していることがわかった。

ソ連の考古学研究者にこのことが伝わったのは、発見されてから三十数年経ってからのことで、ソ連アルタイ国立大キリューシン教授一行が来て調査したのである。教授の見解は、ソ連のバイカル湖西方で紀元前一二～九世紀にかけて栄えた「カラスク文化」（青銅器文化）の遺跡からも出土しているが、それ以前に北アジアに栄えた文化のものに、大きさ、形状、装飾などよく似ている。そして特に刀子の〝ミネ〟の形状の特徴から、牧畜と農耕双方を行っていた文化のものと特に似ており、殷代のものというよりシベリア方面からのもので、相当古い時代から文化交流があったという考えを示唆した。

いずれにせよ大陸からの文化の影響について、柏倉先生が唱えた大陸から直接東北地方に伝わってきた文化があったという論に賛同するものである。

その論は、刻文付有孔石斧についても同じである。平成七年大きな反響を呼んだこの石斧は、大きさが縦一二・五センチ、最大幅七・六センチ、厚さ約一センチの長方形で、先端には裏表から磨いて付けられた刃、基部に直径約二センチの孔があり、孔のそばに甲骨文字のような刻文がある。先の報文などによれば、梅本成視氏が羽黒中学校に勤務時代、郷土研究クラブ員の生徒たちと一緒に羽黒町中川代遺跡（近年遺跡登録された）を発掘中、縄文土器片（縄文中期?）に混じって出土したものという。その後、玉川文化財研究所所長浅川利一氏がこの刻文付有孔石斧に着目し、すぐに安孫子昭二氏、岡崎完樹氏らに連絡をとり、調査が進められたのである。中国社会科学院考古学研究所など直接中国にも足を運び比較検討しているが、文字様の刻文の意味など、まだまだ不明な点が多いのも事実である。しかし、この石斧が古代中国のものであることは間違いない。約五〇〇〇年前の大汶口文化期か、良渚文化期に属するものでないかと言われる。

最後に、この二例とも私にとっては多くの夢を与えてくれる遺物である。その想いを詩に託して終わりにする。

偶感

三崎銅刀何處来
又看石斧絳河隈
刻文誰解是甲骨
大陸文明好得開

桃嶺

三崎の銅刀　何れの處より来たる
又　看る　石斧　絳河の隈
刻文誰か解かん　是れ甲骨
大陸の文明　好し　開くを得ん

第三章　縄文文化の中の大陸系遺物

日本列島の玦状耳飾の始原に関する試論

藤田　富士夫

はじめに

日本列島の縄文時代前期に流行した装身具に玦状耳飾がある。滑石や蠟石《ろうせき》、蛇紋岩などで作られ、環状の一端に切目の入ったC字形の耳飾である。

この耳飾は、中国古典に記された「玦」と類似していることから、東京帝国大学の柴田常恵が「玦様の石製品」と呼び、「彼地より継承するところのものとみたいのである」（柴田一九一七）とした。

一九六〇年代に入って、日本先史学の体系樹立などに多くの業績を残した山内清男博士が、「最も古い円形のものと似た形の玦状耳飾は、中国の南京市北陰陽営遺跡に出ている。仰韶および竜山文化の影響を受けた青蓮崗文化に属するといわれており、縄文前期の推定年代BC二〇〇〇年前後と比較的一致すると考えられる」とした（山内一九六四）。

この論文は、当時採用されつつあったC14年代に関する批判を主眼として書かれた。山内の年代論は今日では受け入れられていないが、玦状耳飾の起源が論議されるきっかけとなった。

C14年代測定を推進していた芹沢長介博士は山内説に反論し、玦状耳飾は日本で発生したとする自生説を唱えた。その主論は、縄文時代に他の文物の伝播がないのに、玦状耳飾だけが影響を与えたとは考えられない。青蓮崗文化はBC二〇〇〇年、縄文前期はC14年代でBC三〇〇〇年なので前者が後者に影響を与えるのは不可能である。大分県の川原田洞穴の早期資料に指貫形の鹿角製玦状耳飾があり、指貫形→金環形→玦形と列島内で発展したもので、「中国の玦と前期中頃以降の玦状耳飾とは、無関係の類似にすぎない」とした（芹沢一九六五）。

他の文物の伝播が認められない。時代の違いがある。列島で、玦形以前の祖型がある。芹沢が指摘したこれらは、その後の自生説の基本を成している。

このような論争を踏まえ、私は川原田洞穴の指貫形は、縄文前期初頭頃の玦状耳飾のバリエーションの一つとして共伴関係にあるのであって、他の玦状耳飾の祖型とはみられないとし、大陸伝播説を支持した（藤田一九七八）。また、西口陽一は中国でのC14年代測定による遺跡の対比などから中国の長江下流域（江南地域）と日本列島とで、同時代に「玦」の流行があったとして、日本の玦状耳飾と中国の長江下流域の「玦」文化は互いに関係しているとした（西口一九八三）。筆者は、西口の成果を援用しつつ、日本海を挟んだ中国江南地域から日本列島への玦状耳飾の伝播説を説いてきた（藤田一九八四・一九九〇）。

一方、安志敏は中国で発見されている玦を整理し、玦や漆器、高床建物など複数の長江下流域の文化要素が日本列島の縄文文化に影響を与えたとしている（安一九八四）。

この後、遼寧省阜新市の査海遺跡の発掘調査で江南地域の河姆渡遺跡よりも古い時期の玦が検出されたことから、玦起源論は新段階を迎えた。中山清隆は査海遺跡の調査成果を基に、筆者らの伝播説への疑問を投げかけている（中山一九九四）。また、川崎保は、大陸文化との比較を装身具のセット関係から総合的に捉え直そうとする試みを行っている（川崎一九九七）。

伝播説にたつ筆者の見解に対して、中山や川崎からの批判がある。その批判については、今日の研究資料からは答が見出せないものもある。一筋縄ではいかないのが玦状耳飾である。それにしても、日本海を挟んで双方に存在する類似遺物が交流によるものか偶然の一致にすぎないのか。自生説においても納得のいく研究をみていないのが現状である。

さて、このような研究史をふり返ってみると、遺物の分析的視点が欠けていたように思われる。そこで本稿では玦状耳飾の基礎的分類を試みるとともに、列島と大陸文化の関連の有無を考察してみたいと思う。

なお、ここで始原期といっているのは縄文早期から前期初頭までを対象としている。

分類の試案

始原期の玦状耳飾製作遺跡として、豊富な資料を出土しているのが、富山県上市町の極楽寺遺跡である（富山県一九六五）。一九六三年に発掘調査が行われ、工房址等は検出されなかったが、滑石や蠟石を素材とした各種の飾玉が出土した。飾玉には玦状耳飾、環状品、三角状垂玉、先史管玉、先史勾玉などがあり、原石や剥片、未成品も数多く出土した。これまで表面採集された原石や未成品、完成品は約一〇〇〇点に達する。

これらは発掘調査によって縄文早期末葉～前期初頭の「佐波・極楽寺式土器」に伴うことが確認されている。極楽寺遺跡で発掘された玦状耳飾は二四個あるが、そのうち破片などを除いた一八個について、形態の特徴から次のように五大別できる。

A類：中心孔が孔側辺部の幅より大きく（以下、「大孔」と記す）、切目先端が細くなる。
B類：大孔で、孔側辺部がほぼ一定の幅で巡る。
C類：中心孔が孔側辺部の幅より小さく（以下、「小孔」と記す）、切目先端が細くなる。
D類：小孔で、孔側辺部がほぼ一定の幅で巡る。
E類：小孔で、切目の長さが孔側辺部よりも長くなる。

このような形態特徴と合わせて、それぞれが横長（1類）、縦長（2類）、環状（3類）に三分類できる。つまりA—E類×三類で合計一五分類となる。大孔（A類～B類）と小孔（C類～E類）といった見かけ上の違いによる二大別も可能である。

これらによる分類を図1に示した。極楽寺遺跡ではA1類、A2類、B2類、C2類が他のものよりも多く見られる。極楽寺遺跡の玦状耳飾は、この四つの類型を主として構成されている。なお、極楽寺遺跡では、環状を成す3類は発掘品中に見られなかった。3類は、極楽寺遺跡に後続する縄文前期前半（大角地遺跡）や後半（阿久遺跡）の遺跡でも顕著でない。

このことから、3類は「極楽寺遺跡」に先行するか、地域性かのどちらかであるとすることができよう。後述するが、3類は先行する時期に目立って出土しているので、時間差によるものとしたほうがよいと思われる。

ここで、他の攻玉遺跡の様子を見ておこう。新潟県青海町大角地遺跡（図1）では、前期前葉の資料が発掘されているが、A1類、A2類、B1類、B2類、E2類（一個だけが出土）で構成されていた（青海町一九七九）。大角地遺跡では、極楽寺分類のA類、B類が主体を成している。

長野県原村の阿久遺跡（図1）では、前期中葉〜後葉の資料が発掘されているが、C1類、C2類、D1類、D2類、E1類が主となっている（日本道路公団ほか一九八二）。なお、図1にA2類が掲げてあるが、これは前期前葉の土器に伴出したものである。つまり前期後半では、極楽寺分類のC類、D類、E類が主体を成しているといえそうである。このように、攻玉遺跡での分類からすれば、極楽寺遺跡では、3類を除いてほぼ全種類がそろっている。そこからA・B類を受け継ぎ発展させたグループと、C・D・E類を受け継ぎ発展させたグループとがありそうである。C・D・E類は、縄文前期後半の主流となっていく玦状耳飾であるといえそうである。一方、地域性（あるいは集団の個性）についても考慮しなければならない。最近、報告された群馬県松井田町の新堀東源ケ原遺跡では、飾玉類の好資料が出土している（日本道路公団ほか一九九七）。これまで、滑石や蠟石製の飾玉は、北陸圏を中心に知られていた（一部、兵庫県ハチ高原遺跡や福島県廣谷地B遺跡などで小規模な攻玉が実施されている）が、ここでは北陸圏を離れて、縄文前期初頭の花積下層式土器に伴う滑石製飾玉類が多数検出されている。玦状耳飾は、破片も含めて二七個あるが、形態が推測できるもののほとんどがA2類やB2類（図2―14・15）で占められていて、その他ではB1類に属するものが一点あるにすぎない。すなわち、この遺跡では2類の玦状耳飾が卓越している。

極楽寺遺跡が、A〜E類まで出土しているのに対して、ここでは選択的に製作が実施されている。また、垂飾類の遺物が六八個のほか先史管玉類遺物多数もあって顕著な地域性を見せている。

さらに、兵庫県関宮町のハチ高原遺跡では、早期末葉〜前期初頭と思われる玦状耳飾や垂玉の未成品が表面採集されている（関宮町一九九〇）。半欠品で形の分かる五個の玦状耳飾はすべてC1類を呈している。

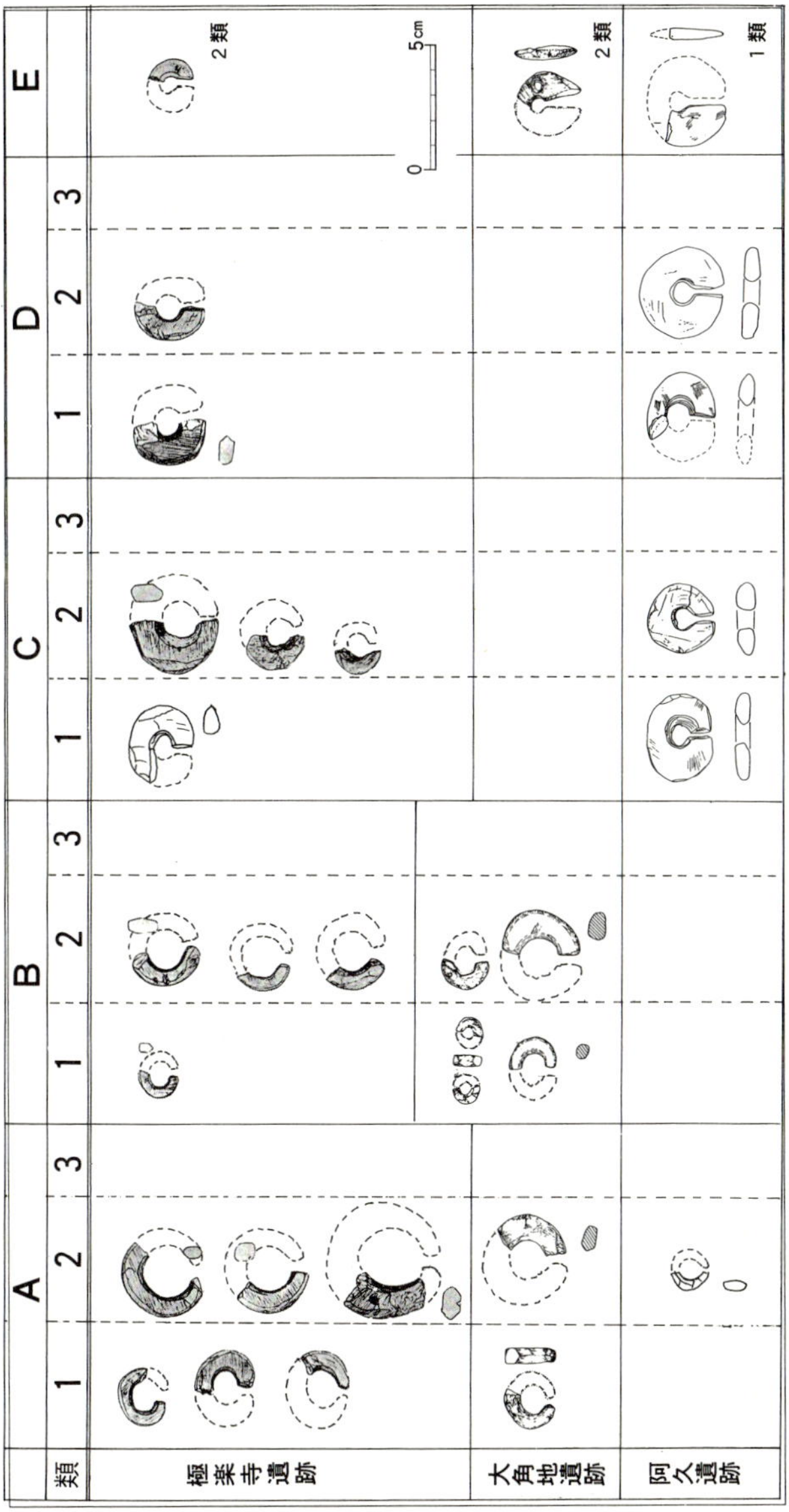

図1　攻玉遺跡の玦状耳飾分類図
（小島1965、寺村ほか1979、樋口ほか1982より抜粋・一部改編作成）

このように極楽寺遺跡と同時期に営まれた新堀東源ケ原遺跡やハチ高原遺跡では、特定の類型が製作されている。ここで試みた分類からは攻玉遺跡に地域性が認められることが分かった。

一般遺跡の玦状耳飾

次に、始原期の一般遺跡ではどのような玦状耳飾が出土しているかを概観したい。

山形県長井市の長者屋敷遺跡（早期末葉〜前期初頭？）では、B3類の玦状耳飾が対になって土壙から出土している（佐藤一九七九）。所属時期は、前期初頭に伴うとされている。神奈川県海老名市の上浜田遺跡（早期末葉、吉井式併行）では、対になった玦状耳飾が三つの土壙から出土している（神奈川県一九七九）。それはA1類が二個（SK5土壙）、B1類が二個（SK6土壙）、C1類が二個（SK4土壙）である（図2—6・7・12・13・23・24）。それぞれ同類の玦状耳飾が対となっていて、すべてが1類で占められている。

埼玉県富士見町の打越遺跡（早期末葉）では、早期末葉の土器に伴ったものが二個あって、A1類とA2類（変形）を呈する（図2—5・11）（富士見市一九八三）。

長野県飯田町のカゴ田遺跡（早期末葉）では、土壙などから玦状耳飾六個が出土している（飯島町一九七八）。四個がA1類（図2—9・10）で一個がB3類（図2—20）、残り一個は破片のため不明である。

新潟県堀之内町の清水上遺跡（早期後半、田戸上層式併行？）では、A1類が一個出土している（図2—8）（新潟県ほか一九九六）。土器の共伴はないが、周辺地に早期後半土器が分布しており、その時期に伴うものと推定されている。

富山県小杉町の南太閤山Ⅰ遺跡（早期末葉〜前期前葉）では、指貫型B3類が一個出土している（図2—19）（富山県一

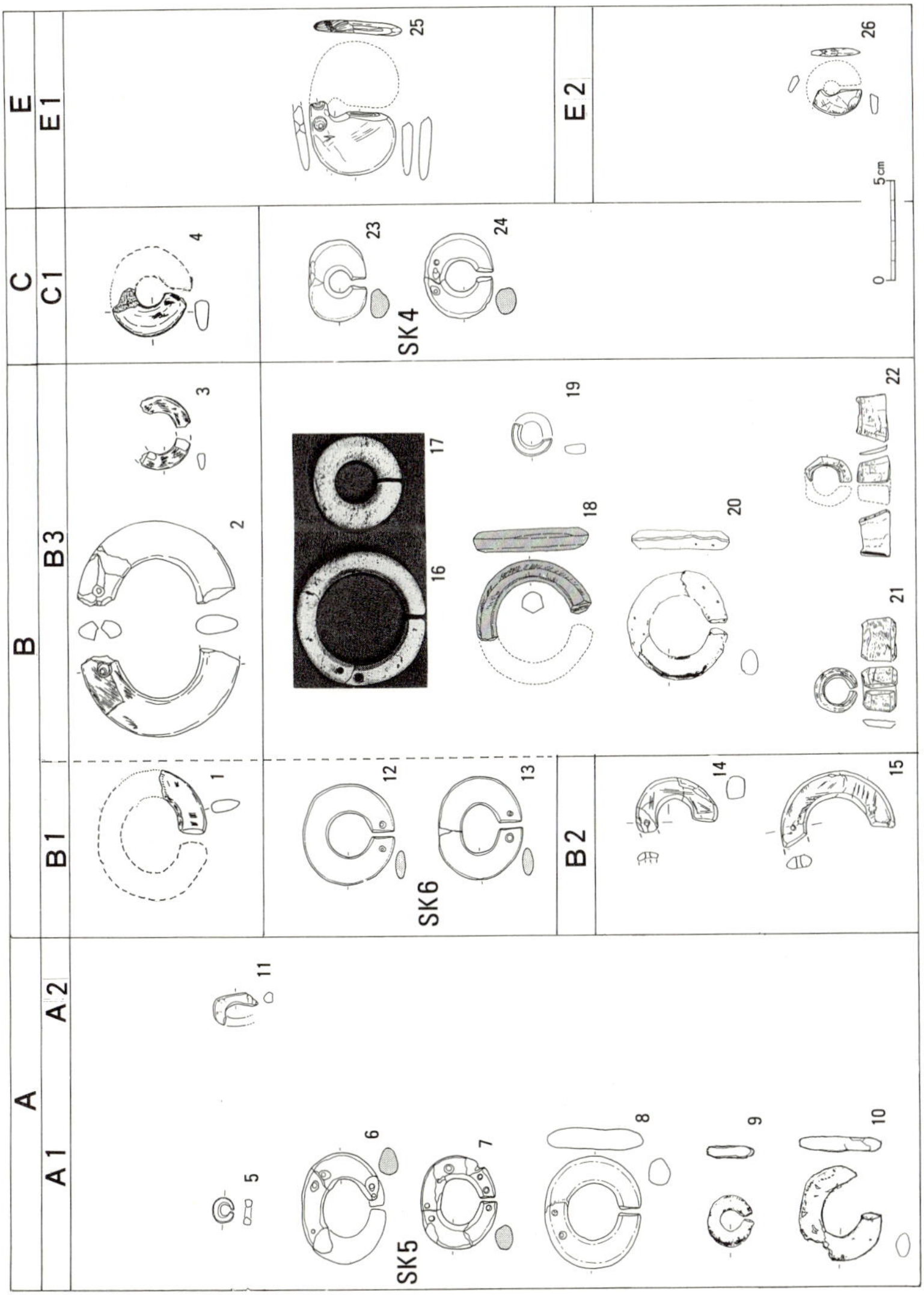

図2　始源期の玦状耳飾分類図

1・4 共栄B、2・3 オタフク岩、5・11 打越、6・7 上浜田ＳK5、12・13 上浜田ＳK6、23・24 上浜田ＳK4、8 清水上、9・10・20 カゴ田、14・15 新堀東源ヶ原、16・17 桑野、18 枌洞窟、19 南太閤山Ｉ、21・22・26 川原田岩陰、25 野鹿洞穴

九八六)。他にも玦状耳飾二個が出土しているが、始原期以降のものである。

福井県金津町の桑野遺跡(早期末葉～前期初頭)では、二七基の土壙などから合計六九個の玦状耳飾が検出されている(金津町一九九五)。土壙での伴出土器は見られなかったが、近くに早期末葉～前期初頭の小貝塚が営まれており、その時期に属するものを含んでいるものと推測されている。実測図はまだ公表されていないが、玦状耳飾三七個の写真(春成一九九七の六七頁)を分析したところ、A1類が圧倒的に多い。さしあたって桑野遺跡の白色の石材による八個の玦状耳飾に注目しておきたい。その構成は、B2類(一個)、B3類(二個)、C1類(一個)、D1類(二個)、D3類(二個)となる。つまり1類が三個、2類が一個、3類が四個となる。このように白色石材中では3類が四個あって類型的なまとまりを見せている。

写真分析した三七個の中で、環状をした3類が八個見受けられるが、そのうち四個までが白色石材で作られている。白色石材での3類は卓越した比率を占めていると言えそうである。図2—16・17は白色石材の写真コピーである(福井県立博一九九七より)。これを肉眼観察した中国浙江省博物館の梅福根顧問によれば「中国江蘇省宣興県で産出するカルシウム化した閃透石と色が良く似ている」(毎日新聞一九九七.一〇.一〇)とのことである。

もし、梅福根の言うように中国産の石材だとすればこれらは渡来文物そのものということになる。確かに始原期の玦状耳飾では珍しい石材で他に類例をみない。しかし、栃木県宇都宮市の根古谷台遺跡では前期後葉の土壙墓から白色石材による先史管玉が出土している(宇都宮市一九八八)。列島にも白色石材の産地がありそうである。桑野遺跡の白色石材が中国産かどうかの結論は、もちろん理化学的分析によらなければならない。その場合、梅福根が指摘する中国の類似岩も含めての分析結果がまたれるところである。

ところで、桑野遺跡では中国の匙形器に酷似したヘラ状垂飾が三個も出土していて、大陸文化との直接的な交流を示唆している（藤田一九九六）。

大分県山香町の川原田岩陰遺跡（早期後半、田村式）では、第5層から三体の埋葬人骨が検出されていて、それに伴ったとされる三個の玦状耳飾が出土している。これまで川原田岩陰遺跡の指貫型の玦は、芹沢長介によって自生説の根拠を成す資料として紹介されていた。しかし当初は、〝攪乱層中に早期土器に混じって出土したが、前期土器共伴のものと考えることも可能で、層位確認はできていない〟とされていたので、筆者は疑問ある資料としていた（藤田一九七八）。

ところが、調査を担当した賀川光夫によって再検討が行われ、装身具の詳細も明らかになった（賀川一九九八）。これによって川原田岩陰遺跡の玦状耳飾は、5層から出土したもので埋葬人骨に共伴した始原期の資料として検討が可能となった。これまで、「鹿角製」とされていた玦は、獣骨製でイノシシの脚骨の一部を環状に整形して作られていることや、それが二個（一個は完形、一個は半欠品）あることも明らかとなった。完形の一点は、指貫型のB３類である（図２—21）。もう一個の半欠品は外縁が六角形状に角ばっているが、前のものと対になるものと思われ、同じく指貫型のB３類で捉えてよいものと思われる（図２—22）。また、一個の石製の玦状耳飾は緑色をした硬玉製（？）であるとされている（図２—26）。これはE２類に属する。

なお、川原田岩陰遺跡第5層の田村式土器は、早期押型文土器の三期に相当し、同型式を出土した大分県の枌洞穴5層のC14年代測定は、BP七七三〇±五〇年と出ている。

大分県本耶馬溪町の枌洞窟（前期初頭、轟B式）では、イノシシの頭蓋とともに白玉製のB３類の半欠の玦状耳飾が一個出土している（図２—18）（賀川一九九八）。

大分県荻町の野鹿洞穴（前期初頭、轟B式）では、E１類が一個出土している（図２—25）（別府大学一九七三）。

これまで触れてこなかったが、実は、日本列島で最古の玦状耳飾が、北海道浦幌町の共栄B遺跡で、石刃鏃に伴って二個出土している（図2—1・4）（浦幌町一九七六）。B1類とC1類である。

また、北海道羅臼町のオタフク岩遺跡でも石刃鏃に伴って、切り目は残していないが、環状品（装身具）の半欠品が二点出土している（羅臼町一九九一）。これは玦状耳飾とする確証はないが、注意しておきたい。いずれもB3類に属している（図2—2・3）。

これらは石刃鏃文化に伴う装身具である。いずれにしろ、北海道地域に分布する石刃鏃文化には、B1類、B3類、C1類が伴っているのである。

ところで、石刃鏃文化そのものは北方系の文化に属するが、ロシアのチョールトヴィ・ヴォロタ洞窟でも玦状耳飾の出土が報告されている（図3—4）（大貫一九九三）。形態はB3類に属する。断面形は、扁平形で共栄B遺跡と類似している。このような断面形は、石刃鏃文化の指標になるといってよいものと思われる。

また、中国黒龍江省の小南山遺跡でもB3類の玉玦の出土があることを川崎保から教えられた。川崎は、チョールトヴィ・ヴォロタ洞窟とともに沿海州・アムール河流域の玦として注目している。

ところで中山清隆によれば、チョールトヴィ・ヴォロタ洞窟の住居跡はC14年代測定によって、紀元前五〇〇〇年紀の中頃とでているという（科学アカデミーSO—一〇八三—紀元前四六〇五±四五年、科学アカデミーSO—一二一一—紀元前四八五五±四五年、モスクワ大学—五〇四—紀元前四四三〇±七〇年）（中山一九九四）。麻柄一志は、共栄B遺跡とチョールトヴィ・ヴォロタ洞窟では、後者が年代的にやや新しいとしている（麻柄一九九八）。

これらの報告によって、少なくとも、本州島よりも古い石刃鏃文化の玦状耳飾のグループが見えてきた。

中国大陸の玦状耳飾

それでは、中国大陸で発見されている玦（図3）との関係はどうであろうか。

興隆窪文化の玦状耳飾　中国東北部の興隆窪文化に属する遼寧省阜新市の査海遺跡では、Ｂ3類で肉厚の玦状耳飾と柱状玦がそれぞれ一個ずつ報告されている（方一九九一）。ほかにも数点のＢ3類の玦が出土しているようである。柱状玦については、複雑となるのでここでは多く触れないが、川原田洞穴の二個の獣骨製の柱状玦状耳飾や極楽寺遺跡・南太閤山Ⅰ遺跡でも滑石製の柱状玦状耳飾が出土していて、列島の始原期の玉類の一つを構成している。

興隆窪文化の内蒙古敖漢旗の興隆窪遺跡では、Ｂ3類の一対の玦が、被葬者の両耳部から出土している。断面形は、中ほどに稜があるが内外縁は薄く作られている（図3―1・2）（北京大学一九九七）。

査海遺跡のＣ14年代測定では、ＢＰ六九二五±九五年、樹輪補正年代でＢＰ七六〇〇年前と出ている。これらの興隆窪文化の玦はアジア最古の年代を示している。

日本列島でも始原期の玦状耳飾にＢ3類が際立っていることが注目される。

長江下流域（江南）の玦状耳飾　浙江省余桃県の河姆渡遺跡で玦が出土している（浙江省文物一九七八）。ここでは下層の第4層にＤ2類が、上層の第1層にＡ1類が伴っている。第4層の年代は、樹輪補正年代で六七二五±一四〇年、六九九六〇±一〇〇年と出ている。第1層は、その直下の第2層のＣ14年代測定が行われていて、樹輪補正年代でＢＣ三七一〇±一二五年と出ている。したがって、第1層はこれよりも新しい。第1層は、江南青蓮崗文化崧澤類型に属し、一般にＢＣ四〇〇〇～三五〇〇年の頃に当たるとされている。

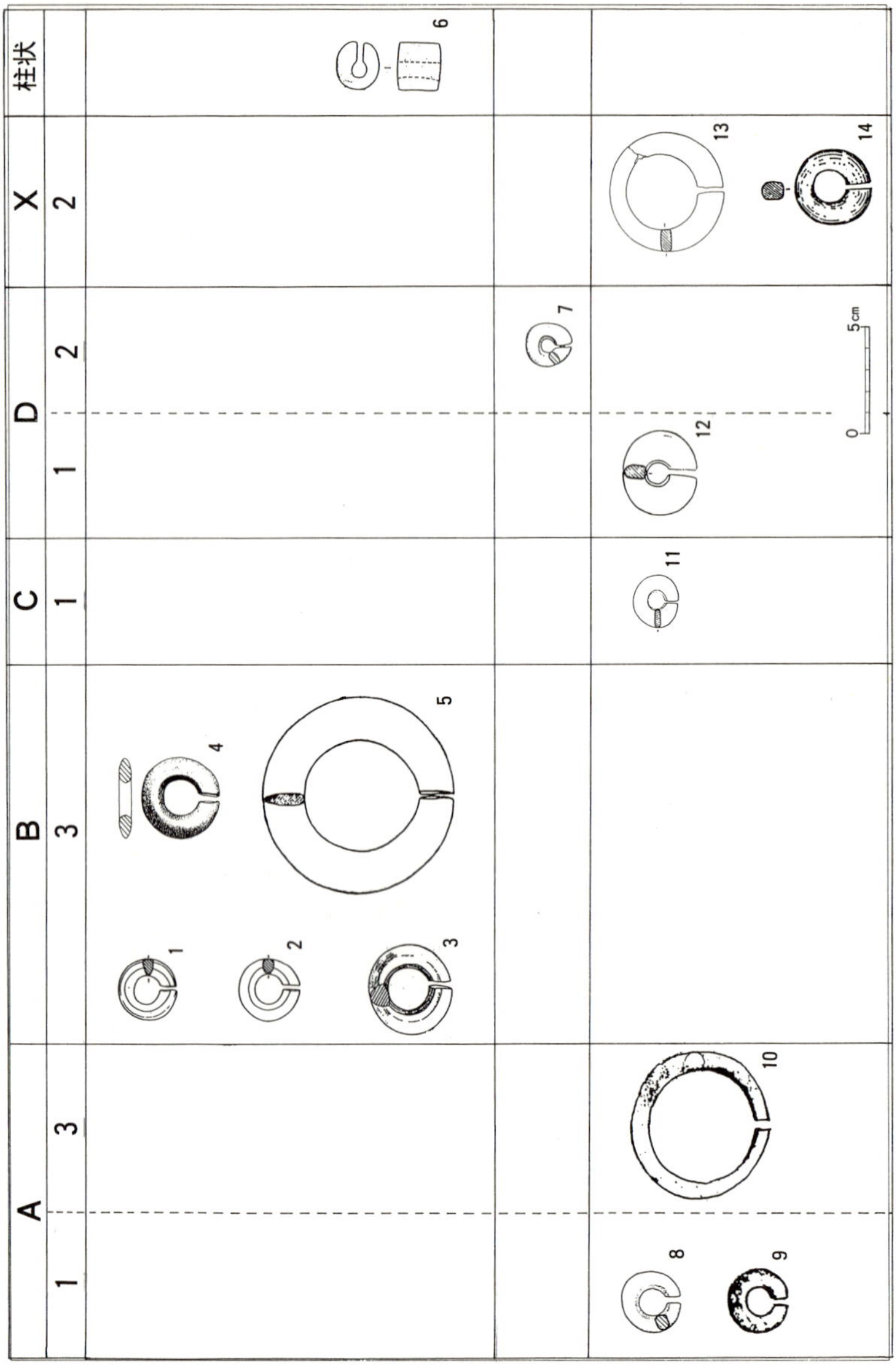

図3　中国の玦状耳飾分類図（本稿と関連するものだけを掲げた）
1・2 興隆窪、3・6 査海、4 チョールトヴィ・ヴォロタ、5 小南山、7 河姆渡4層、8 河姆渡1層、9・10 馬家浜上層、11・13 圩墩、12 崧澤下層、14 大渓

常州市の圩墩遺跡では中層墓に、C1類とX2類、それに柱状玦が伴っている（呉一九七八）。圩墩遺跡の中層墓は、江南青蓮崗文化北陰陽営類型に属する。C14年代測定（下層の第五層）では、樹輪補正年代でBC三九九〇±一三五年と出ている。中層は、2・3層が該当していて、この年代よりは当然新しいことになるが、江南青蓮崗文化北陰陽営類型に当たることからすれば、BC四〇〇〇年前後と見ることができよう。この年代は、日本列島の縄文早期末葉から前期初頭に相当する。

なお、上海市の崧澤遺跡では、D1類が出土している（中華五千年一九八五）。この遺跡の年代は、河姆渡遺跡第1層と同じ頃とみられている。

このように江南地域では、BC四五〇〇〜三五〇〇年頃に限っていえば、A1類、A3類、C1類、D1類、X2類（切目が孔側よりも幅広いもの）を認めることができる。これらは日本の始原期と同じ頃で日本に近い位置の玦の種類である。

なお、X2類は長江中流域の大渓遺跡に顕著であり、中国固有の形式を成すと思われる。

若干の考察

これまで始原期の「玦」について、一瞥してきた。これらを通して何が見えてくるのだろうか。

図1の検討から3類は、古相を成すと考えられる。このことを示すかのように、一般遺跡の縄文早期中葉〜前期初頭では、B3類が多く見られる。併せてA1類、B1類、C1類が顕著で、この四種類が列島の玦状耳飾の祖型の候補となる。

一方、この四種類以外で前期初頭以降盛行をみせるA2類、B2類、C2類、D1類、D2類は日本列島で独自に発展した可能性があると思われる（図2）。

それでは祖型を成すA1類、B1類、B3類、C1類は、列島で自生したのかそれとも伝播したものなのだろうか。中でもB3類は、図3のように中国の興隆窪文化や沿海州・アムール河流域の石刃鏃文化に顕著である。石刃鏃文化は、北海道にまで及んでおりオタフク岩遺跡でB3類の装身具を見ている。また、北海道の石刃鏃文化では共栄B遺跡でB1類、C1類を伴っている。図2に示したが、このうちB1類とC1類は上浜田遺跡のSK4とSK6の玦状耳飾に存在し、B3類は桑野遺跡の白色石材製の玦状耳飾、長者屋敷遺跡、清水上遺跡、南太閤山Ⅰ遺跡、カゴ田遺跡でも認めることができる。つまり、石刃鏃文化の装身具の類型は列島の玦状耳飾の祖型とした四類型のうちの三類型までを有している。

麻柄一志は、「列島の玦状耳飾をはじめとする石製装身具のセットが、石刃鏃文化を介して大陸東北部から伝播した可能性をこれまでにまして検討する必要性があろう」（麻柄一九九八）としている。オタフク岩遺跡のB3類が、玦状耳飾と関わるものであるとすれば、麻柄の予測は具体性を帯びるものとなろう。一方、長江下流域では日本列島で流行したA1類が河姆渡遺跡第1層や馬家浜上層に伴っている。また、C1類は、圩墩遺跡でも出ている。長江下流域では、切目の先端が細くなるAタイプの玦を認めることができる。大胆に整理すると、A1類は長江下流域から、B1類、B3類、C1類は大陸東北部からの伝播とすることができよう。なお、C1類については長江下流域からの伝播も少ないけれども可能性を残している。

また、B3類は最も古く、玦状耳飾の原形を成し、中国東北部とその周辺地域を起源地としているであろう。日本列島の玦状耳飾は、大陸文化の影響を受けて発展したものと思われる。これまで私は、中国江南地域への目配りをしてきたが、北方からの伝播ルートも重視すべきことが明らかとなった。さらに、始原期の当初から、A1類、B1類、B3類、C1類、E類（本稿では触れなかったが、九州で出土している）といった複数の祖型が存在しており、E類を除いていずれも日本海を挟んだ近隣地域に同時代かあるいは直前に存在している。このことは、完成された複数の装身具文化が伝播したことを意味していると思われる。自生説では、これらの祖型間の発展系統を明らかにする必要があるが、私には伝播説での理解がより合理的であると思われる。

本稿では類型の比較で終始した。製作技術や材質の違い、同時性の検証など未熟なまま論を進めてしまった箇所もある。ここでは新たな視点として、江南と北方からのルートを提出したが、これまでの諸氏からの疑問は積み残したままになってしまった。それらについては、時間がかかるが少しずつ検討していきたいと思っている。

末筆になったが、本稿執筆の機会を与えて頂いた香港中文大学中国文化研究所中国考古芸術センターの皆様に厚く御礼申しあげたい。

参考文献

安志敏一九八四「長江下游史前文化対海東的影響」『考古』三
飯島町教育委員会一九七八『昭和五二年度埋蔵文化財緊急発掘調査報告カゴ田』
宇都宮市教育委員会一九八八『聖山遺跡公園Ⅴ―根古屋台遺跡発掘調査概要』
浦幌町教育委員会一九七六『共栄B遺跡』
青海町教育委員会一九七九『大角地遺跡』・

大貫静夫一九九三「朝鮮半島・沿海州・サハリンの土器出現期の様相」『シンポジウム一　環日本海における土器出現期の様相』
日本考古学協会新潟大会実行委員会
賀川光夫一九九八「大分県川原田岩陰の再検討」『おおいた考古』第九・一〇集、大分県考古学会
神奈川県教育委員会一九七九『上浜田遺跡』
金津町教育委員会一九九五『金津町埋蔵文化財調査概要平成元年～五年度』
川崎　保一九九七「縄文時代の箆状垂飾について」『信濃』四九―四、信濃史学会
呉蘇一九七八「圩墩新石器時代遺址発掘簡報」『考古』四
佐藤正四郎一九七九「序章郷土の原始古代」『西根の歴史と伝承』長井市
柴田常恵一九一七「玦様の石製品に就いて」『人類学雑誌』三二―一一
関宮町教育委員会一九九〇『ハチ高原縄文時代遺跡群』
芹沢長介一九六五「周辺文化との関連」『日本の考古学Ⅱ』河出書房
浙江省文物管理委員会・浙江省博物館一九七八「河姆渡遺址第一期発掘報告」『考古学報』一
中華五千年文物集刊編輯委員會一九八五『中華五千年文物集刊・玉器篇一』
北京大学考古学系一九九七『北京大学考古学系中国考古学公開講座二』
別府大学一九七三『野鹿洞穴の研究』考古学研究報告第三輯
方殿春一九九一「阜新査海遺址的発掘興初歩分析」『遼海文物学刊』一
富山県教育委員会一九六五『極楽寺遺跡発掘調査報告書』
富山県教育委員会一九八六『七美・太閤山・高岡線内遺跡群発掘調査概要（四）南太閤山Ⅰ遺跡』
中山清隆一九九四「東アジアからみた玦状耳飾の起源と系譜」『地域相研究』第二三号
新潟県教育委員会・財団法人新潟県埋蔵文化財調査事業団一九九六『関越自動車道堀之内インターチェンジ関連発掘調査報告書

清水上遺跡Ⅱ』
西口陽一 一九八三「耳飾からみた性別」『季刊考古学』三八、雄山閣
日本道路公団名古屋建設局・長野県教育委員会 一九八二『長野県中央道埋蔵文化財包蔵地発掘調査報告書・原村その五』
日本道路公団・群馬県教育委員会・松井田町遺跡調査会 一九九七『新堀東源ケ原遺跡（行田Ⅲ遺跡）』
春成秀爾 一九九七『歴史発掘四　古代の装い』講談社
福井県立博物館 一九九七『中国浙江省の文物展』
富士見市教育委員会 一九八三『打越遺跡』
藤田富士夫 一九七八「玦状耳飾の起源について」『富山史壇』六九、越中史壇会
藤田富士夫 一九八四「北陸の玉作りと出雲系文化」『古代の日本海諸地域』小学館
藤田富士夫 一九九〇『古代の日本海文化』（中公新書）中央公論社
藤田富士夫 一九九六「ヘラ状垂飾についての一考察」『画龍点睛』山内先生没後二五年記念論集刊行会
麻柄一志 一九九八「石刃鏃文化の石製装身具」『富山市日本海文化研究所報』第二〇号
山内清男 一九六四「日本先史時代概説」『日本原始美術Ⅰ』講談社
羅臼町教育委員会 一九九一『オタフク岩遺跡』

石刃鏃文化の石製装身具

麻柄　一志

はじめに

ユーラシア大陸の東端に接する日本列島は、有史以来主として北と西から、さまざまな大陸の文化が流入し、列島という地理的条件のもと、各時代において独自の文化を形成している。島として孤立した縄文時代以降においても、大陸との交渉、接触は認められ、大陸に起源が求められる文物が多数存在する。

東北アジアの広い地域で、新石器時代の古い段階に認められる石刃鏃もその一つである。石刃鏃は後期旧石器時代に発達した石刃技法による規格的な縦長剥片＝石刃を素材とし、先端部と基部に細かな二次加工を施し、細長い鏃形に仕上げた石器である。新石器時代の前半にシベリアや中国東北部の広範囲に石刃鏃が出土する遺跡が認められる。

列島では、縄文時代早期の短期間に、北海道の東部を中心に石刃鏃が分布し、特徴的な遺物組成を示す。石刃鏃のほかに掻器、彫器、削器などの石刃を素材とする石器や擦切り技法による磨製石斧、石錘、砥石（矢柄研磨器）、石鏃などが石器組成に含まれ、さらに注目される遺物として石製装身具がある。石製装身具には、玦状耳飾、ヘラ状垂飾、垂飾、環状石製品、有孔石斧（玉斧）、小玉などがあり、石刃鏃文化の段階から石製装身具がセットとして存在している可能性がある。なお、有孔石斧を装身具と一緒に論ずることはできないかもしれないが、明らかに非実用品であることから、装身具とともに取り上げることにする。

一九七五年の浦幌町共栄B遺跡の発掘により玦状耳飾が縄文時代早期後半にまで遡ることが明らかになったが、本州島の各地で早期末～前期初頭から出土する玦状耳飾との関係についてはほとんど言及されていない。直接的につながらないとみなす見解が多いようである。

本州島の石製装身具類の起源を考える上で、まず隣接地の状況を把握することが出発点となる。ここでは北海道の石刃鏃文化に伴う玦状耳飾を含む石製装身具を集成し、その組成を明らかにするとともに、本州島以西の玦状耳飾や石製装身具との関係について考えてみたい。

各遺跡の石製装身具

北海道において石刃鏃の出土は、約一二〇遺跡を数えることができるが、まとまった量の石器群としては、十数遺跡があるにすぎない（富良野市教委一九八九）。この中で、石製装身具類が出土している遺跡として次の例が知られている。

湧別町

湧別市川遺跡（図1—1）　一九五六年、一九六七年、一九七二年の三次にわたって発掘調査が実施されており、それぞれの調査で石製装身具が出土している。出土遺物は石刃鏃のほか石刃、石刃核、掻器、彫器、擦切り石斧、石錘、石鋸などの石器が出土している。

一九五六年の調査では第一地点（A地区）から青灰色の珪質粘板岩製の環状装飾品が出土している（児玉・大場一九五八）。破損品であるが、径五・四センチ、厚さ一センチ、孔の径二・四センチを測る（図2—1）。

一九六七年の北海道大学北方文化研究施設の発掘でも滑石製の垂飾が出土しているらしいが、原報告に当たっていない。

一九七二年の調査では石製装身具が三点出土していると報告されている（湧別市川遺跡調査団一九七三）。そのうちの二点が図示されており（図2—2・3）、上端が欠損している穿孔された垂飾とその未製品である。

湧別町

湧別市川Ⅱ遺跡（図1—2）　湧別市川遺跡の西南約三五〇～四〇〇メートルの地点に所在する（湧別町一九八五）。湧別市川遺跡とほぼ同様の石器組成を示す。土器は絡縄体圧痕文、組紐圧痕文が多量に出土している。石製装身具は五点出土しており、図2—4は列島内で類例をみない特異な形態である。両面および側面が細線で飾られている。5はヘラ状垂飾または棒状垂飾に分類することができる。7は欠損品であるが扁平小形でやや角張っており、環状石製品または玦状耳飾りの欠損品である。6は環状石製品の破片であろう。8は穿孔が認められる。

女満別町

豊里石刃遺跡（図1—3）　一九五七年と一九九一年の二回にわたって発掘調査が行われている（大場・奥田一九六〇）。第一次調査では第一地点から石刃鏃、掻器、女満別式土器などとともに二点の有孔石斧が出土している。図2—13は緑色泥岩製で、長さ五・二センチ、幅三・五センチ、厚さ一・二センチの両頭片刃である。狭い方の刃部に孔が認められる。図2—12は砂岩製で、長さ九・七センチ、幅五・五センチ、厚さ二センチで、頭部に穿

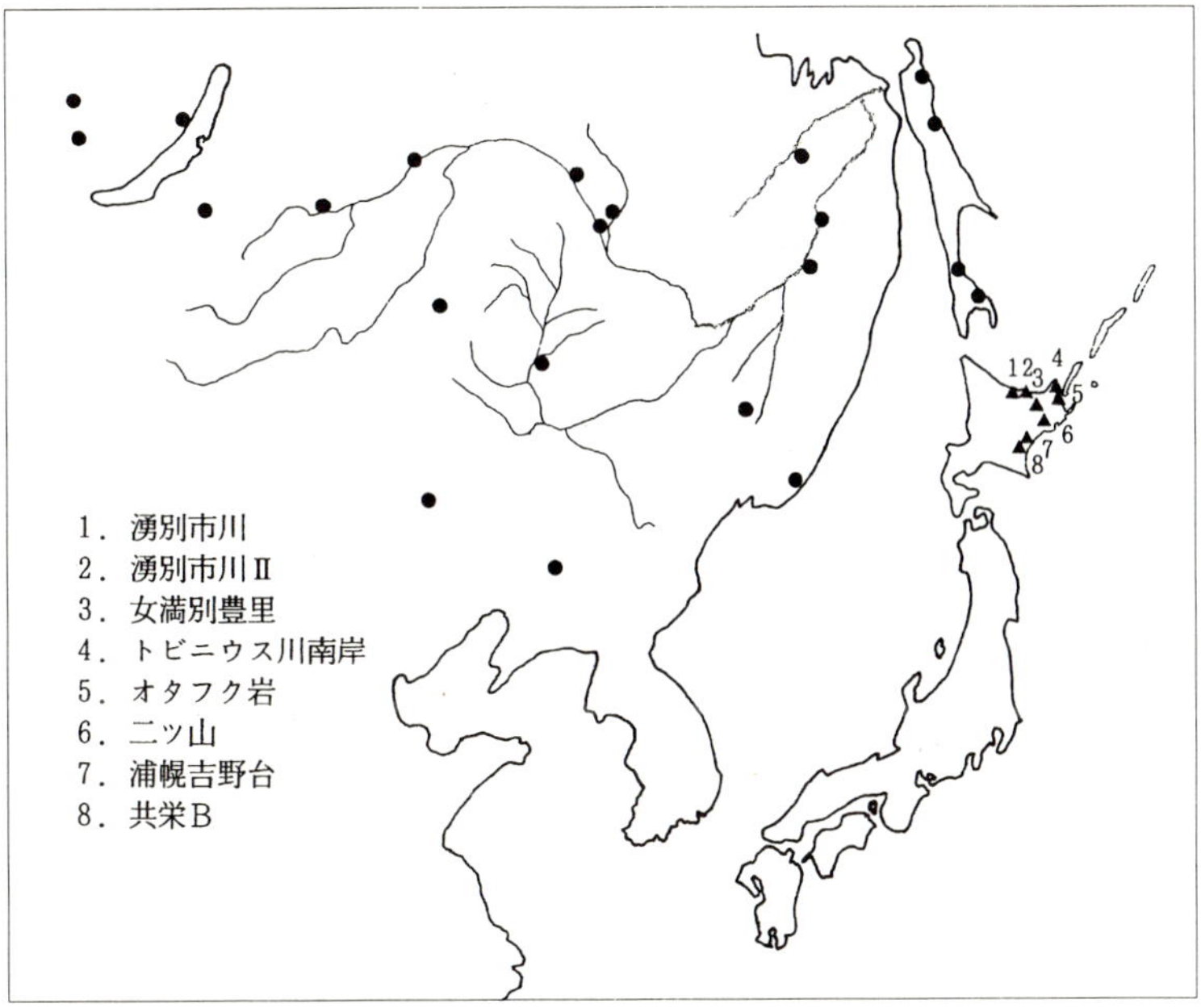

図1　石刃鏃出土の主な遺跡

孔されている。第二地点B地区からは石刃鏃や掻器等に伴い石製装身具が二点出土している。図2—9は滑石製の特異な形態の垂飾で、長さ二一・二センチ、幅二・二センチ、厚さ〇・八センチで突き出た一端に穿孔が認められる。図2—10は滑石製で、太さ〇・六×〇・七センチの環状と考えられるが、欠損のため現長は五・四センチである。この他に表採品で図2—11の環状石製品の破片がある。太さは一・三×〇・五センチの扁平、現存の長さは五・六センチで、一端に両側からの穿孔が認められる。

第二次調査（女満別町一九九二）は竪穴住居跡が七棟検出されており、第1号住居からは石刃鏃等とともに二点の酸化鉄製の管玉が出土しており、第2号住居からは石刃鏃等とともに三点の装身具が出土している（図2—14・15）。そのうち14は滑石製の環状で、15は孔が穿たれていないが垂飾とされている。このほかに包含層から石刃鏃、掻器、彫器、石錘、擦切りの磨製石斧などの石刃鏃石器群に伴い、一七

図2　石刃鏃文化の石製装身具（1）
1～3 湧別市川遺跡　4～8 湧別市川Ⅱ遺跡　9～26 女満別豊里遺跡

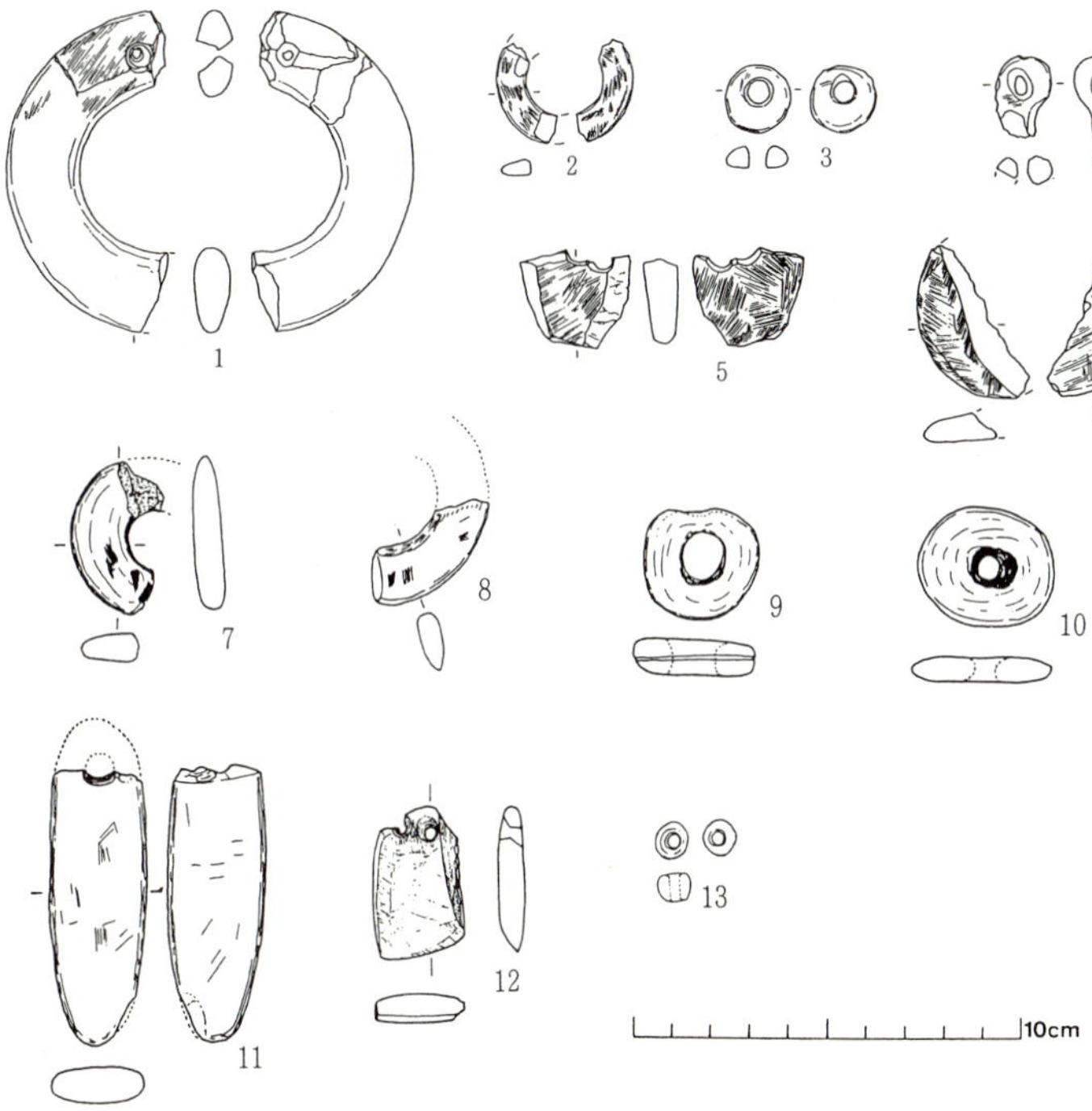

図3　石刃鏃文化の石製装身具（2）
1～6 オタフク岩遺跡　7～11 共栄Ｂ遺跡　12 トビニウス遺跡　13 二ツ山遺跡

点の石製装身具が出土している。図2―16～19は滑石製の垂飾。21～24は滑石製の小玉で、24は未製品とされている。25・26は装身具の未製品であるが、26の円盤状のものは、やはり石刃鏃石器群の常呂町朝日トコロ貝塚、富良野市東山遺跡から出土しており、加藤晋平は沿海州の石刃鏃石器群が出土しているプフスン遺跡に類例が存在することを指摘している（加藤一九七二）。25は管玉の未製品の可能性もある。

羅臼町　オタフク岩遺跡（図1―5）

オタフク岩遺跡第Ⅱ地点から、五棟の竪穴住居跡や土坑が検出され、石刃鏃を主体とする石器群と浦幌式、東釧路式の縄文早期土器群が出土している。石製装身具は六点出土している（羅臼町教委一九九二）。図3―1は環状の石製品で、欠損しているが報告者は玦状の可能性も指摘している。孔が一カ所に穿たれており、石質は翡翠と報告されている。2はやはり環状を呈するがやや小形である。これも翡翠と報告されている。3は小玉、4は垂飾でいずれも蛇紋岩製である。5は蛇紋岩製で、欠損品であるが二カ所に穿孔が認められる。6は蛇紋岩製で、円盤状の石製品である。女満別豊里石刃遺跡の円盤状石製品に類似するものであろう。

羅臼町

トビニウス川南岸遺跡　（図1—4）　縄文早期沼尻式の単純遺跡である（羅臼町教委一九七八）。石刃鏃が一点出土しているが「沼尻式に伴うとは考えにくい」としている。有孔石斧が一点出土している（図3—12）。孔は二カ所に認められるが一カ所は欠損している。なお報告者の宇田川洋は道内の有孔石斧出土遺跡を列挙しており、この時点で一七遺跡が存在するようである。また「石質も精選されている場合が多いようである。つまり、泥質チャート、緑色泥岩、暗緑色などの蛇紋岩などを母材とし、美しく仕上げられている。単なる実用品でなく特殊な目的でつくられた感がある」とその特殊性を認めている。

標茶町

二ツ山遺跡　（図1—6）　第三地点の発掘調査で五棟の竪穴住居跡が検出され、石刃鏃、尖頭器、掻器、石錘などを主体とする石器群が出土しており（豊原一九八五）、東釧路Ⅱ遺跡と同様に小玉（図3—13）が含まれている。伴出した土器は女満別式である。約五〇〇メートル離れた二ツ山遺跡第一地点からも石刃鏃石器群が出土しており、算盤状の石製装身具が出土しているようだが（木村一九八〇）、原報告の文献を確認していない。

浦幌町

吉野台遺跡　（図1—7）　この遺跡は浦幌遺跡または新吉野台細石器遺跡とも呼ばれている。一九三〇年代には発掘が行われ（齋藤一九四三）、多数の石刃と「石刃の小型のものの先端を尖らして製作した石鏃使用のもの」が存在しており、石刃鏃石器群であることが分かる。この時の調査で、安山岩自然石の「環石」の出土が報告されている。縦六・七センチ、横三・三センチ、厚さ一センチ、穿孔中径一・五センチ、縁径二センチの楕円形であることが記されているが、残念ながら図版が添えられていない。
　その後、一九五〇年にも発掘調査が行われており、石刃鏃石器群と浦幌式土器が出土している。この調査でも「環状垂飾玉」の出土が報告されているが（名取一九五五）、詳細は不明である。

浦幌町共栄B遺跡（図1—8）　吉野台遺跡の約五〇〇メートル北東に位置し、発掘調査で二棟の竪穴住居跡が検出されている（浦幌町教委一九七六）。出土石器は石刃鏃石器群で、土器は浦幌式である。石製装身具は五点出土しており、玦状耳飾の破損品二点（図3—7・8）、環状石製品（9・10）、垂飾の破損品（11）がある。特に注目されているのが玦状耳飾で、いまのところ列島最古の玦状耳飾である。垂飾は復元すれば、八センチを越える大型で比較的扁平な形態である。
　以上のように、北海道の石刃鏃文化には石製装身具が組成され、その種類も玦状耳飾、ヘラ状垂飾、小玉、環状石製品、有孔石斧、円盤状石製品など多種にわたり、列島の縄文時代に普遍的に存在する石製装身具の多くがすでに出現している。特に玦状耳飾、ヘラ状垂飾、有孔石斧（玉斧）は本州島以西に先駆けての日本列島での出現であることは注目に値しよう。また環状石製品の大型は大陸の玉環に、小型は大陸の玉璧に類似しているが、大型のものは石川県甲小寺遺跡でも類似した破片が出土しており、小型の環状石製品と円盤状石製品は富山県極楽寺遺跡などの玦状耳飾の未製品に同様のものが多い。

石製装身具の評価

石刃鏃文化に伴う石製装身具のうち、小型不定形の垂飾や小玉については、北海道に限っても後期旧石器時代終末の湯の里四遺跡などで出土しており（(財)北海道埋セ一九八五）、さらに縄文時代早期中葉の貝殻文土器を出土する函館市住吉町遺跡（児玉・大場一九五三）や函館市中野B遺跡（(財)北海道埋セ一九九五）でも垂飾が出土していることから、必ずしも石刃鏃文化に伴う外来的要素とはいえない。またトビニウス南岸遺跡の有孔石斧については、報告者は伴出土器から石刃鏃文化の一段階前の所産であることを指摘しているが、中野B遺跡にも存在しているらしい（長沼一九九六）。若干の時期幅はあるが有孔石斧は石刃鏃文化に先行して北海道に出現し、石刃鏃文化の時期に連なるものかもしれない。その他の石製装身具については、石刃鏃文化の流入に併せて、突如として出現した感がある。

北海道における石刃鏃文化研究の初期の段階から、石製装身具の存在は注目されており、加藤晋平は石刃鏃文化に含まれる遺物の一つとして装身具を挙げ、環状の石製品がシベリアのキトイ期に認められることを指摘し（加藤一九六三）、さらに前述したように、円盤状石製品が沿海州の石刃鏃文化に存在することを指摘している（加藤一九七二）。

また、佐藤達夫は女満別式土器と大陸の関係を論じる中で、「大陸系統の特殊な遺物の一つに石製環飾がある」と「石製環飾」が大陸起源の遺物である可能性を説き、大型品は腕輪であると推定している。さらに、女満別豊里石刃遺跡の小型の垂飾もセロヴォ、昂昂渓に類例があることを指摘している（佐藤一九六四）。同様の見解は藤田富士夫も玉についての概説の中で、「湧別市川遺跡や浦幌町共栄B遺跡、釧路市東釧路Ⅱ遺跡などから石刃鏃に伴って環状の垂玉が出土して…中略…垂玉のルーツも北方に求められている」と述べている（藤田一九八九）。

ところで近年、沿海州のチョールトヴィ・ヴォロタ洞窟の出土遺物が紹介され（大貫一九九三、北海道開拓記念館一九九四）、玦状耳飾、石刃鏃、矢柄研磨器、掻器、アムール編目文土器など北海道の石刃鏃文化と共通項の多い石器群の存在が明らかになった（中山一九九四）。この玦状耳飾が扁平な点は共栄B遺跡の玦状耳飾と共通するが、C14年代が北海道の石刃鏃文化よりやや新しい六千数百年前なので、共栄B遺跡の遡源にはならないようである。しかし今後、こうした石器群が沿海州からサハリンにかけて発見されることが期待できる。また中山清隆はノヴォペトロフカ遺跡で石刃鏃、隆起文土器に伴い、スリットの切れていない玦状のものが出土していることに注目しているが、詳細を知りたいところである。ノヴォペトロフカ遺跡は日本でもよく知られた石刃鏃文化の遺跡で、ノヴォペトロフカ文化は北海道の石刃鏃文化と対比されている（木村一九八七・一九九二）。

このように誰もがサハリン経由で大陸からの文化の流入と捉えている石刃鏃文化に伴う石製装飾品のあるものは、列島内での発生は考えにくく、やはり大陸に起源が求められている。大陸との詳細な比較検討が石器群、土器群の総体として行われているわけではないが、ある種の石製装身具の形態のみの類似の指摘ではなく、石器文化全体の対比が可能な点が魅力的である。

本州島の石製装身具との関係

石刃鏃文化に伴う石製装身具のうち、本州島以西でも量的にまとまって出土するものとして玦状耳飾、ヘラ状垂飾、有孔石斧がある。

玦状耳飾　玦状耳飾は藤田富士夫らの研究の蓄積があり、列島内出現と変遷が明らかにされている（藤田一九八三など）。本州島では縄文早期末に広範囲で出現し、前期後葉には量的にも増え、地域色も現われる。共栄B遺跡の玦状耳飾の時期は早期後葉と、本州島での出現より若干古いので、北海道からの伝播も考慮すべきであるが、「日本国内での製作ではないだろう」と中国からの渡来の想定（藤田一九九二）や、本州島の「初現期の玦状耳飾に比べてやや扁平なかんじをうける」（中山一九九四）など年代的に古い共栄Bと本州島の早期末の玦状耳飾を切りはなす考え方が主流のようである。ただし玦状耳飾の故郷について、従来の江南起源一辺倒から遼寧省阜新査海遺跡の発掘の概要が報告されたことによって（方一九九一）、一気に視点は北に向けられてきたので、共栄Bの再評価も必要であろう。

ヘラ状垂飾

近年、玦状耳飾との関連で注目を集めているものにヘラ状垂飾がある（藤田一九九六、川崎一九九七）。ヘラ状垂飾は箆状垂飾、玉箆などとも呼ばれ、棒状垂飾や玉斧の一部に類似し、その定義は論者によって異なっている。川崎保は福井県桑野遺跡出土例のように断面が凹形を呈するものに限定して「箆状垂飾」も名称を与えているが、ヘラの本来的な意味から適切とはいえない。確かに桑野遺跡例は断面形態が特異で、その祖型が中国東北地区に求められるなど前期後葉のものとは時期的な問題も含めて断絶している。しかし小論では、玉箆と呼ばれるヘラ状の細長く扁平な垂飾をヘラ状垂飾とし、桑野遺跡例はその中の特殊な形態とみなしたい。

湧別市市川Ⅱ遺跡出土の垂飾は、長さ七・二センチとやや小型であるが、側縁を直線に仕上げ、表面を磨製石斧状に加工している。一般的な垂飾とは大きさや製作の精巧さの点で大きな違いがあり、ヘラ状垂飾に含めたい。長崎元廣の玉箆の分類（長崎一九八四）では、A3類に含まれる。なお、共栄B遺跡の垂飾（図3―11）も復元された長さが八センチ弱と垂飾としては大型で扁平である。形態は玉箆のA2類に相当する。湧別市川Ⅱ遺跡の例と関係があるかもしれない。

ヘラ状垂飾は列島では前期後葉各地で登場するが、桑野遺跡例は、早期末～前期初頭と考えられ、中国東北地区の新石器時代早期の「匙形器」と呼ばれる石製装身具との類似が指摘されており（藤田一九九六、川崎一九九七）、玦状耳飾とセットでの列島への影響が考慮されている。桑野遺跡の匙形器類似品はひとまず置くとして、湧別市川Ⅱ遺跡のヘラ状垂飾が早期後半でいまのところ列島内の初現である。これが前期後半のものと直接つながるかは確証がないが、函館空港第四地点遺跡で前期前葉の包含層から類似品の出土が報告されており（函館市教委一九九七）、連続する可能性がある。

有孔石斧

有孔石斧は玉斧とも呼ばれ、本州島では前期後半に出現し、弥生時代まで存続する。この石器も大陸との関係が想定されているが（長崎一九八四）、分布が中部高地を中心とする東日本で、その伝播経路については明らかにされていない。長崎元廣は北海道の早期の穿孔した「定角状石斧」の存在にも触れているが、形態上の差異から断絶があるものとしている。しかし豊里石刃遺跡例などの有孔石斧では大きな違いは認められない。

北海道の石刃鏃文化に伴う有孔石斧は豊里石刃遺跡のほか、川尻、標茶二ツ山でも出土しているという（木村一九八〇）。また早期の豊頃町高木Ⅰ遺跡、浦幌町平和遺跡でも出土している。前述したように宇田川洋は有孔石斧の出土が十数遺跡にのぼるとしているが、それらの所属時期は確認していない。ただ女満別町住吉C遺跡で縄文後期から続縄文の時期の竪穴住居から二点の有孔石斧が出土しているので（大場・奥田一九六〇）、かなり時間幅のある石器であるようだ。本州中部で有孔石斧がヘラ状垂飾と密接なつながりをもって前期後葉に存在している点と、北海道東部でやはり有孔石斧とヘラ状垂飾が同じ石刃鏃文化の中で存在している点が、時期的な隔たりがありながらも共通点として注目される。有孔石斧の祖型をいきなり大陸に求めるのではなく、北海道との時間的溝を埋める努力も必要であろう。

さて、以上のように個別の石製装身具の検討に加えて、川崎保（川崎一九九六）の提唱している石製装身具のセット関係の把握も地域的な比較検討の重要な要素になる。北海道の石刃鏃文化には一遺跡でのセットではないが、複雑な石製装身具の組成が認められ、同一文化の中で共存するものと理解される。石刃鏃文化の石製装身具には、後期旧石器時代末から存在する小玉や垂飾を除き、本州島に同形態が存在するものが多いが、いずれも大陸に起源が求められている（求められるかもしれない）。有孔石斧が若干古いようだが、玦状耳飾やヘラ状垂飾などが北海道東部でほぼ同じ時期に出現している点は列島のこれらの装身具の起源をさぐる上で重要な意味を持つ。

まとめ

北海道の縄文早期に出現する石刃鏃文化に伴う石製装身具について集成を行ったが、手元にある限られた文献のみを出典としているため遺漏も多いと思われる。また、時間的制約から原典の報告にあたることができず、加えることのできなかった遺跡もいくつかある。しかしこれまで記したように、多様な石製装身具が安定的に組成されて、本州島において早期末から前期にかけて出現する玦状耳飾などの石製装身具の多くがすでに北海道で出現していることが明らかになった。今後これらの石製装身具類が北海道内で石刃鏃文化以後どのように展開しているのか、また本州島の石製装身具類との時間的な関係や形態的な連続性を検証する必要があるが、列島の玦状耳飾をはじめとする石製装身具のセットが、石刃鏃文化を介して大陸東北部から伝播した可能性をこれまで以上に検討する必要性があろう。

従来から、日本列島の閉ざされた環境の中で独自展開を遂げたと思われがちだった縄文文化の中でも、玦状耳飾は大陸との交渉の証であるとみられていた。こうした見解には反論もあったが、列島および大陸側の資料の増加により、いままで以上に細かな比較検討が可能になってきている。すでに大陸側の資料との対比や分析作業も開始されており（中山一九九四・一九九六、藤田一九九六、川崎一九九七）、今後の展開が期待できる。

なお、小論で使用した石製装身具の名称は、これまで一般的に使用されている用語を用いたため、体系的に統一された用語とはなっていない。それぞれに研究史があるのだろうが、整理する必要がある。

最後に、文献および資料については、いつもながら斎藤隆、藤田富士夫の両氏のご教示を得ている。謝意を表したい。

引用・参考文献（紙数の関係で報告書は割愛した）

大貫静夫一九九三「朝鮮半島・沿海州・サハリンの土器出現期の様相」『シンポジュウム一　環日本海における土器出現期の様相』
加藤晋平一九六三「石刃鏃について」『物質文化』一
加藤晋平一九七二『縄文時代のたんの』端野町教育委員会
川崎　保一九九六〈の〉字状石製品と倉輪・松原型装身具セットについて」『長野県の考古学』
川崎　保一九九七「縄文時代の箆状垂飾について」『信濃』第四九巻第四・五号
木村尚俊一九八〇「縄文文化早期」『北海道考古学講座』
木村英明一九八七「ノヴォペトロフカ文化と北海道の石刃鏃文化」『日本人と文化の起源をたずねて』
木村英明一九九二「北海道の石刃鏃文化と東北アジアの文化」『季刊考古学』第三八号
佐藤達夫一九六四「女満別式土器について」『ミュージアム』一五七
長崎元廣一九八四「縄文の玉斧」『信濃』第三六巻第四号
長沼　孝一九九六「地域研究北海道」『縄文時代』第七号
中山清隆一九九四「東アジアからみた玦状耳飾の起源と系譜」『地域相研究』第二三号
中山清隆一九九六「中国東北地域の先史玉器」『東アジアの考古学　第二』
藤田富士夫一九八三「玦状耳飾」『縄文文化の研究』七
藤田富士夫一九八九『玉』
藤田富士夫一九九二『玉とヒスイ』
藤田富士夫一九九六「ヘラ状垂飾についての一考察」『画竜点睛』
北海道開拓記念館一九九四『第四十回特別展ロシア極東諸民族の歴史と文化』

福井県桑野遺跡の石製装身具
―玦状耳飾の用途に関する出土状況からの検討―

木下　哲夫

序

金津町は福井県の北西に位置し、石川県加賀市と県境を接している。岐阜県境の油坂峠付近に源を発する九頭龍川は、福井平野を西流して三国町で日本海に注ぐ。その平野北東縁には東西に連なる加越山地があり、そこから派生した台地性丘陵は、おおむね標高一〇〇メートル以内に収束し、やがて石川県橋立丘陵へと連なっている。この比較的平坦な台地の平野に面する南縁には、ところどころに丘陵が接していて、三国町北杉谷貝塚（中期初頭）、芦原町井江葭貝塚（中期初頭～中葉）などヤマトシジミを主体とする縄文貝塚が並列している。また、河口から九キロメートルほど東方に奥まったＪＲ芦原温泉駅東側にも、かつてはそうした低位丘陵の一つが延伸していた様子もまた窺うことが

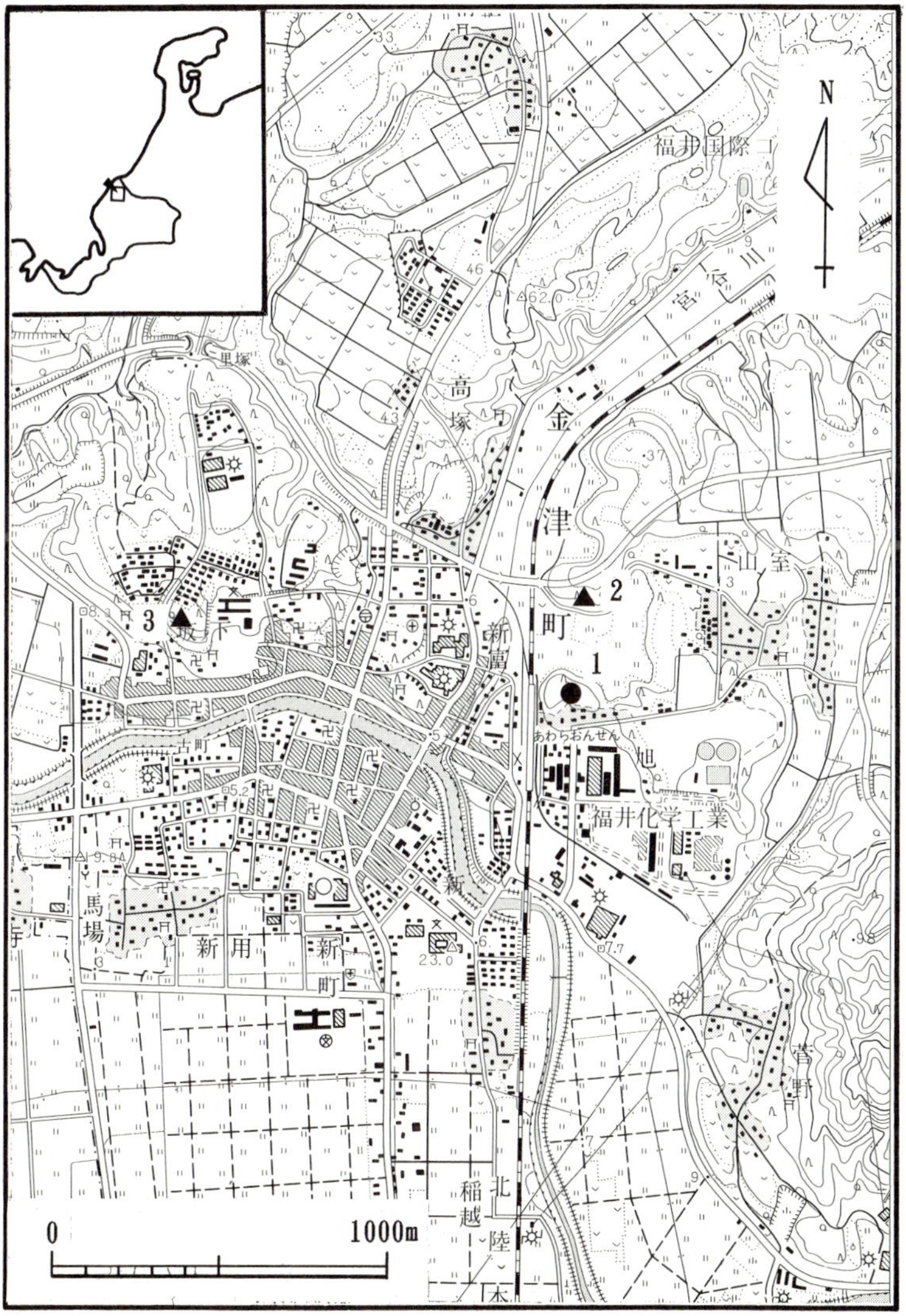

図1　遺跡位置図（s＝1/25000）
（1 桑野遺跡　2 高塚向山遺跡　3 茱山崎遺跡）

できる。

桑野遺跡（図1―1）は、こうした丘陵の北西端の一角に立地しており、標高は二〇メートル前後にあった。周辺には有舌尖頭器が出土した茱山崎遺跡（図1―3）、気屋式土器が検出された高塚向山遺跡（図1―2）も所在している。調査は金津東部土地区画整理事業に伴い、平成四年から六年までの三年間にわたって実施されたもので、それまで遺跡の存在は明らかにはなっていなかった。本遺跡は、縄文時代の土壙群を中心とするが、その後近世までにわたる複合遺跡であり、調査では多数の遺構が検出された。なかでも、総数八〇点以上の縄文時代前期の石製装身具が出土し、全国的に耳目を集めることになった。

発掘調査は、丘陵上面の約九〇〇〇平方メートルを対象に実施し、土壙群は南縁東半に弧状に展開、北側斜面の標高八メートル前後の位置からは貝層を確認した。それらの中でも、石製装身具が出土したのは土壙群の西端約三〇〇平方メートルの範囲（図2）に限定されている。また土壙群の時期は、中期前葉の新崎式期を中心とするように考えられ、玦状耳飾と同じ年代の遺構は北方に離れて、小規模にしか存在しないようだ。

石製装身具が、縄文時代前期（およびその前後）に盛行したことは、これまでもよく知られており、とりわけ玦状耳飾はその代表的な遺物として、研究の俎上に挙げられてきた。しかし、酸性土壌という本邦特有の土壌事情にも相まって、人骨装着の具体例に乏しかったから、主として形態学的な見地から研究が進められてきた。また早くから河内国府遺跡の調査により、その用途が耳飾であることは疑いのないものとされ、そうした事例を前提とした縄文社会論などが諸氏により展開されている。

また、玦の名称に由来するように、当初から大陸との関係が推測される一方、富山県中新川郡上市町に所在する極楽寺遺跡などでは、縄文前期初頭の玦状耳飾の出現期の製作遺跡として、存在が確認されていた。多数の装身具類を

図2　調査区遺構平面図
（サークル内は石製装身具を出土した土壙集中部）

出土する遺跡が北陸東部域に認められる反面、西部域の福井県内では若狭の鳥浜貝塚遺跡で、貝層中から一四点の玦状耳飾が出土しているほかに、越前の三国町梶浦遺跡、福井市上河北遺跡などから散発的に出土した程度で、従来はさほど出土数が目立たなかったといえよう。

ところが桑野遺跡の場合は、石製装身具の量の多さもさることながら、出土した遺構が密集（図3）して二四基を数え、これまで装身具は限られた土壙から出土するといった認識が一変した。しかも貝層のほかには、住居址など生活関係の遺構は確認されていない。さらに種類の異なった装身具が、同一土壙で組成するという特異な様相も呈している。加えて、列島でこれまで出土例のない形態も存在しており、にわかに大陸側との関係が問われることとなった。筆者は元来、縄文土器を研究領域としてきたため、装身具類については取り扱った経験がなく、この遺跡の調査と遺物整理にあたっては、戸惑いもあったことは否めない。概報（金津町教委一九九三・一九九五）は、種々の制約から事実記載を中心にし、考察に意を尽くせない面もあった。今回、

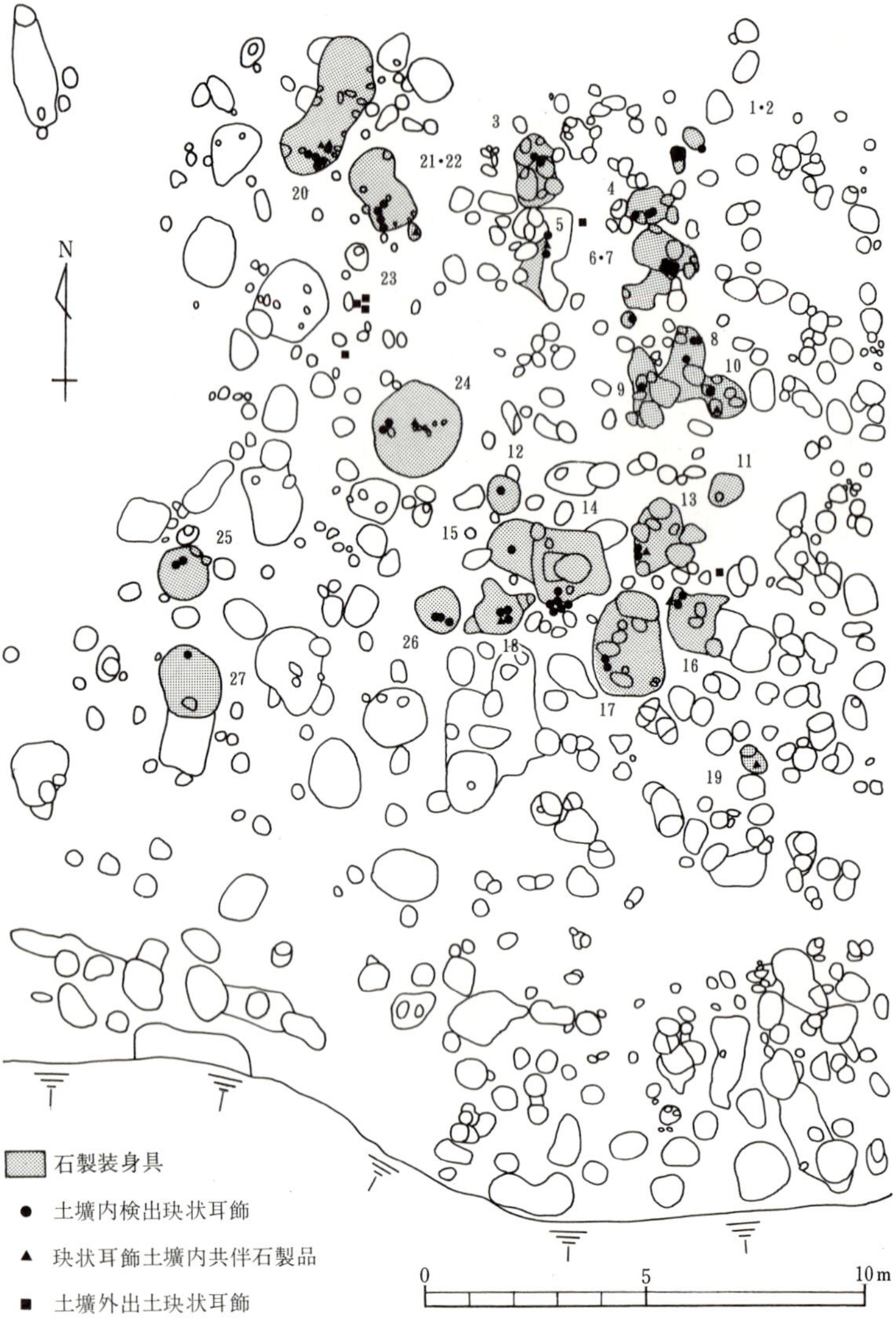

図3　石製装身具出土調査区遺構平面図（木下1995より）

不十分ではあるが調査担当者として、桑野遺跡が提起する課題について検討し、責務の一端を果たしたい。

特に、玦状耳飾の出土状態から派生する問題、すなわち土壙内における対構成で出土する玦状耳飾と、対構成しないそれ以外の品の位置関係について、子細に検討してみたい。このことにより、従来ややもすればなおざりにされてきた傾向の、当該製品の用途の問題に一石を投じることとなろう。なお遺跡については、これまでも断片的に報告してきた。その補完的意味合いもあり、本論の遺構および装身具の番号呼称は、概報（金津町教委一九九五）に準拠することとしたい。この点諸事情を賢察の上、了解いただきたい。

土壙と出土資料の検討

土壙からの出土状況

概報を基に、土肥孝・藤田富士夫などの諸氏が桑野遺跡の性格について論じている。また「箆状垂飾」と称する特徴的な石製装身具についても、藤田・川崎保の両氏が彼我の比較検討を加えている。それぞれ示唆に富んだ論考なので、諸説を参考としながら、改めて各例を見直してみたい。

まず石製装身具が出土した遺構は、前記したように二四例が確認されており、着装人骨が検出されて著名な国府遺跡をはるかに凌駕する。そして、出土した六四点以上の玦状耳飾のうち、対を構成しているのは三分の二に相当する二二対にのぼる。それらは一七基の土壙に包含されていた。これに対して、玦状耳飾が一点で構成されていた土壙は七基を数えるが、このうちの一例は棒状石製品であり、対構成で検出された土壙の五割以下にとどまっている。

従来、玦状耳飾は二個一対を構成する意識が極めて強く、縄文中期以降の耳飾とは対照的なあり方を示していると指摘（土肥一九九七）されている。加えて装着された玦状耳飾のうち、その半数は片方しか発見されていないことが注目されていた（岡村一九九三）。桑野遺跡の検出例は、こうした推定とは一見乖離する傾向を示していよう。また一七基のうち、同じ形態の玦状耳飾のみが一対で検出された例は三基であり、残り一四基の出土状況は玉などの垂飾品や、対を構成する玦状耳飾とは別の形態の玦状耳飾品との組合せである。

こうした状況は、玦状耳飾と他の垂飾類とは埋納の仕方が区別されているという川崎説（川崎一九九四）と、一見合致するものではない。そこで次に、同一土壙内で共伴した装身具の種類の組合せの仕方を検討する。

同一土壙内における装身具類の組合せ　石製装身具が出土した土壙二四基のうち、一四基には一対の玦状耳飾とともに、別の石製装身具も共伴していた。こうした例は、これまでの事例から極めて稀少として認識されていた。ところが桑野遺跡では、他の品と組み合う土壙の割合が、かなり高い比率を占めている。そのうち、対構成を複数含んだ例もまた然りであり、これらを同一視するわけにはいくまい。

一四基のうち、一対の玦状耳飾と他の品が組み合うのは一〇基にのぼる。それらはさらに、三点の玦状耳飾が検出された四基と、別種の装身具をも併せて含んでいた六基とに区分される。前者のうち、第八号から出土した26の品はよく磨き込まれており、玦状耳飾というよりも切目部が残らない形状から、原始勾玉とも解釈される品かもしれない。さらに第四号の9、第二三号の66は、玦状耳飾の欠品が対構成の品と組み合っている例である。ところが、第二六号から検出された完品75もまた対構成の品と組み合う事実から、いわゆる玦状耳飾と称される形態品に、耳飾という単一の機能のみ付与することに諸々の疑念が生じる。複数の機能を想定する必要が生じよう。

ひるがえって、別種の装身具をも含んでいた後者の六基を見ると、第一・二号ならびに第二四号の二例は玉も併せて含んでいた。石に穿孔した品を「玉」と呼ぶならば、そうした例は旧石器時代にまで遡る。川崎の「管玉」と「小玉」の識別原理（川崎一九九八）を援用すれば、4ならびに70の両者とも「管玉」の範疇にある。従来管玉は、一つの遺構からは単独で出土する例が多く、他の品との共伴事例としてはわずかに埼玉県北宿西遺跡の早期末の遺構で、玦状耳飾様の品と管玉が伴出したにとどまっていた。長野県カゴ田遺跡、栃木県根古谷台遺跡でも、管玉と玦状耳飾の二者が出土しているものの、出土した遺構は区分されている。桑野遺跡では、それにひきかえ同一遺構内で共存しており、これらの諸例と様相を異にしている。

また第一三号および第一六号は、30ならびに42の異型石器が対構成と組み合い、第五号も11の垂飾品と検出された。こうした例は対の構成を呈する玦状耳飾が、従来の規定に添った用途を推定しても大過ないことを示すものであろう。ところが第一八号のように、49の箆状垂飾と三個の玦状耳飾が一括出土した例は、若干状況が異なろう。この品は、断面形態の特異性から大陸との比較がしばしばなされており、その系譜について「玉箆」(長崎一九八四)の原型と解釈されたり(藤田一九九六)、「玉斧」とは別の器種と理解される場合(川崎一九九七)もある。しかしこの例で留意されるべきは、箆状垂飾と伴出した三個の玦状耳飾がいずれも欠品という点にある。

さらに、二対以上の玦状耳飾が検出された土壙も、四基が存在する。これらも第六・七号の20、第二〇号の58・59、第二一・二二号の64の三基の例とも、対構成を呈する品と単品とが組み合う状況を示しており、必ずしも例外的ではないことを窺わせる。第一四号の三対が一括して検出された例も、対構成が確認される点でまた然りとされよう。

遺構中から組み合って出土した、桑野遺跡の各種の石製装身具の組合せを、川崎は「桑野型装身具セット」と呼び(川崎一九九六)、その起源を探ろうとしている(川崎一九九九)。こうした推定については、見解をいったん留保するとしても、玦状耳飾と称される形態の対構成をなす品と、それとは別に単独構成で検出された品とでは、用途の上で差異が生じる可能性が推定されたといえる。

表　桑野遺跡における対構成をなす玦状耳飾の検出位置

	対構成 玦状配置	肩部		央部	
		小型	大型	小型	大型
玦状単独			27号 （欠76）	12号 （欠28）	9号 （完23）
				11号？ （欠27）	15号 （完39）
					10号 （欠22＋腕21）
棒状垂単					19号 （棒50）
玦状1対 のみ	並置	3号 （完5・6）	17号 （完44・45）		
	並置	25号 （完71・72）			
玦状1対 ＋玦状1	並置		23号？ （完65・67＋欠66）		
	重複		8号 （完24・25＋欠26）	4号 （完7・8＋欠9）	
	重複			26号 （完73・74＋完75）	
玦状1対 ＋管玉1	並置		24号 （完68・69＋玉70）		
玦状1対 ＋異型1	並置		13号 （完29・31＋異30）		
	並置		16号 （完40・41＋異42）		
玦状1対 ＋垂飾1	並置		5号 （完10・12＋垂11）		
玦状3点 ＋（玉・篦）	一括		1・2号 （完1・3・欠2 ＋玉4）	18号 （欠46・47・48 ＋篦49）	
玦状2対 ＋（玦・ 玉・篦）	並置		21・22号 （完60・61・ 62・63＋欠64）		
	並置 一括		20号 （完51・52・53・54 ＋完58・59・ 玉55・篦56・57）		
玦状2対 以上	一括		14号 （完32・33・34・ 35・欠36・ 37・38）		6・7号 （欠14・15・16・ 17・18・19 ＋完20）

玦状耳飾の出土位置と土壙規模の相関

それでは、これら装身具が検出された土壙の規模と装身具類の組合せ、そしてその検出位置について、何らかの相関が認められないものであろうか。第二三号は土壙の掘り込みを確認できなかったので、これを除外した二三基の例について規模を検討してみると、長軸が八〇～一二〇センチ、短軸が七〇～一一六センチの範囲に収束する小型な七基と、それ以上の規模を保有する大型な一六基に二分できそうである。

小規模な七基の土壙では、長軸と短軸の比率が一対一に近く、平面形は方形に近い。それら土壙の装身具の組合せを見てみると、玦状耳飾の破片のみを出土した二基と、二個一対になって出土した五基の二種類に分かれる。そしてその破片を含んでいた例の一つの第一二号から、玦状の欠品である28が土壙央部の底面直上で検出された。

また、対を構成する玦状耳飾を含んでいた五基のうち、従来から類例が確認されている一対のみを検出したのは、第三号の5・6と第二五号の71・72の二基である。二基ともに土壙の肩部付近に並置されており、二点の間隔は従来確認されていた他の遺跡の検出例と比較すると、わずかに狭いように見受けられる。それ以外の対構成の玦状耳飾と他の品が組み合う三基のうち、第四号の7・8、第二六号の73・74は土壙央部から重複気味に検出され、伴出した他の品のほうがむしろ肩部から出土した。また第一八号についても、46・47・48の玦状耳飾と49の箆状垂飾の四点が一括して土壙央部から検出されている。こうした事例は、玦状耳飾を両耳に装着して埋葬されたとする、従来想定されてきた埋葬法に、疑問を呈する検出状況といえる。

これに対して大規模な一六基の土壙は、長短の比率が二対一の範囲に収束し、平面プランが楕円形ないしは隅丸方形を呈している。そして、それら装身具の組合せは、第一九号で棒状垂飾のみが検出されたほかは、すべて玦状耳飾が出土している。これらは、①玦状耳飾だけ単独の四基、②二個を一対とする基本的な組合せが七基、③二対以上を出土した四基とに三分される。

そして、①の玦状耳飾を単独に含んでいた四基のうち、76の欠品を土壙肩部から出土した第二七号をはじめ、第九号では23、第一五号では39の完品が、土壙の長軸線上から検出された。破片22が腕飾21と組み合った第一〇号も、その位置は22は軸線上、21は肩部付近からの検出である。このように、玦状耳飾が単独で検出された位置は、土壙の規模に関わらず、いずれも中央付近からの出土という共通性が見出せる。

一方、②の二個一対の玦状耳飾を基本とする組合せの石製装身具が検出された七基の例で、玦状耳飾のみが組成したのは第一七号の一例のみである。他の六基では、別形態の品が共伴していた。その第一七号の44・45は、土壙の肩部付近に並置されて検出されたもので、この出土の仕方は小型土壙で同様の装身具を検出した第三号、第二五号の例と共通する。このように、二点の玦状耳飾だけを含んでいる三例を見ると、規模の大小を問わず肩部に並置されていることで共通する。こうした状況を他に類例を求めると、神奈川県上浜田遺跡例などに抽出することができる。

こうした例と同様に第二三号もまた、土壙の肩部付近に一対の玦状耳飾が並置される例であったろう。掘り込みが確認できなかったが、周回ピットに近接して65・67の玦状耳飾が検出され、その付近から66の欠品もまた出土している。この66は、65・67が並置されていたにも関わらず、至近箇所から検出されており一考を要する。すなわち古代中国で「玦」とセットで使用されていたとされる、「琀」の伝播にまつわる問題である。諸説あるがこの検出状況からは、「含玉」の風習（藤田一九九二）を視野に入れた議論が必要であろう。

また、二個一対の玦状耳飾とそれ以外の品が組み合う六基のうち、第八号の央部から検出された26については、前記したように玦状耳飾に規定するには疑問も残るが、24・25の対を構成する玦状耳飾は土壙の肩部から重複して検出されている。そして、第一・二号で玦状耳飾の完品である1・3と欠品の2・4の管玉がいずれも土壙の肩部付近？から出土している。玦状品が対構成に付加されて組み合った際、土壙規模の大小で検出位置が肩部と央部に異なるも

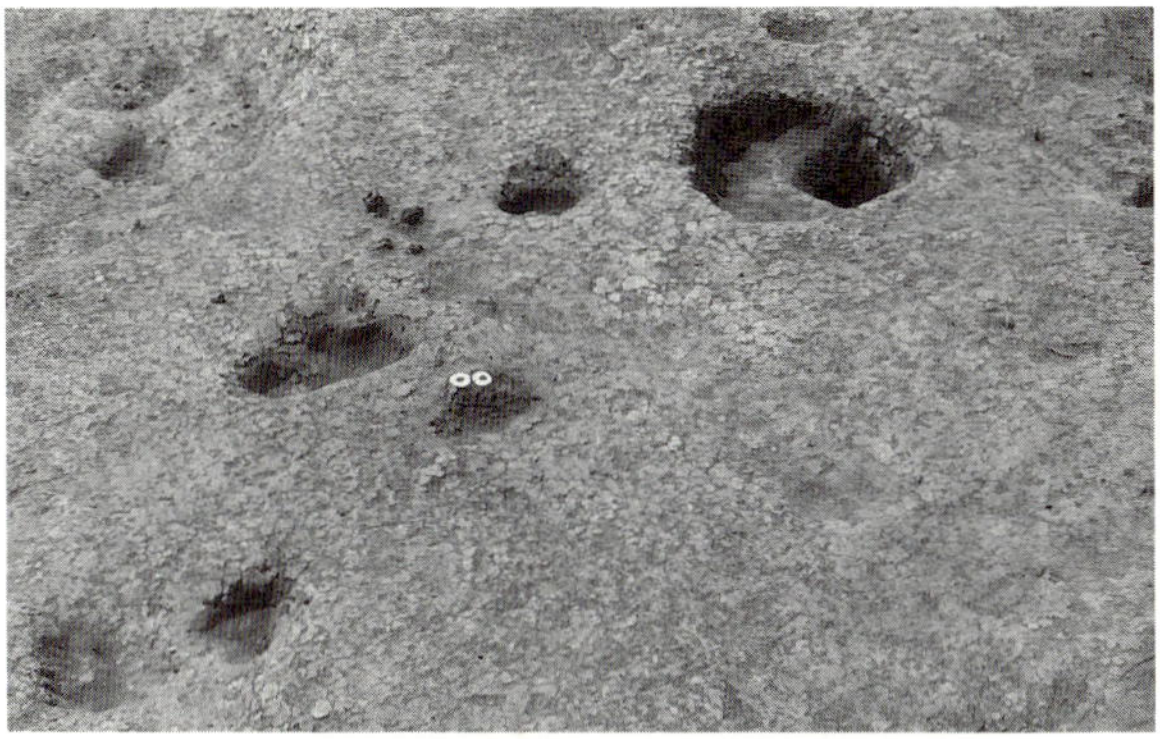

図4－1　周回ピット内玦状耳飾並置出土状況（第23号）

図4－2　小型土壙石製装身具央部一括出土状況（第18号）

図4－3　大型土壙玦状耳飾肩部並置出土状況（第20号）

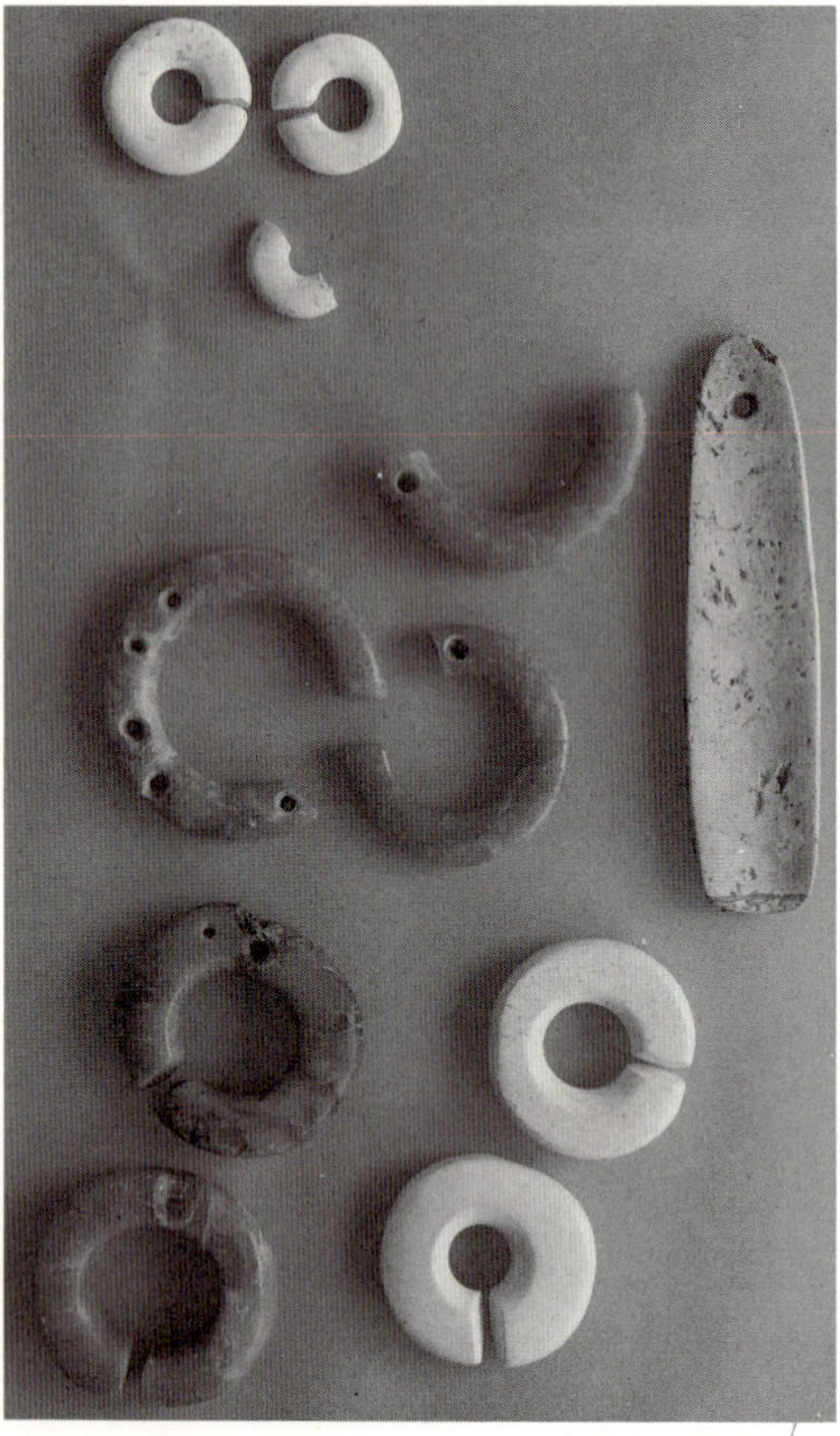

図5　図4出土状況写真の装身具
（上段23号　中段18号　下段20号）（1/2）

のの、重複あるいは一括の状況で出土している。

ところが第一・二号と同様に、玦状耳飾と管玉を共伴していた第二四号は、68・69の玦状品が肩部に並置され、70の管玉は央部からの単独出土である。玦状耳飾が異型石器と組み合っていた二例の場合、第一三号は肩部に並置された29・31の玦状品の下部に30の異型の品が配置され、第一六号は肩部に並置された40・41の玦状品の上部から42の異型の品が出土している。さらに玦状耳飾と垂飾が組み合った第五号は、11を中に挟んで10・12の玦状品と、三点が並列して検出された。

これら並置という四例に共通する検出状況は、従来通例とされてきた玦状耳飾の装着事例を彷彿させる。付加された品も、それぞれの装着部位を類推させる。しかも四基ともすべて大型土壙であり、小型土壙である第四号、第二六号の土壙央部から、対構成の玦状品が重複して検出されるのとは、対照的な出方といえる。以上のように、土壙規模の大小と各個別遺構で検出された装身具の組合せを検討し、桑野遺跡の埋葬の状況に相関するさまざまな規範のあることが類推された。

桑野遺跡に特有の検出事例

ところで桑野遺跡では、二対またはそれ以上の玦状耳飾とそれに組み合う装身具が検出された土壙が四箇所ある。第六・七号は央部から同一石材で構成される14～19の玦状品の破片が一括検出され、少なくとも四個体の存在が推定される。また土壙末端の位置を周回する小ピットの肩部から、小形の玦状耳飾20も出土している。央部の四個体とは用途を別にして、組み合うものと考えられよう。

また第一四号では、32～38の三対の玦状耳飾が肩部に並置されていた。ところが対をなす玦状品は、それぞれ同一石材で構成されているものの、平行に配列されているわけではない。これに対して第二一・二二号では、同一石材で構成される60～63の玦状耳飾が、二点ずつ肩部付近に並置され、周回ピットの一つからは玦状片64が出土した。この一四号と二一・二二号の両者は、二対以上の玦状耳飾が肩部付近に並置されていた点で共通する一方、対ごとの配列では差異が指摘される。

最大規模を測る第二〇号の場合、玦状耳飾が二対（51～54）・管玉（55）・箆状垂飾（56・57）・玦状耳飾（58・59）の九点が出土したが、51～54と他の五点の検出位置が異なっている。51～54の四点は肩部付近に並置され、前者は二一・二二号の60～63のあり方と共通する。55～59の五点は、少し離れた位置で一括検出された。後者は第一八号の例と類似しており、この二例にだけ箆状の品が組み合っている。両者に共通する特異な存在で、なおざりにできない。箆状垂飾の用途について、東京都八丈町倉輪遺跡の棒状垂飾の出土位置との関連から、ヘアピンの可能性が想定（藤田一九九六）されたり、貝玉や牙玉との流れから留め針であろうとも考え（春成一九九七）られている。いずれにしても桑野遺跡の検出状況は、その使用法を必ずしも示してはいまい。

こうして二対以上の玦状耳飾を含んでいる例について、肩部付近に並置される場合と、央部に一括検出される場合の二態あることが確認された。とりわけ、片側の耳部（?）の位置に複数の玦状品が配列されている例が確認されたことが注意される。それに対しては、死後装身を意識したアプローチ（土肥一九九七）、かつての長谷部言人の指摘を援用した複数着装の理解（西川一九九九）という見方もある。

収束に向けて

同一土壙における石製装身具の組合せと、出土位置および検出状況について検討してきた。藤田は桑野遺跡の玦状耳飾を単独に含む土壙と、複数を含む土壙の間には規模的に相関関係が認められ、前者が小児墓、後者が成人女性の墓壙と推定（藤田一九九八a）した。しかし検討した結果、齟齬を生じてしまった。

すなわち土壙の類型を検討したところ、玦状品を単独で出土した類は、土壙の大小あるいは製品の完品か欠品かの如何を問わず、そのほとんどが土壙の軸線上や中央部からの出土である。ところが二個一対の玦状耳飾の出土位置は、土壙肩部に並置されていたものである。そして、二個一対の玦状耳飾に同種の品が組み合っている小型土壙では、対を構成する品のほうが単品よりも内側に重複気味に出土している。こうした状況について以前、横臥気味の埋葬体位であろうと推測した（金津町教委一九九三）が、今回検討により覆すこととなった。

さらに二個一対の玦状耳飾に、別種の品を含んでいるのは大型土壙に限られており、その対構成の品は肩部に並置されていた。こうした事象は、装身埋葬の推定原理に合致する従来の規定を全否定するものではない。それは第二〇号例に表象されるように、肩部並置と内部一括の鼎立に見られる。相対して玦状耳飾が重複する小型土壙に、二次葬の可能性（土肥一九九七）が窺い知れるのであり、土壙の規模および形状と装身具の検出状況は連動する。

従来の諸遺跡の類型では測り知れないため、例外的（小林一九九八）とされてきた桑野遺跡の汎用性を、漠然とではあるが生前着装と死後装身そして副葬という、葬制の諸課題を関連させることで、若干の規範を抽出することができる。すなわち、玦状品に並置された例は埋葬体位が伸展、一括して検出された例は副葬品といった、各種が存在する可能性がある。そこで、次に玦状耳飾の形態とその帰属時期、および石材の関連について検討してみたい。

玦状耳飾の用途と石材の関係　近年の玦状耳飾の編年研究によれば、中央孔の大きいタイプが最古段階に遡ると判断（川崎一九九六）されている。これにより、桑野遺跡の石製装身具の帰属時期も「始原期」に推定され、富山県極楽寺遺跡例の藤田分類A1類に類似する形態が、圧倒的に多いことが指摘（藤田一九九八b）されてきた。ところが、桑野遺跡での藤田分類A1類品の石材のほとんどは茶褐色をした滑石で、しかも対構成で検出されたものが多い。これらの石材は、極楽寺遺跡に代表される富山湾地域で出土する品の構成石材の一部と同一のようであり、形態ともども極めて類似性が高い。早期終末の神奈川県上浜田遺跡例も併せて勘案すれば、桑野遺跡の玦状耳飾の時期を、最古段階に位置づける推測も首肯されるであろう。

一方、乳白色の石材の品はどうであろうか。この石材に関連して、中国東北部の遼寧省阜新査海遺跡から出土した「匕形器」と称される、白色に浅い緑斑を帯びた色調（中山一九九二）の匙形器がある。桑野遺跡の箆状垂飾のほうの類品として、当初から注目されてきた資料である。査海遺跡の「匕形器」は、肉眼的には桑野遺跡の小型のほうの箆状垂飾や乳白色の玦状耳飾と、極めて近似しているように観察される。

この乳白色の特有の石材は、栃木県根古谷台遺跡や、群馬県下鎌田遺跡にも類例があり、実見していないが乳白色の玉質の岩石（江坂一九六四）という、北海道旭川市緑町遺跡例なども該当しそうである。同じ北海道の共栄B遺跡からは、さらに早期中頃の石刃鏃に伴って古い装飾品が出土している。北海道では、墓壙に複数の副葬品が納められている例が注意されており、環状品の半欠品の例も注意されよう。本州の早期末から前期初頭に出現する石製装身具に先立って、すでに北海道では早期中頃に遡ることが確認（麻柄一九九八）されている。石刃鏃文化自体がそうであるように、石製装身具の形態も大陸東北部に由来するといえる。

ところが、本州で散見される乳白色製品の帰属時期は、下鎌田遺跡例の古段階はともかく、根古谷台遺跡例はその形態も前期中葉に置かれる新しいもので、新潟県吉峰遺跡例はさらに時期が下降する。このように乳白色の石材を利用する年代幅は、相当にありそうだ。また茶褐色の品の形態は、大孔で横長の形態に比較的画一化されているのに対して、乳白色の品には大孔・小孔、横長・環状と各種の形態がある。確かに中国東北部や沿海州周辺で、藤田分類B3類は目立つ存在といえるが、その断面形態には差が見られ、長江下流域の藤田分類A1類とは時間的推移よりは石材の違いなどと関係する、系譜の差異を認識する必要があろう。また、早期末頃山梨県中溝遺跡から出土した、国内最古級とされる玦状耳飾の石材は、長野県側の白馬山麓産の可能性が指摘（長沢二〇〇〇）されており、選択される石材は初期の段階から多岐にわたっているようだ。

大陸側との交流に関して　仮に、乳白色の製品に渡来の可能性を想定するならば、同じ石材を用いながら形態の異なる対構成が並置される第二四号例により、唯一の用途ではなかったようである。すなわち使用される石材が、製作の一系的な系譜を示していない。また箆状垂飾品は、二例とも単独の玦状品あるいはその欠品と共伴しており、第二〇号でともに対構成を呈する茶褐色と乳白色の四点の玦状耳飾が並置され、型式差の想定される品が共存している事例が目を引く。下鎌田遺跡でも、この二種の石材が併用されている状況は、極めて示唆的である。

そもそも、玦状耳飾が縄文前期の頃に突然現われるという認識に、その出現の契機を論議する素地があったろう。そしてその多量製作は、定住生活の開始と関連づけられ、出自意識—差別意識の顕現と捉えられ（春成一九八三）もした。さらに生前に使用した装身具は、伝世されることなく死者の副葬とされるという前提があり、それ以後も自明のこととして扱われ（西川一九九九）てきた。その用途についてはわずかに、切目未完成製品の存在や孔径の小ささから、耳飾と違った別の用途も併せ考える必要性が提議（藤田一九八三）されている。

茨城県村田貝塚では、未製品を模造した土製の例（西川一九九五）もあり、第二五号からは白色材の対構成に割付線のついた小孔の品が、並置の状況で検出された。これらからは切り目の存在のみをもって、その用途が決定されない可能性も考える必要があろう。

ひるがえって中国側でも、同じ年代頃に形態のバリエーションが生まれている（中山一九九四）。すると当初から、複数の機能が付与されていたのであろう。従来の認識に立てば、玦状品に穿孔されている小孔は補修孔と解されてきたところである。しかるに破面はシャープで、使用時に破損後修復、再度装着したとは思えない例もまた多々見られる。加えて、32のように切目の正反に位置する一穴穿孔の例（根古谷台にも類例がある）、さらに富山県北代遺跡には二穴穿孔の例（森一九五一）さえ存在する。これらもまた、従来からの用途の規定に疑義を抱かせる例である。

こうして大陸と列島の装身具を比較してみると、共通する類例が多々あることから、相当に長期間にわたり波状的な交流が見られたものと推測される。しかし、それが推定される用途の差などから変容が考えられ、一方的かつ一律に受容されたことがあり得ないこともまた、桑野遺跡の資料を通して確認できるのである。

擱筆に当たり、いつもながら川崎保、斉藤隆、土肥孝、中山清隆、西川博孝、麻柄一志の諸氏からは、多くのご教示を得た。記して謝意を表する次第である。

参考文献

江坂輝彌一九六四「装身具」『土偶・装身具』日本原始美術二、講談社
岡村道雄一九九三「埋葬にかかわる遺物の出土状態からみた縄文時代の墓葬礼」『論苑考古学』天山舎
金津町教育委員会一九九三『桑野遺跡発掘調査概要』
〃　一九九五「桑野遺跡」『金津町埋蔵文化財調査概要平成元年～五年度』
川崎　保一九九四「縄文時代前期の玉と墓」『考古学と信仰』同志社大学考古学シリーズⅥ
〃　一九九六「『の』字状石製品と倉輪・松原型装身具セットについて」『長野県の考古学』(財)長野県埋蔵文化財センター
〃　一九九七「縄文時代の箆状垂飾について―福井県坂井郡金津町桑野遺跡出土資料を中心に―」『信濃』四九―四
〃　一九九八「玦状耳飾と管玉の出現―縄文時代早期末・前期初頭の石製装身具セットの意義―」『考古学雑誌』八三―三
〃　一九九九「日本海をめぐる二つの遺跡から見た玦状耳飾と装身具」『考古学に学ぶ―遺構と遺物―』同志社大学考古学シリーズⅦ
木下哲夫一九九五「縄文早期末～前期の土壙群―福井県桑野遺跡―」『季刊考古学』五一、雄山閣出版
小林達雄一九九八『縄文時代の考古学』シンポジウム日本の考古学二、学生社
土肥　孝一九九七『縄文時代の装身具　日本の美術二』第三六九号、至文堂
中山清隆一九九二「縄文文化と大陸系文物」特集アジアのなかの縄文文化『季刊考古学』三八、雄山閣出版
〃　一九九四「東アジアからみた玦状耳飾の起源と系譜―中国遼寧省と旧ソ連沿海州の例から―」『地域相研究』二二
長崎元廣一九八四「縄文の玉斧」『信濃』三六―四
長沢宏昌二〇〇〇「山梨県における縄文時代早期末の様相―国中地域と郡内地域―」『研究紀要』一六、山梨県立考古博物館・山梨県埋蔵文化財センター
西川博孝一九九五「再び土製玦状耳飾について」『研究紀要』一六、(財)千葉県文化財センター

〃　一九九九「遺物研究装身具」縄文時代文化研究の一〇〇年『縄文時代』一〇
春成秀爾一九八三「採取の時代」特集装身の考古学『季刊考古学』五、雄山閣出版
〃　一九九七「古代の装い」『歴史発掘④』講談社
藤田富士夫一九八三「玦状耳飾」『縄文文化の研究』七、雄山閣出版
〃　一九九二『玉とヒスイ―環日本海の交流をめぐって―』同朋舎出版
〃　一九九六「ヘラ状垂飾についての一考察」『画龍点睛』山内清男先生没後二五年記念論集
〃　一九九八ａ『縄文再発見日本海文化の現像』大巧社
〃　一九九八ｂ「日本列島の玦状耳飾の始原に関する試論」『東亜玉器』香港中文大学
麻柄一志一九九八「石刃鏃文化の石製装身具」『富山市日本海文化研究所報』二〇
森　秀雄一九五一『大昔の富山縣』清明堂書店

「の」字状石製品と倉輪・松原型装身具セット

川崎　保

はじめに

縄文時代には用途が不明な石器は多い。なかでも利器ではないと推測されるもの、石棒、石剣などの宗教・祭祀的な用途に使われたとされているものは諸説紛々として、定説を見ないものが多い。

またこうした宗教や祭祀的な石器とは区別される装身具、飾玉とされているものの、その用途や意義については充分解明されたとはいえない。これから取り上げる縄文時代の石製装身具（飾玉）も、古くさまざまな観点から主に個別に研究されてきた。しかし、その組合せが存在することやさらにその意義についてはあまり考究されているとは言いがたい。本稿では特にこれらが組合せ（セット）で存在し、その意味することについて考えてみたい。

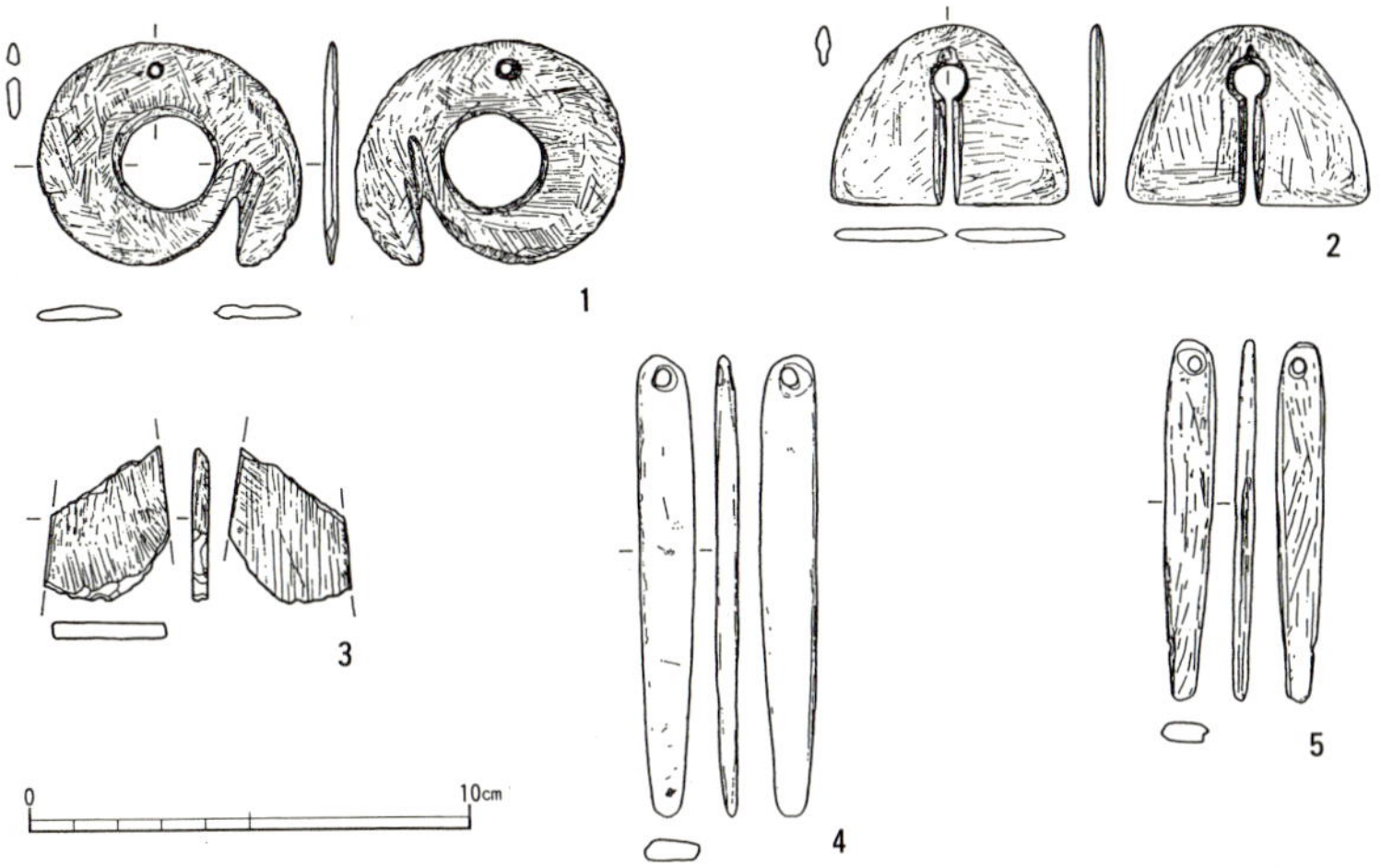

図1　倉輪遺跡出土の飾玉・装身具（1/2）

数多くある縄文時代の装身具と想定されているもののうち本稿で取り上げるのは、近年注目を浴びている「の」字状石製品をはじめとする、筆者がいうところの「倉輪・松原型装身具セット」である。

一九八五年に東京都八丈町（八丈島）所在の倉輪遺跡第六次調査で図1のような種々の装身具と考えられる石製品が出土した。しかし、後述するが当初は、変わった特殊な石製品がさまざまな地域や文化から倉輪遺跡にもたらされたというような考え方が支配的であった。その後、一九八九〜九一年にかけての長野県長野市所在の松原遺跡で図2のようないろいろな装身具が発掘された。

このことによって倉輪遺跡出土の装身具が単なる偶然の取合せではなく、組合せとして存在していたことが類推されるのである。筆者はこの装身具セットを、「倉輪・松原型装身具セット」と呼称したい。

そして、倉輪・松原型装身具セットの性格や意義を解明するためにまずセットのおのおのの装身具の研究史、考古学の基礎的な作業である所属時期、分布、地域性、石材、作成技術などについて概観した上でセットの意味するもの、さらには石製装身具セットの研究によって縄文社会における装身具の意義を多少なりとも明らかにし、

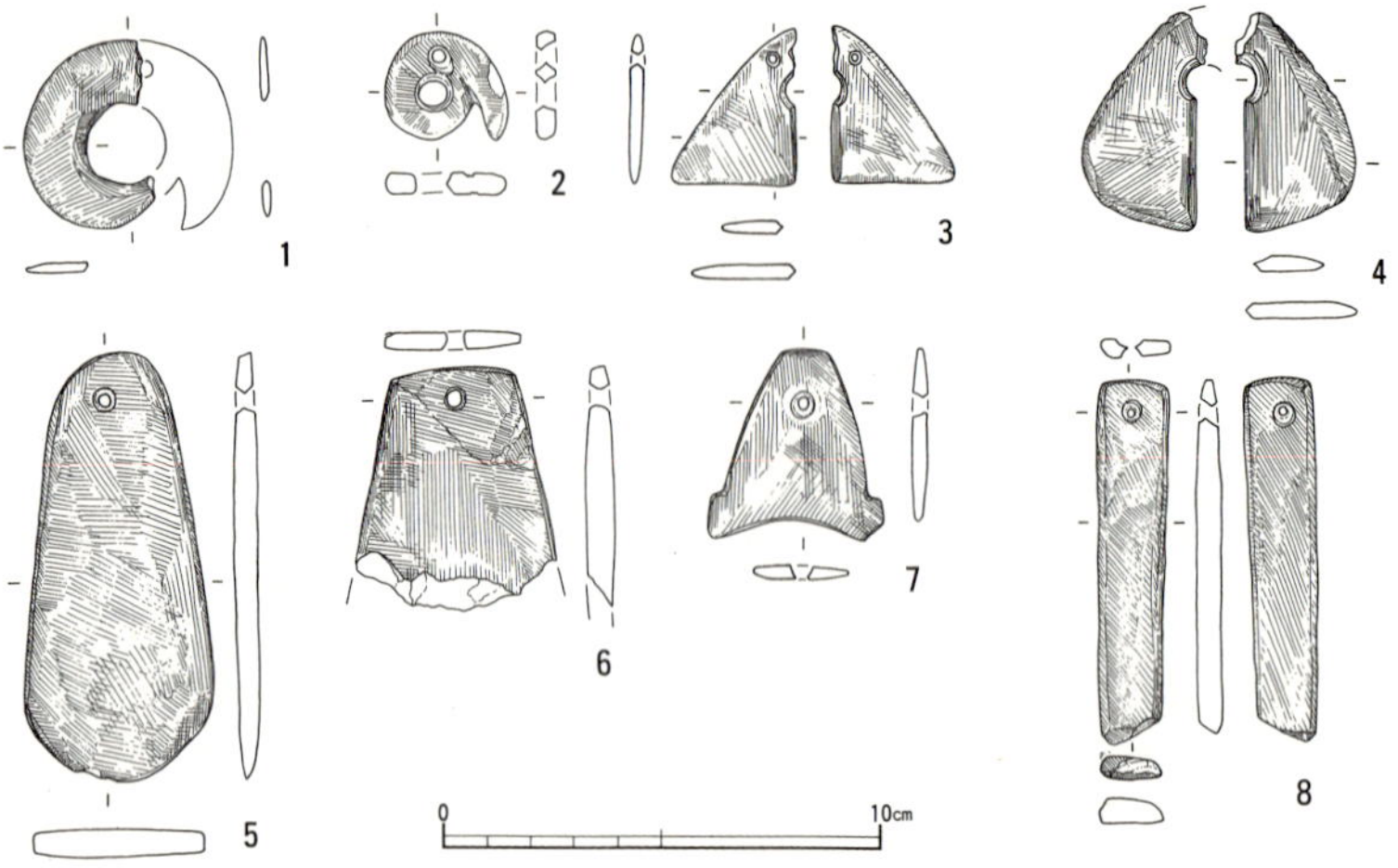

図2　松原遺跡出土の飾玉・装身具（1/2）

縄文社会の解明の端緒としたい。

倉輪・松原型装身具セットの各種について

「の」字状石製品

これから述べる「の」字状石製品の研究史は、一九八五年の東京都八丈町の倉輪遺跡の第六次調査で第2号住居跡から発掘されたことに始まる。倉輪遺跡の報告書の中で水山昭宏は「の」字状垂飾（図1―1）と呼称した。水山は「上端の孔からみて、垂飾として利用されたことがわかる」とし、また「抉り部の最奥は刀部といって過言ではないほど鋭利である。円周部もやや鋭利であり、刃こぼれ状のギザギザが散見される」ことから、「装身具としての性格を持った利器の可能性もある」とした（八丈町倉輪遺跡発掘調査団編一九八七）。

倉輪遺跡の発見後、一九八七年に大阪府箕面市の市立第三中学校地歴部の遺跡分布調査で瀬川遺跡から類例が発見され、一九八九年に資料報告された（飯島・中山一九八九）。この報告で中山清隆は、「の」字状石製品と呼び、倉輪遺跡の装身具類の玦状耳飾、棒状垂飾品とともに装身具であり、その形状から「南海産のイモガイの殻頂をヨコに輪切りにして模したものではないか」と述べた。

飯島・中山両氏の考察からさらに踏み込んで、大陸との関係を主張する説も唱えられた（林・舘・藤岡一九八九）。藤田富士夫は、倉輪遺跡の「の」字状垂飾品は棒状垂飾品、玦状耳飾などとともに、北陸の影響を考えるべきだとして、北陸の類例を紹介した（藤田一九八九）。

大竹憲治は、「の」字状石製品の類例を集成した上で、青森県泉山遺跡例を除き、縄文時代前期後半から末葉の所産であり、中山説を踏襲してイモガイ装身具から派生したとした（大竹一九九〇）。

小田静夫は、倉輪遺跡例の「の」字状石製品はイモガイの断面形を模して作られたとし、サメ歯製穿孔品とともに南西諸島の影響とした（小田一九九二）。イモガイの断面形を模した装身具という着想は、弥生時代の貝輪や腕輪に見られるものでおもしろいが、形状の類似だけで即南西諸島に結びつけるのは疑問である。これについては後述する。

「の」字状石製品の類の研究史はいまだ日が浅いが、（1）用語、（2）分布と所属時期、（3）用途、（4）系譜、といった問題点が主に考究されていることが分かる。しかし残念ながら平仮名の「の」の字に似た形を呈するという特殊性だけが強調されてきた。この中で藤田は、棒状垂飾品と玦状耳飾を関連づけ、北陸の影響を示唆したが、縄文時代前期を中心に日本列島に広く分布することに対しての位置づけはなされなかった。よって、（5）同時期の飾玉や擦切技術を用いた石製品の中での位置づけが必要である。この作業を経てはじめて用途や系譜といった問題に接近することができると考える。

まず、用語であるが、本稿では中山・飯島の「の」字状石製品という語を用いることとする。次に分布と所属時期であるが、「の」字状石製品は現在七遺跡八点が知られている（表1）。数少ない点数で分布を言うのもおこがましいが、九州、四国、北海道に分布を見ないものの、本州に広く存在している（図3）。

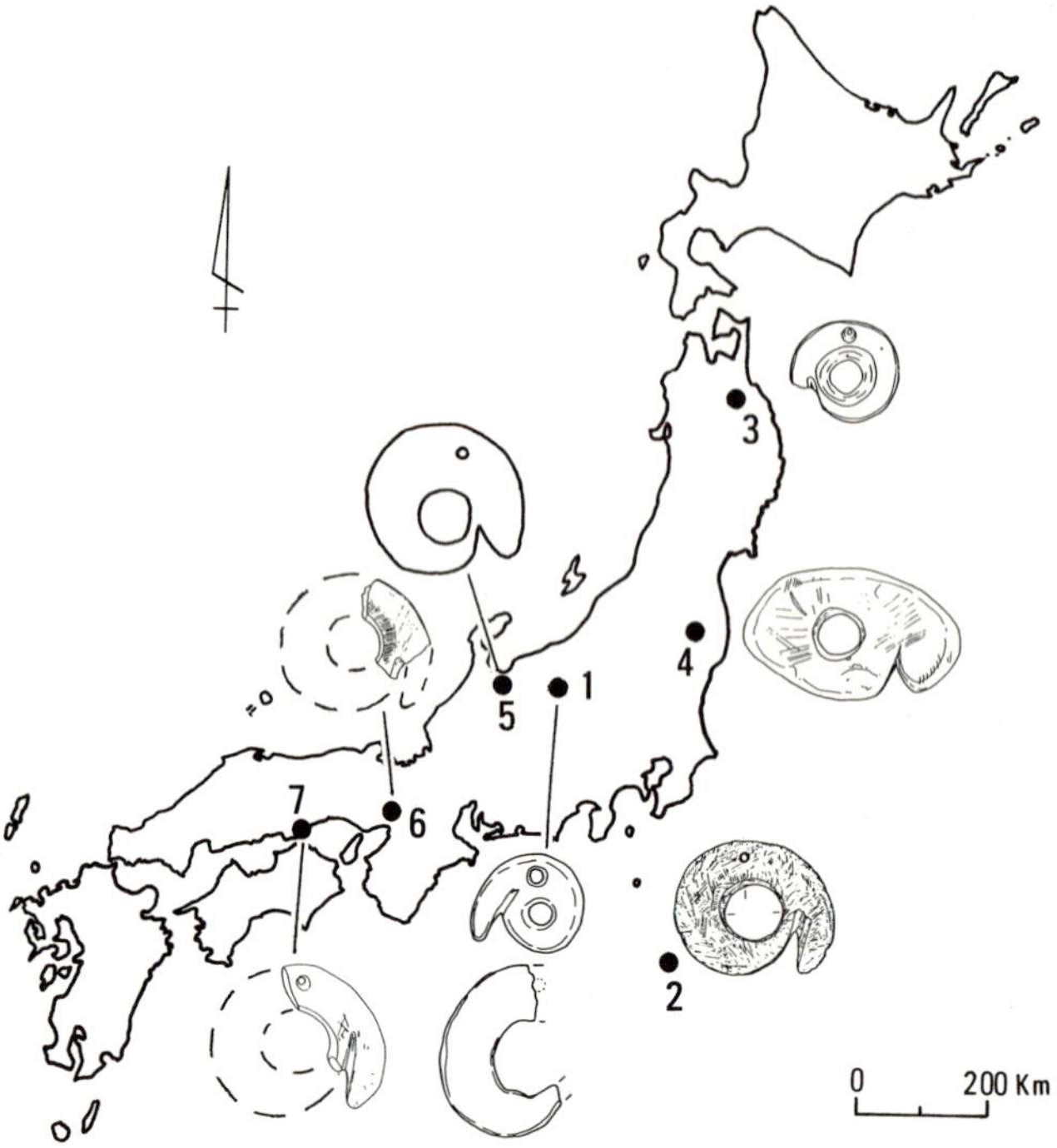

図3 「の」字状石製品の出土地

表1

	遺跡名	所在地	幅	高	厚	重	石材	文献
1	松原	長野県長野市松代東寺尾	(2.9)	4.0	0.2	(3.6)	蛇紋岩	(長野県埋文 1999)
			2.7	2.3	0.45	4.1	蛇紋岩	(長野県埋文 1999)
2	倉輪	東京都八丈町樫立	6.7	4.87	0.32	12.8	——	(遺跡調査団 1987)
3	泉山	青森県三戸市三戸町泉山	3.4	3.0	0.3	——	結晶変岩	(青森県教委 1976)
4	牛頭場	福島県田村郡大越早稲川	6.7	3.9	1.01	——	蛇紋岩	(大竹 1990)
5	天林北	富山県中新川郡立山町天林北	2.0	1.85	——	——	蛇紋岩	(藤田 1989)
6	瀬川	大阪府箕面市瀬川	(1.8)	(3.0)	0.27	(1.74)	蛇紋岩	(飯島・中山 1089)
7	里木貝塚	岡山県浅口郡船穂町里木	(1.6)	(4.06)	0.3	——	蛇紋岩	(大竹 1990)

註1．幅、高、厚の単位はセンチメートル、重の単位はグラム、 —— は記載がないもの。欠損しているものの数値は、（　）で閉じてある。

註2．表の遺跡例のほかに、新潟県巻町南赤坂遺跡、天神遺跡、重稲葉遺跡、石川県金沢市三小牛ハバ遺跡、珠洲市野ノ江遺跡、山梨県中道町上の平遺跡で各1点出土している（前山1994および大安尚寿、小島芳孝氏のご教示による）。また、筆者は未確認だが、静岡県長泉町柏窪遺跡からも類品が出土しているという（加藤勝仁氏のご教示による）。

肝心の所属時期であるが、表1のうち層位的な出土により時期が明らかなものが三遺跡四点ある。松原遺跡例は二点とも前期末中期初頭の遺物包含層から出土し（長野県埋文一九九〇）、倉輪遺跡例は前期末中期初頭の住居跡から出土している（倉輪遺跡調査団一九八七）。また青森県泉山遺跡例は中期中葉に属するという（古市豊司ほか一九七六）。つまり、層位学的な方法に基づいた判断では、前期末葉から中期初頭に属するものであり、なかには中葉まで下がる可能性のものもある。

「の」字状石製品の製作地や流通の状況については、前山精明がまとめている（前山一九九四）。前山は筆者が挙げた以外に、新潟県巻町赤坂遺跡、天神遺跡、重稲場遺跡から各一点ずつ（いずれも蛇紋岩製）、石川県金沢市三小牛ハバ遺跡（一点、蛇紋岩製）、山梨県中道町上の平遺跡（一点）といった諸例を加えて、以下のように指摘している。

①糸魚川を中心にして、半径一五〇キロメートル以内に多く見られる。
②蛇紋岩が卓越しており、ついで滑石も多い。
③広域に流通するタイプとそうでないタイプに分かれる。
④南赤坂遺跡では「の」字状石製品の素材となり得る蛇紋岩の研磨礫が出土している。

以上の点から、前山は主たる製作地を北陸地方と考える藤田富士夫に賛意を表している。筆者もこの指摘には異論がない。

なお、「の」字状石製品そのものではないが、北海道小樽市手宮公園下遺跡から切り込みが対称に入る滑石製垂飾が出土しており（小樽市教育委員会一九九三）、神奈川県横浜市権田原遺跡からも切り込みが二箇所に入る垂飾が出土している。これらの資料も含めて大陸との関係を考える上で重要と考えていたが（川崎一九九九）、大竹憲治は、中国新石器時代大汶口文化などに伴う璇璣《せんき》との関わりを考えている（大竹一九九九）。吉林省農安左家山遺跡の「玉龍」例も含め、大陸には渦を巻くような意匠を持つ点で共通する玉器が存在するのは確かである。

「の」字状石製品と石材・製作技術が共通し緊密な関係にあると考えられるのが、玦状耳飾であろう。「石質や技法」が似ていることについては、当初から倉輪遺跡の報告で指摘されていた（水山一九八七）。松原遺跡でも、「の」字状石製品のほかにも多くの装身具（図2―3～8）と考えられるものが出土しているが、「の」字状石製品を除いてややくすんだ緑色を呈している。これらは岩石学的な同定により蛇紋岩と判明した。

また表1からも分かるように、「の」字状石製品には蛇紋岩製が多い。この石材は玦状耳飾に共通する（藤田一九八三a）。

次に製作技法であるが、玦状耳飾を製作する際の特徴的な技法として、擦切と穿孔がある。「の」字状石製品の巴状の突起部分は擦切によるし、垂飾として用いるための穴や「の」字の中央の穴も、玦状耳飾と同様の穿孔技法によろう。また技術とするようなことではないかもしれないが、板状に整形することも共通する特徴である。

まさに、「の」字状石製品の石材・製作技術は、玦状耳飾のそれと対比するのが最適である。玦状耳飾の研究は古くからなされているので、玦状耳飾の所属時期・編年、起源・系譜、さらに、製作技術についての研究史に触れてみたい。

玦状耳飾

玦状耳飾は良好な出土状況に恵まれ、早くに耳飾と分かった。ただ、形状や法量から耳飾には向いてはなさそうなものもあり、他の用途も考究するべきかもしれないが（藤田一九八三a）、少なくとも耳飾には使用されたものがあったことは間違いない。

所属時期については、当初は、日本人種論が盛んであった当時の学風を反映して、民族と絡めて論じられたものが多い。喜田貞吉らは早くからアイヌ民族使用説を主張（喜田一九一八）、これに対して鳥居龍蔵は大陸との関係を重視し、大和民族使用説を主張した（鳥居一九一三）。これは必ずしも現代的な意味での縄文時代と弥生時代のいずれに属するかという年代論争ではなかったが、梅原末治の集成（梅原一九七一）や谷川磐雄（谷川一九二四）や藤森栄一（藤森一九三〇）の諸説が発表されるに及び、縄文時代の特に前期の所産であることが明らかになった。こうして類例も多く知られるようになった頃に、樋口清之が集成と形態分類さらに編年観を示した（樋口一九三三）。これに対して大野政雄は、岐阜県村山遺跡の発掘例や滋賀県安土遺跡の発掘例により、樋口の層位的な事例には基づいていない編年観に疑義を呈した（大野ほか一九六〇）。その後、江坂輝彌も編年研究を呈示し（江坂一九六四）、さらに藤田富士夫は、玦状耳飾の形態的な特徴を示す「型式率」という数値の変化から玦状耳飾の編年を明らかにした（藤田一九八三b）。藤田の成果を踏まえて近年、堀江武史は、平面形態に加えて断面形態も併せて検討すべきとして、前者を切り目率、後者を厚さ率として計測算出し、最終的に総括する玦状耳飾の編年案を示した（堀江一九九二）。玦状耳飾の編年研究は、藤田および堀江の形態分類・数値化によりかなり明らかになってはいるが、時期の判明する出土例によりさらに検証に努める必要がある。

こうした集成や編年研究とともに、玦状耳飾の系譜（起源）の問題がある。柴田常恵は、「玦様の石製品」と命名した段階で「玦」という言葉を使っている（柴田一九一七）。中国大陸の「玦」と日本列島の「玦状耳飾」に何らかの関係があったことを推測していた。鳥居も大陸の諸例（シベリアなど）を引いている（鳥居一九一三）。しかし、当時は日本の縄文時代の実年代研究が確定的ではなく、玦状耳飾と中国の玦との形態の類似が注目されたにとどまっていたといえよう。

そうした中、玦状耳飾の集成と形態分類を行った樋口は、中国の玦は日本の玦状耳飾のような耳飾ではなく佩玉であり使用法が異なることと、日本では玦状耳飾が石製であるのに対し中国では玉製であることから、両者は系統的に無関係であるとした（樋口一九三三）。

戦後の研究は、縄文時代の相対年代（編年）を明らかにしてきた山内清男が、縄文時代の実年代解明と大陸との関係という観点から、玦状耳飾を数少ない大陸との関係を示す文物であるとし、縄文前期の玦状耳飾を中国新石器時代の青蓮崗文化の玦に関連づけた（山内一九六四）。これに対して芹沢長介は、（1）放射性炭素14に基づく年代決定法によれば、縄文前期の年代は青蓮崗文化の年代よりはるかに古いこと、（2）日本列島の古いとされる玦状耳飾の形態と中国青蓮崗文化の玦の形態がまったく異なる、という二点を主な根拠に無関係な類似であるとし、山内説を否定した（芹沢一九六五）。

いずれにしても日本国内の問題だけでなく、中国さらには東アジアの類例について検討する必要が生じてきた。高山純は、中国各地域の例を集成するとともに文献研究により彼我の関係を考究した（高山一九六七）。すなわち「中国最古の玦は揚子江流域の仰韶文化の晩期に比定される青蓮崗文化から耳飾として現れ」「形態は文様のない、断面の梢太い」「材質も玉の他に瑪瑙や蝋石などがある」と指摘し、(1)玦が玉製とは限らず他の石材も見られる、(2)文献によれば腰飾の一種と考えられるが、考古資料に基づけば戦国時代までは耳飾として使用されていた、(3)文献によれば男子が付けたようにされるが、考古資料によれば女子に装着した例がある、とまとめている。特に(1)と(2)は樋口説の根拠を否定するもので、中国には垂飾が多いのに日本にこれらの類品が見られないことから、玦状耳飾は逆に日本から中国に受け入れられたのではないかと考えた（高山一九六七）。高山の玦状耳飾日本起源という予察はともかく、芹沢のいう炭素14年代測定値に基づく青蓮崗文化と縄文前期の年代差以外に、中国大陸の玦と日本列島の玦状耳飾の関係を否定する論拠は、それほど決定的なものではないことが明らかにされた。

しかし国内で出土した古い時期の例として、富山県極楽寺遺跡（前期初頭）（小島他一九六五）をはじめ、北海道共栄

B遺跡（早期中葉）（後藤他一九七八）、長野県カゴ田遺跡（早期末）（友野他一九七八）、長野県膳棚B遺跡（早期末）（市沢・百瀬一九八七）、神奈川県上浜田遺跡（早期末）等があるが、こうした遺跡から、他に中国や海外との関係を示すような遺物を指摘できなかった。

また上田耕も、地理的に大陸に近い九州地方からも確実に古い事例は出土していないので、東日本から伝播したものではないかという（上田一九八一）。大陸から朝鮮半島さらに九州や日本というような伝播論（江坂一九八一）に好都合な出土状況は見られない。

日本列島内の出土状況は必ずしも大陸起源説もしくは関連説に有利ではないが、安志敏は漆器、高床式建物などと併せて中国浙江省河姆渡（かぼと）遺跡の玦が日本の玦状耳飾の古いとされてきた指貫形に類似すること、河姆渡文化が日本の縄文前期に匹敵する古さであることから、中国江南地方から玦状耳飾が伝播したと主張した（安一九八四）。西口陽一も安と同様なことを指摘するとともに、中国の新石器時代の玦と日本の玦状耳飾がいずれも女性が着けるという風習が彼我に共通することを確認、中国でセットを成す玦（イヤリング）と璜（ネックレス）のうち、璜は伝わらなかったと推測した（西口一九八三）。藤田富士夫も西口と同様な根拠により、江南から富山に伝わったとしたが（藤田一九八五）、中山清隆は、石製の玦の搬入品が明らかでないこと、ほかに中国から伝わったと考えられるものがないこと、中間地域（北部九州）に古い類例をみないことから、藤田説に疑問を投げかけた（中山一九九二）。

確かに究極的には玦状耳飾の大陸起源・系譜説は、中山の言うように直接的な証拠や伝播経路が解明されなければならないであろう。

玦状耳飾の所属時期・編年や起源・系譜の研究史から、次のような問題点が挙げられる。大陸起源説の主要な根拠として、①女性が耳飾に使用していた例が共通する、②東アジアでは中国江南地方が古い、③断面形が厚手から薄手に変遷する。大陸起源説に否定的な根拠として、④伝播経路がよく分からない、特に江南から富山に伝わったとする藤田説は、中間地域に古い時期の出土例が知られていない、⑤他に直接的な伝播を示す文物がない、⑥玦以外の装身具が見当たらないのはなぜか。

これら問題点についての筆者の見解は、「まとめ」において述べたい。

製作技術の問題

玦状耳飾など飾玉と総称される石製品の製作技術の研究は、富山県極楽寺遺跡（小島他一九六五）、長野県上原遺跡（大場他一九五六）、有明山社遺跡（藤沢他一九六九）などの、製作遺跡の発掘に伴い進展してきた。藤森栄一は、舟山・女犬原遺跡資料をもとに諸磯式の時期に玦状耳飾が製作されたとした（藤森一九三〇）。大場磐雄は、上原遺跡で滑石製飾玉および未製品、砥石が出土したことから、この遺跡が製作遺跡であることを推測した（大場他一九五六）。しかしいずれももっぱら製作遺跡自体やその時期について論じたもので、肝心の製作技術については触れられなかった。

この問題にはじめて本格的に論及したのは小島俊彰（小島一九六五）である。小島は、極楽寺遺跡資料を基に第一工程は「原石は円盤状に両面を磨き」、第二工程で「この円盤の中心に孔を穿つ（中略）これは両面より行われ」て、第三工程で「環の切断」をして、「切断され玦状をなした製品は、角を丸めたり形を整えたりの荒仕上げが行われ、最後に磨きがかけられる」という、玦状耳飾の製作工程を明らかにした。

寺村光晴は、女犬原遺跡出土の滑石製飾玉（勾玉、石環、玦状耳飾、臼玉、管玉、石墨）とその未製品から特に扁平な玉類には、「円板状荒磨――側面修正――穿孔――孔修正――仕上げ」という工程が認められ、さらに玦状耳飾には、「荒磨き――穿孔――形磨き（孔修正）――切れ目擦切――修正研摩――仕上げ」という、複雑な工程を経るという（寺村一九六七）。

こうした小島や寺村の業績を踏まえて藤田富士夫は、編年や製作工程に立脚した製作技術について考究した（藤田一九八三a）。製作工程にはＡＢＣＤの四種類があり、第Ⅰ期から第Ⅲ期ごとに四種類の工程の消長と変化があることを論じている。いずれにしろ工程はさまざまあるが、その過程は「打撃・切截・切削・切除・研摩の手法が巧みに使いわけられ」ているという。

「の」字状石製品も円盤状にし、整形にあたり擦切（切截）することは、巴状の突起の又の部分の擦痕にも認められる。板状に薄いことや「の」字状に全体を整形も擦切によったであろうことは想像に難くない。垂飾のための穴や「の」字の穴も穿孔技術によるし、平面に認められる擦痕は、玦状耳飾と同じ研磨技術であると認められる。つまり「の」字状石製品の擦切、穿孔、研磨技術は、玦状耳飾と共通している可能性が高い。しかし、「の」字状石製品の未製品は現在のところ知られていないので、藤田の玦状耳飾の細かい製作技術や工程と一致するのか異なる部分があるのか、その辺りの解明は今後の課題でもある。

玉　斧（箆状垂飾）　縄文時代前期に盛行した飾玉のうち、玦状耳飾以外のものについても考えてみたい。これから触れる飾玉類は、出土状況などに積極的な証拠はないが、おそらく「の」字状石製品と同様に、垂飾と推測されるものである。まず、擦切・穿孔・研磨技術により製作されている玉斧（箆状垂飾）であるが、これについては長崎元廣の優れた考察がある。本稿もこれに負うところが大である。

樋口清之は、身体装飾に関する遺物の中の「垂飾」の項目で紹介（樋口一九三三・一九四〇）、さらに「垂玉考」（樋口一九四〇）でＡ、Ｂ、Ｃ、Ｄ型の四種類に形態分類し、あてはまらないものを「雑」とした。有孔磨製石斧はこのＡ型式第４類（石斧形）に相当する。すなわち「石斧形を呈し中央又は上端に一孔を有する端平なものであって、刃を有するものが多い」と定義し、用途を「中には故意に刃を擦り消して居るものもあり、その用途が決して単なる斧ではないことを証明している」と述べている。

八幡一郎は、「玉篦」という論考でこれを取り上げている（八幡一九四三）。すなわち『羊頭窪』（東方考古學叢刊）で、大連濱町貝塚採集資料が紹介されている文中の「玉製有孔の篦様のもの」という記述に着目、「北海道や、北朝鮮、關東州、西エスキモー」に類例が存在しているとした。この大連濱町貝塚採集品に酷似する例として、埼玉県箕輪貝塚と福島県荒井村発見例を挙げている。さらに孔の存在、形状が似ている「細長い形の有孔斧」もこれに関係しようとして、長野県上伊那郡東箕輪村（現箕輪町）長岡や小県郡祢津村（現東部町）西町上ノ坂発見品を示している。同時に、両者ともに斧であるから（刃がついているの意？）区別すべきであるともいう。

『考古學辭典』（酒詰他編一九四三）では、「ゆうこうせきふ有孔石斧」とされている。「縄文式の石器の一種。硬玉、蛇紋岩、橄欖石等を用い、石斧状をつ（く）り、一孔を穿ちたるもの。東北地方裏日本方面の後期遺跡に稀にあるもので、装飾品の一類と考えられる」（カッコ内は筆者が補った）というものである。

日本考古学協会編『日本考古学辞典』では、「玉斧ぎょくふ」の項目を野口義麿が執筆している（野口一九六二）。そこでは、「有孔玉斧・有孔玉器とも呼ばれる。磨製石斧の形態と似ていることから、かく命名された。偏平にして全体を丁寧に研摩している。刃部が石斧のように鋭利でなく、意識的にすり減らし、上端部近くに穿孔する。利器として用いたものでなく、孔に紐を通し、垂れ玉としたものであろう。玉斧という以上、硬玉製のものを指すべきであるが、硬玉に近い色調や比較的硬い石材を使用したものがある。これら石質を異とする垂玉を包括して玉斧という人もいるが、当然区別されるべきものである」とし、中期に出土例が知られる硬玉製大珠との関連を示唆、中国新石器時代遺跡にも類例が知られていることを紹介している。また、北海道の例では、使用痕があることから有孔石斧と呼ぶと述べている。

野口は、日本では玉器の石材の示す範囲が狭いので、硬玉製のものに限定すべきであるというが、古墳時代の玉杖にも滑石製のものがあり（末永一九六二）、八幡も紹介した玉篦は必ずしも硬玉でなく蛇紋岩などを材質とするものを含んでいる。よって装身具と考えられるものを玉斧と呼称しても構わないであろう。

さて、この玉斧を本格的に論じたのは長崎元廣（長崎一九八四）である。長崎によると玉斧は、縄文時代前期末の諸磯期に初現して中期に盛行、そして後晩期と続き弥生時代の初期まで残存するという。その分布は、中部高地を中心に東日本に広く存在するという。そして大陸との関連については、中国の玉斧が新石器時代に始まり西周後期の頃から琬圭という祭祀用の玉器（瑞玉・祭玉）に変化すること、八幡が玉斧との関連を説いた玉篦が大陸との関係を暗示していることを紹介、さらに北朝鮮や中国に類似する形態があると指摘した。用途の問題については、非実用的な信仰的意味が内在したと述べ、玦状耳飾、管玉、小玉などの飾玉が衰微した代わりに、硬玉製大珠、小珠そして玉斧が現われたとした。玉斧の祖形は定角式磨製石斧であり、磨製石斧は男性の労働作業に使われたとし、中国青蓮崗文化の墓では男性に多く副葬されていたという町田章の研究（町田一九六八）を根拠に、おそらく男性が着用したものと推測している。さらに、有孔石斧から変化した琬圭の意義を明らかにした林巳奈夫の研究（林一九六九）から縄文時代の焼畑の火入れ、家屋の建築、予祝神事などの祭祀・儀礼に関わったものと想定している。

以上のように、長崎の論考は多岐にわたる。このうち滑石製品や硬玉製品、定角式磨製石斧の影響、大陸との関係の想定、縄文時代の統率者、司祭者が祭祀・儀礼に佩用したとの推論に、筆者は必ずしもすべて賛成という立場ではないが、大変興味深い内容ともいえよう。

興味深いことに玉斧は、「の」字状石製品を出土した長野市松原遺跡では完形品（図2―5）と破損品（図2―6）が出土し、東京都八丈町倉輪遺跡のものは破損しているがおそらく玉斧（図1―3）である。これは単なる偶然というよりも玦状耳飾同様、「の」字状石製品と関係することの傍証にほかならないであろう。さらに汎日本列島的に墓壙出土例を調べてみたところ（川崎一九九四）、同一土壙内から検出されることはほとんどなく、やはり区別されて埋納されている可能性が高い。

長崎は前期の玦状耳飾などの飾玉に代わるものとして玉斧があると考えているようだが、同一人物が着用していたか否かは別として、これらがセットとして同時期に存在していて、用途や意義も相互に関連していたと見てよいのではなかろうか。

ただし、長崎が予測したように中国大陸と直接的な関係を示すような資料が近年、山形県羽黒町中川代遺跡から出土して注目されている。「刻文」がある玉質の有孔磨製石斧で、共伴した土器から縄文中期とされている（浅川他一九九五）。縄文前期の「玉斧」（箆形垂飾）はいずれも利器ではなく装身具である。これまでの資料は一見、中国大陸の有孔石斧と類似するものの、用途や形状で異なる点も少なくなかった。しかし、中川代遺跡の資料は中国大陸の新石器時代のものにより近い。長崎が指摘したように、玦状耳飾をはじめとした玉質の石製装身具セットの交流が前期以降も続いていたことを示唆するのかもしれない。

棒状垂飾　これだけについて論じられたことはないが、松原遺跡（図2―8）や倉輪遺跡（図1―4・5）で出土している棒状垂飾も注目すべきである。特に倉輪遺跡では、図1―4の棒状垂飾が第2号人骨（壮年女性?）の後頭部付近で検出されたことが注目される。松原遺跡例や倉輪遺跡図1―4はていねいに研磨されているため分からないが、倉輪遺跡図1―5は両端に擦切痕が残っていて、擦切技術により製作されたことが分かる（水山一九八七）。

この棒状垂飾について藤田富士夫は、富山県氷見市朝日貝塚や同県朝日町柳田貝塚に類例が見られるので北陸系遺物と主張している（藤田一九九〇）。また小田静夫は、倉輪遺跡図1―5を硬玉製とし、北陸から搬入されたものと考える（小田一九九二）。

以上のように、「の」字状石製品・玦状耳飾・玉斧・棒状垂飾は、いずれも石材や製作技術に関連性があり、時期・地域も重なるのでセットとしての可能性が高いと考えられるのである。

縄文時代前期の装身具セットの変遷と意義

さて、この装身具セットが何を意味し、また縄文時代（特に前期の）社会の中で如何なる意義を有していたのであろうか。また、飾玉や装身具個別ごとの研究は近年、膠着した感がある。こうした研究の状況を打開するためには、縄文時代の飾玉・装身具を縄文文化の中に位置づける必要がある。このことを勘案して本稿では前期の飾玉・装身具の流れを概観し、装身具セットとしての意義を考えてみたい。

まず、時間的な変遷を見てみたい。玦状耳飾は統計学的な研究が進んでいるが、各個体の法量、幅や厚さなど比率から細かい時期までを言えるかどうか、筆者にはよく分からない。ここでは遺構単位で土器編年などから時期が分かるものを、長野県内の資料をもとに飾玉・装身具の流れを考えてみた（図4）。この図4から、飾玉・装身具は二者に大別できることが分かる。

長く存続しているのが玦状耳飾、管玉、小玉である。次に、盛行する時期が短い倉輪・松原型装身具セットに見られる「の」字状石製品、玉斧、棒状垂飾などである。一概に飾玉・装身具といっても、その存続期間はさまざまである。

これを装身具のセットの変遷として把握してみると、倉輪・松原型装身具セット以前に栃木県宇都宮市根古谷台遺

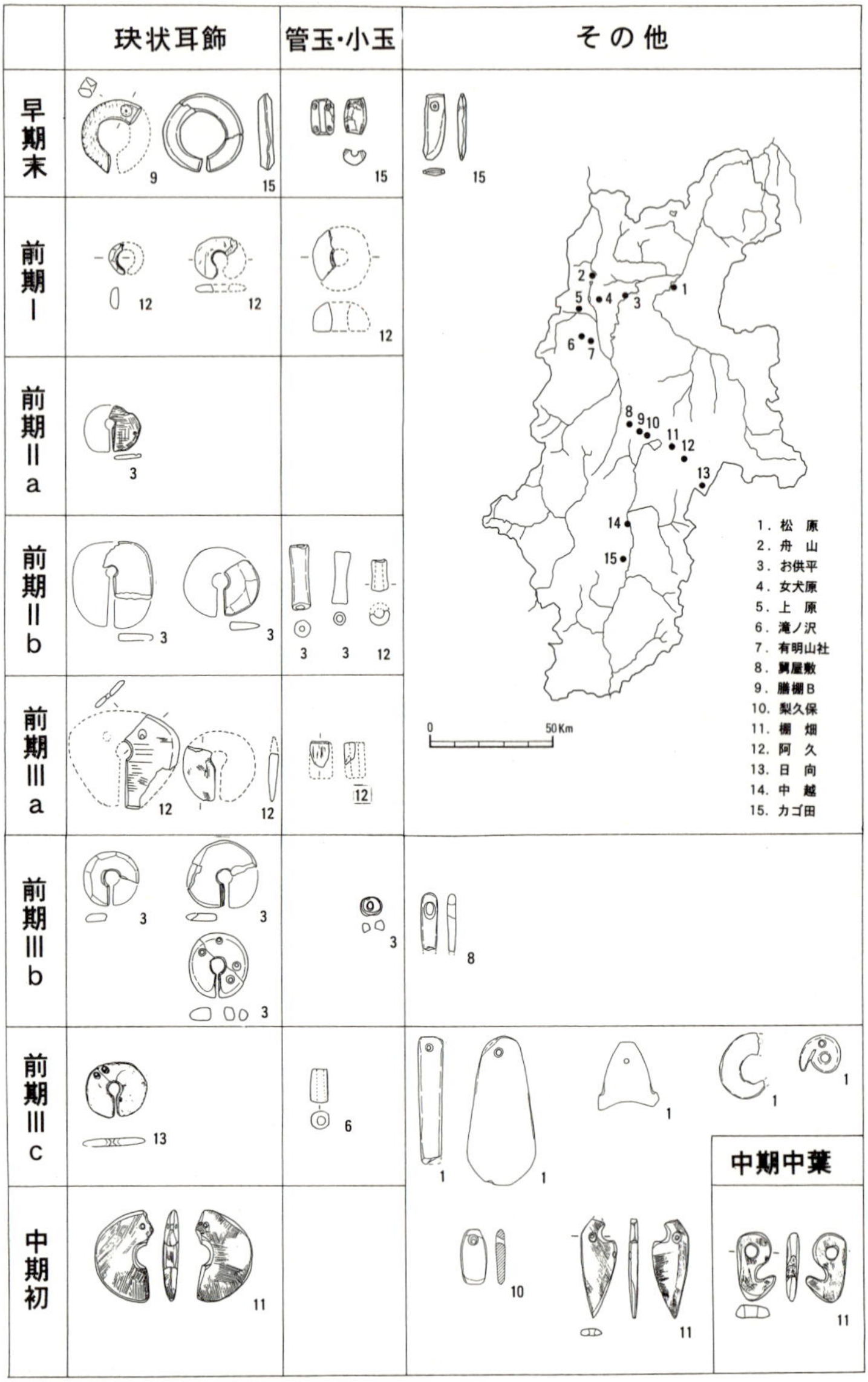

図4　長野県内出土の飾玉変遷図（縮尺不同）

跡の装身具類（梁木一九八八）がセットになる。根古谷台遺跡の前期中葉黒浜式の墓壙から出土した、玦状耳飾、管玉、小玉の組合せである（図5）。倉輪・松原型よりもバリエーションは少ないが、「根古谷台型装身具セット」と提唱したい。この根古谷台型装身具セットは、富山県極楽寺遺跡（前期初頭）、滋賀県安土遺跡A地点（前期前葉）、長野県東筑摩郡信州新町のお供平遺跡（塩入ほか一九八八）22号住居跡・24号住居跡（前期中葉有尾式）・12号住居跡（前期後葉諸磯b式）で出土している。

すると縄文前期の装身具セットとしては、この根古谷台型装身具セットのほうが倉輪・松原型装身具セットよりも普遍的かつ基本的であったことが推測される。同時に、倉輪・松原型セットは、前期後葉以後に、根古谷台型装身具セットを基本として成立したものと想定できる。つまり飾玉・装身具セットの変遷は、前期初頭には根古谷台型の基本形が成立し、前期後葉の倉輪・松原型が全盛を迎え（中期初頭まで）、中期初頭以降は玦状耳飾を主体とするセットは見られなくなる。

飾玉・装身具セットは何を意味しているのであろうか。セットといっても個人が一度に装着するものかはよく分からないが、遺跡単位では以下の分類ができる。

①　松原・倉輪型装身具セットを有する遺跡
②　根古谷台型装身具セットを有する遺跡
③　①②以外のセットを有する遺跡
④　飾玉（玦状耳飾など）を単独で持つ遺跡
⑤　飾玉をまったく持たない遺跡

前期後葉に限ってみると、事例では①倉輪・松原型が最も少なく、②根古谷台型が続き、③そして④の順になろう。

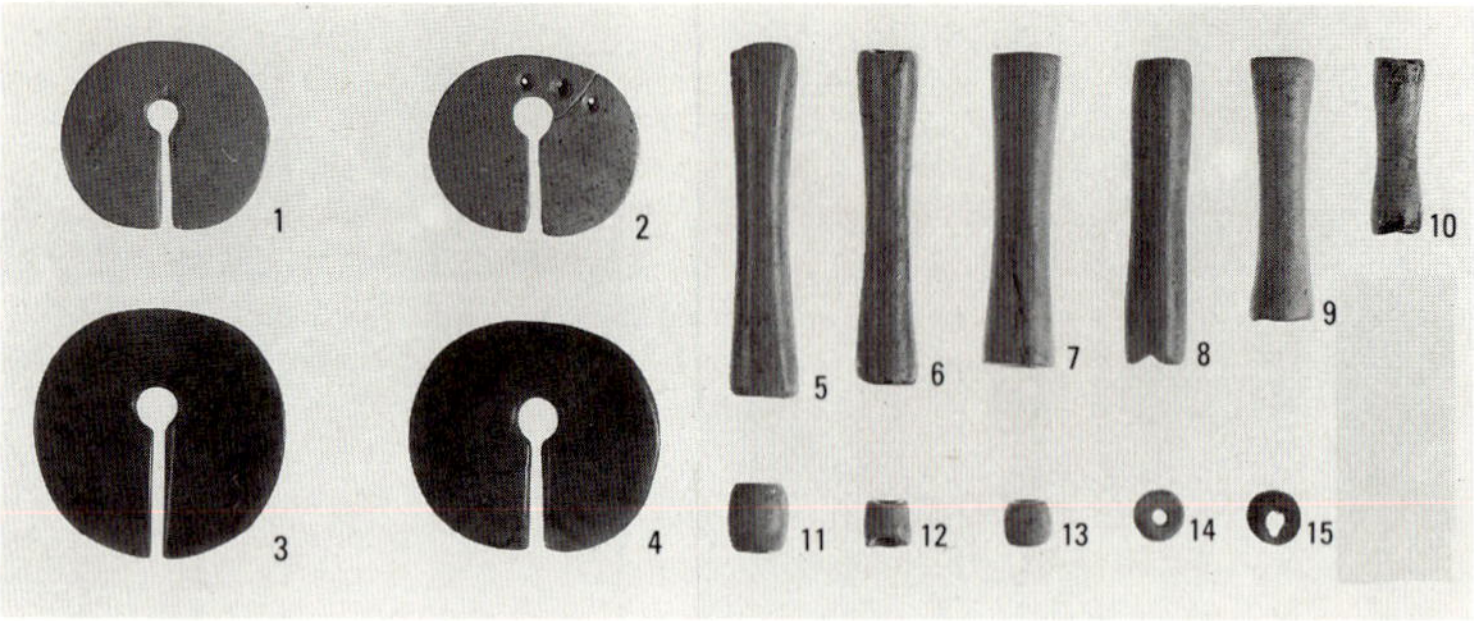

図5　栃木県根古屋台遺跡出土飾玉・装身具（提供：宇都宮市教育委員会）

どの集団・個人でも装身具セットを保有できたものではなく、また遺跡によりこうした区別があるのは、縄文社会の構造を反映しているのではなかろうか。ただし、倉輪遺跡が大海の孤島にあり、松原遺跡も阿久遺跡などに比べれば決して大きい集落ではないことからも、必ずしも大規模集落ばかりに富が集中し、飾玉・装身具セットが保有されたというわけでもなさそうである。

縄文時代に「富」の存在などなじまない気もするが、渡辺仁は、民族学的な通例から言うと縄文社会が「狩猟階層化社会」であり、その証左として、特殊専門化した実用を離れた奢侈品ないし装飾品の遠距離の流通（交易）の発達を挙げている。さらに「身体装飾品工芸」の類例として、硬玉製大珠とオオツタノハ貝製品などが縄文社会のステイタス・シンボル（威信獲得財）であり、富者層（首領系家族）の支配にあったものという（渡辺一九九〇）。ただし渡辺の言うような富者層が縄文社会に存在していたとしても、それは後代の弥生時代や古墳時代とは著しく異なるあり方をしていたようである。そうした縄文前期社会の構造が、装身具のセットや素材の格差に微妙に反映しているのではないだろうか。

さらに本稿では追究できなかったが、根古谷台遺跡の100号墓壙（図5―1・2）と117号墓壙（図5―3・4）からは玦状耳飾だけ二点ずつ出土している。つまり、おそらくは個人レベルでは玦状耳飾＋管玉・小玉という組合せで装着することはなく、玦状耳飾を付ける人と管玉・小玉を付ける人の二者に分かれていたのであろう。これは長崎や藤田らの指摘するように、玦状耳飾は女性、垂飾は男性という性差を表わしているのかもしれない。将来的には、個人レベルでセットがどのように付けられていたか解明したい。

まとめ

早期末以前に飾玉・装身具のセット自体があったのかははっきりしないが、現段階では最古の玦状耳飾が出土している北海道浦幌町共栄B遺跡（早期中葉）で玦状耳飾に小玉も伴うようなので、耳飾と垂飾のセットは当初からあったのだろう。

長野県カゴ田遺跡の早期末のセットの状況には不明な点もあるが、福井県金津町桑野遺跡（木下一九九五）からは、早期末と考えられる大量の玦状耳飾とともに管玉、箆状垂飾（横断面中央が若干くぼむ）が出土しており、「桑野型装身具セット」とでも呼べそうな組合せが認められる。管見する限り日本に同様なセットは認められないが、同様なセットは、中国遼寧省査海遺跡、黒竜江省小南山遺跡、ロシア沿海州チョルタヴィ・ヴァロータ洞穴などで出土している。年代的にもBP七〇〇〇前後の値が得られており、日本列島の玉質の石製装身具が当初から大陸の影響を受けていた可能性が高くなった。いずれにせよ根古谷台型装身具セットは、早期末から前期初頭には成立していたと考えられる。

玦状耳飾を中心とした玉質の石製装身具セットは、型式学的には発生の過程がよく解明されているとはいえない硬玉製大珠が入れ代わって、中期以降は減少するようである（長崎一九八四）。玦状耳飾もわずかに残るようではあるが、その主体は土製玦状耳飾さらには耳栓にとって代わられるようである（高山一九六五）。しかし、これらの装身具が中期以降もセット関係にあったかどうかは興味深い。

最後に、本稿でたびたび繰り返してきたように、セットとしてこうした飾玉・装身具を捉え比較することによって、今後もその意義、起源や系譜を解明していきたいと考えている。

本稿は、浅川利一先生が紹介された山形県羽黒町中川代遺跡出土の刻文付有孔石斧に触発され、かつて発表した「『の』字状石製品と倉輪・松原型装身具セットについて」（『長野県の考古学』長野県埋蔵文化財センター、一九九六）に加除筆したものである。執筆時とは「玉」（ぎょく）や「玉斧」の概念について、筆者の考えも変わったが、本稿では大きく変更しなかった。今回の執筆にあたり、浅川利一先生をはじめ安孫子昭二、梅本成視、大安尚寿、大竹憲治、加藤勝仁、小島芳孝、藤田富士夫、前山精明、森浩一の諸氏諸先生の多大なる学恩に、文末ながら感謝したい。

なお、原文（一九九六）の脚注および引用文献等は紙面の都合により割愛したが、関連する下記文献を参照されたい。

川崎　保一九九四「縄文時代の玉と墓」『同志社大学考古学シリーズⅥ考古学と信仰』
川崎　保一九九七「縄文時代の箆状垂飾について―福井県坂井郡金津町桑野遺跡出土資料を中心に―」『信濃』四九―四
川崎　保一九九八「玦状耳飾と管玉の出現―縄文時代早期末・前期初頭の石製装身具セットの意義」『考古学雑誌』八三―三
川崎　保一九九九「日本海をめぐる二つの遺跡から見た玦状耳飾と装身具」『同志社大学考古学シリーズⅦ考古学に学ぶ―遺物と遺構―』
前山精明一九九四「〝の〟字状石製品の分布をめぐる新動向―角田山麓縄文遺跡群の事例から―」『新潟考古』五

縄文の玉斧

長崎　元廣

はじめに

数年前、長野県内では縄文後晩期としては最大級と目される小県郡丸子町深町遺跡の発掘を見学する機会があった。その時、おびただしい量の磨製石斧、石鏃、土器、耳飾、そのほかの土製品、石製品に驚嘆させられたが、その中でも、茶褐色の美麗な軟玉風の石材で、長方形の偏平な有孔の、篦状とも斧状ともいえる、たった一つの石製品にひどく心を動かされた。調査団長の五十嵐幹雄先生の説明では、八幡一郎先生もその前に見ていて、「その石製品は、日本では二つ目という稀有なもので、大陸につながる文物かもしれない」との感想を話したとのことであった。その一つ目の石製品とはいったいどこの遺跡から出ているのだろうかという疑問が、しばらく私の胸にわだかまっていた。

その後、友人の三上徹也氏の下宿先で、ある郡誌の巻頭写真に、栃木県湯津上の、目のさめるような透明がかった青緑色の硬玉製有孔石斧を見出して、その一つ目の石製品というのは、もしや、これではないかと考えるに至った。それからしばらくして深町遺跡の報告書が刊行され、例の石製品が玉篦（ぎょくべら）という名称で掲載されているのを知った。

こうして、玉斧（ぎょくふ）とか玉篦と呼ばれている石製品の探索が始まったのである。現在まだ、ほんの一部を集成し得たにすぎないが、縄文時代の玉斧をめぐる諸問題の一端について考えを述べてみたいと思う。

なお、本論に入る前に、ここで扱う玉斧の範囲について明らかにしておきたい。かつて野口義磨氏は『日本考古学辞典』の中で「玉斧という以上、硬玉製を指すべきであるが、硬玉に近い色調や比較的硬い石材を使用したものもある。これら石質を異にする垂玉を包括して玉斧という人もいるが、当然区別されるべきである」と主張している（野口一九六二）。しかし、硬玉製のもののみを玉斧とするならば、同形態の有孔石斧状の石製品を、石材だけの差だけで分断してしまう結果になり、本質の解明に大きな障害となりはしないだろうか。むしろ私は、石材は第二義的なものとして扱い、同形態をとる石製品を玉斧という名称で包括する立場をとりたい。

すなわち、本稿でいう玉斧とは、従来の報告書や論文の中で、垂玉・垂飾・有孔石器・有孔石製品・有孔磨製石斧・有孔石斧・玉斧・玉篦・玉類・玉製品・装身具、その他いろいろな名称で不統一に扱われてきた有孔石製品の中で、斧状または篦状のものを指す。そしてさらに無孔または半孔の硬玉製石斧も、玉斧の範囲に仮に入れて考えてみたいと思う。

なお、八幡一郎氏は『日本考古学辞典』の中で、玉篦について「美麗な玉または蛇紋岩をもって、長楕円形の薄板を作り、その一端を篦先状にし、他端に近く小孔を穿ったもの、東日本の縄文式前期ないし中期の遺跡からまれに出土する」と解説している（八幡一九六二）。

さて、実際の報告書では、玉斧・玉篦という名称は、いわば冷遇され、あまり普及していないのが実情で、石斧の形態を如実に示すものには、有孔磨製石斧という名称が多く使われてきたようである。こうしたことは、事例の稀少性にも一因するものの、垂玉・垂飾といった装身具に入れて満足していたのでは、この種の石製品の用途や性格を解明するのは難しいと思われる。なぜなら、本論で述べるように、篦状または斧状の有孔石製品の多くは、定角状磨石斧にその祖型を見出し得るものであって、その点に一般の垂玉・垂飾とは区別される理由があり、用途や性格を究明する鍵が潜んでいると思われるからである。

ところで、前述したように、かつて八幡一郎氏は、玉篦と有孔磨石斧の関連性について、両者は類似するけれども、有孔磨石斧はあくまで斧の類であり、一応区別して考えるべきとした。しかし、玉篦と玉斧とを画然と分離することが困難なことも多々あり、玉篦の多くも磨製石斧に祖型が求められる以上は、両者を玉斧として括り総称した上で、再び細別して研究を進めることが、より有効であると考える。

形態と分類

玉斧の形態分類

このたび玉斧類について六二遺跡八一例を確認したが、図1から図5まではその代表例である。それらをもとに、まず分類を試みてみよう。

まず玉斧は、A類：有孔の玉篦、B類：有孔の玉斧、C類：無孔の玉斧に三大別でき、その分類案を示すと次のようになる。

玉斧

- 有孔の玉斧A類
  - 1類　吉峰型
  - 2類　三殿台型
  - 3類　奈良瀬戸型
  - 4類　上垣外型
  - 5類　梨久保型
  - 6類　亀ケ岡型
  - 7類　滝久保型
- 有孔の玉斧B類
  - 1類　中原型
  - 2類　三夜塚型
  - 3類　湯津上型
  - 4類　早月上野型
  - 5類　沖ノ原型
  - 6類　沼津型
- 有孔の玉斧C類
  - 1類　庚申原型
  - 2類　上山田型

A類の玉斧は、八幡一郎氏の示した定義にほぼ該当する。いちばんの特徴は、刃に相当する部分が石斧のような鋭利さを持たず、まさに箆のように滑らかに作られている点である。このA類の玉箆は、身の長さ、幅・横断面形、全体の平面形によって1～7類に細分類される。

A1類：吉峰型　身が細長く大形で横断面形が凸レンズ状を呈して、基部が細く刃部近くの身幅が最大となり、刃の平面形が丸刃のもの。吉峰31号跡・東方第七・大口台貝塚・箕輪貝塚など五例を数える。吉峰31号跡・東方第七に代表されるように、A類の玉箆の中では最も大形の類型である。

A2類：三殿台型　A1類の吉峰型を全体に小形にしたもの。三殿台・滝久保・折本貝塚・柏ケ谷・上郷西・片掛・朴原・北代など八例を数える。A類の玉箆では最も小形であり、この類型の中の小形品は、一般の長楕円形の垂玉に脈絡をもつ。

A3類：奈良瀬戸型　平面形が細長い長方形を呈し、刃先が丸いもの。奈良瀬戸・荒井村の二例のみである。この類型はB6類の一部に関連をもつ。この類型の祖型として長身の定角状磨石斧が該当するだろう。

A4類：上垣外型　小形で横断面形が定角状を示し、基部および刃部が水平でなく斜めを呈するもの。上垣外および長岡の二例が知られる。この類型には、側縁に擦切溝ないし擦切痕が残り、製作手法を如実に示す。したがって、擦切手法による分割を行い、一回に二つ以上の同似品を製作しているはずである。そのことは、斜

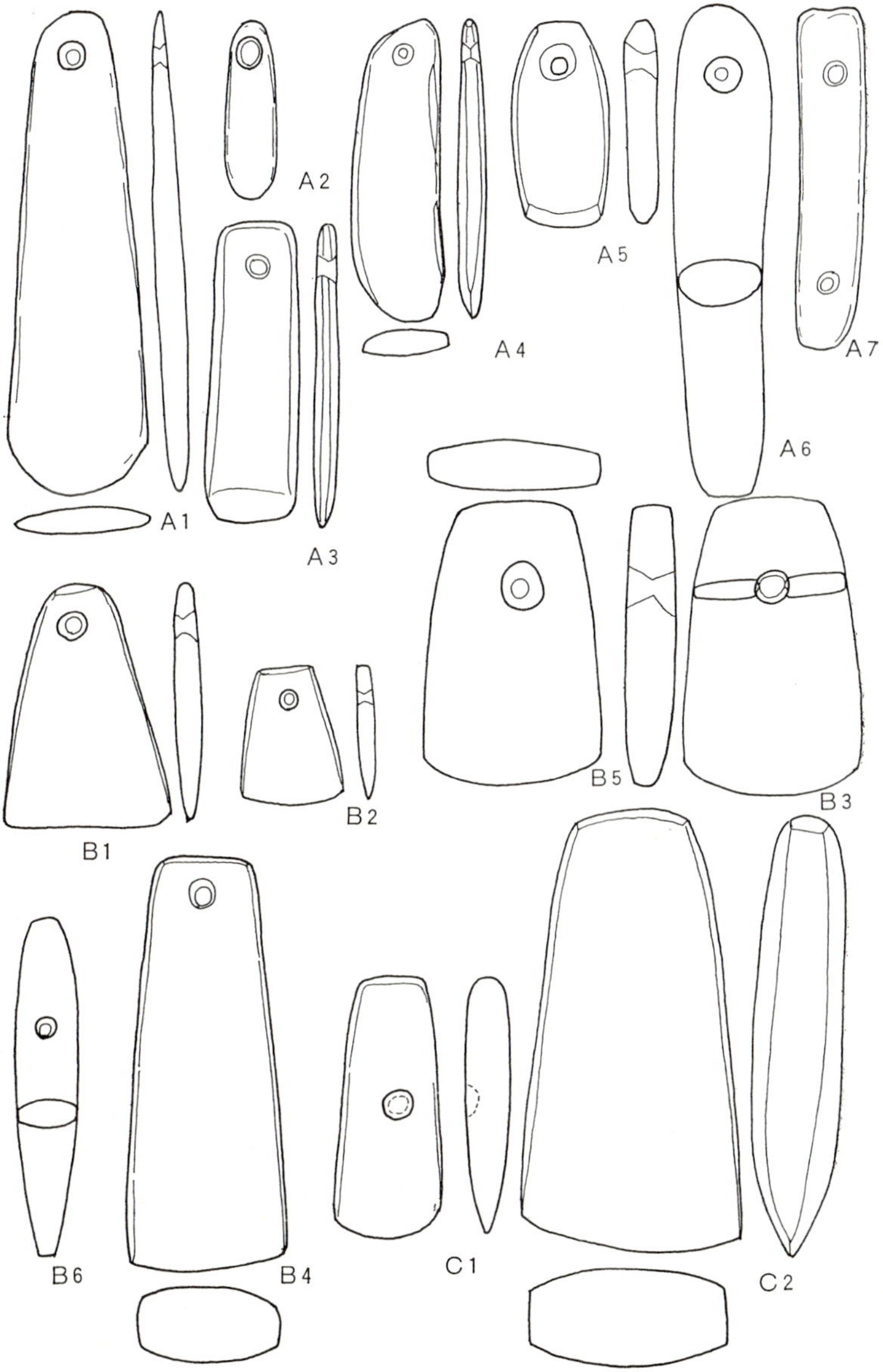

図1　玉斧の類型模式図（A1～A7類、B1～B6類、C1～C2類）

めの基部および刃部にも読みとれる。この類型の祖型として定角状磨石斧が想定される。

A5類：梨久保型　小形の定角状磨石斧の刃部を箆状に磨りへらした形態に近いもの。梨久保・下北原・宮地二例の四例がある。

A6類：亀ケ岡型　細身の棒状磨石斧に近く、横断面は楕円状を呈するもの。亀ケ岡・東田川・上新宿の三例である。この類型の祖型が乳棒状磨石斧に求め得るか否かは今後の課題である。

A7類：滝久保型　細身の箆状のもので両端ともに箆先のように丸く、両端近くに計二つの孔をもつ。いまのところ滝久保例のみで類例はない。A類の中でも他とは異質で、用途が違うかもしれない。

次にB類の玉斧は、定角状磨石斧に似た形態で、基部近くに孔を有するものである。その多くは、本来の磨製石斧よりも薄身で、きゃしゃな造りである。このB類の玉斧は、身の長さ・幅・全体の平面形によって1〜6類に細分類される。

なお、類の玉斧の祖型は、すべて定角状磨石斧に求められる。

B1類：中原型　小形の定角状磨石斧に最も近く、基部よりも刃部がはるかに幅広く、撥形に近いもの。中原・是川・岡山・一本桜・東方第七・明専寺・琵琶島・荒神山・宮ノ上・殿村・庚申原Ⅱ六号跡・ツタベの一二例が確実なものである。破損品等で、この類型に入るとみなされるものも五例あり、A・B・Cの三類の中で、C2類とともに最も普遍的な存在である。つまり玉斧を代表する類型といえる。

B2類：三夜塚型　B1型の中原型を全体に小形にしたもの。三夜塚・東方第七・丸山塚・山屋敷Ⅰ・三宮の五例がある。

B3類：湯津上型　基部と刃部の身幅にあまり差がなく、胴が少し外に張るものの平面形は長方形に近いもの。湯津上と十腰内の二例がある。

Ｂ４類：早月上野型　長身で大形の定角状磨石斧に近似したもの。早月上野・大山川・沼津貝塚・羽後国の四例である。このうち大山川の例は中央部に孔があり特異であって、類例が増えれば独立した類型に入れるべきかもしれない。

Ｂ５類：沖ノ原型　Ｂ類の中では最も大形でＢ１類をひとまわり大きくしたもの。現在のところ、長さ一三・四センチ、幅九・六センチ、厚さ二・八センチという沖ノ原の一例しか知られていない。大陸の有孔石斧に近似する。

Ｂ６類：沼津型　長身で極細のノミ形定角状磨石斧に近似したもの。沼津三例、南境、羽後国・一本桜の六例がある。

Ｃ類の無孔の玉斧は、硬玉製の定角状磨石斧というべきもの。半孔の1類と2類とに細分類される。

Ｃ１類：庚申原型　次のＣ２類よりも細身で、穿孔途中の凹み孔を持つもの。庚申原・浦山寺蔵・山屋敷Ｉの三例がある。庚申原は中央部に、浦山寺蔵と山屋敷Ｉは基部近くに凹み孔をもつ。

Ｃ２類：上山田型　Ｃ１類に較べ大形なものが多く、また欠損品もあって、実用の木材加工に使われたふしもある。上山田六例、広野新、梨久保三例、武居林、百姓地、経塚地籍、諏訪市湖畔、曽利二例の一六例を知り得た。各地の報告書にまだ類例は多くあると思う。このＣ２類には上山田のような大形のものと曽利の二例に代表される小形のものとがある。

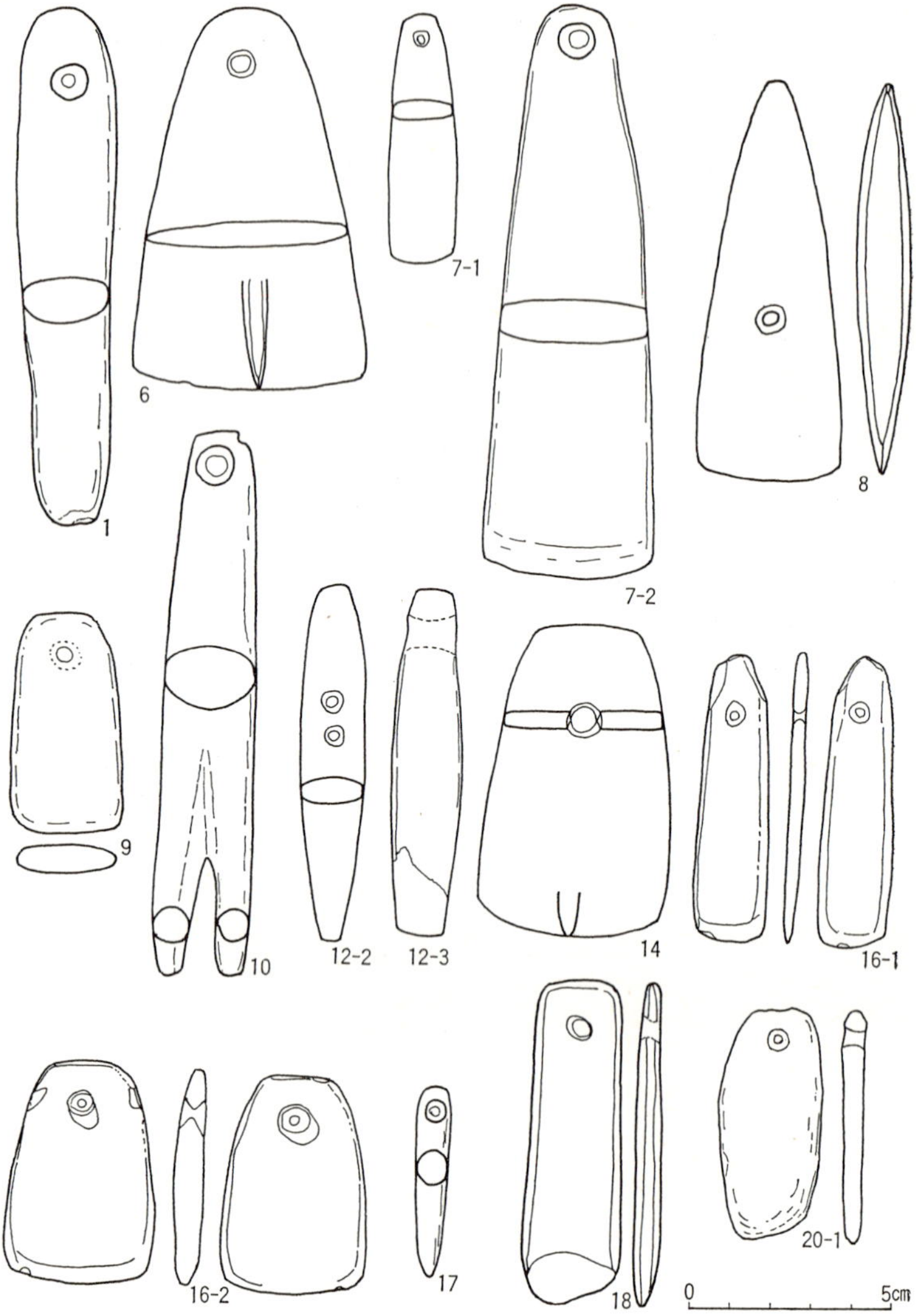

図2　玉斧集成図（1）
1.亀ヶ岡　6.秋田県北浦町　7.羽後国　8.山形県　9.鶴岡市　12.沼津貝塚　14.湯津上
16.一本桜　17.上新宿　18.奈良瀬戸　20.宮地

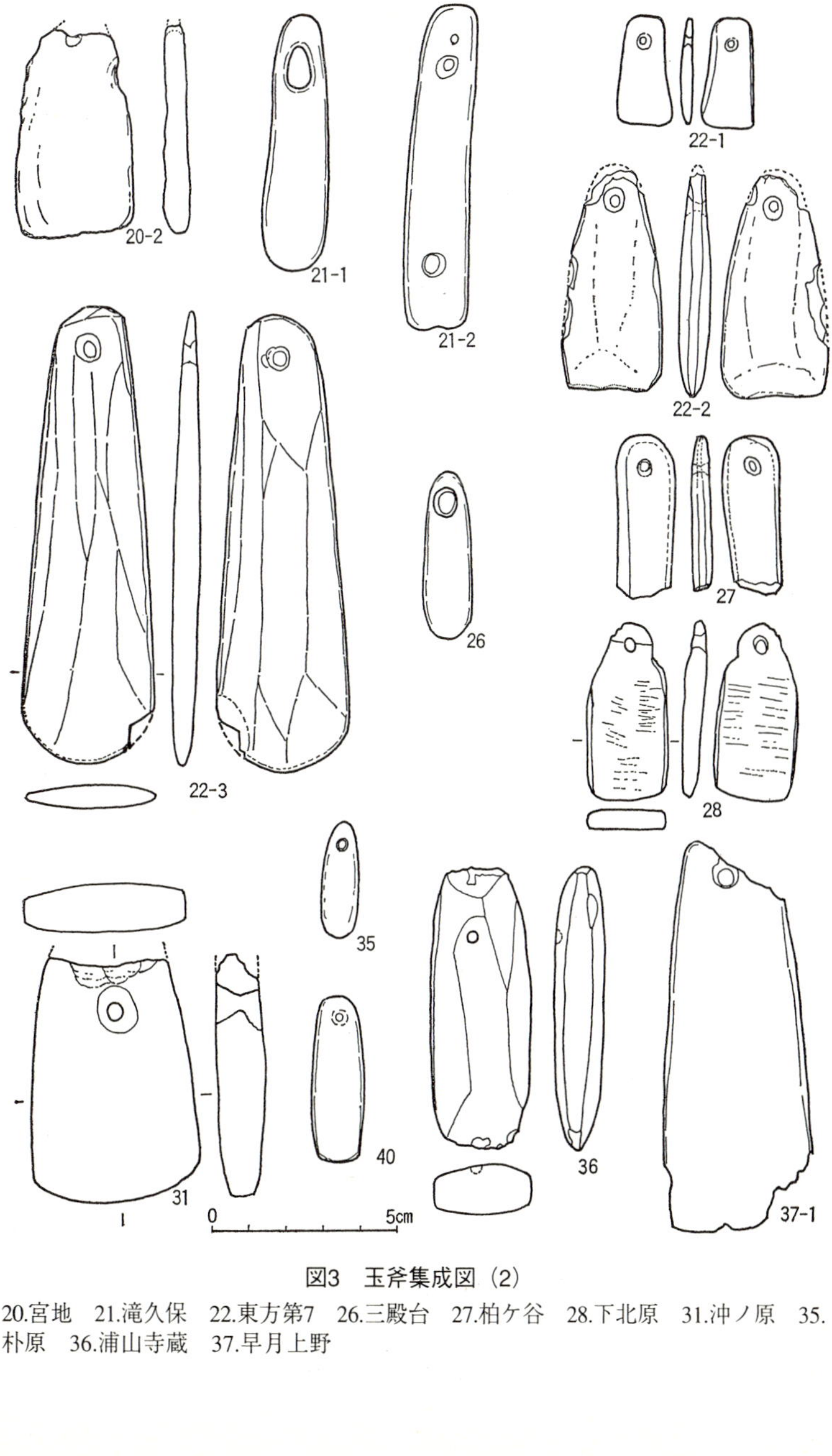

図3　玉斧集成図（2）

20.宮地　21.滝久保　22.東方第7　26.三殿台　27.柏ケ谷　28.下北原　31.沖ノ原　35.朴原　36.浦山寺蔵　37.早月上野

図4　玉斧集成図（3）
37.早月上野　38－1.吉峰31住　38－2.吉峰　42－1～6.上山田

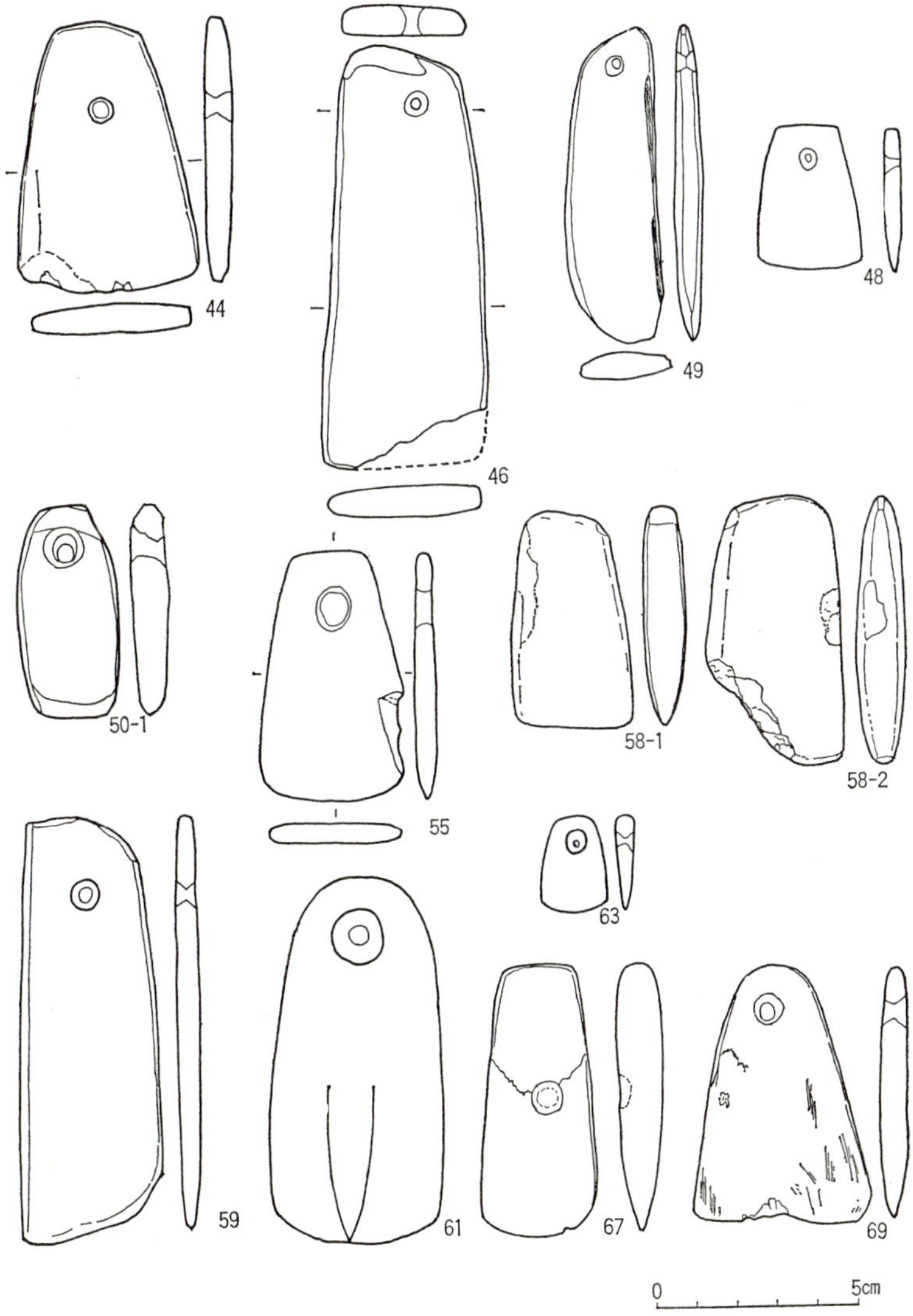

図5　玉斧集成図（4）

44.明恵寺　46.深町　49.上垣外　50.梨久保10号小竪穴　55.荒神山77住　58－1.曽利29住　58－2.曽利60住　59.長岡　61.殿村　63.丸山塚　67.庚申原Ⅱ6住　69.中原

色調と石材

色調は光沢を持ち、青緑色・淡緑色・茶色等で美麗な感を受けるものと、灰白色を呈し表面がざらざらで、とりたてて美しいとはいえないものとに二大別される。これは石材に左右されるらしく、硬玉・蛇紋岩・滑石・凝灰岩・変輝緑岩・緑色片岩などで製作されたものが前者に当たり、後者には砂岩・玢岩・滑石の一部などが相当する。最も美麗なものは湯津上例で、透明がかった青緑色の硬玉製である。石材の判明している分の内訳は、硬玉八例、蛇紋岩一〇例、滑石三例、凝灰岩二例、変輝緑岩一例、緑色片岩一例、砂岩一例、玢岩一例である。この数値が全体の石材を反映していると仮定するならば、蛇紋岩が最も多く、次いで硬玉、三番目に滑石が多く使用されたことになる。ただし、C２類の無孔の玉斧を加えれば、硬玉製は二四例となり最も多くなる。このように、硬玉や蛇紋岩など美麗な石材が最も好まれたことは事実であり、それら石材の入手困難な土地では、さほど美しくない石材を代用しなければならなかったといえよう。

なお石製のほかに骨製のものがあり、形態も用途も玉斧に近かったとも考えられる。

製作技術

ここで製作技術の一部について触れておきたい。A～C類のうちで定角状を呈するものの多くは、擦切手法が用いられていたと思われる。事実、A４類の上垣外・長岡の二例、A３類の奈良瀬戸例には、その擦切痕が残存している。擦切手法が用いられたからには一度に複数の製品が作られたと想定される。だが一遺跡内ではむろん、遺跡間でも分割されたと思われる製品はいまのところ見当らない。将来、資料等の増加によって、その点が明らかにできるならば興味深い方向に研究が進展するはずである。なお、C２類の無孔の玉斧が多量に出土した上山田貝塚で、この擦切手法に使われたと思われる石器が「擦切具」として報告されていることに注目したい（平口一九七九）。

次に平面の研磨技術については、その多くを語れないが、研磨痕としての滑沢な面を形成するものが多く、例えば東方第七・吉峰など研磨方向の分かる例もある。これに関して、すでに硬玉製大珠など玉類の攻玉技術について優れた業績があるが（寺村一九六五）、なお縄文時代の砥石と研磨技術といった広い視野からの追究も待たれる。

さて、孔について述べよう。寺村光晴氏の攻玉技術論によれば、穿孔には、①一方向穿孔、すなわち片面から穿孔したもので、開孔部径が終孔部径より大きくなるもの、②二方向穿孔、すなわち両面から穿孔したもの、③一方向から穿孔したものであるが、終孔部において反対面から修正穿孔が実施されているもの、という三種が認められるという（寺村一九七一）。玉斧の孔は、大部分が②の二方向穿孔によるもので、ために断面は、鼓状を呈するのが普通である。③の方法も明専寺例に認められるので、例は少ないけれども採用されたことは確かである（永峯一九八〇）。このように玉斧が、棒状錐を用いた②の二方向専攻を採用しているのに対して、硬玉製大珠の多くは孔壁が一直線で、管錐を用いた①の一方向穿孔の技術を採用している点は、同じ垂玉でありながら大きな差といえる。また軟らかな石材を使ったものには、紐ずれのためか孔の縁や内壁が滑らかに磨滅した例が多くあって、長い年代にわたる使用が想定される。

なお、C1類の穿孔途中の三例については、いかなる理由で完全に穿孔されなかったのか不明である。

年代と分布

それでは、玉斧が作られ使われた年代はいつごろであろうか。残念ながら層位別、遺構別に捉えられた資料は少なく、明確な年代を与え得るのは、数例にとどまる。したがって、遺跡から出た土器の型式幅によって大雑把におさえておく。

まず前期のものとして箕輪貝塚一例、吉峰二例、一本桜二例の五例がある。吉峰は福浦上層期の住居跡出土例を含み前期末であり、一本桜、箕輪貝塚は諸磯期なので、どうも諸磯期の例が最も古いといえる。前期末～中期初のもの二例、前期～中期のもの三例、中期のもの一七例、後期は明専寺と三宮貝塚の二例、後晩期の可能性の強いものとして奈良瀬戸と深町の二例、そのほか複数の年代にわたるものが八例あり、残りは年代不詳である。このうち中期では、中期初頭から末まで全般にわたっている。なお寺村氏は、玉斧（有孔石斧）が前期の円筒下層式土器に伴って出土する点を指摘している（寺村一九六五）。

さて、玉斧が縄文時代をもって消滅するかといえば、弥生時代の初期まで継続するらしい。長野県内の例を挙げれば、飯山市外様・下水内郡山根・飯山市堀の内・中野市陣場・南安曇郡楡上手・伊那市郷之坪・伊那市宮ノ上・松本市沢村北などが知られている。このうち堀の内例は太形蛤刃磨石斧に孔を有するもので、縄文からの系譜に入らないものである。

類型別にみた玉斧の年代的変遷は、資料が少ないため不詳といわざるを得ないが、A類の玉篦もB類の玉斧も、縄文前期の諸磯期に出現して中期に盛行し後晩期へと続き、弥生時代の初期にも残存するという大まかな流れが捉えられよう。またC類の無孔の硬玉製玉斧は前期末から中期に限られている。このうち武居林例が諸磯C期ないしその直後で、ここでは硬玉の原石も二点検出されている点を含めて注目すべき資料である（中村一九七九）。それからA1類の吉峰型の玉篦は、前期末ないし中期初に限られる可能性がある。

それでは地理的な分布を一瞥しておこう（図6）。分布図から東日本の全域に拡がっていることが分かる。その中で長野県は実に三〇例にのぼり、あたかも分布の中心地という感がある。これには長野県が私の郷土であり、文献にも資料にも最も目が届くからという点を越えて、それなりの理由が潜んでいるのではなかろうか。

まず中部・関東・北陸といえば、縄文早期末から前期にわたって、主として滑石製の飾玉を、また中期を中心にし

1　亀ケ岡
2　十腰内
3　是川
4　五城目町
5　船川町
6　北浦町
7　山形県
8　大山川
9　岡山
10　東田川郡
11　南境貝塚
12　沼津貝塚
13　荒井村
14　湯津上
15　女方
16　一本桜
17　上新宿
18　奈良瀬戸
19　上郷西
20　宮地
21　滝久保
22　東方第７
23　折本貝塚
24　箕輪貝塚
25　大口台貝塚
26　三殿台
27　柏ケ谷
28　下北原
29　ツベタ
30　岩野原
31　沖ノ原
32　山屋敷Ｉ
33　長者ケ原
34　三宮
35　朴原
36　浦山寺蔵
37　早月上野
38　吉峰
39　北代
40　片掛
41　広野新
42　上山田
43　琵琶島
44　明専寺
45　上の坂
46　深町
47　東安曽岡
48　三夜塚
49　上垣外
50　梨久保
51　下ノ原
52　武居林
53　諏訪湖畔
54　百姓地
55　荒神山
56　中原
57　経塚
58　曽利
59　長岡
60　大芝
61　殿村
62　宮ノ上
63　丸山塚
64　手良村
65　福与
66　鳴神
67　神原
68　北平
69　中原

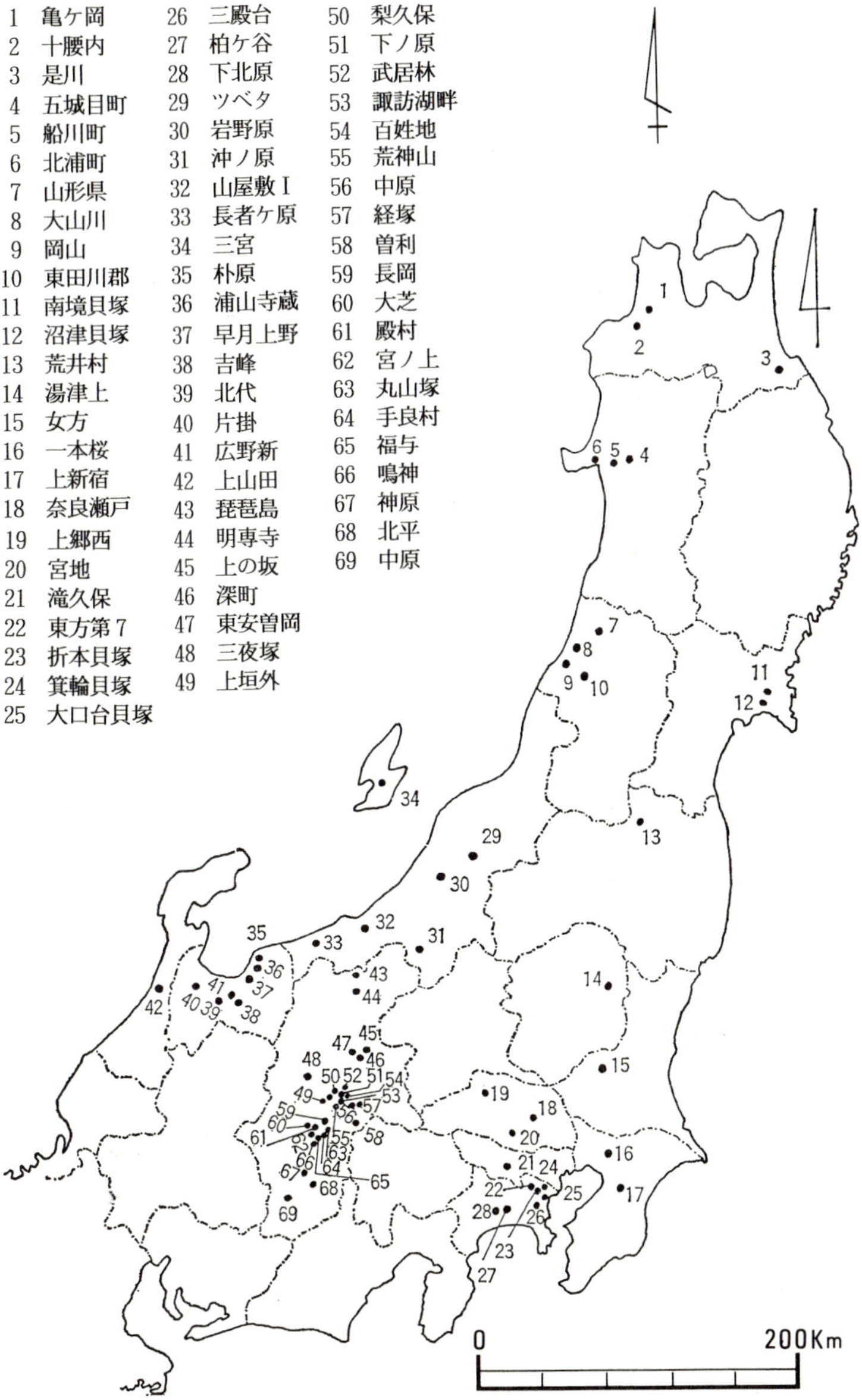

図6　玉斧の分布図

て新潟産の硬玉製の大珠・小珠などの玉類を作り使うという技術的、文化的な伝統が流れていたのである。そうした伝統の中にあって、長野県を中心として玉斧も盛んに使われたとみられる。これが第一の理由である。

第二の理由は、新潟県も含めて北陸地方は、縄文時代を貫いて乳棒状磨石斧はまったく定着を見ず、定角状磨石斧が極度に発達した地域であって、隣接する長野県はその影響圏に入っていたとみなせる点である。このことは、かつて北陸を見学踏査した際、そうした定角状磨石斧の地域圏というものを深く味わったことがあり、それ以前から、報告書を通して予測していたことである。そのような二つの理由を挙げておきたい。

資料不足から類型的、石材別の分布の実態について詳しく述べることはできないが、有孔の硬玉製の玉箆と玉斧が北陸・中部・関東にのみ分布している点、C類の無孔の硬玉製玉斧が石川県と長野県に集中している点を挙げておきたい。

大陸とのつながり

玉斧は、中国大陸では仰韶・龍山・清蓮崗の文化期にはじまり、殷代から西周の時期に盛んに作られ、西周後期頃から琬圭という祭祀・儀礼用の特殊な玉器に変化していく（林一九六九）。そしてこの玉斧の祖型は新石器時代の有孔磨石斧に求められる。ただしひとくちに有孔磨石斧といっても多様な形態があって、実用品的なものと象徴的なものとがあるらしい。

八幡一郎氏は、玉箆に関して世界史的な視野のもとに、「箕輪および荒井発見の二石器は、その類品を北海道や北朝鮮・関東州・西エスキモーに有するのであるが、それが系統的に同一であるか否かを今後尚充分に研究してみたいと思う。只、その多くが玉質あるいはそれを仿へると思われる蛇紋岩を使用しているらしい点が、形態上の一致と共に注目せられるのである」と、日本の玉箆が大陸とつながりを持っていたことを暗示した（八幡一九四三）。

ところで、樋口清之氏は、本稿で扱った類の有孔石斧状の垂飾について、「中には『玉』を象って製作したものもあって支那有孔石斧との関係をも考えさせられるが、その形態は必ずしも彼とは一致してゐない」と述べている（樋口一九四〇）。この中で樋口氏は、大陸の有孔石斧を分類することなく一括して扱ったために、「形態の不一致」という点に帰着してしまったようである。形態の一致しないものが圧倒的に多い中にあって、形態の一致をみるものを指摘することができる。例えば、B5類の沖ノ原例は特別に大形で、大陸にその類似品がある。しかも、日本海に面する沖ノ原遺跡では、東アジア大陸に普遍的に分布する環状石斧が、中期の住居跡から検出されている事実もまた、大陸との交渉の一端を示唆しているだろう。

図7に示したのは、中国大陸・北朝鮮の新石器時代に属する玉斧と有孔石斧の代表例である。個々に比較検討はしないが、形態の一致をみるものも少なくない。

したがって、日本の、玉箆を含めた玉斧が、大陸とのつながりの中で、縄文前期末に初現して弥生時代まで展開したものと考える。もちろん、大陸からの影響の波は、前期末の一回にとどまらず何回かあったものと推測している。ともかく、今後の詳しい考証によって真相は自ずと明らかになり、原郷土も確定できるであろう。

出土状態

無孔を除く玉斧の全資料のうち小竪穴に伴ったもの一例、住居跡に伴ったもの四例、グリッド・包含層出土と記録

図7　中国大陸、北朝鮮における有孔石斧・玉斧（縮尺不同）
（浜田1938、榧本1980、水野1942、横田1983より）

されているもの六例で、残りは表採品や出土状態の不明なものである。

梨久保遺跡では、A5類に属する玉箆が、口径六五×七〇センチ、深さ五〇センチの袋状小竪穴から出土している（会田一九七二）。この小竪穴の底には偏平な河原石が敷き並べてあり、玉箆はこの敷石面から一〇センチ浮いた南寄りの位置に遺存していた。このような敷石の袋状小竪穴は類例を聞かず、通常の貯蔵穴というよりも墓穴という色彩が強い。

荒神山77号住居跡では奥壁寄り柱穴の底部、褐色土層中からB1類の中原型の玉斧が検出されている（岡田一九七五）。そのほか庚申原Ⅱ遺跡6号住居跡、吉峰31号住居跡、宮地1・2号住居跡からの諸例が知られているが、出土状態に関する記述はない。

ただ、C2類に属する無孔の硬玉製玉斧を出土した曽利29号住居跡は、釣手土器二つと石柱を保有する祭祀性を帯びた家屋である（武藤一九七八）。この家屋で玉斧も使われたとすれば、まさに玉斧の用途や性格の一面を暗示している。

こうして見ると、埋葬のとき着装品として入れられたらしい梨久保例、石柱祭祀に釣手土器に伴った曽利29号例の二つを除けば、特別な出土状態をとるものは皆無といえよう。ここに日本の玉斧の特質が認められる。

用　途

では、玉斧の用途は何だったのだろうか。実用的な、木材加工の道具であった可能性が薄いということは、研究史の中でも肯定されてきたことであり、非実用的な用途が考えられる。ただしC2類の上山田型に属する無孔の硬玉製玉斧の中には実用品も含まれていると思われる。

樋口清之氏は「垂玉考」の中で、「石斧の如き利器の威力に対する信仰よりその形態のものを佩用してマジカルパワーを得んとする信仰は、文明の今日においても存するところであり、当時においては当然あり得べきことである」と考察している（樋口一九四〇）。玉斧の用途の根底に、そうした信仰的意味が内在したことは確かだろう。実際、A類とB類の玉斧について、その祖型に大小の差はあれ、定角状磨石斧が想定できることは繰り返し述べてきたところであり、玉斧は、定角状磨石斧が儀器と化したものにほかならない。

問題なのは、いかなる人物が佩用して、いかなる祭祀・儀礼に使われたのかという点である。この点は、同類の石製品のあり方と対照させることで、ある程度は浮き彫りにできるはずである。

まず玦状耳飾・管玉・小玉などが、縄文早期末ないし前期初頭に出現して前期の間にその分布を全日本に拡大したことは周知の事実であるが、それら飾玉が衰微しはじめ前期末に至ると、入れ替わるかのように硬玉製大珠・小珠・小玉、そして玉斧が現われる事実に注目しなければならない。その集団なり集落の首長とか統率者、司祭者など社会的に特定の人物が佩用したことは、玦状耳飾をはじめとするこれら石製品に共通していえることである。ただ玉斧が墓に着装品として入れられていた可能性があるのは梨久保の一例のみであり、その点、玉斧は、他と異なった用途や性格を帯びていたと推察される。

玦状耳飾が大阪府国府遺跡で三体の女性人骨に伴って出土して以来、人骨こそ残存しないものの墓と思われる穴から検出される事例が近ごろ増えている。そしてまた鰹節形大珠や硬玉製大珠も蜆塚貝塚で男性人骨に、山鹿貝塚で女性人骨に伴ったほか、石棺墓・環状列石墓、小竪穴などからの出土が相次いでいる（前川一九七二、江坂一九五七、浅川一九六九、田代一九七九）。玉斧の出土状態が明確な事例は少なく、いまにわかに比較することが危険なことは承知で考えを進めるならば、玦状耳飾とか鰹節形大珠・硬玉製大珠などは、特定の個人に所有される要素がより強かったといえ、それに対して玉斧は、個人が保有したとしても究極は、その集落・集団なり社会に属するといった性格を強くもち、数世代にわたって伝世され相続される場合がより多かったと考えられる。こうした背景が、墓からの検出例の差異、玉斧の事例の稀少さに表現されていると思う。

玦状耳飾は女性が着装していたのに対し鰹節形大珠、硬玉製大珠は男性も女性も着装していた事実を参照するならば、玉斧は、その祖型が男性の労働作業に使われたはずの磨製石斧に求められることから、男性が着装していたと推論できる。中国大陸の江蘇省の清蓮崗文化に属する墓群で、有孔石斧が男性に圧倒的に多く副葬されていた事実は、その点で注目に値する（町田一九六八）。

さて玉斧が、前述したように、その社会の代表的な人物が佩用していたとしても、それだけなら一般の垂玉・垂飾と何ら用途は変らない。

ここで大陸に目を向けよう。中国古代では、有孔石斧から変化した琬圭という玉斧・玉器が「天子が有徳の諸侯と友好を結ぶに使う」と紀元前三世紀～五世紀の戦国時代の古典に記録されている（林一九六九）。そして玉斧・玉器には、神に依らしめる性質があり、土地神や祖先神を祭祀するときに使用したという。この中国での用途が縄文時代の玉斧にそのまま当てはまるとは、年代上の若干の差異からみても考えられないが、相通じる面もあったのではなかろうか。そもそも磨製石斧は森林を切り開き、家を建て生業を営むための大切な道具である。その点に改めて想いを寄せるならば、その磨製石斧から儀器として分化した縄文の玉斧は、山の口、焼畑の火入れ、家屋の新築、予祝神事など重要な行事の中において祭祀・儀礼の執行に関わったのではあるまいか。曽利29号家屋で執り行われたであろう祭祀・儀礼も、そうしたものだったに違いない。

むすび

従来、垂玉・垂飾といった装身具の中に埋没され続けてきた斧状または箆状の石製品を玉斧として引き出し、その諸問題の一端に触れてみた。これによって明らかにできた考古学的事実と解釈を改めて列記して、結びとしたい。

まず玉斧は、玉箆と玉斧そして無孔の三類に分類でき、各類ごとに細分類できた。この分類が意味を増すのは、資料増加が期待される将来であろう。なお、玉斧は定角状磨石斧から儀器として分化したものである点を明らかにし得た。

次に年代は、縄文前期末の諸磯期に初現して中期に盛行、そして後晩期と続き、弥生時代の初期まで残存するという流れが捉えられた。

地理的な分布は、東日本にわたるが、特に中部・北陸・関東に多い。これは滑石製品・硬玉製品を多用するという地域的な伝統と、それら原産地にめぐまれたという地理的な環境、それに定角状磨石斧の極盛した北陸地方の影響、それらが重なりあったためと考えることができた。

玉斧が諸磯期に初現してそのあと長く存続した点については、大陸との何回かのつながりが想定され、互いに形態の一致をみるものも指摘できた。

用途は、その集落、集団なり社会の首長、統率者、司祭者といった特定の人物が佩用したものと捉え、単に着装品にとどまらず、何らかの祭祀・儀礼に関わったものと推論した。

参考引用文献

会田進ほか一九七二『梨久保遺跡第三・四次発掘調査報告』岡谷市教育委員会
浅川利一ほか一九六九『田端遺跡調査概報第一次』町田市教育委員会
岡田正彦ほか一九七五『荒神山遺跡　長野県中央道報告書諏訪市その三』長野県教育委員会
江坂輝彌一九五七「所謂硬玉製大珠について」『銅鐸』一三、立正大学考古学会
榧本杜人一九八〇『朝鮮の考古学』同朋舎
酒詰仲男ほか一九五一「有孔石斧」『考古学辞典』改造社
信濃史料刊行会一九五六『信濃史料　第一巻下』
田代　孝・小野正文ほか一九七九『御坂町の埋蔵文化財』山梨県御坂町教育委員会
寺村光晴一九六五「硬玉製大珠論」『上代文化』三五、国学院大学考古学会
寺村光晴一九七一「石工（玉工）」『新版考古学講座』九、雄山閣出版
長野県史刊行会一九八一『長野県史　考古史料編遺跡地名表』
永峯光一ほか一九八〇『明専寺・茶臼山遺跡』長野県牟礼村教育委員会
野口義麿一九六二「玉斧」『日本考古学辞典』東京堂
浜田耕作一九一八「河内国府石器時代遺跡発掘報告」『京都大学考古学研究報告』二
浜田耕作ほか一九三八「赤峰紅山―後満州国熱河省赤峰紅山後先史遺跡―」『東方考古学叢刊甲種第六冊』東亜考古学会
林巳奈夫一九六九「中国古代の祭玉、端玉」『東方学報』四〇、京都大学人文科学研究所
樋口清之一九三九・四〇「日本先史時代人の身体装飾上・下」『人類学先史学講座』一三・一四
樋口清之一九四〇「垂玉考」『考古学雑誌』三一―六
平口哲夫ほか一九七九『上山田貝塚』石川県宇ノ気町教育委員会

藤沢宗平ほか一九七三『東筑摩郡・松本市・塩尻市誌』第二巻　歴史上
藤森栄一一九六四「硬玉の石斧―長野県諏訪の資料」『多摩考古』六
町田　章一九六八「江蘇省邳県新石器時代墓葬考―清蓮崗文化の再検討」『関西大学考古学研究年報』二、関西大学考古学研究会
前川威洋一九七二「山鹿貝塚人骨着葬品とその考察」『山鹿貝塚』福岡県芦屋町教育委員会
水野清一ほか一九四二「羊頭窪―関東州旅順鳩湾内における先史遺跡」『東方考古学叢刊』乙種第三冊、東亜考古学会
宮坂光次一九三〇「青森県是川村一王寺史前時代遺跡発掘調査報告」『史前学雑誌』二―六
武藤雄六ほか一九七八『曽利』長野県富士見町教育委員会
八幡一郎一九四一「石鍬」『考古学雑誌』三一―三
八幡一郎一九四三「玉篦」『人類学雑誌』五八―八
八幡一郎一九六二「玉篦」『日本考古学辞典』東京堂
横田禎昭一九八三『中国古代の東西文化交流』雄山閣考古学選書二一

山形県羽黒町発見の石鉞について

松浦　宥一郎

商の王侯貴族の墓から「まさかり」の形をした青銅製の鉞（銅鉞）が発見されている。器身は扁平で、刃部がその両端が外方に張り出して円刃（弧刃）を成し、柄が刃と同一方向、すなわち横方向に付けられるものである。

鉞は「戉」の形声字で『説文』に「戉大斧也」とあり、商代では首斬り用のまさかりである。刃部の大きな戉を刃部を下にして玉座の前に置いた形が「王」の字形で、「斧鉞」の語意の通り、戉を用いた王の懲罰権を表わしたものであった[1]。それ故に戉は王の指揮権を示す儀器となり、さらに王が将軍に征討を命ずるときにその符信として与えた軍器、あるいは人を刑する刑戮の具となったという[2]。

この銅鉞の祖形は商に先行する新石器時代の大汶口文化や良渚文化の石鉞・玉鉞に求めることができる[3]。石鉞・玉鉞は、基本的に両刃の扁平な石斧の形をしており、器身の上方に円孔を穿つものである。いわば「扁平有孔（磨製）石斧」・「扁平穿孔（磨製）石斧」と称するべきものであるが[4]、木を伐るための肉厚両刃の磨製石斧とは異なるものである(5)。扁平という点では「鏟」とも呼ぶことができるが、鏟は基本的に片刃であるので、両刃の鉞とは異なる。また、量博満氏が述べているように、鏟は縦方向に柄が付けられた直柄の農耕具であり(6)、柄と刃線の方向が平行となる鉞の着柄方法とは相違している(7)。

石鉞・玉鉞の形態は基本的には同じで、器身が、基部より刃部の幅の方がやや長い梯形を呈するものが多い。ただ、玉鉞は器身がきわめて薄く、石鉞の方がやや肉厚であるという扁平の度合いの異なる点が指摘できる。この厚さの相違は加工技術上材質の相違に基づくものであろう。

いずれにしても、石鉞・玉鉞は刃部が曲刃（円刃あるいは弧刃）を成すものが多いが直刃のものもあり、基部は水平な平基（方基）、緩やかな弧形を成す円基、基部の両端を方形に欠いた有肩基等がある(8)。穿孔（円孔）は両側から穿たれたものが多く一孔のものが大部分であるが、二孔、さらに三孔を有するものもある。この円孔は基本的には柄に装着するための緊縛用の紐通し孔であるが、円孔に特別に意味があるものと考える説が強い(9)。円孔はすでに仰韶文化期の石斧にその出現が認められるので、石鉞の起源は当該期頃に求められるものと推定される(10)。しがたって、石鉞は玉斧より先行して出現し、伐木用の肉厚の石斧から戦闘用の扁平な有孔石斧、すなわち闘斧へと変化したものを石鉞と考えておきたい(11)。玉鉞に関しては良渚文化に盛行し、二里頭文化、早商文化、商文化へと受け継がれている。各時期とも墓に副葬されたもので、被葬者の権威を示す特殊な玉斧（斧鉞）と考えられるのである。

ところで、近年日本において、山形県羽黒町から本石鉞が発見され(12)、筆者も実見する機会を得た。中国産の典型的な梯形をした扁平有孔両刃の「石鉞」そのものであって、伐木用の磨製石斧ではない。平基曲刃式で、円孔は両孔とも上口が大きくなっている。両面から穿ったもので、驚くべきことは、円孔の直下に甲骨文字に限りなく近い一つの刻文を有しており、一般の石鉞とは異なるものである。石鉞の形態・型式は、朱延平氏(13)や蔡鳳書氏(14)などおかたの中国研究者が述べているように、山東省の大汶口文化の所産と考えられている。

しかし、この時期においては土器面に線刻された記号は認められるにしても、文字は登場していない。ましてや本例の刻文のように甲骨文字、もしくは甲骨文字に近いものは、二里頭文化以降に出現したものと思われる(15)。したがって、この刻文が後世の追刻でない限り、大汶口文化期の石鉞とは考え難い。

石鉞の型式分類等については稿を改めたいが、前述のように石鉞自体は二里頭文化、早商文化、商文化へと継承されており、特に商代においては青銅器の生産・発達が著しく、銅鉞などの銅利器も登場しているが、基本的に斧などの生産用具はいまだ石器である。安陽市小屯遺跡などでは平基直刃・曲刃の梯形をした石鉞が出土しているように、この型式の石鉞は二里頭文化、早商文化においても普遍的に存在しているのである。

二里頭文化期以降の平基直刃・曲刃式梯形石鉞の円孔について注目すると、実はその穿孔方法に二里頭文化期以前と以後では相違がみられるのである。二里頭文化以前、すなわち新石器時代においては、両面から穿たれた円孔はその孔径と孔の上口の径とが近似するが、青銅器の出現した二里頭文化以降では、概して孔の上口は大きいが実際に穿たれた孔径は極めて小さくなっているものが多い(16)。

このような穿孔のあり方からすると、山形県発見石鉞はまさしく二里頭文化以降の穿孔形式の可能性が高く、その点では刻文との矛盾は認められない。つまり、商代のものであれば刻字があっても問題はないが、二里頭文化期のものであればきわめて貴重な刻字資料となろう。また、本刻文が単なる記号ではなく、文字の一つである可能性を示すとすれば一大発見となろう。

註

（1）白川　静一九七六「第二章　融即の原理」『漢字の世界1　中国文化の原点』（東洋文庫二八一）平凡社
白川　静一九八四『字統』平凡社
林澐一九六五「説〝王〟」『考古』第六期
（2）白川　静（1）の文献と同じ
諸橋轍次一九五八・一九五九『大漢和辞典』巻五・巻七、大修館書店
（3）岡崎　敬一九五三「鉞と矛について」『東方学報』二三、京都大学人文科学研究所
佐川正敏一九九二「中国新石器時代武器深浅―黄河・長江下流域を中心に―」『加藤稔先生還暦記念東北文化論のための先史学歴史学論集』今野印刷
岡村秀典一九九三「中国新石器時代の戦争」『古文化談叢』三〇、九州古文化研究会
楊美莉一九九五・一九九六「中国古代的「玉兵」」『故宮文物月刊』一五二～一五四号、国立故宮博物院
林巳奈夫一九九六「有孔玉・石斧をめぐって」『史林』第七九巻第五号、史学研究会
佐川正敏一九九六「王と鉞」『考古学研究』第四三巻第二号、考古学研究会
（4）町田章氏がすでに「扁平有孔石斧」として、「集団内での権威と身分を象徴するもの」と解している（一九六八「江蘇省邳県新石器時代墓葬考」『関西大学考古学研究年報』第二号、関西大学考古学研究会）。
（5）「石鉞」の名称・定義に関しては次の各論文がある。
牟永抗一九八一「浙江新石器時代文化的初歩認識」『中国考古学会第三次年会論文集』文物出版社
紀仲慶一九八三「略論古代石器的用途和定名問題」『南京博物院集刊』（建院五十周年論文専号）
傳宪国一九八五「試論中国新石器時代的石鉞」『考古』第九期
張明華一九八七「良渚王戚研究」『考古』第七期

（6）王巍一九八九「商文化玉器淵源探索」『考古』第九期
量博満一九九六「中国新石器時代の鉞について」『日中文化研究』第一一号、勉誠社
蔣衛東（中村真一・高木晃訳）一九九九「良渚文化の鉞」『古代学研究』一四五号、古代学研究会
（7）（5）の量論文に同じ。中国では両刃でも、錛としている場合が多い。
（8）鉞の着柄方法は佐原真氏のいう「縦斧」と同じである（一九九四『斧の文化史』（UP考古学選書六）東大出版会）。
（9）（5）の蔣論文では「帯肩石鉞」と称しているが、「有肩石鉞」と称するものもある。
（10）（3）の林論文・（5）の量論文、量博満一九九七「渦頭状V字形文について」『上智史学』四二、などがある。
一九六三『西安半坡』文物出版社
（11）楊美莉一九九六「中国古代墓葬的「玉兵」」『故宮学術季刊』第一三巻第二期、国立故宮博物院
（12）石鉞の用途・意義に関しては（3）の佐川論文・岡村論文とほぼ同様である。
（13）浅川利一・梅本成視一九九五「山形県の縄文遺跡から出土した中国古代の有孔石斧について」『多摩考古』第二五号、多摩考古学研究会
（14）（12）の文献に同じ
（15）蔡鳳書一九九九『中日交流的考古研究』斉魯書社出版。ただし、蔡氏は山形発見石鉞を片刃として図示され、「穿孔石錛」としている。
（16）蔡氏は刻文に関しては、良渚文化や竜山文化の玉器に刻された「冠飾」の可能性を述べている（（14）の文献）。
中国社会科学院考古研究所編一九九九『偃師県二里頭　一九五九～一九七八年考古発掘報告』（「中国田野考古報告集」考古学専刊丁種第五九号）中国大百科全書出版社、他

縄文文化と大陸系文物

中山　清隆

縄文時代のわが国に、直接・間接に及んだ大陸製品、もしくはその影響と考えられてきたいくつかの考古資料について再検討を試み、大陸の側の資料を横目でにらみながら、問題点などについて私見を述べてみたい（なお、原典では「山形県三崎山出土の青銅刀子」も取り上げたが、紙数の都合により割愛した）。

「黒陶」―黒色磨研土器の問題

九州では縄文後期末になると、装飾文様としての縄文は消え、黒色に研磨された光沢ある無文の精製土器が主体となってくる。土器を丁寧に磨いて仕上げたうえで、燻して炭素分を沈着させ、最後に空気を遮断して蒸し焼きにすると、黒色を呈するようになる。あたかも中国の竜山文化に盛行する黒陶の影響が九州に及んだ結果、在来の土器づくりの伝統に変革をもたらしたかの印象を与え、一九六〇年代のはじめに、九州縄文晩期の黒色磨研土器(1)の成立に中国先史土器が深く関わったとする考えが、賀川光夫によって提起された（賀川一九六〇、一九六一）。賀川は大分県大石遺跡などで発見される黒色研磨の浅鉢形土器（御領式末～晩期黒川式）の出現の理由を竜山文化の黒陶（陶盆）に求め、農耕文化の伝播と表裏の関係にあると考えたようだ。同じ頃韓国でも金元龍が漢江岸の岩寺洞《アムサドン》遺跡で採集された類似器形の黒色土器を紹介するや（金一九六二）、竜山文化の亜流とみなされた韓国岩寺洞の黒色土器、九州の大石遺跡出土の黒川式土器が点と線でつながり、賀川の晩期農耕論もにわかに勢いづいた観を呈したが、乙益重隆、佐原眞らの批判もあり、今日ではあまり論議されなくなった。

岩寺洞出土の金元龍のいう〝黒陶〟浅鉢（金一九六六）は、黒川式のそれと器形は似るが、朝鮮全体の櫛目文土器（新石器時代）、無文土器（青銅器時代）をみても類品は見当たらず、半島先史土器の系譜や変遷の枠からはずれた孤立的なもので、保留すべき土器である。韓国でもその位置づけの結論はでていない(2)。

中国の黒陶は大汶口《タウェンコウ》文化に出現し、その中心はおもに山東省、河南省にあるが、やがて周辺に波及し、中原が青銅器時代に入っても継続して生産され、漢代まで降るものもある。

竜山文化の黒陶が直接に朝鮮の新石器土器に与える影響は少なく、むしろ無文土器の後半に現われる黒色磨研土器を黒陶と呼ぶ方があたる。韓国大田市槐亭《ケチョンドン》洞出土の長頸壺（初期鉄器時代）はよく知られているが、この種の黒陶系土器は、中国遼寧省東部から吉林省にかけて分布する美松里《ミソンリ》型土器に由来する。公貴里、細竹里など平安道の遺跡や咸鏡北道一帯で時おりみられる黒色磨研土器もこの系統をくむものであろう。しかしこの黒色磨研土器と九州の黒川式のそれとの対比は、あまり現実的ではない。梅原末治は熊本県御船町下山神出土の把手付円筒形（コップ形）土器などを竜山文化の黒陶系土器が波及したものとしたが（梅原一九六九）、これは中九州弥生後期の免田式土器を構成する器種の一つで、時期がまったく違う(3)。

列島内では、縄文後期の堀之内式以後加曽利B式段階頃の土器焼成法の変化に伴って、黒色磨研土器が縄文文化在来の中から成立をみる。九州でも後期の磨消縄文(4)の磨り消す方法から土器の研磨が発達し、三万田式のある階段から黒色磨研土器が出現し、以後晩期に盛行する(5)。土偶、石棒、石剣、単式釣針、切目石錘など東日本の縄文文化を構成する諸要素が九州に波及するのもこの頃である。

有脚土器と大陸の陶鬲

黒色磨研土器とともに梅原、賀川が中国先史土器の影響として挙げたのは、九州で発見された鬲底を模したとみられる有脚（足）土器片である(6)。また一九八四年には、青森県今津遺跡で三足そろった鬲状土器が県教委の発掘調査によって出土しているので、あわせて俎上にのせてみたい(7)。そのまえに中国の陶鬲（鬲形土器）について簡略に触れておくことにしよう。

陶鬲は、黄河流域では竜山早期（廟底溝第二期）に出現し、殷から西周初期の頃に盛行するが、西周中期以降衰退し、戦国時代に消滅する。この間、内蒙古東部から遼寧省に中心をもつ夏家店《シアジアデン》文化下層および魏営子《ウェイインツ》類型、吉林省一帯の西団山文化などの土着系文化にも鬲・鼎などの三足器は受容され、遼東半島を含む中国東北地区では、殷周の頃、鬲は鼎とともに土器群を構成する一器種として、のちの燕が進出してくる頃まで使用された。炕の普及とともにその役割をおえるようだ。華中の青蓮崗《チンリエンガン》・良渚《リャンジュ》文化は広義の大汶口・竜山文化に属するが、鬲も器種構成の一つとして広く分布する（江南ではすでに稲作文化が石包丁などと結びついて展開していたが、のちの湖熟《フシュ》文化は山東の岳石《ユエシ》文化とともに、朝鮮半島や日本の稲作農耕文化成立に少なからず、関与したと思われる）。ところが朝鮮では、石包丁などの生産・収穫具は竜山文化と一部共通しながらも、基本的に鬲を受けいれていない（8）。美松里型土器の一部に伴う可能性はあるものの、特に南部朝鮮では鬲を欠くといってよい。

　鬲の形成については、古くは三つの尖底袋状の壺を組み合わせたものと考えられていたが、殷代の陶鬲の多くは型づくりによった。縄や紐あるいは籠目の痕跡は、型入れの際粘土をしっかりしめあげる工夫の一つと考えられる。元来、灰陶文化から生まれたもので、縄蓆叩き文を施すのが普通で、しばしば煤の付着が認められることから炊器・煮沸具とみてよい。中国独特の器形と考えられてきたが、モンゴル、ザバイカル、コーカサス、イラン、インド、タイなどに広く分布し、遊牧民の革袋がヒントとなって生まれたとする意見もある。

　中国では裴文中（裴一九四七）、蘇秉琦（蘇一九四八）らの陶鬲に関する研究があるが、蘇は陝西省宝鶏闘鶏台の資料をもとに分類し、併せて中国の分布と変遷などを論じている。古い論文ではあるが参考となる。

青森県今津遺跡出土の鬲形土器　今津の「鬲状三足土器」には、中国の陶鬲に通常みられる縄蓆叩き文が施されていない。炊器として火を受けた跡もなく、かえって雲形文と変形工字文を施し、器面には赤色酸化鉄の塗布が認められる。間違いなく大洞C2～A式の精製土器で、亀ケ岡文化の所産である。したがって、火の熱効率を考えた三足土器ではなく、祭祀など特別な場合の用途が考えられる。

　報告者の「足部の内面に微かに輪積痕が観察され、それぞれ独立して作られた後に胴部に接合したもの」（新谷・岡田一九八六）という記述から判断すると、中国で一般的な鬲のつくり方とは違うようである。形態からみて、殷後期以降（前一三世紀～）の陶鬲に近いと思われるが、前述の理由などから中国陶鬲の影響というより、亀ケ岡文化圏の在来文化から生まれたとみることも可能なので、以下その例を挙げて検討してみよう。

亀ケ岡文化は、土の造形としては世界に例をみない土器文化で、多様な器種、器形、文様を生んだ。なかには異形土器と称すべき特殊なものも見うける。青森県玉清水遺跡の三足土器、水筒形土器、同・長森遺跡の双胴形注口土器、同・尾ノ上遺跡の四足高杯など、創意工夫された造形が多い。玉清水遺跡の水筒形土器は皮袋を模したものであろう。皮袋を模倣したと推定される土器や土製品は、列島はもちろん大陸でも知られている。なかには皮の縫合わせをリアルに表現したものさえある。皮袋・革製品の模倣は時・空を超えて生じ得る現象で、時代は下るが古墳時代の提瓶や中国遼代の鶏冠壺はそのよい例である。

亀ケ岡文化の木器の中には、高杯形の精巧な台付皿があって、中国江南のそれをほうふつさせるが、高杯形の台付浅鉢形土器はすでに縄文中期にあり（青森県三内丸山遺跡など）、大陸の影響を考えなくてもよい。「似たモノ」は、探せば世界各地にあるだろう。高杯に似た台付鉢形土器は縄文前期の円筒下層d式にあり（青森県石神遺跡）、槻ノ木遺蹟（晩期）の赤色漆塗高杯にいたっては亀ケ岡文化の精華といってよい作品である。

鬲状の三足について、亀ケ岡文化に内在的要素を求めるとすると、藍胎漆器の底部に袋足に近い趣きで外に突出した形状があるし、遮光器土偶の足や異形土器にも袋状の中空にしたものがあって、今津の三足土器は縄文在来の技術で十分製作可能である。三足にこだわるから大陸系と思いこんでしまうのである。たとえ大陸の陶鬲をモデルに模倣したとしても、偶然渡来した搬入品をみようみまねで亀ケ岡人が模倣した作品にすぎず、鬲の影響で亀ケ岡式土器の文化を構成する土器様式が一部変容したわけでもないのである。

北部九州の縄文晩期から弥生の移行期にみられるような社会の構成要素の変化は、縄文時代全般を通じて人とモノの往来があるていど恒常的な交流網を形成した結果、高度な稲作の技術体系を受けいれる基盤が、彼我の間で整っていたからにほかならない。土器の製作技術の変化（輪積み・外傾接合による成形）や新しい墓制（支石墓）の導入などは、渡来人の存在を抜きには考えられないであろう。

土器に限れば、伝統的な縄文の土器づくりの社会に、散発的な外来との接触によって、土器の様式構造に変化をもたらすことなどありにくいことである。まして青森は地理的にも遠く離れ、大陸の漁民との恒常的な情報ネットもない。偶発的で片務的な漂着としか考えられない中国あるいは極東シベリアの鬲が、亀ケ岡文化の構成要素にとり入れられるというのも説得的ではない。亀ケ岡文化圏は東北日本が世界に誇り得る縄文文化の独自で華やかな工芸品を生んだ保守的な土壌なのである。

亀ケ岡土器文化には鬲以外の大陸系土器の器種をはじめ、他の中国文化の要素がみられないことも大陸との関連を説くには不利で、今津出土の「鬲状三足土器」は、亀ケ岡文化としては異質であるけれど、土器以外の皮器かあるいは他の有機質の容器を模倣したものと見た方が無難であろう。

大分県秋葉遺跡出土の〝鬲〟底部片

秋葉遺跡出土の鬲底を模したとされる底部土器破片は、縄文晩期の山ノ寺式土器とともに採集されたものらしい（賀川一九七二）。砂礫を含む陶質のものといわれ、賀川光夫は黒色磨研土器と共伴する大陸系の鬲底と考えていたようだ。梅原末治はこの破片を復元し、九州各地の縄文後・晩期土器にみられる攻玉技術—大石遺跡の硬玉質勾玉・管玉など—とあわせ、殷文化の影響と説いた（梅原一九七一）。

乙益重隆は、中期の船元式、竹崎式にみられる脚付土器の存在を挙げ、後期の市来式にもそれと推定し得るものがあることを指摘して、有足の土器が九州縄文の在来文化から生じ得る可能性を示唆した（乙益一九六七）。筆者もこの意見に賛成である。賀川も秋葉以外の晩期の該当資料を提示したが[9]、秋葉例のように袋状を呈するものではないようだ。

秋葉の鬲形土器片を、賀川、梅原はともに中国の陶鬲を模倣したものと考えたようであるが、その祖型（範型）となった搬入品としての陶鬲（あるいは鼎）は、まだ九州で確認されていない。中国系渡来人が来て作ったと考えるのも無理があろう。

中国の先史時代に一般的な陶鬲が、九州の縄文後・晩期土器群の構成要素の一角を占めるとすれば、もっと随所に竜山〜殷代文化の基本要素が現われてもよく、農業先進地帯の石器などを導入することはあっても種族・集団の異なる同士で、土器の要素が形態・機能面に反映することは、土器づくりの保守性を考えるとき、ありにくいことであろう。

中国大陸ではすでに江南の河姆渡文化や、山東の北辛《ベイシン》文化に農耕の証拠が確認されており、その余波が縄文時代を通じて九州に及んでいたと思われるが、社会基盤や生業の違い、文化階梯の差などから、そのままの形で受容されることはなく、本格的な稲作農耕は縄文晩期まで待たねばならなかった。その直接の原郷土は南部朝鮮であり、鬲を組合せにもつ農耕社会ではなかった。

山東半島との関係を考えるならば、黒陶や三足土器のみならず、抜歯の方法の共通性、煙台市栖霞の竜山晩期の遺跡から籾殻が発見されている事実、日中間で進められている人骨の比較研究など、より多方面からのアプローチに期待したい。

「他人の空似」ということがある。土器分類の難しさの一面でもあるが、中国でも鬲など三足のうち一脚の破片が出た場合、鬲の一部なのか、尖底土器の底部なのか判断に躊躇するという。三足土器は、鬲のほかに鼎、鬹、甗などの器種があって、じっさい区別が難しい。秋葉遺跡は弥生後期の大きな集落遺跡で、青銅鎔笵の出土地としても知られている。同遺跡を含む大野川中・上流域には、器壁の厚い、重量感のある粗製の尖底に近い甕が在地の土器として存在する。またスケッチの図しか残っていないが、一九三四年に大分県竹田市菅生では大洞C２式の甕形土器の完形品が発掘されており（長山一九三四）、亀ケ岡文化との交流が想像以上に緊密であったことが分かる。おそらく亀ケ岡文化の有脚土器の情報やアイデアも伝わっていたであろう。秋葉の鬲形土器片は表採資料だけに、万一これらとの混同がありはしないかと気になるところであり、実物にあたって成形、胎土などを確認したいものである。

玦状耳飾の起源について

玦状耳飾は、沖縄を除く日本列島のほぼ全域で縄文前期をピークに盛行する装身具の一つである。すでに早期の中葉からあり、最古の例は北海道浦幌町共栄B遺跡出土の破片二点であろうか。断面が偏平の、本州でいえば縄文前期後半のタイプをしめし、石刃鏃と浦幌式土器に伴ったものという（浦幌町教育委員会一九七六）。東部シベリア～極東辺りからの渡来品かもしれない。古く鳥居龍蔵は、北部朝鮮の豆満江流域やハバロフスク博物館陳列の黒龍江畔出土の玦を指摘したことがあり（鳥居一九二三）、ザバイカル～ヤクーチャには日本の玦状耳飾に類似する骨製の玦があるらしい。

本場の中国では、玦は殷周のころ、黄河流域の玉器文化に普遍的な文物であるが、新石器時代には河南省小潘溝《シャオパンコウ》などの例を除いてまれで、むしろ長江下流の江南の諸遺跡では新石器時代の早期から存在し、その量も多く、日中の研究者が日本の玦状耳飾の祖型を江南に求める所以ともなっている（安一九八四）。

つぎに、華北・華中における玦の出土事例を簡単にながめておこう。

長江下流の新石器時代には玦が広く分布している。最古の玦は浙江省河姆渡《ホームトー》遺跡第四層出土の玉玦四点であろう。河姆渡ではほかに三層と一層（崧沢文化）からも玉玦・石玦が数点出土している。続く馬家浜《マージアビン》文化に属する草鞋山《ツオワシャン》、馬家浜、圩墩《ウェイトン》、北陰陽営《ベイインヤンイン》、崧沢《ソンザ》下層の諸遺跡でもまとまって出土しているが、崧沢文化、良渚文化期になると数も少な

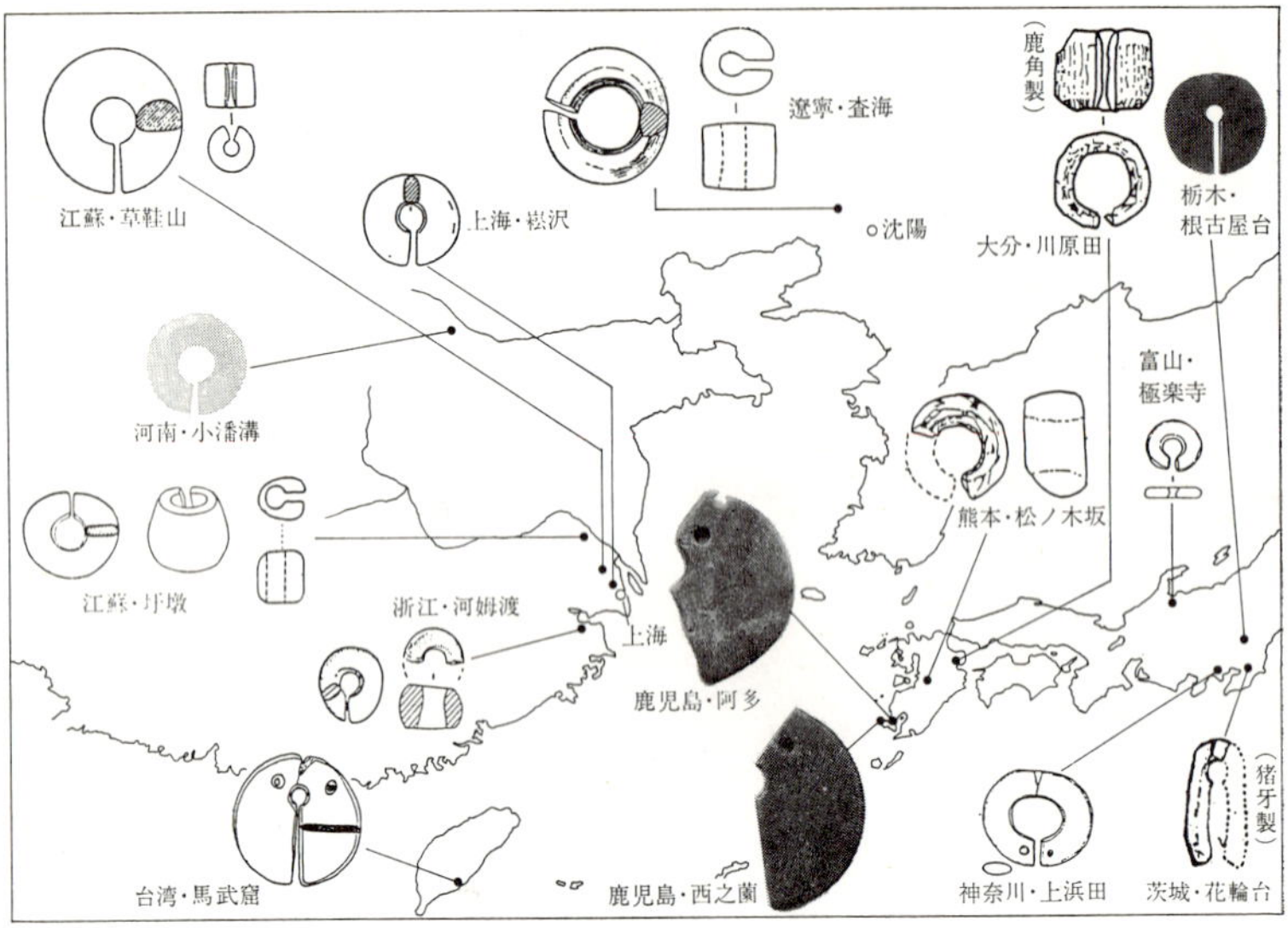

図1　東アジアの古式玦状耳飾（玦）の分布図（縮尺不同）

くなる。編年案が提示されないのは、型式的な変化が明瞭に現われないからであろう。江南地方以外の黄河流域や東南地区での玦資料は少ない。殷～春秋戦国期には工芸的にもすぐれた玉器が登場し、殷墟婦好墓《フハオムー》や上村嶺虢国墓《シャンツンリンクオクオムー》などで優品をみることができる。江蘇省磨盤墩《マバントン》（崧沢～良渚文化期）では、玦の未製品や攻玉に使われたと思われる穿孔用の石器が出土している。

その後、北方の遼寧省阜新査海《チャハイ》遺跡で新石器時代早期の玉玦が知られたのは特筆される。『中国文物報』（一九九〇・一・二八付）によると玉玦は四点あり、白色に浅い緑斑を帯びたもので、そのうち最大のものは径が四センチ、厚さが一センチという。写真でみると三点は肉厚の環状のもので厚みが径をこえ、一点は筒形あるいは指貫にちかい形状をしめす。後者に類似したものは、江南の草鞋山九・八層や圩墩中層などにあり、馬家浜文化に属する。査海遺跡は、紅山文化に先行する興隆窪《シンロンワ》類型までさかのぼる（遼寧省文物考古研究所一九九四）。ロッカーパターンを基調とする罐が特徴の興隆窪文化類型には玦のほかに箆状石器、管玉、玉斧などを伴い、紅山文化の前段階にこれら石製装身具の組合せがみられることは注目される(10)。骨角製品もあったとみてよい。日本の場合、縄文早期の玦状耳飾は、前に挙げた共栄B例のほかに、大分県川原田洞穴、茨城県花輪台貝塚、鹿児島県打馬平原遺跡、長野県カゴ田遺跡などの例がある(11)。川原田洞穴のものは指貫形をした鹿角製で、芹沢長介が玦状耳飾の祖型とした指貫形の「獣骨製耳飾り」である（芹沢一九六五）。早期押型文土器に伴出した可能性が強いというが、共伴関係が判然としない。西口陽一は、茨城県興津貝塚における共伴事例から、これを前期後半のものとみているが（西口一九八三）。しかし、賀川は『大分県の考古学』（一九七一）ほかで早期押型文期のものとしているが、なお土器との共伴ははっきりしないようだ（水ノ江一九九二）。九州では熊本県松ノ木坂遺跡で滑石製の指貫形玦状耳飾が採集されており、前期に属する可能性がある。

花輪台貝塚のものは猪牙製玦状耳飾の半欠品で、型式的には前期末以降に現われるものである。これを玦状耳飾以外の骨角製品―例えば結合釣針―の軸部などとみることも無理で、やはり玦状耳飾とした報告者（吉田格）の判断が妥当であろう。早期末から前期初頭になると、長野県カゴ田、同・膳棚B、同・村東山手、埼玉県打越、神奈川県上浜田、東京都比丘尼橋遺跡等で条痕文系土器に伴って肉厚環状の玦状耳飾が出現し、富山湾沿岸では攻玉遺跡（極楽寺遺跡）も発見されている。

藤田富士夫は大阪府国府、神奈川県上浜田などの遺跡における玦状耳飾の装着法を中国東海岸の場合と比較し、習俗的な関連があるとして、玦状耳飾の起源を中国江南に求め、その初期の製作地を富山湾一帯とみたが（藤田一九八九）、そのさい祖型と原型、つまりモデルとコピーが示されていないので、石製の玦の搬入品がどれなのか、はっきりしない。縄文前期段階で、中国からの直接渡来を示す遺物はほかに知られていないので重要なポイントである。骨角製の玦状耳飾は早期に出現して前期以降、後期頃まで継続して使用されており、前期後半には土製の玦状耳飾が関東を中心に分布する。鹿児島県上野原遺跡や石坂遺跡ではアカホヤの下から土製耳栓が出土しているし、中国でも土製の玦をアンダーソンが紹介したことがある。こうした石製以外の耳飾との関係も明らかではなく、隣接する朝鮮で玦の出土が一般的でないことも問題として残るだろう(12)。

東アジアにおける玦状耳飾は出現当初から単純な形態ではなく、地域によって微妙な差が現われている。材質も石以外のものが存在していた。起源地も一地域にしぼることは難しく、複眼的に内外に目を向けておくべきで、まして中国江南と富山湾との関係を問題にするには、中間地域の距離がありすぎ、これを直線で結ぶには別の学問的な操作が必要であろう。藤田は海人集団による海浜的文化としているが、それならば縄文開闢以来、海民文化の本場である北部九州でもっと攻玉遺跡が見つかってよい。原石の産地はあるのだから。九州でも前期前半の轟式に確実に伴う玦状耳飾が四点ほどあるが、すべて鹿児島県の例である。材質はまちまちで、いずれも扁平で、形態も一様なものではない（上田一九八一）。賀川光夫によると長崎県姫神社貝塚で良質の玦状耳飾が出土しているようであるが、未報告である(13)。

長大な石斧

秋田県東成瀬村上掵《うわはば》で大型石斧四点が一括出土している（国指定重文）。そのうち最大のものは、長さが六〇・二センチ（重さ四・四キロ）で、これまでわが国で出土した石斧としては最大のものであろう。硬い緑色凝灰岩製で、擦切技法で作られ、よく研磨された逸品である。大きさからみても日常的な実用品というより、儀器・宝器的なもので、「台地斜面から4点の石斧がまとまって発見」されたということから、デポとみてよい(14)。出土時に土器の共伴はな

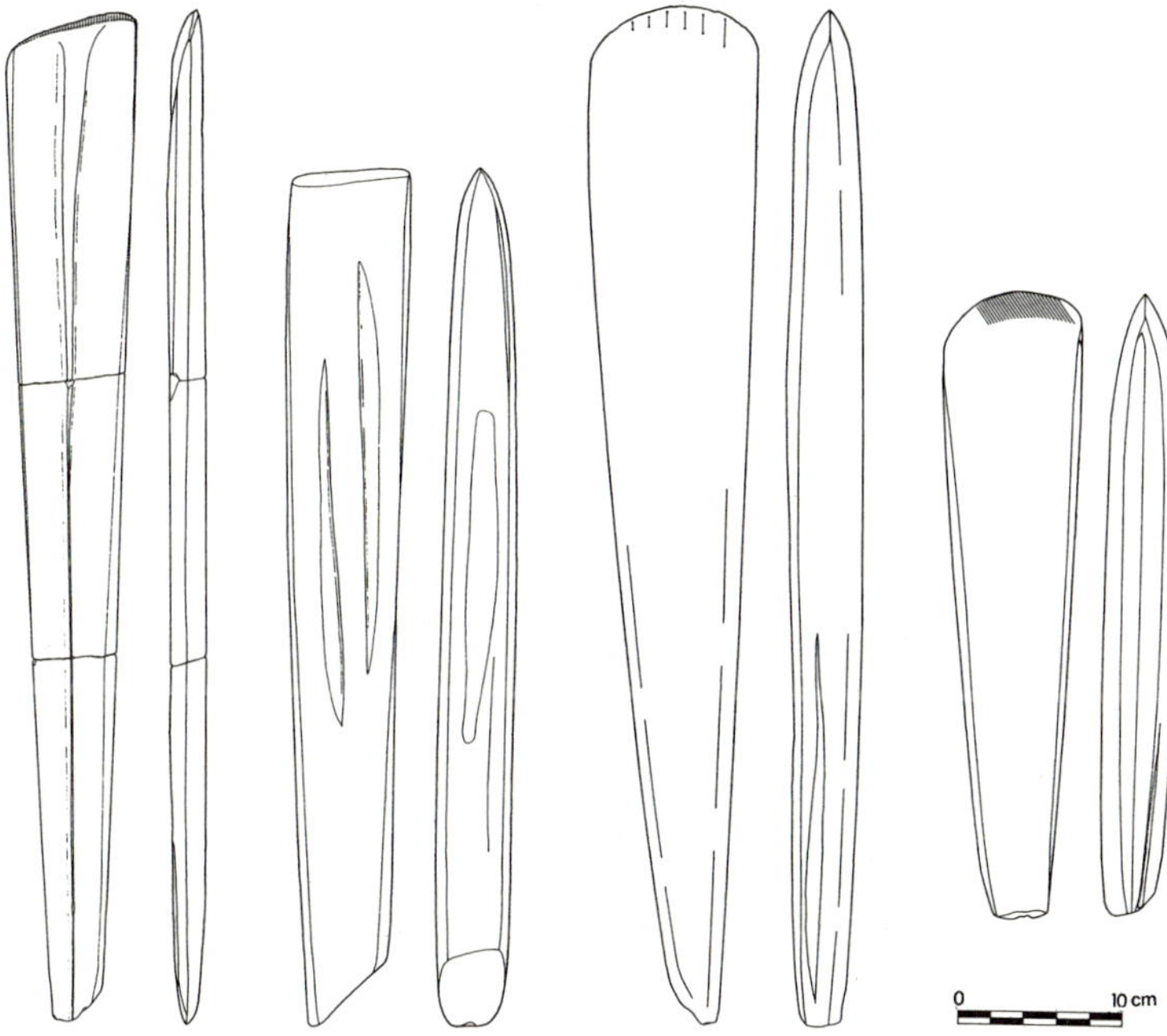

図2　秋田県上掵遺跡出土の磨製石斧（庄内1987を一部改変）

かったが、周囲には縄文前期（大木3～6式）の遺跡があり、これらの大型石斧も同時期に属すると推定されている（庄内一九八七）。

石斧の取扱いで注目されるのは北部九州の例である。長崎県五島の宮下貝塚では貝塚に穴を掘り、蛇紋岩製の磨製石斧一本を含む一〇本の比較的大型の石斧を体重ねにして納め、蓋石で覆った状態で発見された。賀川光夫は斧を生産のシンボルとみて宮下貝塚の斧に祭祀的な神斧としての意味を考えた（賀川一九七二）。大型品ではないが、福岡県荒田比貝塚では石で囲った穴に磨製石斧が置かれていた例がある。出土状態から祭祀にも使われていた可能性がある。これら北部九州の事例は縄文後期に帰属すると考えられるので、上掵の石斧とは地縁的にも時間的にも関係はうすいと思うが、大型石斧の扱いを考える上で注目される。

長崎県対馬では地元産の頁岩を用いた石斧の

生産が盛んで、縄文後期の佐賀《さか》貝塚などでは多数出土している。ところで、対馬には大型石斧の出土例がいくつかある。詳細は分からないが、『対馬』(一九七四)によると、豊玉町糸瀬で六本一括、同佐保で四本、同水崎では他の種類とあわせて一〇本一括で出土している。ほかに厳原町久田道、吉田遺跡や加志々でも一括例があるという。対馬の場合、確実に墓の副葬品とみられる例はないようで、埋納・デポに関係するものであろう。前述の五島宮下例以外にも九州本土の長崎県松浦市姫神社貝塚で大型石斧の埋納例(縄文後期か)がある。埋納・デポという性格上、発見例数は少ないが、対馬から五島、九州本土での事例は注目しておく必要があろう(15)。

朝鮮半島では、咸鏡北道北部の中朝国境付近から半島南部にかけての日本海寄りに大型石斧の出土例がある。そのうち、半島南部東海岸に位置する厚浦里《フポリ》遺跡では長大な磨製石斧が数多く副葬された状態で発見された(国立慶州博物館一九九一)。ソウルの国立博物館に復元展示されており、同館の図録に簡単な説明がある。それによると、径四メートルほどの円形土壙から人骨に重なった状態で二〇〜五〇センチの長大な磨製石斧一三〇余点と石製管玉、しゃもじ形石核(?)が出土したという。篦状石器もある。石斧は二〇〜三〇センチ内外のものが主流で、五センチ未満のものもあり、副葬品とみなされる。人骨には数回の改葬が認められ、集団洗骨葬というべき性格の共同墓地である。新石器時代の後期とされているが、土器を伴わないのではっきりわからない。

こうした大型石斧は、戦前から朝鮮東北の咸鏡道方面で知られていた。会寧郡煙台峰《ヨンデボン》の墓地では長さ二九センチの大型石斧が出土していたし、榧本亀次郎は鐘城郡上三峰《サンサンボン》遺跡の例などを紹介したことがある。解放後韓国江原道春川市校洞遺跡で発掘された資料が報告されるや朝鮮南部でも注意されるようになった。春川校洞《チュンチョンキョドン》遺跡は墓地であった可能性が強く、出土土器には咸鏡道方面の影響がみられる(金一九六二)。南海岸の烟台島《ヨンデド》貝塚の崖面からも大型打製石斧が数本重なった状態で出土している(国立晋州博物館一九九三)。筆者も以前国立晋州博物館に展示されていた金海

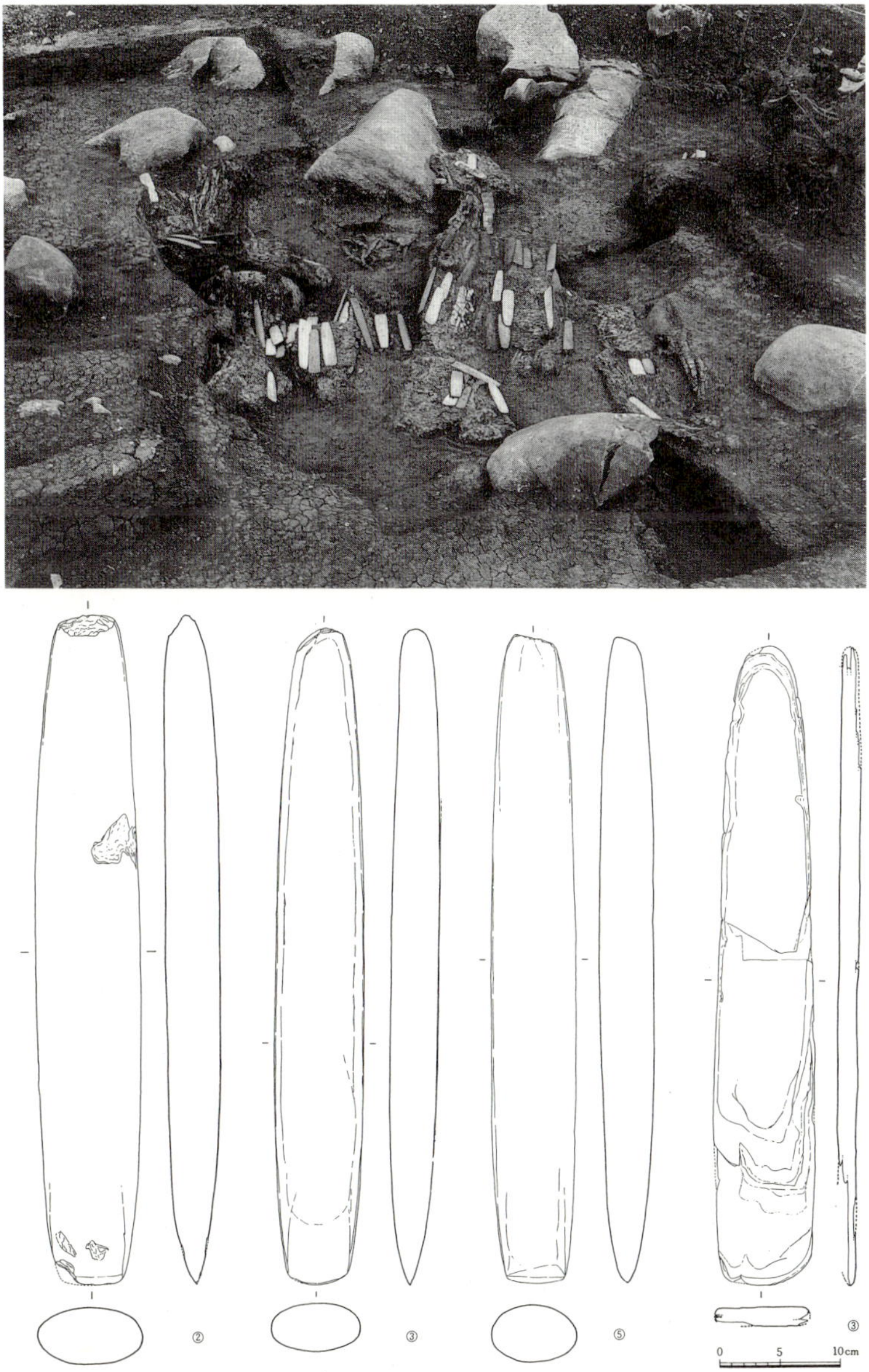

図3　韓国・厚浦里遺跡の石斧出土状況（上）と実測図（報告書より）

郡美音里《ミウムニ》出土という大型磨製石斧を見たことがある。朝鮮半島の場合、厚浦里例などからみて、長大な磨製石斧が副葬品として用いられることがあったのは確実である。

日本の北部に目を移すと津軽海峡圏の北海道と東北北部に大型石斧が知られている。上掵の類品として岩手県玉山村日戸遺跡の石斧、北海道・函館公園内出土のいわゆる「ブラキストンの石斧」などが挙げられよう。またこの地域には擦切石斧が縄文早期末〜前期初に盛行するが、この擦切技法(16)はおそらくシベリア新石器・青銅器時代のセロヴォ、キトイ文化の流れが及んだものであろう（八幡一九四八）。いまのところ日本列島の太平洋側では大型石斧の一括出土例はあまり聞かない。日本海側に多い傾向は今後も変わらないものと思われる(17)。

擦切石斧は朝鮮半島南部にもみられ、前に挙げた厚浦里遺跡、釜山市凡方遺跡などで好資料が出土している（山崎一九九九、釜山広域市立博物館二〇〇一）。縄文時代の北部九州との頻繁な文物交流の実態を踏まえると(18)、九州の縄文後期にみられる擦切技法の技術的系譜は朝鮮南部に求めてよいだろう。

しかし朝鮮半島南部と北部九州出土の大型石斧をみると、前者は副葬品として後者は埋納・デポとして扱いの上で違いがあることは、重要な意味をもつ。玄界灘を挟むこの両地域は、縄文時代を通じて人の往来やモノの交易はもちろん、土器の変遷や構造レヴェルでも同一歩調をとることさえある先史時代の日韓交流ゾーンであった。そこでの大型石斧の扱われ方が異なるということは、精神文化の根底では、それぞれの地域ごとの伝統的な埋納や祭祀のやり方があったということを示唆するからである。技術の伝播とは違って在地の根強い伝統性がはたらくのであろう。日本列島内でも個別にみると地域や集団によって儀器・宝器的石器の扱われ方はさまざまである。

日本では縄文時代の初頭からデポの風習があった。山内清男はこれをデポ収蔵遺跡と呼んだが、田中英司は「収蔵・複合デポ」という概念で、デポを長野県神子柴遺跡などの分析からそのあり方を考えた。土肥孝も江戸末期に発見された福井県鳴鹿山鹿《なるかさんか》のデポ一括を復元したが、長さ五二・八センチで両面加工の大型石斧が含まれている（土肥一九八八）。

上﨓遺跡の大型石斧と類似した性格の石器に「鋒形石器」がある。出土状況も類似しており、円筒下層a～b式に伴うという。秋田県・岩手県の前期に多いロングハウス（大型住居）の分布域と重なるように分布している。また東北南部の福島県を中心に「両尖匕首」と呼ばれるやや小型の儀器がある。大きさは一〇～二〇センチほどで、墓の副葬品として単独で出ることが多いようだ。北海道の一部でもみられるが、「鋒形石器」とは分布上重ならないことも注意を引く。東北北部の縄文中期にみられる青龍刀形の石器・骨器などの儀器類も北東北地方の独特な風土・社会の伝統の中で、集団ごとの社会的な役割を賦与された特殊な石器だと考えられる。

筆者は葬祭未分化の社会では、神も人の霊魂も同じやり方で礼拝し、畏敬の念を抱いていたことを関東の縄文後・晩期の石剣の例で考えたことがある（中山一九八九）。大型の石剣の中には共同儀器・祭祀具としての社会性を帯びたものもあったであろう。

それにしても大型石斧にどのような精神的価値を付与したのであろうか。万能の道具としての石斧を生産の象徴とみてのことか、あるいはある種の財産・財宝とみたのかもしれない。いずれにしても狩猟などの生活や信仰に関わる精神的文化の所産であろう。埋納・デポとしての石斧が個人の所有であったのか、家族もしくは集団の管理におかれていたか、またその社会的な性格の違いなどにも関心が寄せられる。

註

（1）　賀川はこれを「黒色研磨土器」と呼んだ（賀川一九七一）。

（2）　この土器は実見していないが、百済時代の黒色土器である可能性もある。

(3)　梅原は熊本県泗水町、同・御船町下山神出土の把手付円筒形土器などを殷周の青銅器や遼寧省四平山の黒陶の器形や把手などと比較して大陸からの影響を説いた（梅原一九六九）。

(4)　蔡鳳書は縄文後晩期の磨消縄文（三角文）や弥生前期の刷毛目施文法が岳石文化～商末の土器の影響と考えている（蔡一九九九）。

(5)　九州の黒色磨研土器は三万田→鳥井原→御領→天城→古閑→黒川式と変遷する（島津一九八九）。

(6)　三足土器の場合、有足と有袋の別がある。また罐、盆、碗、盂などに三足を付けて鼎とするが、その足の形態もさまざまある。

(7)　青森県黒洲田出土の鬲状土器については喜田貞吉以来説かれてきたことであるが、高橋龍三郎によれば鬲状の中空三足土器は現在四例ほど知られており、大洞C1式のもの一例とC2～A式のもの三例があるという（菊池ほか一九九七）。また青森県細越遺跡などでみられる四足土器に突起状のものがあり、有脚土器片の大陸起源説に従うとこのような異形の土器も渡来系文物となる。

(8)　金関恕は「魏書東夷伝沃沮条」にみえる鑑を鬲の異体字と置き換え、紀元後三世紀に朝鮮東北からロシア沿海州に土製の鬲を用いた人びとがいたという（金関一九九五）。かつてこの地域で鬲形土器の報告はなく、これは『諸橋大漢和辞典』にいう釜のことではないかと考えられる。中国の報告をみると戦国・漢代の三足中空の容器を必ずしも鬲とは呼んでおらず、湖北省の雲夢大墳頭一号漢墓では四つの突起状の足をもつ釜を鬲としている（湖北省博物館一九八一）。

(9)　一九五八年に長崎県山ノ寺遺跡田中（ボタン）地区で発見された「鬲らしい土器の脚部」を材料にした。発見者の古田正隆は縄文晩期Ⅱ式土器（黒川式か）に共伴出土したと賀川に語ったという。

(10)　最近遼河流域の興隆窪文化や後続する趙宝溝文化で玉玦の出土例が知られてきた。内蒙古の興隆窪、錫本包楞、白音長汗などでは玦とともに匕状器（箆状石器）、管状珠、玉斧などが伴う。端に孔のあいた匕状器は、フィーブル（留め針）であろう。これらの組合せは紅山文化併行の黒龍江省小南山墓葬にも受け継がれる。本稿（原典）執筆時の一九九二年にはまだ匕状器や管玉などの情報が少なく、触れなかった。その後、川崎保がこのテーマに積極的に取り組んでいる。

(11) 福井県金津遺跡では早期末～前期初のやや大型の玦状耳飾が多数出土して注目された（木下一九九三）。円形で厚手、孔が大きいタイプで、最古級に属する。管玉や箆状石器などが伴う。この組合せは中国東北の査海、錫本包楞、小南山、ロシア沿海州のチョルトヴィ・ヴォロタなど大陸側でもみられ、時期もほぼ縄文早期後半に匹敵する。

(12) 一九九九年の東三洞貝塚の発掘で確実な玦の出土をみた。発掘担当の河仁秀によれば水佳里式に伴うという（未報告）。

(13) その後水ノ江和同によって九州出土の玦状耳飾の集成と検討がなされている（水ノ江一九九二）。それによると九州では縄文早期から晩期にわたって存在するもののそのあり方は継続したものではなく、断続的で外来的要素が強いという。

(14) 報告者の庄内昭男は佐原眞によるニューギニアでの婚資例の特殊石斧を参考に使用痕の確認をもって祭祀に関わって用いられた儀器の可能性を考えている。

(15) 明治期の小説家で、考古家でもあった江見水蔭は明治三十九年に佐賀県呼子町加部島の二軒屋で一括出土した石斧を島内の田島神社で実見しているが、これなどもデポと考えてよいと思う（中山二〇〇一）。

(16) この技術は玦状耳飾の製作にも使われた。

(17) 石斧のうち中部高地に多い乳棒状石斧は敲打による製作であるが、まれに大型の例がある。これが儀器、共同祭祀具的性格のものかどうか分からない。

(18) 日韓の先史交流、とりわけ韓国南部と北部九州間の交易を考える上で黒曜石と貝輪は重要である（河二〇〇一）。

引用・参考文献

安志敏一九八四「長江下游史前文化対海東的影響」『考古』三

上田　耕一九八一「九州における玦状耳飾について」『鹿児島考古』一五

梅原末治一九六九「九州に於ける中国史前の黒陶系の土器」『史林』五二―三

梅原末治一九七一『日本古玉器雑攷』吉川弘文館
浦幌町教育委員会一九七六『共栄B遺跡』
岡村道雄編一九九七『ここまでわかった日本の先史時代』角川書店
乙益重隆一九六七「弥生時代開始の諸問題」『考古学研究』一四―三
賀川光夫一九六〇「中国先史土器の影響」『古代学研究』二五
同　一九六一「縄文式後晩期における大陸文化の影響」『歴史教育』九―三
同　一九七二『農耕の起源』講談社
河仁秀二〇〇一「新石器時代対外交流研究」『釜山博物館研究論集』八（ハングル文）
金関　恕一九九五「日本海」『アジアの古代文化を探る』クバプロ
川崎　保一九九七「縄文時代の篦状垂飾について」『信濃』四九―四
菊池徹夫・岡内三眞・高橋龍三郎一九九七「青森県虚空蔵遺跡出土土器の共同研究」『大学院紀要』四二―四
木下哲夫一九九三『桑野遺跡発掘調査概要』金津町教育委員会
金元龍一九六二「岩寺里遺跡出土の土器・石器」『歴史学報』一七・一八（ハングル文）
同　一九六三「春川校洞穴居遺蹟とその遺物」『歴史学報』二〇（ハングル文）
同　一九六六『韓国考古学概論』（ハングル文）
国立慶州博物館一九九一『蔚珍厚浦里遺蹟』（ハングル文）
国立晋州博物館一九九三『煙臺島Ｉ』（ハングル文）
湖北省博物館一九八一「雲夢大墳頭一号漢墓」『文物資料叢刊』四（中文）
蔡鳳書一九九九『中日交流的考古研究』斉魯書社（中文）
島津義昭一九八九「黒色磨研土器様式」『縄文土器大観』三　小学館

社会科学院考古研究所編一九八八『膠県三里河』文物出版社（中文）
庄内昭男一九八七「秋田県東成瀬村上掵遺跡出土の大型磨製石斧」『考古学雑誌』七三—一
新谷　武・岡田康博一九八六「青森県平舘村今津遺跡出土の鬲状三足土器」『考古学雑誌』七一—二
土肥　孝一九八八「縄文人の道具箱」『古代史復元三　縄文人の道具』講談社
長野県立歴史館二〇〇一『阿久遺跡と縄文人の世界』
中山清隆一九八九「板倉遺跡出土の石剣について」『板倉町史　考古資料編　別巻九』
同　一九九四「東アジアからみた玦状耳飾の起源と系譜—中国遼寧省と沿海州の例から—」『地域相研究』二三
同　二〇〇一「山梨・佐渡・北部九州の遺跡」『江見水蔭【地底探検記】の世界　解説・研究編』雄山閣出版
西口陽一一九八三「耳飾からみた性別」『季刊考古学』五
釜山広域市立博物館二〇〇一『A／G乗馬競技場内　凡方遺跡（遺跡発掘説明会資料）』（ハングル文）
藤田富士夫一九九二『玉とヒスイ』同朋舎
同　一九九六「ヘラ状垂飾についての一考察」『画龍点睛』
水ノ江和同一九九二「九州の玦状耳飾」『考古学と生活文化』同志社大学考古学シリーズV
家根祥多一九八四「縄文土器から弥生土器へ」『縄文から弥生へ』帝塚山考古学研究所
八幡一郎一九四八『日本の石器』
山崎純男一九九九「東アジア新石器時代の擦切技法」『第三回韓日新石器時代交流研究会資料』
遼寧省文物考古研究所一九九四「遼寧阜新県査海遺址一九八七〜一九九〇年三次発掘」『文物』一一（中文）
※本稿は原典に若干の追補をおこなっている。紙幅等の関係で一部の論文、報告書を省いたことをお断りする。

北方系青銅刀子

大貫　静夫

山形県三崎山の青銅刀子

大正十五年（一九二六）に、喜田貞吉は青森県津軽半島宇鉄出土の石刀（図1―6）を、「支那春秋戦国時代の刀剣を我が津軽半島のアイヌが伝えて、それを石で真似したのではないか」と考えた。

翌年（一九二七）には、「内反りの刀貨が斉、趙、燕等の北部地方に限られ、其の原型と思われる環頭内反りの銅製小刀子が、シベリアンナイフと言わるるまでに多く北部地方に発見せられる様である」と述べ、その経路として当初樺太経由を想定したがそれを保留し、「或は沿海州方面から、海路津軽秋田地方に其の道が開かれて居たのではなかろうか」とした。また、大陸との交渉を示すものとして、玉斧、玦状耳飾、三足土器、鐸形土製品などを追加している。

その後、昭和二十九年（一九五四）に、日本海に面する、山形県遊佐町女鹿の三崎山で、石採り作業中に岩のあいだから偶然に一本の青銅刀子（図1―1）が発見された（柏倉一九六一）。柄頭部を欠き、残存長は二六センチである。発見地が、喜田の想定経路とも合致し、縄文時代における大陸との交渉の存在の物的証拠として、再び喜田貞吉の所論が注目されることになったのである。

柏倉亮吉らの熱心な調査により、青銅刀子がその地から出たこと自体についての疑念は去ったようである（駒井一九五八）。発見地周辺からは縄文時代後期、晩期の土器が採集されることから、埋もれたのも、おおよそその頃と推定されているが、さらに後期末から晩期初頭と限定する意見（川崎一九八二）もある。

一方、喜田が問題とした内反り石刀を、昭和十一年に縄文時代終末の実年代をめぐって喜田貞吉と有名な「ミネルヴァ論争」を戦わした山内清男（一九三六）は、亀ケ岡式後半に見られるものとしたが、最近の野村崇（一九八三）の検討でも大きな変動はないようである。

その内反り石刀の出現をめぐっては、三崎山の例を重視して渡来青銅器の影響を積極的に評価する見方（川崎一九八二）もないわけではないが、縄文文化後期以来の内在的な変化で説明できるのではないかという、渡来青銅器の役割に消極的な見方（野村一九八三）が現状では穏当と思われる。

その後、青森県今津遺跡から亀ケ岡文化に伴う三足土器が出土し、大陸の鬲と類似するということから、大陸との交渉を説いた喜田説が再び注目されたことがあった（新谷・岡田一九八六）。これには中山清隆（一九九二）が否定的な見解を述べているが、従うべきであろう。

北方系青銅刀子

大陸側の事情も、喜田貞吉の頃はもちろん、三崎山の青銅刀子が発見された頃とはだいぶ異なっている。

ユーラシア大陸の北部には、中国中原の礼器としての容器が発達する青銅器文化とは異質な、武器や工具を主とする青銅器文化が広がっている。このうち、中国内蒙古自治区オルドス地方を中心として分布する青銅器は「オルドス青銅器」として知られる。オルドス青銅器文化では青銅製の刀子が多数発見されるが、同様なものは東の中国東北地方から西の南シベリアまで広がっている。これらの刀子を北方系青銅刀子と総称するが、これらと区別が難しいものは中原地域からも出土する。特に、殷代後期の中心である小屯からは、各種の北方系あるいは、それを模倣したとされる刀子が出ている。

かつて、南シベリアのミヌシンスク地方のカラスク、タガール文化には文様、形態に共通したものが多いことから、中国の青銅器の西方起源説が唱えられたこともあった。しかし、最近の各地域の調査の進展とともに、シベリア地方に見られる類似例は中国の古い段階に相当するものではなく、年代的な先後関係からみて、西方起源説は成り立たないことが明らかとなっている。

そして、現在の中国考古学では、中原の青銅器文化と長城以北の青銅器文化との歴史的な関係の探究が大きな課題となっているのである。中国における青銅器の出現過程はいまだ不分明ではあるが、中原の二里頭遺跡の二里頭三期（紀元前二〇〇〇年期中葉）には環状頭の青銅刀子が現われている。北方では、二里崗上層期には内蒙古の朱開溝遺跡から同じく環頭の刀子が出ている。これらに続く、殷代後期から西周初頭には出土例も増え、分布する地域も拡大する。

237　北方系青銅刀子

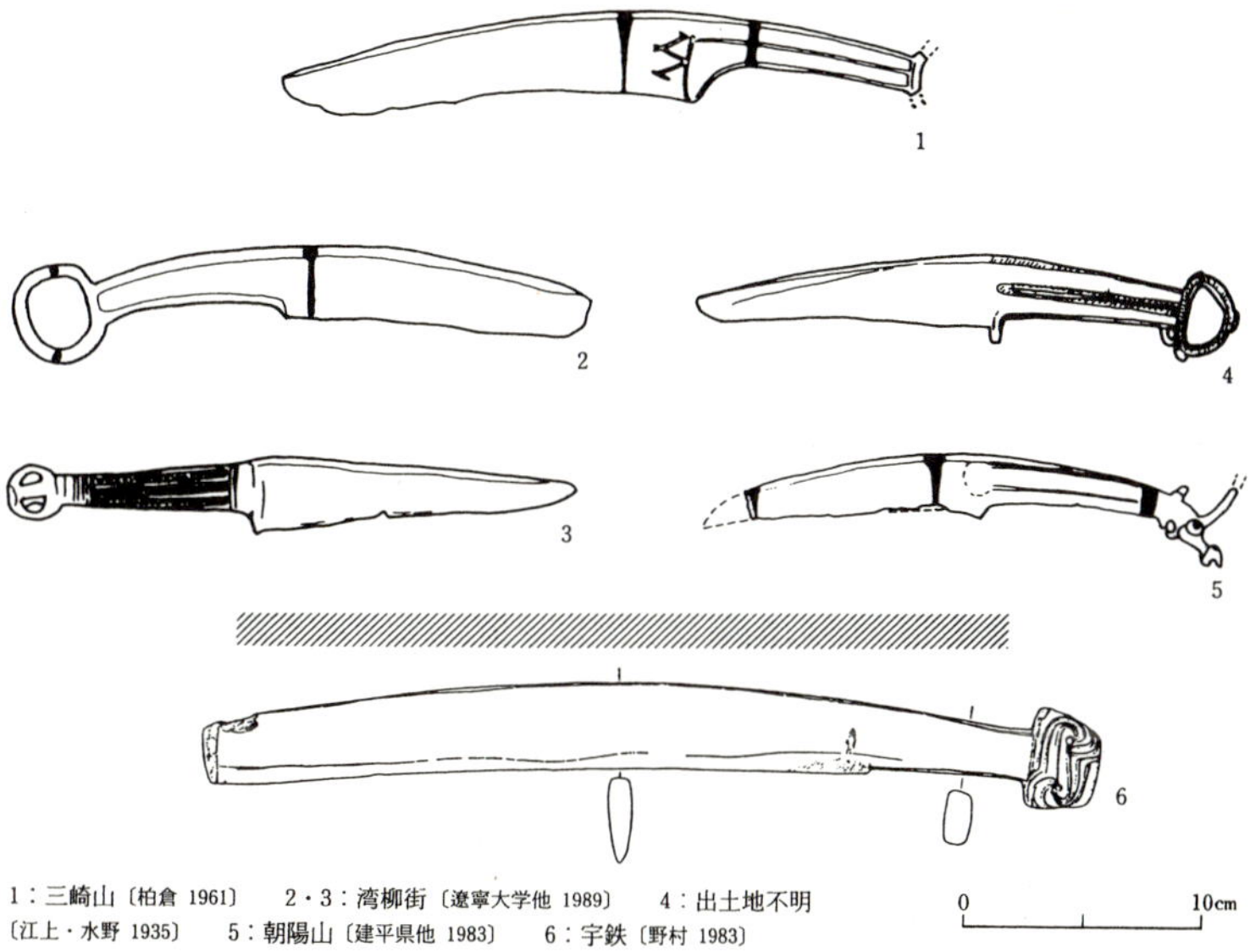

1：三崎山〔柏倉 1961〕　2・3：湾柳街〔遼寧大学他 1989〕　4：出土地不明〔江上・水野 1935〕　5：朝陽山〔建平県他 1983〕　6：宇鉄〔野村 1983〕

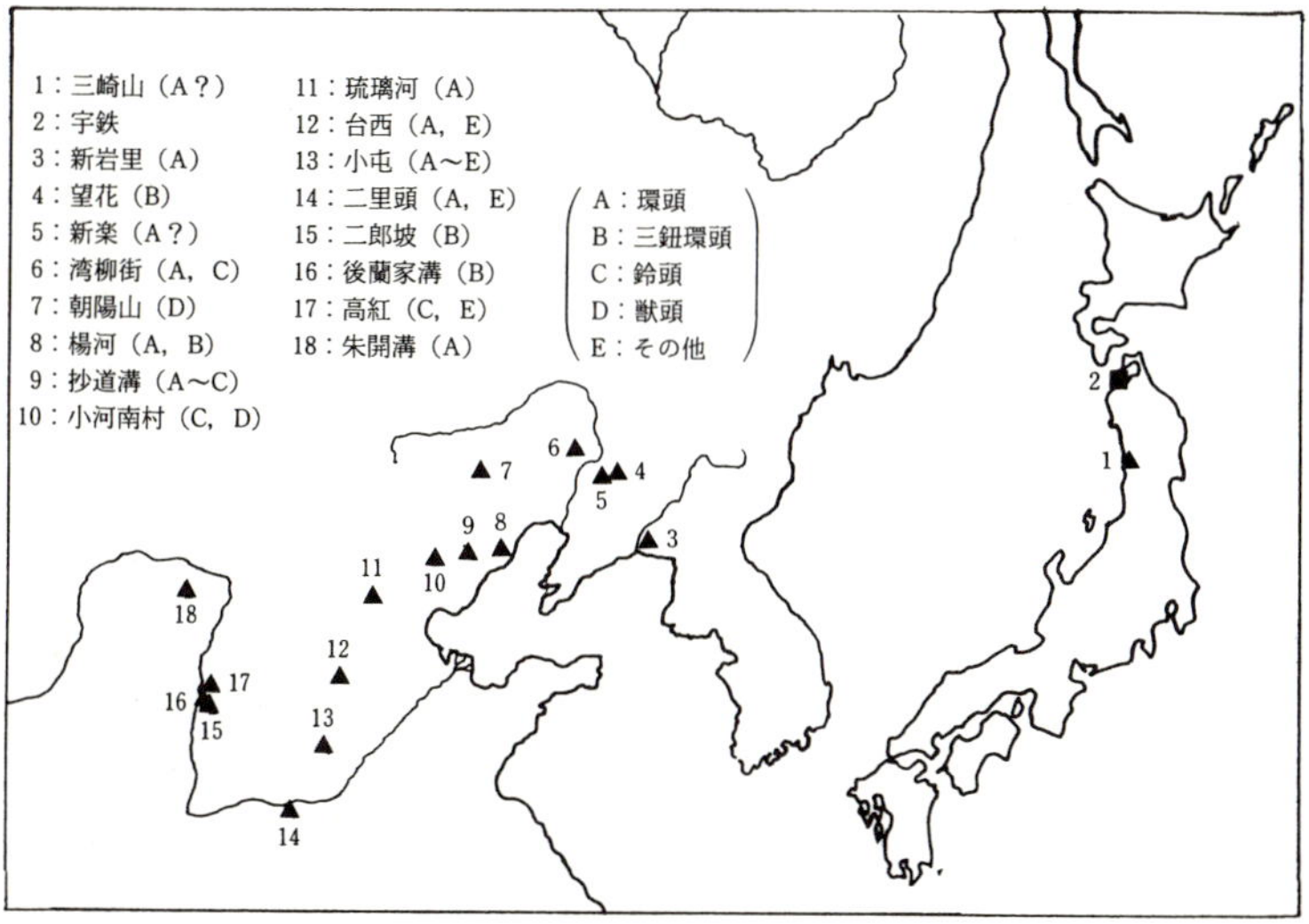

図1　青銅刀子と石刀、および関係する主な遺跡

三崎山の青銅刀子は環頭の刀子とされ、時期的には殷代後期と考えられているが、この頃の青銅刀子の分布は、柏倉が検討した時よりも東に分布が広がることが明らかとなっている（図1下段）。

現在の分布の東端は、鴨緑江下流の新岩里、遼河下流域の湾柳街遺跡などである。当該地域では青銅器を伴う最も古い段階である。年代はおおよそ前一〇〇〇年前後、殷末西周初の頃と考えられている。

この頃に、燕山山脈を越えて、青銅器が東に広がる歴史的背景として、遼西から見つかる青銅容器の分析を主として、現在の北京周辺に位置していた燕の影響ないし、遼西への進出を重視する見方がある（甲元一九九一）。一方、土器分析からは、遼西のこの時期は、夏家店下層と上層文化の間に位置する。魏営子類型に相当するようである（郭一九八七）。この類型の土器の特徴とされる、口縁部に隆起帯のある鬲は、燕山以南にも遼寧東部にも見られ、東に青銅器が広がるのと同じ時期に、土器も広域に連動した変化を示していることになる。魏営子類型と「燕」との関係の解明には、いましばらく時間がかかりそうである。

また、遼西では、青銅器と青銅刀子などの利器はいずれも埋納遺跡から発見されているが、分布を異にしており、その歴史的な意味も明らかではない。

三崎山の青銅刀子はどこから来たか

殷後期西周初頭頃の中国北方から出土する青銅刀子には、柄頭の形態的な特徴として、環頭（図1―2）、三紐付環頭（4）、鈴頭（3）、獣頭（5）などがある。

ほかの三種は、中原から南では、殷後期の中心としての特殊な位置にある小屯からのみ出るようであるが、環頭のものは南の殷代の遺跡にも広がっており、単純に北方系とすることはできない。その中で、三崎山例が安陽小屯殷墟出土の刀子に最も類似することは駒井や柏倉の指摘のとおりである。類例が増加したいまでも、三崎山のように、刃部との境に、隆起鋸歯文を施す例は珍しく、それが小屯（高一九六七）から出ていることは無視できない。

以上のように、日本海まではまだかなりの距離があるが、前一〇〇〇年前後の時期に燕山山脈を越えて東に広がることは、三崎山例にとっては都合がよいことになっている。また、遼西での埋納遺跡からの出土という点も、三崎山の出土状況に類似するのかもしれない。しかし、燕山山脈を越えた青銅刀子は面的に広がっているのであり、最も類似するものがその分布の中では南にあることも含め、単純にその分布の延長とすることはできず、文字どおり飛躍があることも事実である。歴史的評価はなお難しい。

文　献

江上波夫・水野清一一九三五『内蒙古・長城地帯』東亜考古学会
川崎利夫一九八二「三崎山遺跡と青銅刀」『日本考古学協会昭和五七年度大会大会資料』日本考古学協会
柏倉亮吉一九六一「三崎山出土の青銅刀」『東北考古学』二
喜田貞吉一九二六「奥羽地方のアイヌ族の大陸交通は既に先秦時代にあるか」『民族』一—二
喜田貞吉一九二七「奥羽北部の石器時代文化と古代支那文化」『民族』二—二
甲元眞之一九九一「遼西地方における青銅器文化の形成」『国立歴史民俗博物館研究報告』三五
駒井和愛一九五八「山形県発見の青銅刀子とストーン・サークル」『学芸手帳』六
新谷　武・岡田康博一九八六「青森県平舘村今津遺跡出土の鬲状三足土器」『考古学雑誌』七一—二
芹沢長介一九六〇『石器時代の日本』築地書館

芹沢長介一九六五「周辺文化との関連」『日本の考古学』河出書房
高浜　秀一九八〇「北方系の刀子」『ＭＵＳＥＵＭ』三五六
中山清隆一九九二「縄文文化と大陸系文物」『季刊考古学』三八
野村　崇一九八三「石剣・石刀」『縄文文化の研究』九、雄山閣出版
林巳奈夫一九七二『中国殷周時代の武器』京都大学人文科学研究所
山内清男一九三六「日本考古学の秩序」『ミネルヴァ』一―四
金用・李順鎮一九六七「一九六六年度新岩里遺蹟発掘報告」『考古民俗』一九六七―二
烏恩一九八六「中国北方青銅文化与拉蘇克文化的関係」『中国考古学研究―夏先生考古五十年記念論文集（二）』科学出版社
建平県文化館・朝陽地区博物館一九八三「遼寧建平県的青銅時代墓葬及相関遺物」『考古』一九八三―八
高去尋一九六七「刀斧葬中的銅刀」『中央研究院歴史語言研究所集刊』三七上
劉一曼一九九三「殷墟青銅刀」『考古』一九九三―二
遼寧大学歴史系考古教研室・鉄嶺市博物館一九八九「遼寧法庫研湾柳街遺址発掘」『考古』一九八九―一二

東北地方北部の玦状耳飾

橘　善光

はじめに

山形県羽黒町中川代遺跡から出土していた中国古代の有孔石斧が、浅川利一・梅本成視の両氏により『多摩考古』二五号に発表され、その後、全国の新聞やテレビ等でも「五〇〇〇年前に大陸と交流」と紹介され、大きな話題になった。この有孔石斧は、古代中国の新石器時代の大汶口文化期か良渚文化期の所産ではないかと考えられている。同じ縄文文化期にはまた、わが国に伝播したとされる玦状耳飾（大部分はわが国での製作品と思われる）がある。

東北地方北部（青森県）で玦状耳飾の出土数量は必ずしも多くはないものの、ここでは事例を紹介し、併せてその形態・編年から中国大陸側との交渉関係を考えてみたい。

玦状耳飾と出土遺跡

長七谷地貝塚（図1―1）　長七谷地貝塚(1)は、八戸飛行場北側の八戸市市川町字長七谷地に所在する、縄文時代早期末から前期初頭にかけての貝塚であり、早期末の赤御堂式土器（C14測定年代値BP六五七〇±二八〇）を主体とした遺跡である。土器のほかには石鏃・石槍・擦切磨製石斧などの石器類、結合釣針・開窩式銛頭・骨針などの骨角製品も出土している。

図の耳飾（完形品）は、いわゆる指貫形にしてはやや厚みに欠けながら、いくぶん楕円を呈しており、その短軸側に真中の貫通孔から抉入を設けている。断面形は丸味を持っている。計測値は、幅二二ミリ、断面径（厚）七ミリ、貫通孔径八ミリ。石質は滑石。早期末の赤御堂式に伴って出土した。

八幡堂遺跡（図1―2）　下北半島西側の平館海峡に面する、下北郡佐井町に所在する。八幡堂遺跡(2)については古く、木内石亭が安永八年（一七七九）に『雲根志』後編巻四で、また菅江真澄が『遊覧記』の中で、石鏃を通して紹介している。古佐井と大佐井を挟んだ舌状台地に遺跡があり、この台地に八幡宮が置かれていて、八幡宮の宝物として石器が収納されているため、社名を箭根森八幡宮とも別称されている。縄文時代前期円筒下層a式直前、下層d1式から中期末葉の榎林式、最花式、弥生時代中期の宇鉄Ⅱ式まで多くの時期が複合している遺跡である。

平成七年四月から七月にかけて、佐井村教育委員会により、参道改修工事のための発掘調査が実施されて、円筒下層d1式期の小児用埋葬施設（甕）四基が発見された。そのうちの一基は逆位で、しかも二重かさね土器があり、注目された遺跡でもある。この発掘で、円筒下層d1式の包含層から図1―2の石製品が出土した。この石製品は半欠品のため全形が不明だが、おそらく当初は環状を呈していたものと思われる。天地の長さ七五ミリ、扁平で内側がやや肉厚で四〜五ミリ、幅一一〜一二ミリ、重さ一〇グラムを測る。完形品であったなら二〇グラム前後であろうか。石質は細粒凝灰岩（暗緑）。実測図に見られるように、細かな切痕が見られるが、何らかの記号のようなものなのか、単なる切り込み痕であるのか明らかでない。また裏側の一部にもそれほどでないが、切り痕は見られる。両先端部には折れた痕跡が認められる。加工調整の研磨はないので、破損して廃棄されたものと思われる。したがって、この石製品を玦状耳飾とするか、腕輪とするかは判断しがたいものがある。外径七五ミリという大きさと折断面の状況から、環状をした玦状耳飾かと思う反面、腕輪ではないかとも思うのである。筆者はこのような石製品についての知見に乏しいが、藤田富士夫氏の試論(3)を参考にして、後述することとする。

瀬野遺跡（図1—3・4）　瀬野遺跡(4)は下北半島の西南端に位置し、行政上は下北郡脇野沢村瀬野字黒岩に所在する。縄文時代前期、中期、弥生時代中期が主体の遺跡で、ほかにも縄文時代後期前葉、晩期前葉、北海道の後北式、さらに本州初見とされるオホーツク式や中世の青磁、珠州擂鉢なども出土している。

平成六年四月から十月にかけて、農地整備事業に伴う事前の発掘調査を脇野沢村教育委員会が行った。この調査により、縄文時代前期、中期の竪穴住居跡四軒や土壙（中に呪術的祭祀遺構二基）が検出され、土偶や岩偶なども多数出土した。

その中に玦状耳飾が二個ある。図1—3は半欠品で、計測値は孔穴側の長さ四六ミリ、底径（横）三六ミリ、厚さ四ミリ、重さ九・七グラム、孔穴径八〜八・五ミリであり、全体がよく研磨されており、紐孔は二ミリ、装飾品として再使用されたものである。石質は蛇紋岩。図1—4は、2号竪穴住居跡（円筒下層b式期）の覆土から出土した、横長三角形の完形の玦状耳飾。計測値は、底面（横）八八ミリ、孔穴部の長さ（高）五六ミリ、孔穴八ミリ、切り込み部分の長さ三五ミリ、厚さ二一～三ミリで扁平型、石質は凝灰岩。この二個は、いずれも縄文中期（円筒上層a式～b式）の包含層から出土したものである。

水木沢遺跡　水木沢遺跡(5)は、下北郡大畑村正津川字水木沢に所在する。縄文時代早期から晩期に及ぶ遺跡である。昭和五十一年に、国道二七九号線道路改修工事に伴う発掘調査を、青森県教育委員会が行った。この調査で、縄文時代後期と思われる遺構外から、図1―5の半欠の玦状耳飾が一個出土した。計測値は、長さ三八ミリ、厚さ五ミリ、重さ八〇グラム。石質は滑石。

半欠品で部分的に剥離も見られるが、磨かれている。

東北地方北部の玦状耳飾編年小考

これまでに東北地方北部（青森県）で玦状耳飾が出土した遺跡として、長七谷地貝塚、三内丸山遺跡、石神遺跡、下北半島の八幡堂および瀬野遺跡が挙げられる。そこでこれらを考察してみることにする。

最古に属するのは、早期末の長七谷地貝塚例である。中国浙江省余姚県河姆渡遺跡出土の形態に類似するといえる。河姆渡遺跡の玦状耳飾は、下端部に切り込みが見られ、肉厚で環状を呈している。これに類似する形態は、縄文時代早期から前期前半にかけて日本の各地から出土している。これらは日本海を挟んだ中国江南地域（長江下流域の玦も含めて）から、日本列島の縄文文化に影響を及ぼしたものと理解されている。

玦状耳飾の型式・編年についてはいくつかの研究があるが、江坂輝彌・渡辺誠氏は「日本列島の縄文時代玦状耳飾の形態化図」(6)で、「縄文時代早期末～前期前半のものは丸（円）型で、断面も丸味を帯び、円孔はほぼ中央に、前期

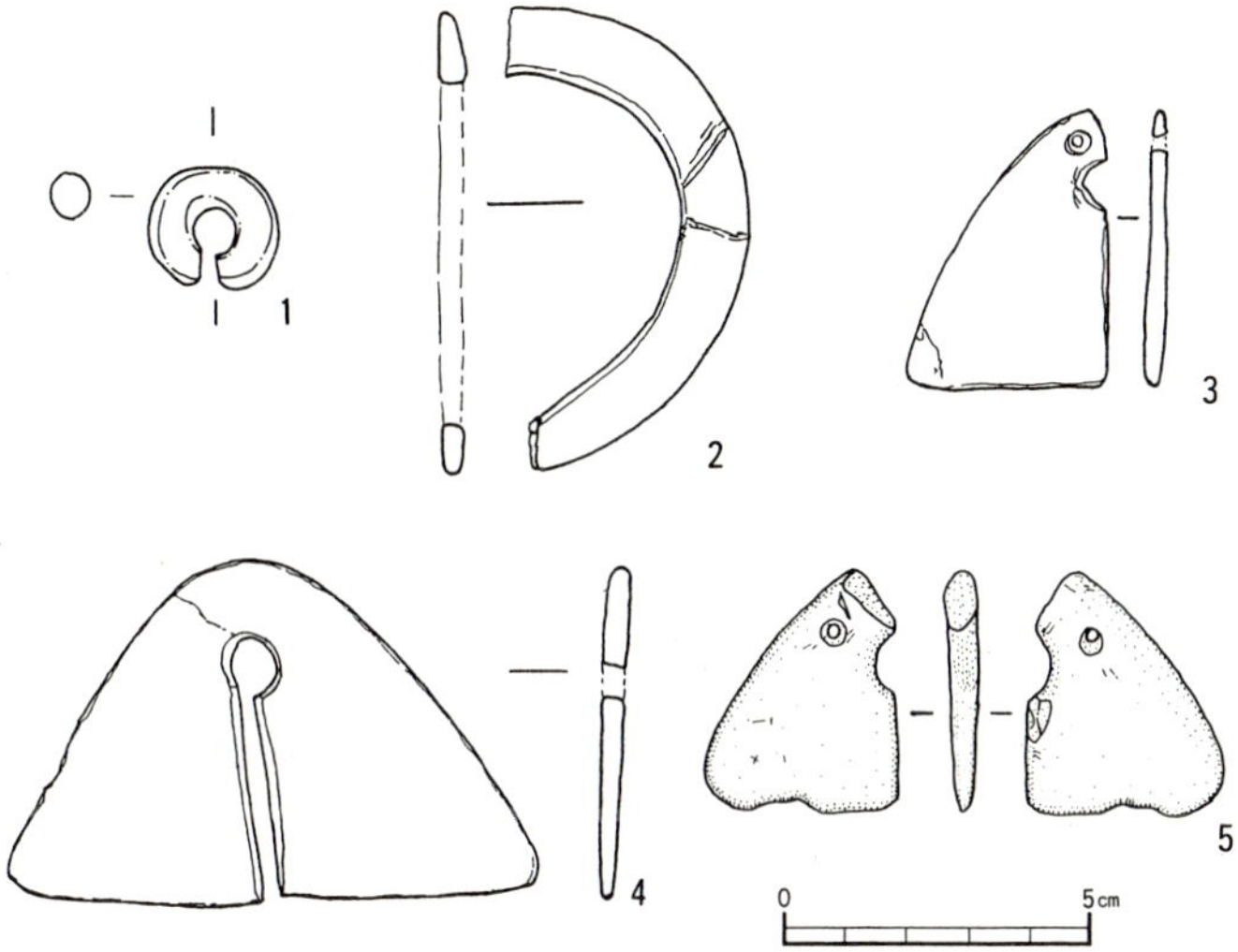

図1　本州北部の玦状耳飾など

1 長七谷地貝塚　2 八幡堂　3・4 瀬野　5 水木沢

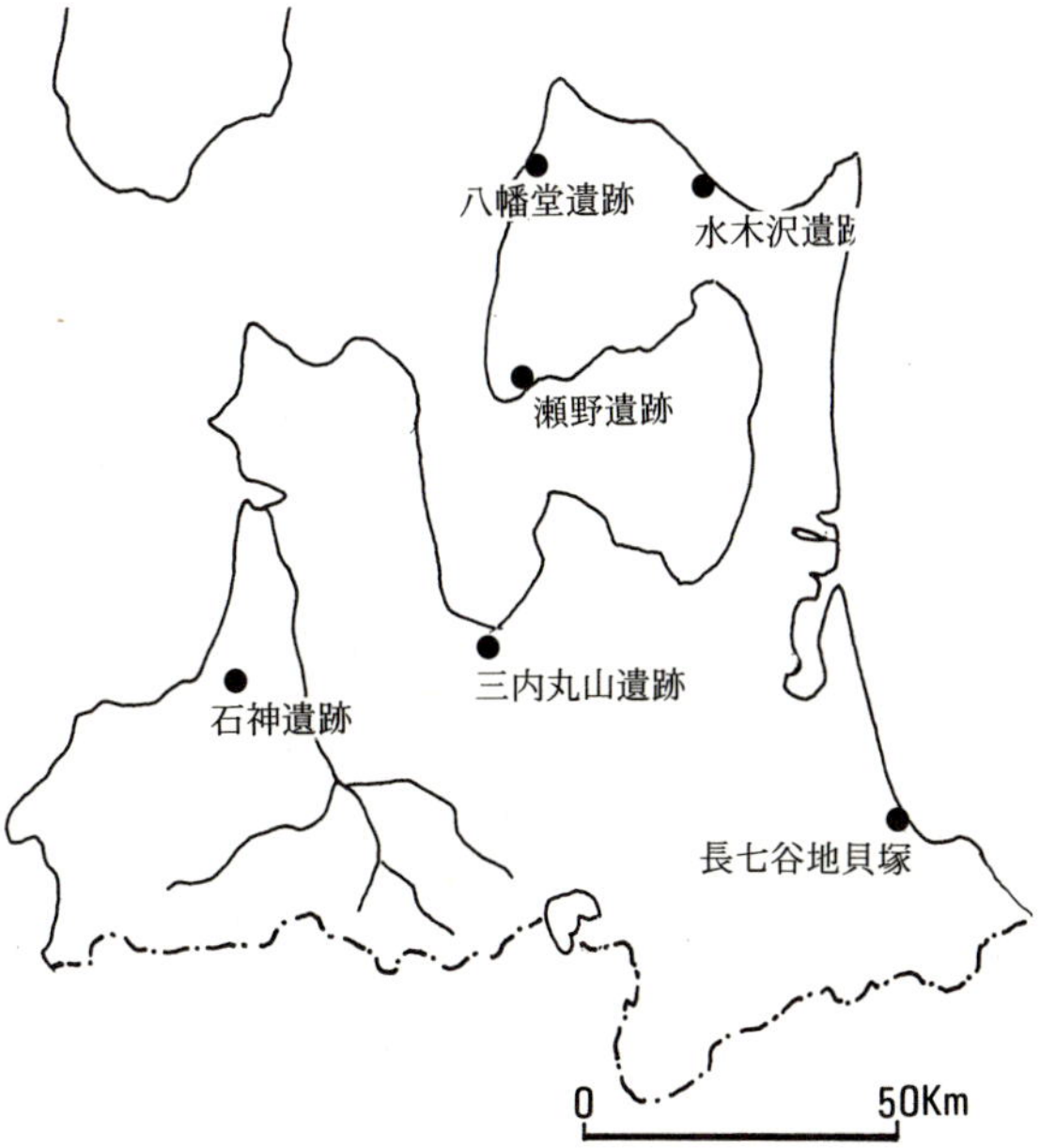

図2　青森県内の玦状耳飾出土遺跡

後半になると薄手で扁平になり、内部の円孔は上半部に上がってくる。円孔下端への切り込み部分が前半よりも長くなってくる。中期、後期と時代が下降するにしたがって、中央の円孔の位置が上部に上がり、下半部は円形をなさず、両側に張り出したり、脚状に下に伸びたりする形態のものがあらわれる」としている。

江坂輝彌氏の型式編年を参考に述べるなら、最古の玦状耳飾である八戸市長七谷地貝塚の玦状耳飾はⅠ類に相当する。次に、前期後半から中期にかけてのいわゆる円筒式に伴う玦状耳飾としては、三内丸山遺跡(7)や津軽の石神遺跡(8)などから出土している。

三内丸山遺跡の玦状耳飾は、下端から円孔下端への切り込み部分が前半のものより長くなっている。それと半欠品の上端部に紐通しの孔穴が見られ、当時の三内丸山人たちがモノを大切に再使用する慣習があったことを知ることができよう。三内丸山遺跡の時代は縄文前期から中期にかけてであり、江坂氏のⅡ類に分類される。

石神遺跡は、三内丸山遺跡と同じく縄文前期から中期を主体とした遺跡で、玦状耳飾の出土が五例報告されている。うち一個は暗青色の碧玉と思われる石質である。楕円形をしており、中央上部に径八ミリの孔があり、中心線を石の両面から擦切りその途中で製作を中止したらしい。両面からの擦切りに失敗した珍しい資料とされている。他に半欠品が四個あり、このうちの三個は底径の幅長で、中央に切り込みが上に向けてあり、円孔は上部に見られるものである。紐通しの孔穴も見られる。他に半欠品が一個あるが、紐通しの部分が欠損しているので、これは不明である。五個とも、円筒下層d1式からd2式の所産と推定されている。

下北半島で三内丸山遺跡・石神遺跡の年代に対応する代表的な遺跡としては瀬野遺跡がある。この遺跡の玦状耳飾は年代的に若干新しく、円筒上層a式からb式の所産である。横長の三角状(底径のある)のものは隅円三角状に近いと思われる。この形態の類例には、山陰地方の玦状耳飾E類がある。あまりに遠隔のために実感が湧かないが、当時の海上交易を通して海路運搬されたか、それとも瀬野遺跡の辺りで製品化されたものであろう。前に、長七谷地貝塚の玦状耳飾で藤田富士夫氏の試論に触れたが、氏の「日本列島の玦状耳飾の始源に関する試論」（一九九八）によれば、北海道浦幌町の共栄B遺跡で石刃鏃に伴って出土した二個の玦状耳飾は、長七谷地貝塚の形態に類似する。あるいは石刃鏃文化の影響も考える必要があると思われる。

佐井村八幡堂遺跡の環状石製品は扁平細環の半欠品で、形状は福井県金津町桑野遺跡の耳飾に類似するようでもあり、今後の研究課題でもあろう。

今後の課題として、西口陽一氏の玦状耳飾の変遷（型式分類）、江坂輝彌氏の分類、藤田富士夫氏の耳飾の始源分類の研究を併せ、検討し研究を深化させる必要があろう。

このたびの山形県中川代遺跡出土の有孔石斧は、青森県平館村今津遺跡の鬲（三足）状土器などとともに、日本海文化交流のあり方に計り知れない多くの問題を提供したものである。

補註

（1）青森県教育委員会編一九八〇『長七谷地貝塚遺跡』青森県五七
（2）橋　善光編一九九七『八幡堂遺跡発掘調査報告書』佐井町教育委員会
（3）藤田富士夫一九九八「日本列島の玦状耳飾の始源に関する試論」『東亜玉器』香港中文大学中国考古学芸術研究中心
（4）伊東信雄・須藤　隆一九八二『瀬野遺跡』東北考古学会
（5）青森県教育委員会編一九九七『水木沢遺跡発掘調査報告書』青森県三四
（6）江坂輝彌・渡辺　誠一九八八『装身具と骨角製漁具の知識』東京美術

（7）朝日グラフ編集部一九九七「三内丸山遺跡と北の縄文世界」『朝日グラフ別冊』
（8）江坂輝彌編一九七〇『石神遺跡』森田村教育委員会
（9）藤田富士夫一九八三「縄文〜古墳時代の土製装身具」『季刊考古学』五
（10）西口陽一一九八三「耳飾からみた性別」『季刊考古学』五

第四章　中国の研究者が見た縄文文化

日本出土の鬲状土器について

安志敏
（岡崎完樹訳）

はじめに

鬲状土器は古代中国に特有な器形の一つである。基本的な形は口縁がやや小さく、深い胴部、胴基部から股状に分かれた袋足が中空の三足炊器である。この種の土器が現われはじめるのは龍山文化で、春秋時期に至るまで長く続く。その分布は中原を中心にはなはだ広範であり、北方と江南一帯にもいくらか存在する。これ以外に鬲状土器の痕跡はあまり見られない。

わが国と一衣帯水の日本列島においても鬲形土器が出土しており、このことは考古発見において重視する価値がある。出土は本州北端の青森県と九州北部一帯に集中している。早く一九二七年に青森県東北町黒洲田から発見された一点の完形鬲土器が報告されており、かつこれが中国古代の鬲状土器を模倣したものと理解された(1)。一九六一年にはまた、九州の長崎・宮崎・大分県で鬲足が発見され(2)、発見された鬲足により器形が復元された(3)。そして、八〇年代以降に、青森県平館村今津(4)、六ヶ所村富の沢(5)から完形鬲状土器が続いて発見されて、大陸文化と関係するものとして、人びとに深い関心を引き起こした。

一九九三年十二月、日本を訪問したとき著者と王巍君は、鬲状土器に重点を置いて前記した標本と多くの関係資料を観察し、深く啓発された。いま、雑駁に知ったものをまとめて紹介し、この問題に関心を持つ方がたの参考とする。青森県立郷土館の方がたの協力で今津と富の沢の鬲状土器を観察するとともに、今津遺跡の現地を視察することもできた。同時にまた、東北と九州各地の博物館の所蔵品についても相応の観察ができた。東北旅行の期間、日中古代交流史研究会の野村孝彦先生が全日程を随行したことに謹んで謝辞を述べる。

日本出土の鬲状土器

日本出土の鬲状土器は、縄文文化の後晩期の遺跡にわずかに見られるが、数量はかなり希少である。はなはだしきに至っては個別の遺物もまた論議となっている。現在の発見例からその分布は、基本的には北（青森県）と南（北九州）の二地域に分かれる。本州の北端に位置する青森県では完形あるいは完形に近い鬲状土器が三個体出土しており、比較的分布が集中している(6)（図1）。いま別々に紹介すると下記のようである。

東北町（図2）　これは日本で発見された唯一の完形鬲形土器で、縄文後晩期の遺跡から出土した。この土器

黒洲田遺跡　は六十数年前に発表されて以来、出版物中に記載(7)もあるが現在は行方不明となっている。発表された

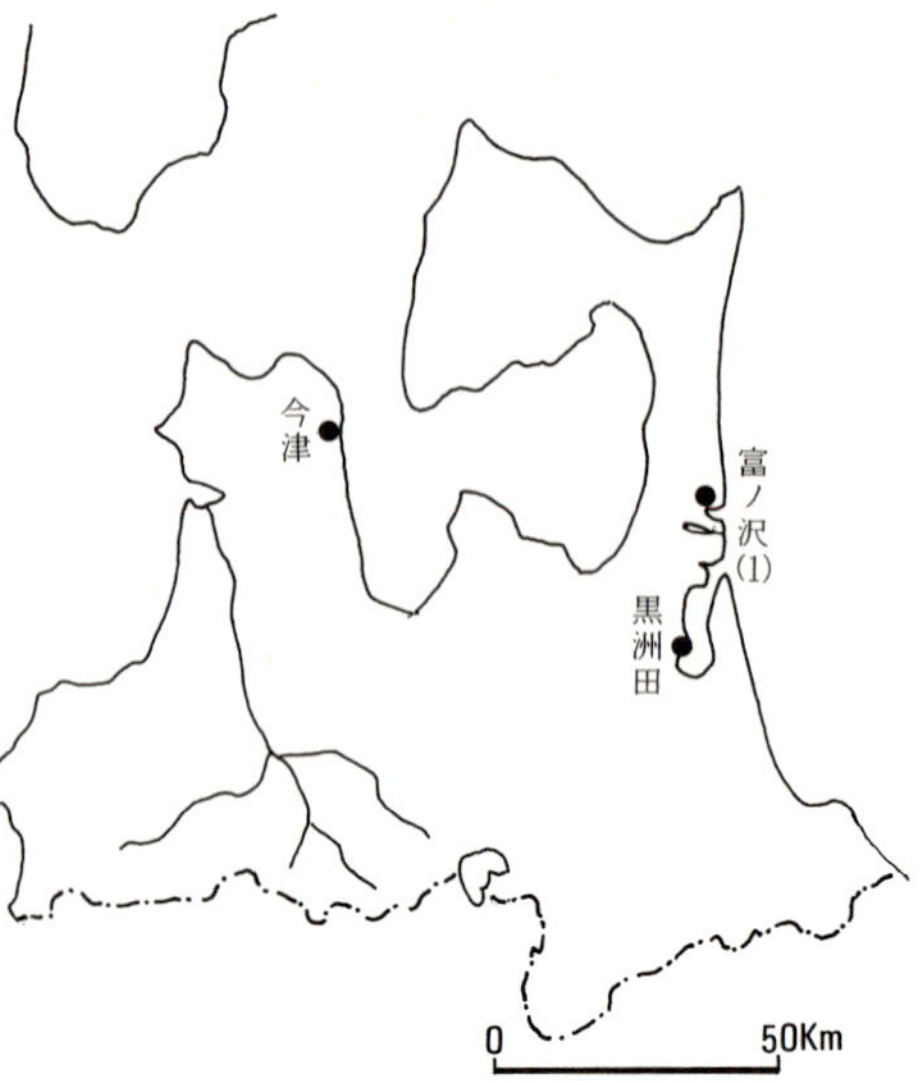

図1　青森県の鬲形土器の出土地

写真を観察すると、器形は口縁が小さく、胴部が脹り、袋足は裏もととのえ、足の先は低くて小さく、頸部には三条の弦文がある。胎土の原料は不詳である。

平館村今津遺跡（図3）　器形はほぼ完形ながら、口縁部側を欠損し、広い肩を成して下部に三個の中空袋足が付く。器高一一四ミリ、胴径一二六ミリ、器壁厚四〜一〇ミリ。胎土内には一〜二ミリの砂粒を大量に含んでおり、同遺跡の他の土器よりもいくぶん粗末であるが、表面は丹念に研磨されている。土器の焼成は低く、焼成途中の浅黒い斑点が残っている。袋足の内部には輪積の痕跡がある。袋足を分けて作り、その後に胴部と連結し一体とした成形である。胴上部には二条の雲形文があり、器表および口縁の内部には朱が塗られている。口縁が欠損しているため原形は分かりにくいが、袋足の特徴から基本的には鬲の一変種に属し、なにがしか大陸の鬲状土器と関係があると思われる。この器の胎土、装飾および朱塗り等の特色から、晩期後半の亀ケ岡式土器大洞C_2式に近似し、現地で製作されたことは明らかである。ただし器表にススの痕跡が見られないので、少なくともそれが炊器でないことは明らかである。

六ヶ所村富ノ沢遺跡（図4）　器形は半完形で、両足が残存し、口縁側を欠損しており、その袋足は中空で内弯する。器高五四ミリ、胴径八二ミリ、壁厚四ミリ。胎土は緻密で砂粒を含まず、表面はよく研磨され、肩上に二条

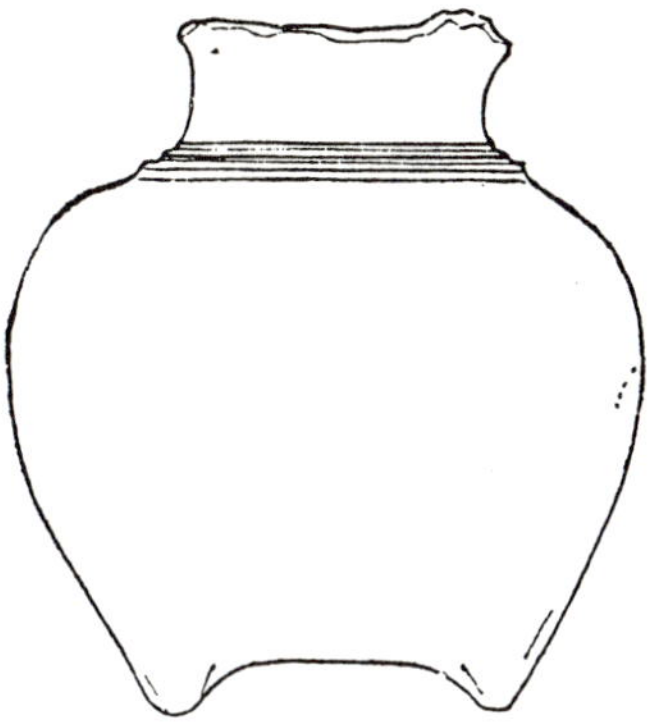

図2　青森県黒洲田遺跡出土の鬲形土器

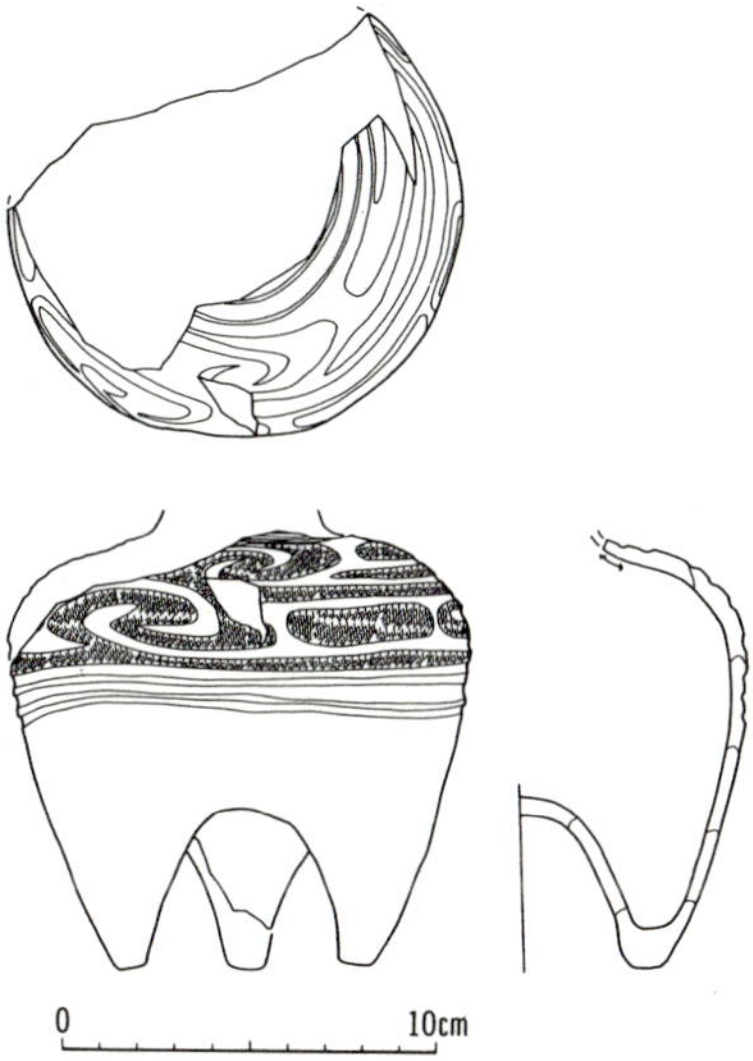

図3　青森県今津遺跡出土の鬲形土器

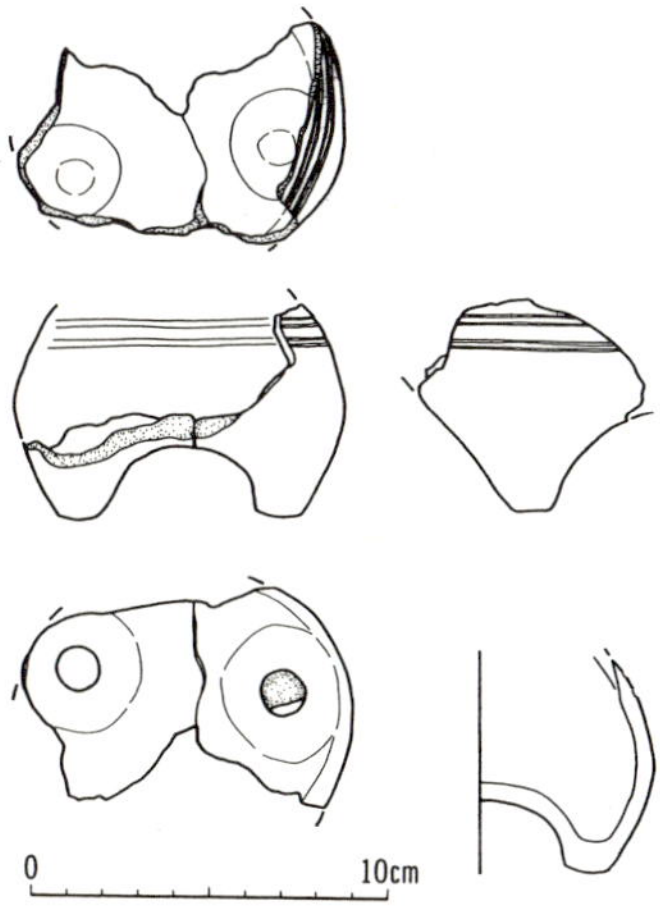

図4　青森県富ノ沢（1）遺跡出土の鬲形土器

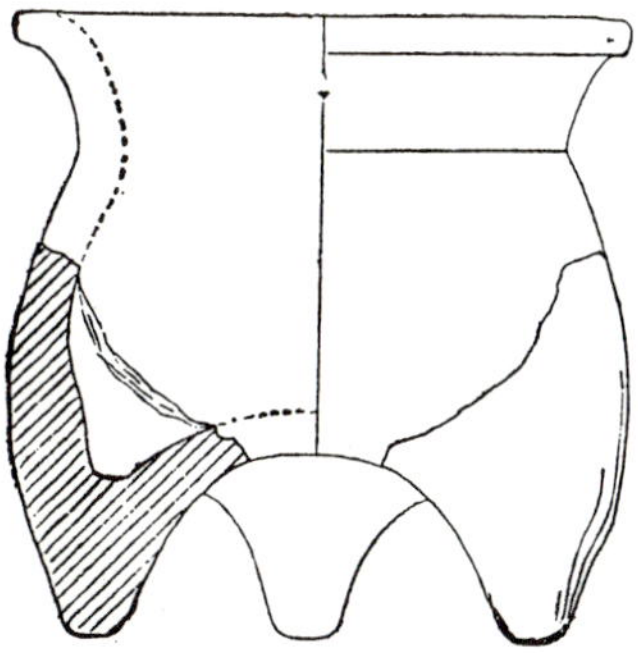

図5　大分県秋葉遺跡出土の鬲形土器

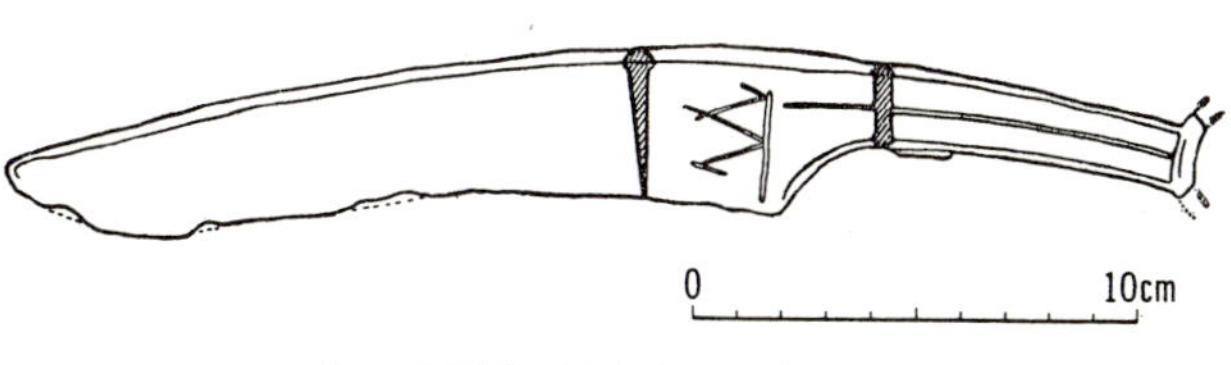

図6　山形県三崎山出土の青銅刀子

の沈線を有する。袋足の内面には輪積の痕跡があり、袋足を分けて作り、後に組み立てている。精緻な陶質で、ススの痕跡は見られず、これも炊器でないことが明らかである。

これら三個の鬲状土器は、縄文後晩期の遺跡の中でもかなりまれな事例である。しかし発見がいずれも青森県に集中していることは重要な現象で、注意する価値がある。なお三足あるいは四足の有脚土器は縄文文化の中にも比較的見られるが、それらは足尖が短小で袋足もないので、鬲形土器とは無関係である。

九州の鬲状土器

九州一帯の縄文文化遺跡では、わずかに鬲足が存在するだけで、まだ完形の鬲状土器は発見されていない。一九六一年の報告では一〇例ほどが、長崎県南高来郡深江町山の寺田中（一点）、宮崎県串間市下弓田（一点）、大分県大野郡三重町秋葉（一点）、大分県直入郡荻町柏原（一点）、大分県直入郡荻町政所（一点）等の遺跡から出土している[8]。秋葉遺跡（図5）の復原された鬲足の器形[9]は、比較的類似するものの欠損部のほうが多く、参考となるだけである。ただし、類似の足尖が縄文後晩期の遺跡中にも比較的普遍的で、大体有脚土器の範疇に属するという有意義な指摘がある[10]。したがってこれらの鬲足はしばらく疑問のままに置き、完形の器形の発見をなお待って実証されることになる。

鬲状土器の出現と展開

中国では鬲状土器は比較的早く出現し、長期にわたって盛行した。器種も豊富で、分布範囲は広く、代表的かつ典型的な器物の一つである。鬲状土器の系統研究は早く四〇年代に開始され、辺境地区の変形鬲と中原地区との間に多少の違いがあることが指摘されていた[11]。建国以来考古学の空前の発展に伴い、関係する知識はますます豊富になっている。日本の鬲状土器と比較する上で、中国における鬲状土器の生産、発展およびその地理的な分布について簡単に回顧する。

　鬲状土器の起源に関して、三個の尖底瓶が組み合わされてできたという説もあるが、考古学上の証拠に乏しい。鼎形土器に代表される実足三足土器は、裴李崗文化に出現するとされている(12)。同時期に三つの実足の鉢と壺が付加され、罐器形も裴李崗文化、磁山文化と大地湾文化にもよく見られる(13)。特に三個一組の土器支脚は、早くよりいくつかの遺跡から出土が報じられている。これは三点で一つの平面を支持する原理が当時の人びとに了解され、新石器時代の比較的早い段階から三足の土器（土器支脚含む）が日常生活で流行した。鬲形土器の出現はこれよりもやや遅れて新石器晩期に開始されたが、形態的に進歩している。股分かれした中空袋足は、形態的に火の接触面が増大し調理に適している。このためにその他の三足器と比べてとりわけ流行したものである。

　鬲形土器は龍山文化に出現したが、祖型は廟底溝二期文化の斝形土器にある(14)。その器の袋足を継承し、股分かれ式に進化した。この種の三足器で新しく興った鬲形土器は、龍山文化で相当に普遍化した。同期に出現した甗・鬹等の器形もみな密接に有機的に関係している。龍山文化を継承した鬲状土器は商周時期でも盛行し、器形も一系列の変化が認められて、しばしば時代を区分する標準器形となっている。ところが戦国時代になるとまったく見られなくなってしまう。これによって鬲形土器の生産と分布は、中原およびその周囲の地区が中心にあたることが分かる。

　中国の北方地区では変形の鬲が主体となっている。黄河流域の上流を除くと内蒙古と東北三省に比較的多く存在している。大体は中原文化の影響下にある地域的な産物であり、夏家店下層文化(15)、沈陽市新楽上層(16)、吉林市江北土城子(17)および黒竜江省杜爾伯特県官地、肇源県西南低根(18)等で発見されている。特に注目されるのはシベリアのバイカル湖一帯からも少なからず出土(19)している。これらの事実から日本海側のアジア東北部にも鬲状土器が集中していたことが明らかである。

青森県で出土した三個の鬲状土器は現地で作られた変形の土器鬲であるが、その淵源にはアジア東北部からの影響が密接に関係している。鬲形土器は朝鮮半島で発見されていないものの、日本海を通しての交流伝播の可能性を否定することはできない。同時に日本海沿岸の山形県三崎山から出土した青銅刀(20)（図6）も海を渡って来た輸入品であり、日本海の海上交通がすでに開拓されていた非常によい証拠といえる。

本州北端の青森県の地は三方が海に囲まれており、日本海から津軽海峡を通り太平洋に出る、古来から海上交通の重要な航路である。縄文文化の初めから頻繁に文化交流が展開されており、翡翠や外来系土器も出土している(21)。考古学的な証拠としての翡翠の産地は新潟県糸魚川に限られており、また黒曜石の産地も日本海沿岸側に多く集中する。外来系土器の主なものが北海道に請来されており、さらに大陸側との間の相互交流は太平洋岸にも達しているから、これには明らかに海上交通が密接に関係している。同時に北海道有珠遺跡から出土した貝輪は、はるか遠くの南海産のものがもたらされたものである(22)。特に鬲状土器と青銅刀の実例は、いずれも当時の海上交通がすでに相当に発達していたことを証明しており、環日本海の史前文化交流の明確な証拠を提供した。今後深く掘り下げて探究する重要な課題の一つとして価値がある。

補註

（1）喜田貞吉一九二七「奥羽北部の石器時代に於ける古代支那文化の影響について」『民族』二―二、二〇三頁図二

（2）賀川光夫一九六一「縄文式後晩期における大陸文化の影響」『歴史教育』九―三、二一～二三頁

（3）梅原末治一九七一「史前の玦状耳飾に就いての所見」『日本古玉器雑考』図一六七、吉川弘文館

（4）新谷　武・岡田康博一九八六「青森県平館村今津遺跡出土の鬲状三足器」『考古学雑誌』七一―二、一〇九～一一四頁

（5）青森県埋蔵文化財センター一九八九「富ノ沢(1)・(2)遺跡」『青森県埋蔵文化財調査報告書』第一一八集、二五二～二五三頁
（6）福田友之一九九一「津軽半島今津遺跡出土の鬲状三足土器―『江南文化と古代日本』に関連して」『青森県考古学』第六号、図三六～三七頁
（7）盛田　稔一九六四『七戸の文化財』三六～三七～頁、青森県七戸町役場
（8）同註（2）、二一～二三頁、図四
（9）同註（3）
（10）同註（2）、二〇頁、図三
（11）裴文中一九八七「中国古代陶鬲及鼎之研究」『裴文中史前考古学論文集』一一八～一四九頁、文物出版社
（12）J.G.Adersson　1925:Preliminary Report on Archaeological in Kansu　p.46-47
（13）安志敏一九八四「略論華北的早期新石器文化」『考古』四期、九三九～九四一頁、図四
（14）中国科学院考古研究所一九五九「廟底溝与三里橋」図四五、図版陸弐、一～四、科学出版社
（15）劉観民一九八六「試析夏家店下層文化的陶鬲」『中国考古学研究』九四～一〇〇頁、図一、二、文物出版社
（16）沈陽市文物管理辦公室一九七八「沈陽新楽遺址試掘報告」『考古学報』四期、図一六、図版四、一一
（17）康家興一九五五「吉林江北土城子附近古文化遺址及石棺墓」『考古通訊』一期、三六頁、図一六、一
（18）黒竜江省博物館一九六〇「嫩江下游左岸考古調査簡報」『考古』四期、一五～一六頁、図版九、二～四、二六、二七
（19）オクラドニコフ・A・P一九五九「バイカル地区の三足器」『ソビエト考古学』三号、一一四～一三二頁
（20）柏倉亮吉一九六一「三崎山出土の青銅刀」『東北考古学』二、一～一二頁
（21）福田友之一九九〇「津軽海峡の先史文化交流―青森県出土の黒曜石製石器、硬玉製製品、外来系土器」『伊東信雄先生追悼考古学古代史論考』一六三～一八六頁
（22）國分直一一九九二『北の道　南の道―日本文化と海上の道』一三頁、第一書房

紀元前四〇〇〇年から紀元前二五〇〇年の中日往来

蔡　鳳　書
（岡崎完樹訳）

はじめに

標題が示している約一五〇〇年間は、地球全体が以前よりも非常に温かい環境であり、東アジア地区も例外ではなかった。例えば陝西省関中地区は今日では乾燥する黄土高原の一部に変化したが、この時期には相当に温暖湿潤な気候で雨量が多く、森林は生い茂り、縦横に河川が流れていて、今日の当該地区の景観とはまったく違っていた。陝西省西安市東郊外の半坡村にある仰韶文化の遺跡からキバノロと竹鼠などの動物遺骸が発見されているが、これら動物の生存地域の多くは今日では亜熱帯地区のみである。再び例を挙げれば、現在の西安市の東郊外にある滻河は一年を通して水が枯れているが、ＢＣ三〇〇〇年前後には五〇センチにも達する魚類がまだ多く生存していた。

半坡とそこに隣接する陝西省臨潼市（現西安市臨潼区）姜寨仰韶文化遺跡で出土した多くの鹿の骨格からは、当時、この地区の森林資源が豊富であったことが証明されている(1)。黄河下流に位置する今日の山東省のBC四〇〇〇〜二五〇〇年の気候は、現在に比べてはるかに温暖湿潤であった。泰安市にある大汶口遺跡の墳墓からは鰐の骨・亀の甲羅・象牙製品およびいわゆる「獐牙勾形器」などが多く発見されている(2)。これらの使用原材料になる動物のすべてが南方から運んでこられたのではなく、その中の一部分は現地産の可能性が強い(3)。当時の黄河下流域地区の気候と現在の長江以南の気温が大よそ似ていることが証明されるもので、現在に比べてほぼ当該地区の年平均気温が摂氏二度から三度高かったようである。（中略）

この頃、日本列島の気温も非常に温暖であった。日本の地理学者の研究によればBC四〇〇〇〜三〇〇〇年の間は、日本近海の水温は相当高温に達していて、例えば現在では熱帯地区に見ることができる貝類や岩礁性の珊瑚が、その頃は関東地方にも見ることができたという(4)。言い換えれば、当時の東京湾一帯の気温と現在の日本最南部の沖縄諸島の気温が似通っていた。BC四〇〇〇年から二五〇〇年は縄文時代編年では前期から中期の前半に相当する。日本の研究者たちによれば完新世後の最高〝海進〟はいまから六三〇〇年前後にあり、東京湾一帯の海進が現在の海岸線よりも四五キロメートルも深くまで入り込んでいたという。言い換えれば、今日の埼玉県杉戸町付近まで海進が見られたのである(5)。

中国の新石器文化と日本の縄文文化の違い

この一五〇〇年前後の間に、中国大陸の新石器文化は最高峰の段階まで発達し、多彩な様相を呈している。黄河流域には馬家窰文化、半山文化、馬廠文化、仰韶文化と大汶口文化があり、長江流域には上流から下流に大渓文化、屈家嶺文化、薛家崗文化、馬家浜文化、崧澤文化と前期良渚文化があり、華南地区には石峡文化があり、東北の遼寧省南部と内蒙古自治区東部には紅山文化、富河文化、黒竜江省の新開流文化、遼寧省の小珠山下層文化がある。辺境の遠い西南のチベット自治区においても絶対年代でBC三〇〇〇年前後の卡若文化が発見されている。西北辺境の新疆ウイグル族自治区、西南の雲南省、貴州省、四川省と広西壮族自治区、東南沿岸の福建省、広東省と台湾省などにもみな新石器時代文化の遺跡がある。しかしそれらの多くは年代幅が短く、分布地域も小さいので詳細な叙述はしない。

要するに、この時の中国にあっては一〇〇〇万平方キロメートルもの広がりに近く、いたるところ新石器文化が美しく艶やかに咲いていた。したがって、原始文化の区系類型の違いと明らかな地域特色の存在は、つまり不思議な事情ではない。各地区の原始文化の様相には千差万別あるが、総じてそれらの間にはいくつかの共通する特徴がある。

第一に、農耕は一時期前に形成された基礎の上に継続しており安定した発展を示している。農業の作物品種について言えば、すでにあった粟と水稲のほかに、新たに高粱、小麦、各種瓜や果物・野菜および搾油原料(6)（大豆・胡麻）が出現した。農業生産工具について言えば、石鏟は以前に比べ刃は薄く鋭利になり、穿孔のある磨製石器は総体として増大し、さらにまた石鋤、石犂、角製の鋤、角製の鎌、貝製の刀、陶製の刀などの道具も登場した。

第二に、家畜の飼育は以前よりもさらに増加し発達した。この時期の各文化の遺跡から出土する家畜の骨格は、数量も前の時期から倍増しており、一部の文化では墓葬にブタの頭骨、あるいは一体分のイヌを随葬に用いたりしている。家畜の品種で主要になるのはブタとイヌであるが、ウシ、ヒツジ、ニワトリなどの家畜と家禽も多く見受けられる(7)。

第三に、この時の土器の製作は特に発達する。粘土紐による輪積みの製作技法に加え、回転台による修正技術が普及しはじめる。土器の焼成温度は摂氏九〇〇度以上(8)になり、表面は滑らかに輝き、胎土は硬く、叩けば快音を発する。特に数多くの彩文土器は、質量とも上等で、彩色は鮮やか、図案は美しく、ＢＣ三〇〇〇年前後の西アジア地区のスーサ文化あるいは中央アジアのアナウ文化から出土する彩陶に、少しも見劣りしない。

第四に、大型、あるいは一定の規格性のある集落が多く見られるようになる。例えば西安半坡、臨潼姜寨、鄭州大河村、鄧州八里崗、蒙城尉迟寺などの大型集落が一〇〇箇所以上も発見されており、それらはみな一〇万平方メートル以上という面積を測る。北方地区では主に半地下式（竪穴住居）の住居であるが、中には平地式住居も多く、その中には前堂後室、左右の複数間取りの建物がある。居室の地面に草を混ぜた泥を塗ったり、あるいは版築状に突き固めて、長期に使用している。しかし長江以南の地区では依然として河姆渡文化の伝統が継続しており、一方では高床式住居である。

第五に、東北と内蒙古における紅山文化のいくつかの遺跡ではいわゆる〝女神廟〟などの重要な祭祀遺跡が発見されている。南の良渚文化の前期では玉器を大量に用いた祭祀の祭壇および〝玉斂葬〟が発見されている。さらに注目されるのは、仰韶文化、大汶口文化、前期良渚文化および湖北省の石家河文化の土器に見られる記号である(9)。多くの学者たちはこれらの遺物を真に文字を生み出す前奏と考えている(10)。

上述した同じ時期に、日本列島では北部から南部の九州鹿児島（沖縄諸島を除く）まで、縄文前期と中期文化の遺跡が数多く発見されている。これらの遺跡から出土する土器の形状は、縄文早期文化の土器の器種よりも明らかに増加している。尖底土器と平底鉢に限らず、筒状の土器、広口の鉢と埦形土器も出土している。器面の装飾は美しく、縄文原体を押圧回転して施された縄文原体には多様な変化があり、多くの土器には口縁上の四方に突起がある。わずかではあるが、把手の付く土器も現われる。さらに注目すべきこととして、この時期の土製品に素焼きの人形（日本語で

〝土偶〟と呼ぶ）が大量に出現することである。これらの土偶には人形、動物形と人面形などがあり、造形もさまざまであり、神秘的な色彩に満ちている。しかし、土器の焼成温度から見た製作技術は、早期と比べていくらも改善されていない。この時期の人びとの生計手段は依然として狩猟、漁労と採集に頼っている。生活の方法と生計の手段によって住民の流動性が大きく決定され、相対として安定、あるいは占有面積の比較的大きな集落を形成することはとても難しい。縄文前期と中期文化では面積が一万平方メートルを越える規模の遺跡はほとんどない。遺跡から検出された居住遺構は、すべて地中を半地下式に掘り下げた竪穴住居かあるいは臨時的に小屋掛けしたテント(11)のようである。

以上のように簡単に比較すると、紀元前四〇〇〇年から二五〇〇年という年代の中国大陸と日本列島の間では文化の内容と発展レベルで著しい格差が存在する。このことを見出すことは難しくない。

縄文文化の農耕問題

昭和六十年代に中部山岳地域の長野県富士見町にある曽利遺跡（縄文文化中期に属する）の一つの竪穴住居址から一個のパン状の炭化物が発見され、化学者が分析したところその中に澱粉が含まれていた。これを契機に、日本の何人かの考古学者から、縄文文化の中期には農業生産が認められるという新しい主張がうち出された。これがいわゆる〝縄文文化中期農耕論〟(12)である。縄文中期文化の多くの遺跡からは少なからず土偶が出土する。これら土偶には女性を象ったものが多く、ある学者はこのような女性像の土偶を根拠に、縄文文化の中期において地母神崇拝の習俗があったと推測した(13)。〝地母神〟からはまた〝農耕の神〟を連想させた。よって昭和六十年代には〝縄文文化中期農耕論〟がある程度の反響を呼んだ。しかしわれわれは、いわゆる〝縄文文化中期農耕論〟がすべて間接的な根拠によるものであることを容易に見出すのである。最大の難点は当時の農業作物が発見されていないことである。われわれが考えるに、農業工具があったことがすなわち農耕ありとは見なされない。たとえ縄文文化中期の遺跡に農業加工生産品の石臼（石皿）が発見されたとしても、依然としてこの種の工具が一律に農業加工生産品に用いられたと証明をするのはとても難しい。まして何が恐いかというと、縄文文化中期の遺跡から正真の農耕具がまだ一つも発見されていないことである。このような仮説が立てられたものの依然として新たな発見がなかったことから、いつしかこの問題に対する人びとの知識は徐々に薄れていき、〝縄文中期文化農耕論〟の再提起は少ない。ところが一九九〇年代の半ばになって、岡山県のある縄文中期の遺跡から一片の籾殻圧痕のある土器が発見され、それによっていわゆる〝縄文文化中期農耕論〟が再び台頭してきた。

総体的に見てくると、この約一五〇〇年間もその前の数千年と同じように、依然としてアジア大陸と日本列島の間に正真のつながりは何もない、言うなれば隔絶期の延長継続である。日本の縄文中期と前期の土器は絢爛多彩である。しかし大陸の同時代の土器との間には製作技術をはじめ、硬度、焼成温度を問わず、また土器の器形および文様においても、共通するところは何もない。この点に関して、筆者は日本のいくつかの博物館あるいは大学の収蔵品を観察したり実測を行ってきて、それほど大きな誤りはないものと思う。たとえ非専門の文物考古研究の人が見ても日本の縄文土器と中国の縄文土器を混同することはないだろう。明らかに区別され、はっきり見える。中国大陸の新石器時代で盛行した各種の磨製石斧、石鋤、有孔石鏟、半月形あるいは長方形の石刀は、縄文文化の後期と晩期の遺物中には認められない。さらに殷周代の美麗な青銅器と造形多様な玉器も見られない。日本列島と中国大陸の文化様相が非常にかけ離れているということは、大陸の主要な文化要素が日本には及ばなかったようなのである。同様に、大陸の大多数の遺跡から出土する土器や石器・骨器・貝器中にも、縄文文化の影響を受けたような痕跡も見出せない。住居、埋葬と祭祀の習俗上にも文化交流の証拠を探し出すのは困難である。

けれども一五〇〇年という長い年代の中で、極めて偶然の機会による個別的な交流までを排除することはできない。

このような疎らな交流では大勢に影響はないが、これに対しては慎重に対応する必要がある。そそっかしく否定したり性急に結論を出すべきではない。日中交流に関係があるかないかを筆者は十分に把握していないが、以下に古代人の抜歯習俗と鳥トーテム崇拝を紹介し、皆さんの検討の参考にするのみである。

抜歯の習俗について

いわゆる抜歯の習俗は、かつて太平洋沿岸の諸国と地区原始住民の生活中の一種として広範囲に流行した。この抜歯の習俗は、いくつかの部族あるいは民族の伝統習慣によって進行していた。当該部族あるいは民族集団の少数の人が一定の年齢に達したとき、ある部位の数本の歯を必ず抜き取ることが習俗の主な内容である。現存の民族調査の資料から見ると抜歯の原因は非常に複雑である。

中国で、抜歯習俗が最も古いのはいまから五五〇〇年前の大汶口文化の被葬者に見られる。その後、山東における龍山文化に盛行し、さらに少し遅れて江蘇省の湖熟文化、福建省の曇石山文化および広東と台湾等の省の先史文化にもよく見られることで特に珍しくはない。中国古代の抜歯習俗の分布区域は、基本的には東部地区および東南沿海の各省市にあり、内陸地区では比較的少ない。古くから著名な中国の人類学者顔闇先生の研究によれば、墓から出土する人骨の観察の結果、山東省泰安市大汶口遺跡や曲阜市西夏侯遺跡では成人死者の生前の抜歯率は五五％前後(14)を占めており、江蘇省邳県大墩子墓（年代的には前述の大汶口墓地よりやや遅れる―筆者）中の死者にもこの種の現象(15)が見られる。大汶口文化では中年の男性と女性の抜歯率は基本的には一致しており、詳細に言えば女性のほうが男性より少し高い。

日本列島において、抜歯の習俗が最も早いのは、縄文前期文化に見られる。いまから六〇〇〇～五〇〇〇年前の間で、熊本県の縄文前期の遺跡の轟貝塚で発見されている(16)。しかしこれは極めてまれな事例であり、大部の歯を抜き取る事例はいまから五〇〇〇～一二三〇〇年前の、縄文中、後、晩期に認めることができる。日本の考古学者である渡辺誠教授によれば中期末から後期中葉までの日本原始住民の抜歯習俗は主に上顎の門歯を抜くことに特徴があり、後期中葉以降からはさらに上下顎の犬歯を抜歯することに主な特徴があるという(17)。これは二つの時期の相違点である。縄文文化の晩期にはさらに一種の歯の処理方式も出現する。すなわち門歯を西洋料理を食べるときに用いるフォークのような形状に擦った、いわゆる〝叉状研歯〟である。この種の例は少ないが、日本列島の晩期縄文文化の時期の習俗の一つであり、抜歯習俗の一つの変種と見ることができる。

中国山東省および江蘇省一帯の大汶口文化の住民は生前によく上顎の両側門歯あるいは犬歯を抜き取っている。この種の現象が発生した年代と縄文文化の後期に日本列島の住民が抜歯した部位の変化は時間的によく符合している。いまから約五〇〇〇年前にあたるもので、この頃は日本列島も大陸文化の影響を受けており、二者の間にある種の内在する関係が存在したことが考えられる(18)。再度詳細な研究をするに値しよう。

健康な歯列をどうして抜き去るのだろうか、現代の人から見れば実に不可思議なことである。しかし、この習俗は古代の環太平洋地区ではとりたてて珍しくはなく、おかしなことでもないのである。

学界では近代の環太平洋区域の多くの民族誌の例、および中国古代の文献記録を用いて説明し、各種さまざまな推測をうち出した(19)。総括すれば、学者たちは古代人の抜歯の原因に関して以下のような見解を述べている。一はおしゃれ説。台湾島のいくつかの少数民族は犬歯が外に見えていると体裁がよくないといって抜き取り、紅い舌を上下の歯の間からかすかに見せて媚びると理解されている。ある学者はこれを取り上げて、おしゃれ説を主張する。二は婚姻説。その根拠は古代中国の文献によるもので、〝蛮族の周囲の風俗は、女子嫁した（嫁いだ）からには前の上の歯を皆抜く〟を根拠とし、『番国図考』（成書于一八世紀）に類似の記載がある。三は夫からの災いから免れる説。ある学者は一八世紀の成書の『貴州全省諸苗図説』の記載を根拠に、〝女子嫁す（嫁ぐ）ときに、必ず先に二門歯を抜き、夫の家の災いを恐れる。歯を抜くことは結婚後の幸福のため〟とする。この説と婚姻説は少し似通っている。四は成人説で、最も普遍的な流行説である。氏族社会においては、氏族の成員が一五～六歳に成長したとき、巫術師により一定の儀式が執り行われ、巫術師が呪術をほどこすときに、言葉を唱える過程でこれら少年少女の一本あるいは数本の歯を抜き取る。少年少女たちがこの試練に耐えられれば、成人の生活を始めることができる。この説の主な根拠は近代アメリカおよび太平洋諸島の民族学の資料による。

　考古学の資料では、中国原始住民における抜歯習俗の分布区域は大部分が東部沿岸にあり、また中国古代の抜歯に関する記載文献の大部分は、西南地区の少数民族の生活習慣の記述である。これらのことからこの習俗はおそらく古代夷人群の中で盛行し、夷人の移動と流散によって各地に広まったものであろうか。（中略）

鳥のトーテム信仰

　古代中国では鳥を崇拝する古くからの伝統がある。考古学資料では、少なくともいまから七〇〇〇年前の河姆渡文化期まで遡ることができる。この遺跡からは骨に刻まれた各種各様の鳥の形像が発見されている。仰韶文化の盆にも多くの鳥の文様が書かれている。陝西省華県の泉护村仰韶文化遺跡からは一個の土器に焼いた猫頭鷹の頭が出土しており、同じ華県の太平庄遺跡（仰韶文化期）でも、また一個の鷹型の土器鼎が発見され、その造形のすばらしさは見る人を感嘆させた。大汶口文化と山東龍山文化によく見られる典型的な土器の〝鬹〟はこれまでの研究により形状も鳥類を模倣したものと分かった。よってこのものは鶏彝と呼ばれている。鶏は鳥の一種で、日本ではいまでも鶏を〝ニワトリ〟と呼んでいる。（中略）

　日本の縄文文化期において、人びとは狩猟、漁猟と採取を主な生業手段とするが、当時の人びとは空の鳥類を決して狩猟しなかった。このことは遺跡から鳥骨の発見が極めて少ないことから証明できる。さらにわれわれは縄文文化期に各種動物〝土偶〟の中にイノシシ、クマ、サル、イヌ、ヘビ、ネコなどを発見する、しかし鳥類の形だけが見られない。これも多くは鳥類に対する崇拝と畏敬の別な表現形式であろう。

しかし、弥生文化期になって鳥の形象が突然大量に出現した。大阪府の池上弥生文化遺跡において、多くの木に刻まれた鳥の形象が発見された(20)。これらの木に刻まれた鳥はよくその腹部に穿孔があり、木竿の上に挿し、集落の外周に立ててムラの標識とした。日本の学者は〝神を招く鳥〟と称した(21)。日本の考古学者金関恕教授はこれについて、〝朝鮮半島から北アジアに広範に分布するこの一類の習俗から見て、この種の鳥竿習俗の起源は極めて古いと推測できる〟と書いている。〝稲作文化の中において、推定する鳥霊信仰と符合する傍証で、これは我々が東南アジア或いは中国南部の古代祭器の原産において、普遍にその種の鳥に扮した人形が描かれている絵を見ることができる〟(22)。山口県土井ケ浜弥生文化の墓地中からはカワウを抱いた女性の死者が発見されている。日本の学者はこれを根拠に、弥生人の信仰には鳥が天上とこの世の間を往来する使者であると推定した(23)。

筆者も、縄文文化期の日本列島住民の鳥類崇拝の習俗に関して現在まだ考古学的な証拠を探し出してはいないが、弥生文化期の発見から見れば、紀元前二世紀から二世紀に、人びとの鳥の崇拝は増える一方であることから、この習俗はきっとさらに古い淵源があるものと推測する。

日本列島と密接な関係のある地域の住民と鳥をトーテムとする現象は珍しくはない。例えば西シベリアに生活するヤクート人は、白鳥をトーテムとしている。『満州実録』の記載によれば、ある神雀が嘴で赤実を持って来て、その実がある一人の女性に呑まれて女性が妊娠し、その生まれた子供が満州族人の祖先であるという(24)。日本の学者林巳奈夫は、「先殷式の玉器文化」（日本文）の論文で、中国および中国以外の各博物館が所蔵している大量の玉器のその大半は龍山文化あるいは大汶口文化の産物を紹介している(25)。その中に鳥あるいは鷹の形を刻んだものが少なくないとした。筆者も、それらの玉器は夷人が崇拝する鳥の物証であると考える。中国の著名な考古と歴史学者である李学勤先生は、日本人の鳥崇拝の習俗は、彼らと東アジア地区の文化交流の関係によるものと考えている(26)。

中国の考古学専門家の石興邦先生は、山東大汶口文化の論文でさらにはっきりと述べている。彼は大汶口文化の波及について〝東に向かい、海を渡り台湾に至り、波風により、遠く日本に至った〟(27)と考えた。しかし遺憾ながら、石先生のこの論文から細かな論述の展開はできないし、いくつかの史実もあるので研究の進歩を待って補訂する。例えばこの論文では日本の抜歯習俗は弥生文化に出現したというが、これは現在のわれわれの知っている事実よりはるかに遅れている。しかしわれわれも注意しなければならないのは、この論文が六〇年代のものであり、まだその時分は日本の考古資料は少なかったのである。このことに対して過分な要求はできない。もしも石先生がこれら新発見の資料と研究成果を吸収して現在、この論文を執筆するならば、それはきっと非常に優れたものとなったであろう。

それからもう一つ〝環刃石器〟の問題がある。

環刃石器の問題　いわゆる〝環刃石器（日本では環状石斧）〟は一種の円盤形をしていて、真ん中が穿孔されている。縁辺が刃になっていて、木の柄に装着して使用した一種の工具であり、それは強い時代性と地域の特徴を有している。この種の環刃石器は、わが国の東北地区および朝鮮半島と日本列島等でそれぞれ発見されている。統計によれば、わが国（中国）の環刃石斧の発見地点は三〇数カ所ある。主なものは遼東地区と吉林省の南部で、最も西の分布は内蒙古自治区の赤峰市に点在する。最も東の分布は吉林省の長春市と吉林市一帯に点在する。分布から見れば朝鮮に接近する地区に密集している。わが国の環刃石器の存続年代は紀元前二〇〇〇年から紀元前後までに至る(28)。

日本の統計資料を見ると、環刃石器（環状石斧）は全国約二二〇カ所の遺跡から出土しているが、特に中部山岳に集中しており、長野県だけで六〇カ所余り発見されている。日本では環刃石器が作られはじめる年代が比較的早く、紀元前の五〇〇〇年の縄文早期まで遡るという。それが衰退し消失するのは中国と同じく、紀元前後の弥生文化の中期である(29)。環刃石器の用途は多種多様であるが、主に狩猟による獣類の毛皮あるいは肉の加工に使用された。筆者は、この種の環刃石器が日本列島で早い時期から作られはじめ、後に朝鮮半島を経由して中国の東北地区に伝播し、その後、前漢と後漢に鉄器が大量に使用されると、この種の環刃石器も衰退したものと推測する。この点に関して、筆者は一九八九年に執筆した論文で言及した(30)が、現在でも依然として道理にかなっていると考えている。

刻文付有孔石斧に関して　前述したように、いろいろの文物が転々と日本列島に辿り着いた可能性はかなり大といえる。例えば、一九九四年に日本の山形県中川代遺跡で発見された文字符号が刻まれた石斧は、その一つの好例といえる。この石斧は正式な発掘品ではないが、一緒に出土している、いわゆる〝火炎状縄文土器〟から見れば、間違いなく縄文中期の遺物である(31)。筆者の観察によれば、この石斧は典型的な大汶口文化晩期の墓葬中に見られる器物であり、確実に穿孔石鏟と呼ぶことができる。この種の石鏟の多くは比較的大きな墓葬から出土するもので、男性死者の副葬品であろう。この種の石鏟を佩用する死者とは生前の地位が比較的高いものだったろう。また石鏟上の刻文は〝之〟の字でもなく、〝上〟の字でもなく、可能性としては良渚文化あるいは龍山文化の玉器に刻まれた皇冠の〝冠飾〟(32)を象徴すると考える。これによって推測すると、この石鏟を持った人は、〝皇〟と自称した可能性がないとは言えない。ある中国学者の意見によれば、この石斧は鉞で、〝王〟のシンボルと見るのである(33)。王と皇は二字で一音となり、古代においては通用したのである。このことから見ると、紀元前二五〇〇年前後に、小規模集団の住民が山東半島を船出し、日本列島に辿り着いたのであろう。中国の学者王迅先生（北京大学考古文博院教授）もこの有孔石斧については、わが国古代の東夷と淮夷が日本に多大な影響を及ぼしたものと認識している(34)。

注解

（1）中国科学院考古研究所一九六三『西安半坡』文物出版社
半坡博物館等一九八八『姜寨―新石器時代遺址発掘報告』文物出版社
（2）山東省文物管理処・済南市博物館一九七四『大汶口―新石器時代墓葬発掘報告』文物出版社
（3）李有恒一九七四「大汶口墓群的獣骨及其他動物骨骼」前掲『大汶口』書中収録
（4）鎮西清高一九八三「古水温と海洋環境」『縄文文化の研究』第一巻、雄山閣出版
（5）同右
（6）任式楠一九八六「我国新石器―銅石器并用時代農作物和其他食用植物遺存」『史前研究』第三―四期
（7）中国社会科学院一九八四『新中国的考古発見和研究』文物出版社
（8）中国硅酸学会一九八二『中国陶瓷史』文物出版社
（9）最后関于石家河文化的考古材料是根拠湖北省宴昌市楊家湾遺址的発掘報道「湖北日報」、一九九四年七月二十六日
（10）郭沫若一九七二「古代文字弁証的発展」『考古』第三期
（11）鈴木公雄編一九八八「縄文人の生活と文化」『古代史復原』二、講談社所収の「縄文の家と村」の宮本長二郎執筆の「さまざまな家」を参考としている。
（12）藤森栄一一九七〇『縄文農耕』学生社
（13）国分直一・岡本太郎編一九七〇『大地と呪術』学習研究社
（14）顔闇一九七三「大汶口新石器時代人骨的研究報告」『考古学報』二期
一九七三「西夏侯新石器時代人骨的研究報告」『考古学報』二期
（15）韓康信・陸慶五・張振標一九七四「江蘇虻邳県大墩子新石器時代人骨的研究」『考古学報』二期
（16）鈴木公雄一九八八「縄文人の生活と文化」『古代史復元』二、講談社

（17）木下尚子一九九七「東アジアにおける風習抜歯の基礎研究」『先史学・考古学論究』Ⅱ、熊本大学文学部
（18）渡辺　誠一九七五「埋葬の変遷」『古代史発掘』一一、講談社
（19）蔡鳳書一九八四「山東省先史文化の一―大汶口文化」（日文）『古代学研究』一〇一号
以下の各種の意見は多くの人の意見を帰納し総合し、その中の主要なものを参考とした。
春成秀爾一九八三「抜歯習俗の成立」『季刊考古学』第五号
厳文明一九七九「大汶口文化居民的抜牙風習和族属問題」『大汶口文化討論文集』山東大学考古教研室編、斉魯書社
韓康信・潘其風一九八一「我国抜牙風俗的源流及其意義」『考古』一期
韓康信・中橋孝博一九九四「古代中国と日本における抜歯風習の比較研究」『日本中国考古学会会報』第四号
（20）金関　恕・佐原　真編一九七五「稲作の始まり」『古代史発掘』四、講談社
（21）金関　恕一九八二「神を招く鳥」『考古学論考―小林行雄博士古希記念文集』平凡社
（22）金関　恕一九八六「呪術と祭」『岩波講座　日本考古学』四、岩波書店
（23）土井ケ浜遺跡・人類学博物館一九九三『土井ケ浜遺跡と弥生人』
（24）石興邦一九八六「山東地区史前考古的有関問題」『山東史前文化論文集』斉魯書社、を引用し自分なりに変えた。
（25）林　巳奈夫一九七九「先殷式の玉器文化」『MUSEUM』三三四号、東京国立博物館
（26）李学勤一九八二「重新估計中国古代史問題」『先秦史論集』第一集
（27）前掲（24）
（28）云翔一九八六「我国発見的環刃石器及其相関問題」『考古』六期
（29）日下部善己一九八三「環状石斧」『縄文文化の研究』第七巻、雄山閣出版
（30）蔡鳳書一九八九「古代日中文化交流的考古学視角」『東方文化集刊』一、商務印館
（31）浅川利一一九九五「山形県の縄文遺跡から出土した中国古代の有孔石斧について」『多摩考古』第二五号

（32）杜金鵬一九九四「論臨朐朱封龍山文化玉冠飾及其相関問題」『考古』一期
（33）林澐一九六五「説〝王〟」『考古』九期
（34）王迅一九九六「東夷、淮夷文化対日本古代文化的影響」創価大学アジア研究所

＊第四章の「日中文化交流の黎明期―米伝来から日本を述べる」の中で、蔡氏は一九九四年、岡山県真庭郡美甘村にある一縄文中期遺跡出土の中期土器片中のプラントオパール分析をした高橋護氏の発表から稲作の時期を後晩期から中期に逆上る可能性を指摘し、またさらに多くの資料の追加を待って実証できるとしている。

なお、美甘村の報告は一九九四年三月二十一日付「毎日新聞」紙上と同月二三日付の「朝日新聞」紙上等による発表を蔡氏は引用している。その後、高橋護氏は堅田直古希記念論文集に「縄文中期稲作の探求」（平成九年三月十六日発行）と題して報告をしている。

原著の構成は次のようである。北京大学の厳文明先生による序文、第一章　中国大陸と日本列島交流の始まり、第二章　紀元前四千年から二千五百年間の中日往来、第三章　中日文化交流の揺籃期―紀元前二千五百年から五百年、第四章　中日文化交流の黎明期―米の伝播から日本を述べる、第五章　支石墓の謎と中日交流のルート、第六章　第一のクライマックス―戦国秦漢時代中国の日本に対する影響、第七章　第二のクライマックス―卑弥呼女王と魏晋の往来、第八章　隋唐文化の東漸の序幕―四世紀から六世紀の中日の交わり、第九章　古代中日文化交流のピーク期―隋唐時代、第十章　蓮根は切れても糸はつながっている―五代および宋、元時期の中日の民間往来―となっている。

玉のロードと縄文人からの文明のメッセージ
―日本北陸、東北地方文物考察を終えて―

郭　大　順
（孫允花訳）

はじめに

一九九一年三月、遼寧省文物考古学研究所と日本考古学研究会による共同研究のため、私は同僚と一緒に日本で文物考察を行うことになった。その折りに、前後して九州大学および京都泉屋博古館において、〝遼寧先史考古学及び遼河文明の源流について〟というタイトルで講演をする機会があった。その時、私は紅山文化を代表する遼河流域古代文化の新発見である積石塚、女神像および玉器と日本海文化の関係について触れた(1)。それから一年後、『季刊考古学』第三八号（雄山閣出版）の「アジアのなかの縄文文化」特集を読み、日本の研究者も縄文文化と大陸文化との関係を論ずる際に、すでに中国東北地方の考古学的新発見に充分注目していることが分かった(2)。

一九九五年の三月、日本の富山テレビ放送の内藤真作社長の招請を受けて、日本の北陸と東北地方の史跡文物を踏査、観察することができた。さらに、富山および石川、新潟、秋田、仙台など各地の研究者等と交流を行い、富山和子女史の日本海水文化に関する著作や藤田富士夫氏の日本海玉文化に関する著作を拝読することができ(3)、大変収穫が大きかった。したがって、日本の縄文文化と中国東北地方の古代文化、主に東北地方新石器時代文化との関係は、非常に重要視すべき課題であると再確認した。

日本の研究者はこれを論ずる際、玦状耳飾の起源と伝播問題を一つの重点として取り上げる。玦状耳飾が大陸から伝わってきたと主張する研究者は、以前は揚子江下流から伝来した可能性が大きいと見ていた。しかし、近年において、東北地方の遼河地域では、新石器時代の古い段階に相当する「先紅山文化」の査海、興隆窪などの遺跡で相次いで玦状耳飾が出土し(4)、(図1―1・2)、その年代はさらに古いものとされている(いまから七〇〇〇～八〇〇〇年前)。これらはほとんど軟玉でできており、やや厚みを持つ古い形のものであった。日本の縄文時代の玦状耳飾に関しては、これまでに発見されたもののうち、北海道共栄B遺跡(図1―4・5)のものが一番古く、富山湾一帯の日本海沿岸地域が早期末～前期初頭の分布の中心地であることが分かっている(5)。さらに、朝鮮半島では未だに古い段階の玦状耳飾の出土例がない。以上のことから専門家は、玦状耳飾は中国東北地方から直接海を渡って日本海沿岸地域に伝わったという見解を示すようになった。ということは、文献には紀元八～九世紀ごろ、唐の時代渤海国と日本は、日本海の季節風と海流の変化を利用して海上の交通ルートを開拓したと記されているが、この海の交通ルートは実に五〇〇〇年以上も遡るといえよう。

このような見解は正に新しい考古学の資料、特に日本の北陸から東北地方で出土する考古学の資料によって確認さ

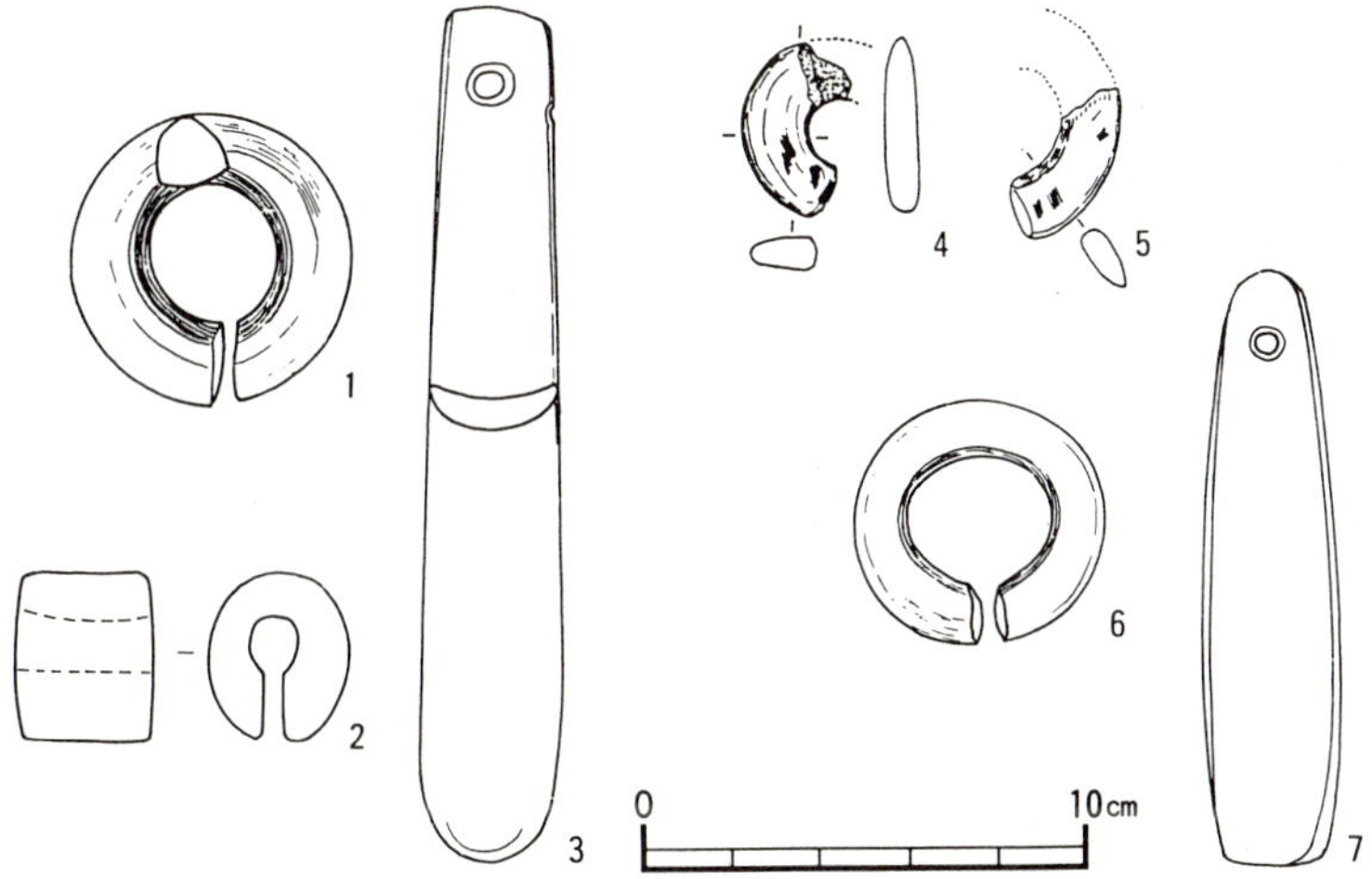

図1　1〜3 中国阜新査海遺跡
4・5 北海道浦幌町共栄Ｂ遺跡
6・7 福井県金津町桑野遺跡

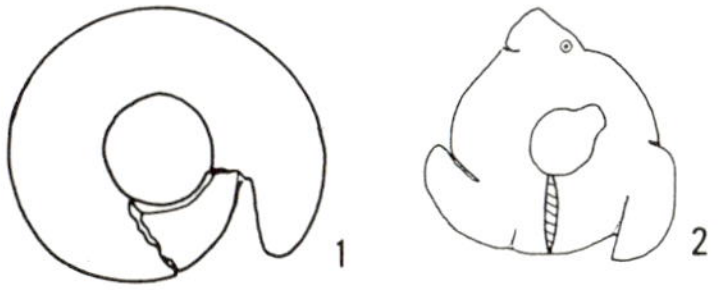

図2　1 新潟県巻町重稲葉遺跡
2 遼寧省大連市長海県呉家村遺跡

れつつある。たとえば、福井県金津町桑野遺跡で出土した匕形玉器は、上部が細い上穿孔されており、刃部は丸味を持っており、中部はくぼんだ溝を成している（図1—7）。年代は縄文早期後半に当たり、いまから約六〇〇〇〜七〇〇〇年前のものと思われる[6]。青森県立郷土館にも類似する形態の石製匕形器が所蔵されている。阜新査海遺跡では前述の形態特徴を持つ匕形玉器がいく度かにわたって玦状耳飾とともに出土している[7]（図1—3）。他に、日本海沿岸で出土した縄文時代玉器の中には〝の〟字状玉璧（図2—1）[8]があり、藤田富士夫氏の教示によれば、その原型を日本海南部に生息する一種の貝殻の切断面に求める説があるという。ところが、私が石川県埋蔵文化財センターで実物観察した石川県三小牛ハバ遺跡出土の〝の〟字状玉璧から見ると、このような玉器はむしろ中国大陸の新石器時代から商周時代にかけて存在した〝玉璇玑《せんき》（牙璧）〟により多くの類似性が求められると思う。玉璇玑は〝の〟字状玉器と違って三つの突起があるが、突起の付いている位置は両者とも同じく外縁部にあり、両者とも大変薄いことや、剥離法で製作したこと、突起末端の切れ痕も非常に似ている。このような玉璇玑は遼東半島や長山列島で年代が古い出土品があり、大体小珠山中層すなわちいまから約五五〇〇年前に当たるものである（図2―2）(9)。

縄文文化と中国東北地方古代文化との関連は、他に土偶の象眼細工にも見ることができる。古くは西アジアJerico遺跡で、頭蓋骨に顔面を土で復元し、目のふちには貝殻を象眼した例が見つかっている(10)。遼西の紅山文化女神頭像は土製であるが、目の部分に滑石製の玉を象眼している。目玉の正面は滑らかな球面に磨いていて、その反面は釘状になっていてしっかりと固定できるようにしている（図3）。すでに非常に成熟した技法に達していたといえよう(11)。よって、もっと古い時代の「先紅山文化」の遺跡で土偶象眼の端緒が発見されるのも不思議ではないと思う。

幸いなことに、今回私は縄文時代の北陸と東北地方の土偶象眼資料を多数目にすることができた。北海道爾志郡熊石町鮎川洞穴遺跡で出土した土偶は白色の瑪瑙で象眼しており、青森県三厩村宇鉄遺跡で出土した土偶は緑松石を象眼し（図4）、さらにアスファルトを接着剤として使用していたが、両者とも縄文晩期のものであった(12)。上記の土偶は非常に簡略化されていたので、目玉の象眼が確実に行われていたかどうか疑問が残るが、岩手県浪板遺跡と秋田県塚の下遺跡（両方とも縄文後期）では、明らかに目のふちの中に接着剤のアスファルトを入れてあった土偶が発見された（目玉は貝殻を使用したと推測されるが、発見当時すでに無くなっていた）（図5）(13)。その技法は紅山文化女神頭像と極めて似ているものである。富山市北代遺跡（縄文中期）で発見された、目のふちが黒ずんだ土偶も目玉を象眼し、後に失われていた例の一つであろう(14)。

このような目玉の象眼技法は中国の土偶製作の歴史の中でずっと採用されてきた伝統的手法で、東洋文明の一つの伝統的特徴といえよう。おもしろいことに、宮城県の東北歴史資料館（現、東北歴史博物館）で、江戸時代の宮城県内

図3　遼寧省牛河梁遺跡出土の女神頭像

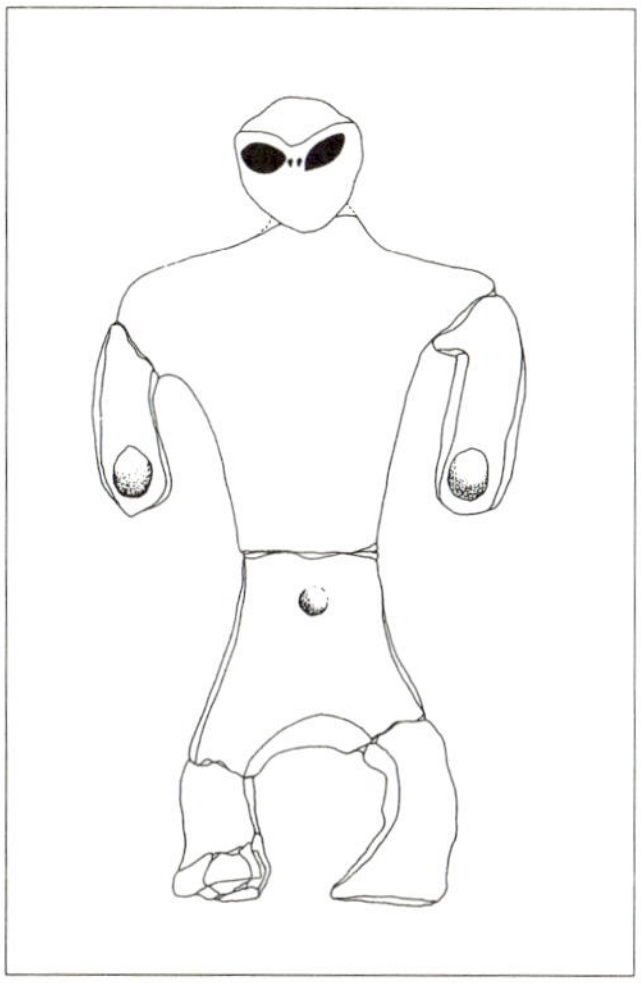

図5　秋田県塚の下遺跡出土の土偶

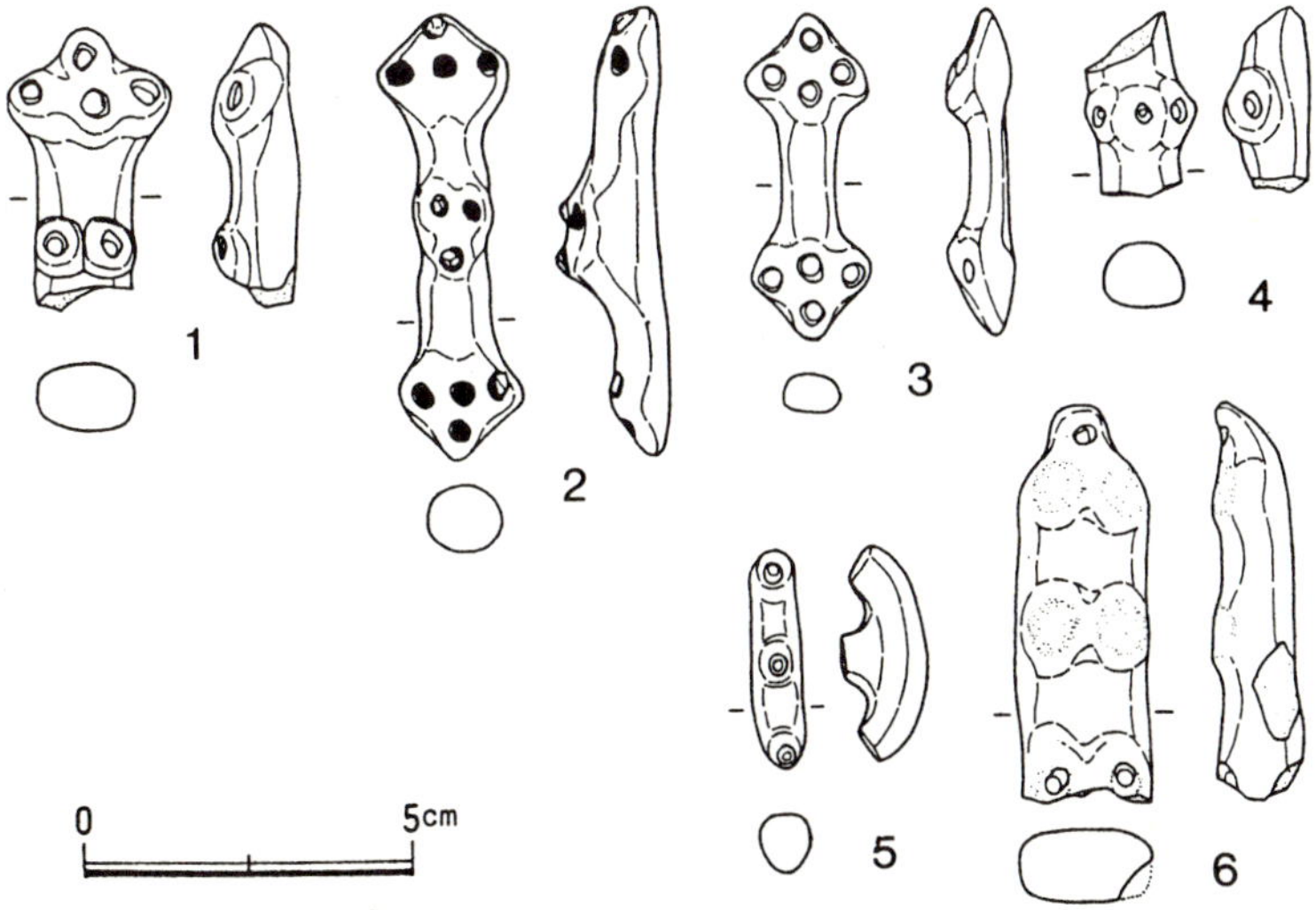

図4　青森県宇鉄遺跡出土の土偶象眼

に存在したいろいろな〝カマド神〟の実物資料を見ることができたが、中国にも似たような〝竃王神〟がいて、やはり竃の近くに祭られている。〝カマド神〟は土製が多く、目玉はよく石や貝殻あるいはガラスもしくは玉子で象眼している。千葉景一副館長の説明によると、この種の〝カマド神〟は日本の東北地方に限って見られるもので、これはもしかしたら古い時代の伝統の名残かもしれない。

日本の縄文時代の環状列石の踏査もまた私たちの念願のことであったので、やはり今回の踏査の一つの重点となった。新潟県寺地遺跡と山梨県金生遺跡の環状列石を紅山文化の積石塚（図6）と比較して見たところ、時代や規模および配置などにそれぞれ独自の特徴があるが、やはり多数の共通点も見出すことができる。例えば、環状に配置すること、石棺形墓葬および立石、これらの配石遺構が意味するお墓と祭祀の二重特性など、いずれも紅山文化の積石塚と類似するものである。秋田県鹿角市の特別史跡大湯環状列石(15)では、予想通り積雪で環状列石の露出状態を見ることができなかったが、周囲を山々に囲まれている中、一面に広がる平地に神秘な列石が配置されている景観は、私に無言の感動を覚えさせた。また、その列石の周囲に数層の住居跡、また遼寧省西部東山嘴紅山文化配石遺跡のものと類似する土偶の腕の出土品なども、非常に興味深いものであった。大湯環状列石を構成する万座遺跡・野中堂遺跡の巨大な規模から考えると、ここは普通の集落遺跡ではなく、遼西牛河梁遺跡のように、宗教、文化の複合的な中心地ではなかったろうか？

中国東北地方の考古学と日本の縄文文化の研究はすでに一世紀の歴史を持つが、考古学資料の新発見は常に劇的な認識の更新をもたらしてくれる。以上の比較はただ概略的に過ぎないが、すでにこの両地域の古代文化の関連について重大な問題をいくつか呈示してくれている。

図6　遼寧省建平県牛河梁遺跡第2地点石塚群と祭壇（BC3500年）

図7　秋田県大湯環状列石（万座）の整備状況（BC1700年）
（提供：鹿角市教育委員会）

文化の全容から見る文化間の交流

一九八〇年代から、中国の考古学の発見と研究は〝考古学文化区系類型〟の理論の下で新しい段階に入った。この理論に基づいて、中国の古代文化はそれぞれユーラシア大陸と海に面する六つの区に分けられる。その中で、筒形罐を主な特徴とする北方区は、釜鼎を主な特徴とする東南沿海区および盆鉢罐鬲を主な特徴とする中原区と頻繁に交流融合を行い、中華文明の始まりと最初の文化共同体の形成に主要な役割を果たした。紅山文化はすなわち北方筒形罐文化と中原彩陶鉢文化が長城地帯で結合した産物である。このような砂混じりの材質の、いろいろな押印文様を施す筒形罐類は、中国東北地方新石器文化時代諸文化に共通する特徴であり、また、これによって広く東北アジアと関連していた。さらに、筒形罐の中で平底筒形罐は中国東北地方から朝鮮半島東北部およびロシア沿海州の日本海沿岸まで広範囲に分布している(16)。日本列島縄文時代の平底筒形土器も東北地方のものが古く、次第に南へ入って行った(17)。以上から見て、中国東北地方新石器文化と日本縄文文化との関係は、ただ一種あるいは数種の文化要素の類似と交流に過ぎるのではなく、一つの大文化系統内外の諸文化間の関係であり、玦状耳飾はそのうちの有機的な組成部分に過ぎない。縄文文化と大陸文化との関連を研究していく過程で、中国の東北地方が江南地方よりもっと突出した重要な位置にあることが認識できたのは、一つの新しい出発点になるであろう。

文明情報の交流

西遼河流域を中心とする古代北方文化区は中華文明形成の過程で、ほかの文化区より一歩進んで始まっていた。これは紅山文化の祭壇、女神廟、積石塚および玉彫龍を代表とする玉器群が古代国家の出現を物語っているからだけでなく、最新の考古学的分析によると、「先紅山文化」期にすでに文明の形成期に入っていたからである。というのは、査海遺跡などで出土した玦状耳飾、匕形玉器など多数の玉器はすでに硬玉を使用しており、加工技術も専門化されていて、その製品も一般の道具や装飾品の役割を超えて、社会分業からもたらされた社会階層分化の一つのシンボルとなっていたからである(18)。

中国東北地方の文明起源の過程でのこれらの重要な歴史現象は、必然的に近隣の地域ひいては日本の縄文文化との関係にまで影響を及ぼしたであろう。すなわちただの文化交流に留まったのではなく、文明情報の交流にまで至ったのである。後者はさらに高次元でのものであり、歴史的必然性を持っている。なぜならば、文化間の交流はただ進歩的文化要素の伝播を主流とするからである。

縄文文化の中の玉器とりわけ翡翠大珠のような高度な技術を必要とする玉器の製作、玉作り遺跡の出現や玉器の使用および交易、丹塗り土器、彩絵土器および漆器の出現、細石器の定型化と複合工具の製作使用の多様化、形態文様とも繁雑神秘化する縄文土器など、以上は、多方面から当時の社会分業と社会分化のレベルを表わしている。また、独立した大型公共祭祀建築および多様な祭祀用具が物語る複雑な精神世界・特大の大型住居跡の出現、広場を囲む大型集落の配置や広大な規模の配石遺構などが表わす集落の階級制・以上の文化的特徴は、縄文文化がその発展の一定の段階と一定の地域、例えば縄文文化が比較的集中して発達した北陸と東北では、大陸の主に中国東北地方古代文化と互いに交流する中で、すでに若干の文明の要素が育まれていたことを裏付けている。この点については、日本の研究者も慎重かつ積極的に探索を始めている。

漁猟文化の役割

中国北方の西遼河流域の紅山文化を代表とする古代文化が中華文明形成の過程で先駆け役となった原動力は、多様な文化伝統と多種の経済形態の交流融合だったであろう。ここでは、北方遊牧文化と中原農耕文化の交差、融合のほかに、漁猟文化の役割を認めなければならない。玉器が中国北方地区で先立って出現しているのは、細石器の発達と関係があるという。良質な石材の識別や選択、石材の構造や石質に対する知識などは玉器を加工する上で最も必要なノウハウである。近年の調査によると、玉器の分布は遼寧省西部から東北方面の遼寧省東部、松花江および黒龍江流域に至るという(19)。

海は草原と同じように流動性に富んだ特徴を持っている。農耕文化と比べて漁猟文化は必ずしも閉鎖的ではなく、むしろ文化伝播の面でより大きな力を持っているといえる。漁猟を主な経済形態とする縄文文化は、非常に古くから始まり、一万年以上続いている。島国の文化ではあるが、絶え間なく周囲から伝わって来る文化要素、特に中国東北地方の玉文明を中心とする先進的な文化要素を吸収してきた。縄文人は、日本列島古代文化の創造者であり、さらには玉文明の道の開拓者ともいえよう。

最後に、中国考古学会理事長蘇秉琦教授が一九九四年五月に、北京で富山テレビ放送の内藤真作社長のインタビューに答えたときのひと段落を引用して本文を結びたい(20)。氏は、環渤海ー環日本海の古代文化交流について話をした際に、中国の歴史に大きな影響を駆使した東北地方の神秘的民族ー満州族の役割について次のように語った。満州族は白山黒水の山間地で興り、東北遼寧の大地をその拠点として、周辺の各部族や民族との関係を実に成功的に調整し、最終的には中国で最後の封建王朝を作り上げた。満州族の歴史に見るその類のない開拓精神は、いまから七〇〇〇年前の漁猟文化と密接な関連を持つ沈陽新楽文化とある種の関係があると考えられる。漁猟文化が自然と相融合して発生する生命力と創造力は、まさに満州族の精神であろう。今日において、二一世紀に入ろうとする人類が、自分の歩んで来た長い道を振り返って反省する中、われわれは環渤海および環日本海古代文化の流れとそれらの相互関係の中で、なんらかの答を得たような気がする。青森市の津軽海峡に面する海浜公園の近く、ピラミッド式のモダンな建築と高架橋の間で私は嬉しくも次のようなスローガンを見つけた。

「二一世紀の漁村時代」

このような標語を打ち出した本意がいかなるものかは、はっきり分からないが、私にはともに未来を歩むわれわれ人類の仲間の中で、縄文人の後裔が最初に目覚めた一群のように映ったのであった。

[追補]　刻文付有孔石斧に対する初歩的な認識

一　礼器で、石鉞とも称することができる。〃礼尚往来〃(『礼記・曲礼』)と言って、礼器の伝播は優先されるものである。

二　年代は龍山文化に相当するか、やや新しいものと思われる。山形県の縄文(中期)の遺跡から出土した刻文付有孔石斧の年代と大体一致するものと考える。

三　中国の東北地域から直接日本海を経て、日本海沿岸北部の山形地域に渡った可能性も考えられる。これは新石器時代中、晩期の玉器や青銅器時代の〝北方式青銅刀子〟が、中国東北地域から日本海を経て日本海沿岸北部の地域に渡ったルートと類似している。

四　中国東北地域では新石器時代晩期趙宝溝文化（BC四〇〇〇年）と紅山文化（BC四〇〇〇〜三〇〇〇年）(21)からもすでに有孔石斧鉞が出土しており、後の後紅山文化（すなわち小河沿文化、BC三〇〇〇〜二五〇〇年）時代の遺跡(22)でも出土している。特に早期青銅器時代の夏家店下層文化の時期になるとこのような有孔石斧が大量に出土するようになる。内蒙古自治区敖漢旗大級子夏家店下層文化墓地（BC二〇〇〇〜一五〇〇年）では有孔石斧が一〇一点も発見されている(23)。そしてまた遼東半島の大連市旅順口区郭家村遺跡上層（小朱山上層文化、BC二〇〇〇年）からも発見されている(24)。

五　遼東半島の羊頭窪、貔子窩、大嘴子等の双砣子上層文化（BC一五〇〇年）に属する遺跡でも有孔石鉞が少なからず発見されている。大嘴子遺跡では双砣子上層文化の有孔石鉞が計七点(25)発見されており、その典型的な標本(26)の特徴（例えば長さと幅の比例が適切であるとか、厚みがあるとか、天辺と両側は直線的ではなく外側?に反っているとか、刃の部分は直線ですじがあるなど）は山形県の石鉞の特徴と近いものである。そして双砣子上層文化は朝鮮半島の西北部にもすでにその影響を及ぼしていると考えられる。

補註

（1）郭大順一九九一「遼寧先史考古学と遼河文明の探索」『九州考古学』第六六号

（2）大貫静夫「極東の先史文化」李陳奇「東北の新石器文化」中山清隆「縄文文化と大陸系文化」および九～一二頁の「アジアの共通要素」以上、いずれも一九九二『季刊考古学』第三八号
（3）富山和子一九八〇『水の文化史』文芸春秋
藤田富士夫一九九二『玉とヒスイ』同朋舎
（4）方殿春一九九一「阜新査海遺跡の発掘と初歩的分析」『遼海文物学刊』第一期。遼寧省文物考古研究所一九九四「遼寧省阜新査海遺跡の一九八七～一九九〇年間の三次発掘」『文物』一一期。興隆窪遺跡出土の玦状耳飾については、『文物報』一九九二年一二月三日の報道を参照されたい。
（5）藤田富士夫『玉とヒスイ』前掲
（6）木下哲夫一九九三『桑野遺跡発掘調査概要』金津町教育委員会
（7）（4）に同じ
（8）（6）に同じ。また、前山精明一九九四「〝の〟字状石製品の分布をめぐる新動向」『新潟考古学』五号を参照されたい。
（9）遼寧省博物館・旅順博物館・長海県文化館一九八一「長海広鹿島大長山島貝塚遺跡」『考古学報』一期
（10）北京大学・東北師範大学歴史系古代史研究室一九八二『世界古代史論叢』第一輯、三聯書店
（11）遼寧省文物考古研究所一九八六「遼寧牛河梁紅山文化〝女神廟〟と積石塚の発掘」『文物』八期
（12）青森県立郷土館一九八五『津軽海峡縄文文化美術展図録』
（13）富樫泰時一九七九「塚の下遺跡発掘調査報告書」秋田県教育委員会
（14）森浩一企画、藤田富士夫著一九九〇『日本の古代遺跡一三—富山』保育社、再版
（15）寺地、金生、大湯らの遺跡に関しては、一九九一『図説日本の史跡』第一巻、原始Ⅰ、同朋舎、を参照されたい。
（16）大貫静夫一九九二「豆満江を中心とする日本海沿岸の極東平底土器」『先史考古学論集』第二輯
（17）富山県埋蔵文化財センター一九九四『縄文土器の世界』

(18)　蘇秉琦一九九一「中国先史時代歴史を再構築するに当たっての思考」『考古』一二期
(19)　吉林大学考古研究室一九八九「農安左家山新石器時代遺跡」『考古学報』二期。ユ建華一九九二「黒龍江省出土の新石器時代玉器」『北方文物』四期
(20)　蘇秉琦一九九四「日本富山テレビ放送内藤真作社長との対談」『華人、龍人、中国人―考古尋根記』遼寧大学出版社
(21)　趙宝溝文化の有孔石斧は一九八七『考古』第六号、四九七ページ図一七および図版一の二参照、紅山文化の有孔石斧は一九八七『考古』第六号、五一七ページ図一四の九参照。
(22)　一九九八『大南溝―後紅山文化墓地発掘報告』科学出版社、一八ページ図一九およびカラー図版三の一と図版一三の三参照。
(23)　一九九八『大級子―夏家店下層文化遺跡与墓地発掘報告』科学出版社、一五六～一六五ページ図版四六―四九参照。
(24)　一九八四『考古学報』第三号、三一〇ページ図一七の七・一二参照。
(25)　二〇〇〇『大嘴子―青銅時代遺跡一九八七年発掘報告』大連出版社、参照。
(26)　羊頭窪石鉞については、一九四二『羊頭窪』図版一二の二〇、東方考古学叢刊乙種第三号、東亜考古学会、を参照。大嘴子石鉞については、一九九六『考古』二号、二六ページ図一二の六参照。

追　記

郭先生が招請されて北陸、東北地方を視察されたのは一九九五年三月であり、このときの成果が本文に記されている。一方、中川代遺跡の刻文付有孔石斧が新聞紙上で報じられたのは同年七月末のことであったから、郭先生がこの報を知ったのは招請後のことである。そこで郭先生には、藤田富士夫氏を通じて本誌への転載許可をお願いするとともに、併せてこの石斧についての先生の見解を追補として寄せて頂いたものである。

（編者記）

第五章　刻文付有孔石斧と刻文の分析研究

刻文付有孔石斧のレプリカ法による観察

丑野　毅

はじめに

硬玉製の磨製石斧の表面に刻まれた記号をレプリカ法（丑野・田川一九九一）によって観察した。レプリカ法については、土器に残された圧痕を主に扱った観察結果をこれまでにいくつか発表しているので、それを参照していただきたい。土器以外にも、研磨痕や刻線について二、三の観察を行っている（丑野一九九二、一九九四、一九九七、一九九九など）。

ここでは、それらの経験を生かして刻紋の刻み痕と断面形、石斧の表面に残されている研磨痕の観察を試みることとした。

観察資料の作成

レプリカ採集面を洗浄後、離型材を塗布して印象材を注入する。所定時間を経て印象材の硬化を確かめたのち、資料から印象材を剥がして観察資料とする。この段階でルーペによる観察を行い、ゴミの付着などがあればもう一度取り直すことになる。できあがった観察資料は、刻紋の作成や研磨の軌跡のレプリカであり、それらの作業の少なくとも最終段階を示す状況を詳細に再現した資料となる。

今回の観察では、刻紋の刻み痕のレプリカに関して同じものを二個、斧表面の研磨痕のレプリカを一個作成することにした。刻紋のサンプルを複数作ったのは、刻紋の縦横方向の断面形を観察するためである。また、斧表面のレプリカを作ったのは、刻紋と石斧表面の研磨に違いがあるかどうかを観察するためである。印象材はDENTSPLY International Inc.（米国）製 Reprosil のレギュラータイプを使用している。

レプリカの観察

初めに刻紋の製作痕、刻紋の縦横の断面、次いで石斧表面の研磨痕を観察して行くことにする。詳細な観察には走査型電子顕微鏡、日立—S2500N型を使用した。当然のことながら、レプリカは原資料から直接起こしているために左右が逆となる。そのままでは説明するときに混乱する可能性があるので、写真はすべて裏焼きにしてある。したがって原資料と同じ形になり、レプリカと実物の左右は同じ方向を指している。

刻紋

図1は、刻紋から起こしたレプリカの全景写真。刻紋の大きさは、最大長二一・五ミリ、基部の横棒は九・三ミリを測る。

図2は、断面写真を撮るためレプリカを切断しているが、直線で示してあるのが切断場所である。

図3に示したのは、電子顕微鏡写真である。中央の刻線は、肉眼で見ている限りまっすぐ引かれているように見える。しかし、電子顕微鏡の写真で分かるように、小さな曲折がある。写真を持ち上げ、下から斜めに覗くようにして見るといっそうはっきりと認めることができよう。二センチ余りの間にこのような揺れが見られることから、刻線は一度にさっと引かれた線ではないようである。同じような特徴は他の刻線にも現われている。刻線の内面には、細かな凹凸を見ることができる。これらに関しては、さらに倍率を高めた写真を使いながら後ほど詳しく観察することとしたい。刻線を描くときにできたと思われる傷が二カ所ほど観察された。左側に枝状をした刻線の先端部で、延長線上にはみ出している直線的な擦痕がそれにあたる。はみ出しの傷が浅いことや、左下の刻線は、カーブを曲がれずに付いたと思われる傷であることから、刻線を描き始めた段階で付いてしまったものと推定することができる。

資料台を時計回りに九〇度回転させ、五〇度傾けて撮影した写真を図4として掲げた。フラットで撮影した写真では表現されにくい石斧の平坦面もくっきりと現われてくる。平坦面に極めて浅く細かな凹凸が規則的に見えているのは、石質の持っている特徴であろうか。画面に写し出された範囲内では、表面を研磨したと思われる擦痕をほとんど見ることができない。刻線は最も深い部分が上部に現われていることから、全体の形状が観察しやすい状況になり、刻線の底は丸味を持つ線と稜を形成する線とがあることが分かる。中央の刻線と基部の横線が交わっている部分をよく観察すると、基部の横線のほうが深いのにもかかわらず、中央の刻線を描いたときに付いたと思われる傷が横線の上を通り、この部分が最も深い溝になっている。これは、横線が描かれた後から、中央の縦線を描いたために付けら

図1

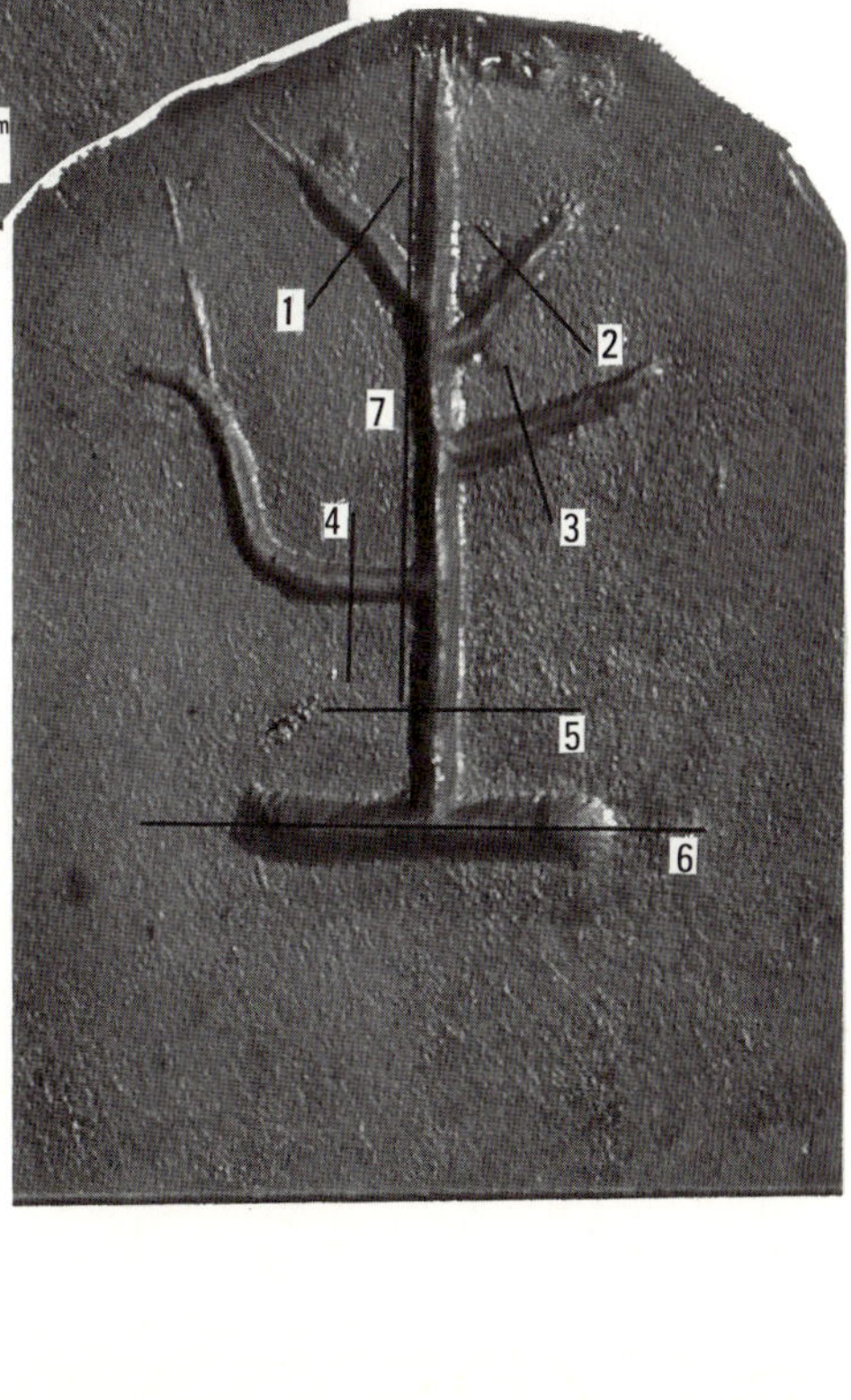

図2

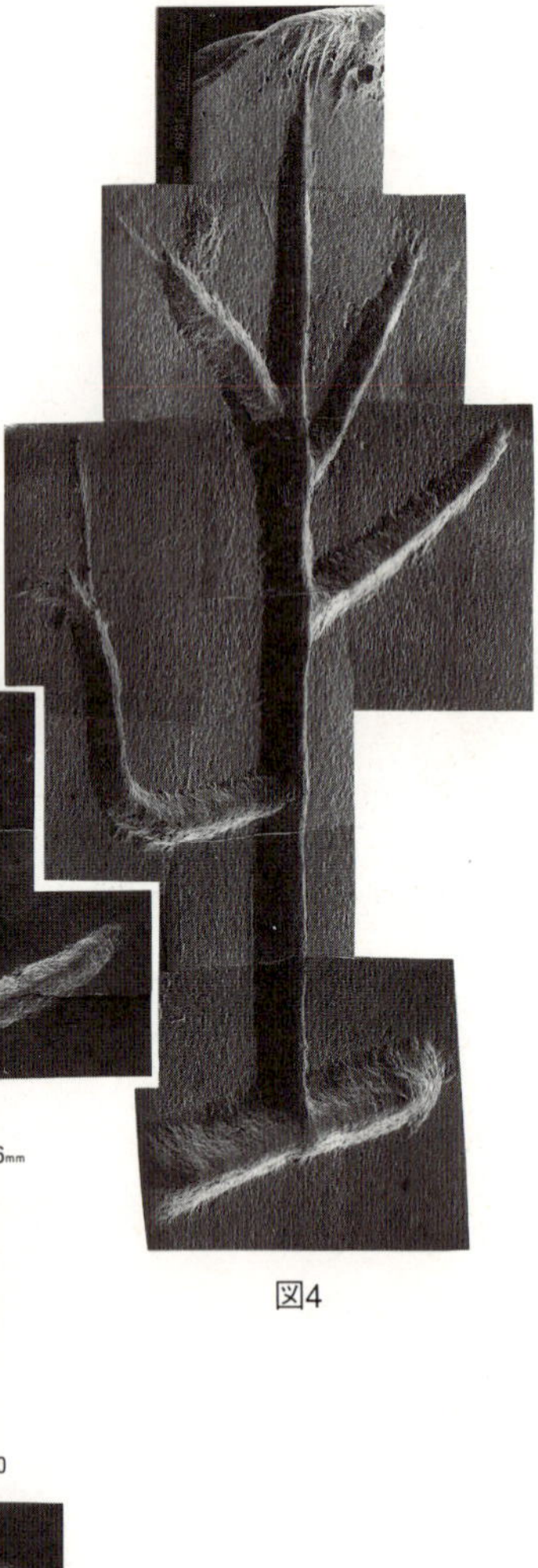

図4

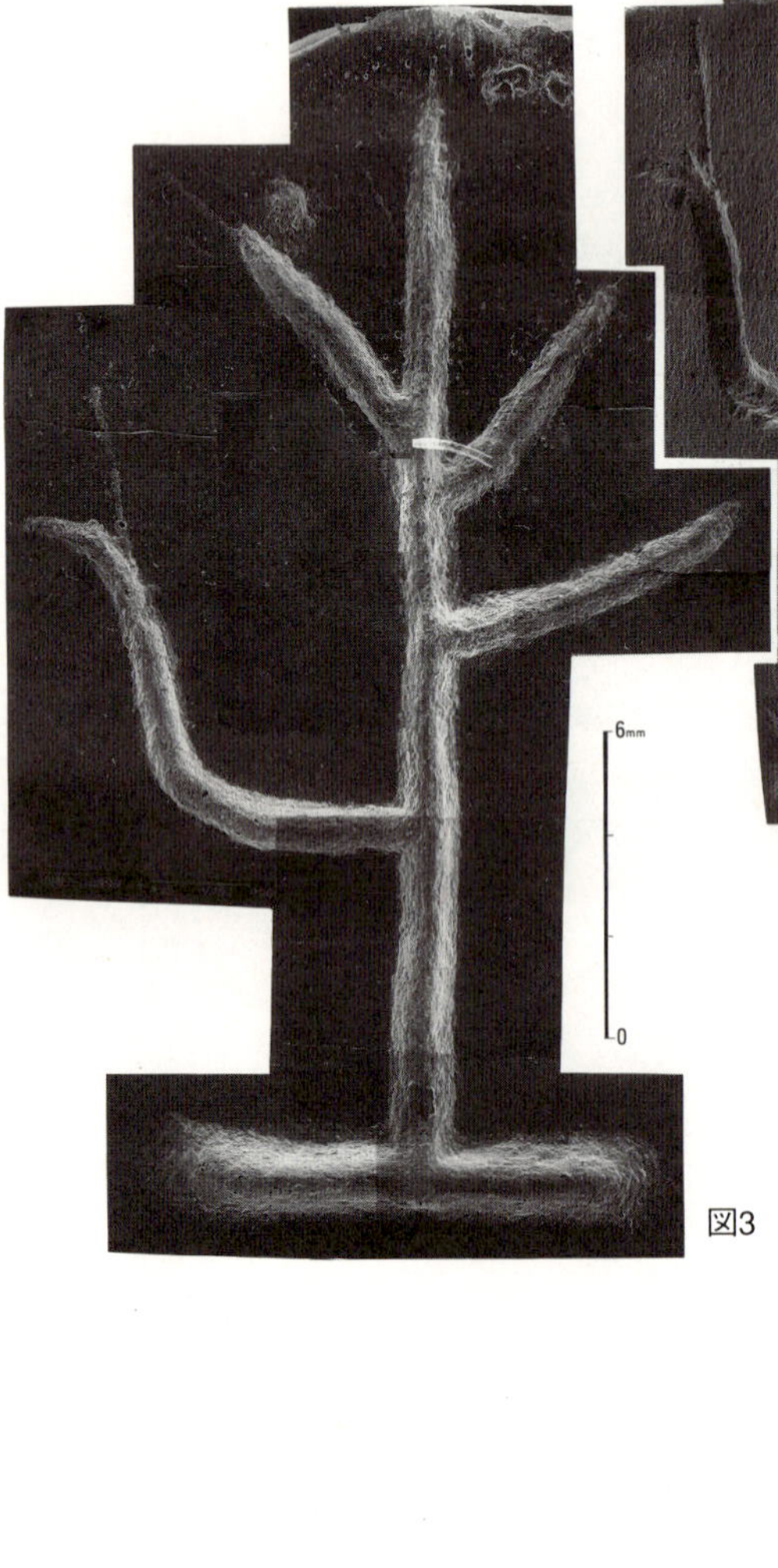

図3

れた傷であることを示す証拠となろう。次いで断面形の観察を行っていきたい。

断面形　図5～図8までは枝状に張り出した部分、図9は中央の縦線の断面形である。図5からのそれぞれが図2の1から4に、図9は5に対応している。1から4の刻線は深さが〇・三～〇・四ミリ、幅は一・〇～一・二ミリを測る。5はそれらよりもやや大きく、深さ〇・六ミリ、幅が〇・六ミリであった。断面の形状は、わずかな違いはあるものの、頂点がやや丸味を持つ三角形をしている。三角形の二辺で作られる角度は、1～4ではそれぞれに一一一度、一〇八度、一一〇度、九八度といずれも鈍角であるのに対し、5では八五度と鋭角になっている。頂点の丸味も5が最も大きい。図10は、基部の横線を軸方向に切断した写真である。浅い右側では〇・五ミリ、左側の深い方が〇・八ミリであった。左右の形の違いとともに、線を刻むときの姿勢や向きに何らかの関わりがあったせいかもしれない。

図11は、図2の切断線7で切り取った資料である。この資料では断面形ではなく側面形を選択した。先端部は左側で、二カ所に枝状の刻線の断面が見えている。左が図2における1、右は4である。図5、8で示した写真との違いは、切り取った場所の差であり、特に4は斜めに切断していることからこのような違いが現われたのである。縦線の側面を観察すると、左側にある先端部には軸と平行した擦痕が見えるが、中ほどから右側でははっきりした擦痕が見えない。そこで、さらに拡大して詳細な観察を試みることにした。拡大した範囲は図12の枠で囲った部分であり、図13として掲げてある。溝の内面は、最も深い部分に一条の軸方向に走る削り痕と思われる擦痕があるほかは、全面にわたって凹凸によって覆われていることが分かる。図14は、先端部に残されている擦痕の拡大写真である。多少の凹凸は見えるものの、直線的な擦痕がよく見えている。

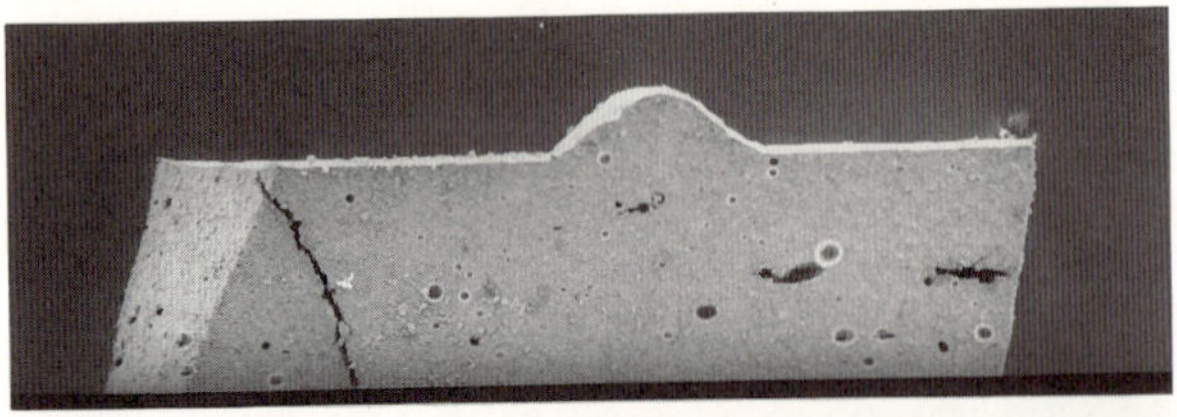

図5

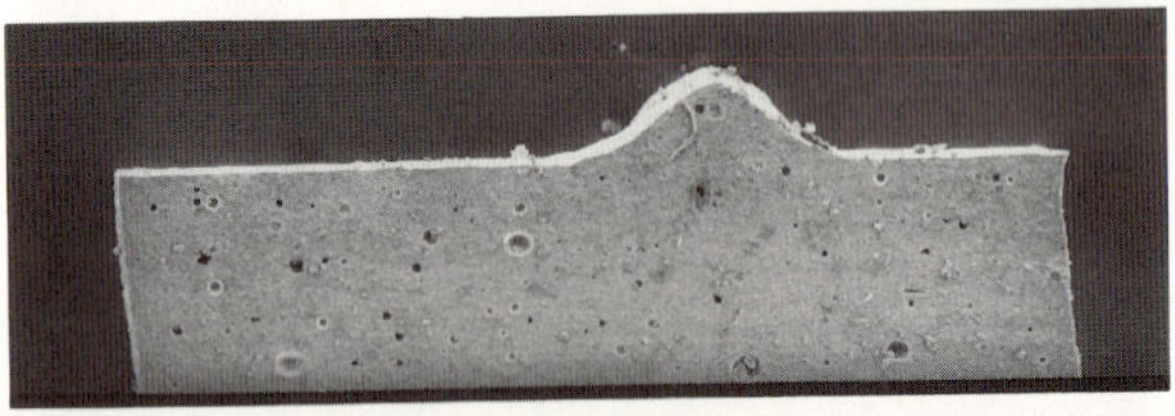

図6

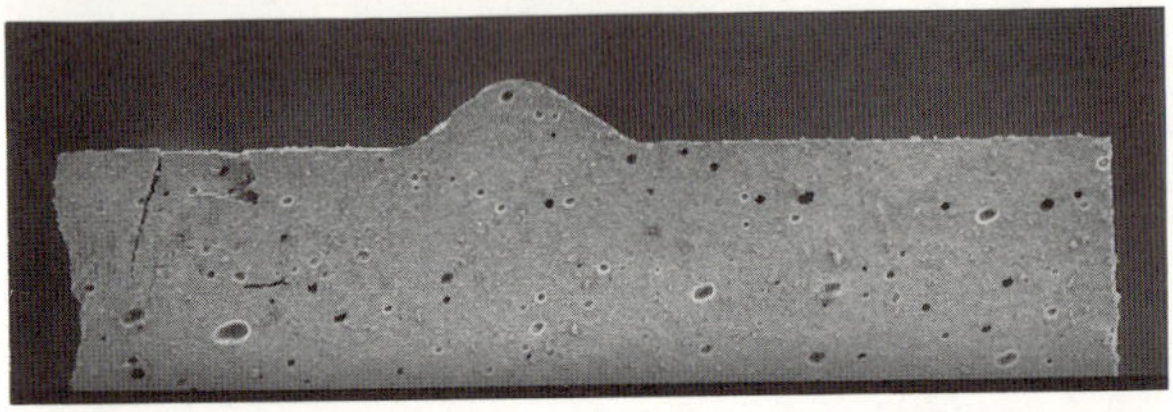

図7

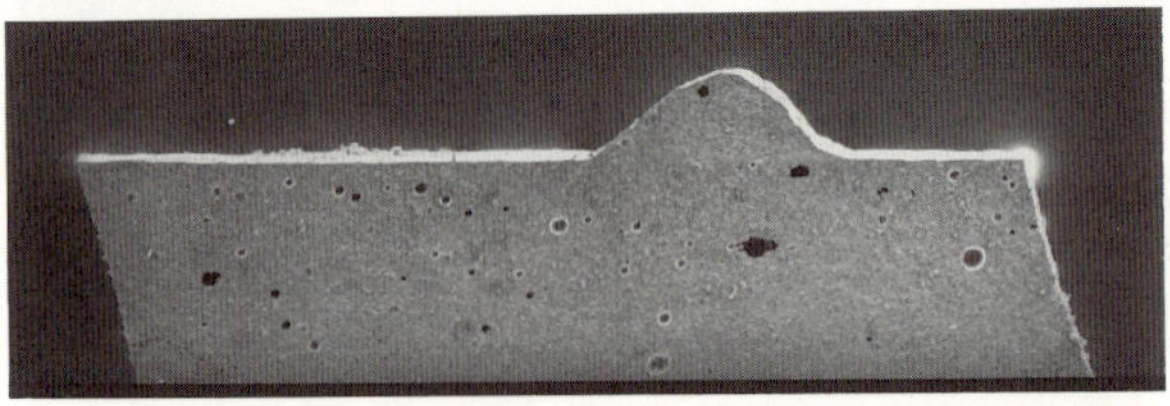

図8

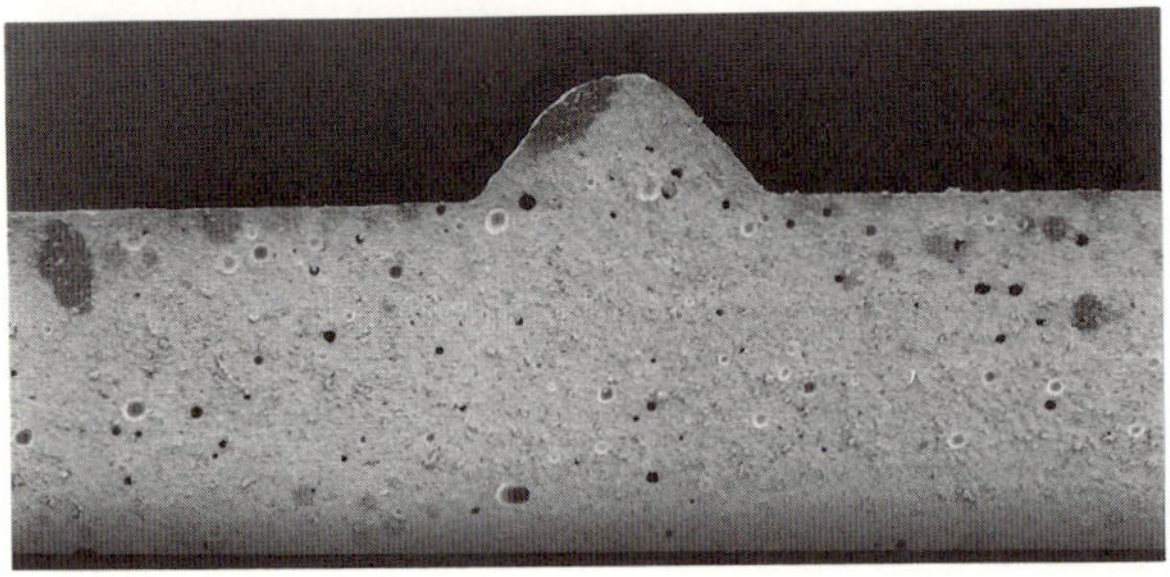

図9

0　4mm

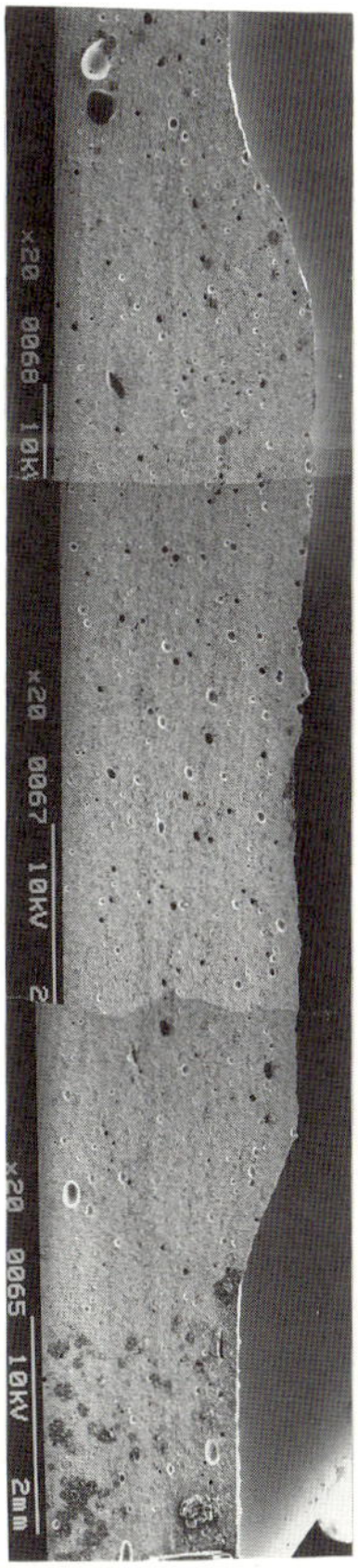

図10

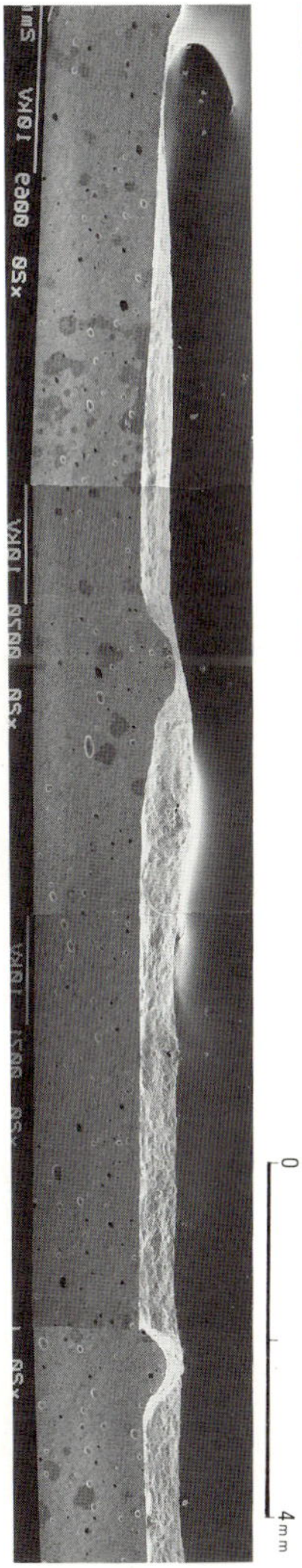

図11

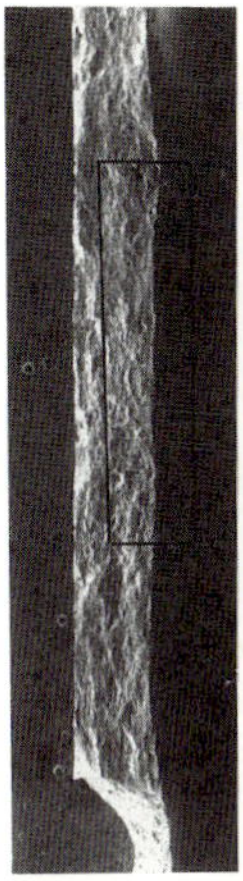

図12

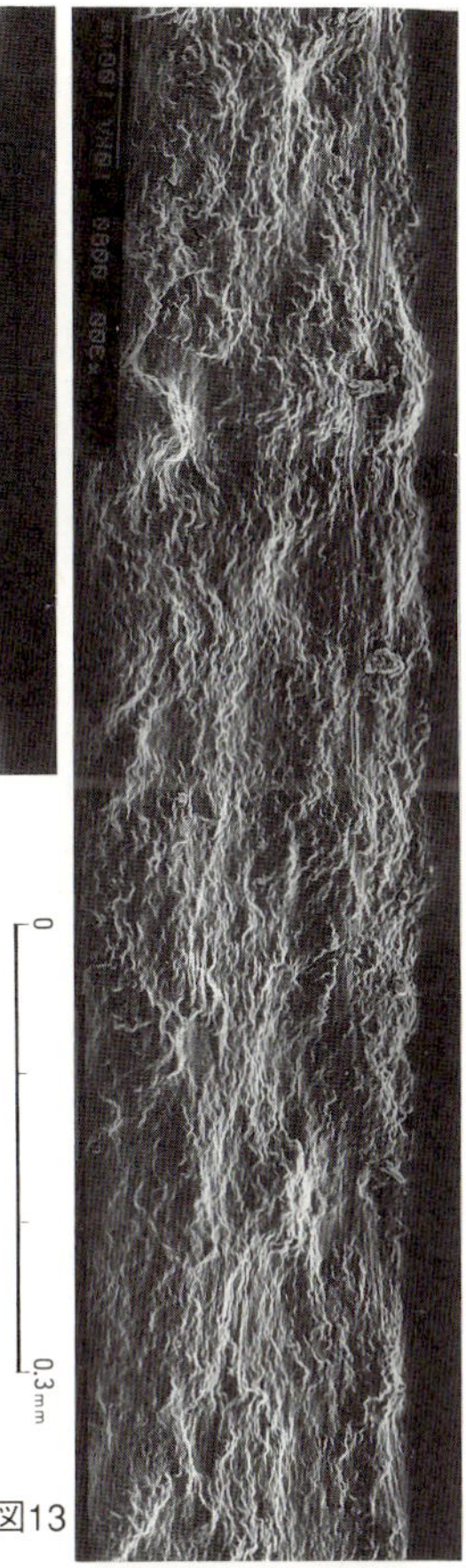

図13

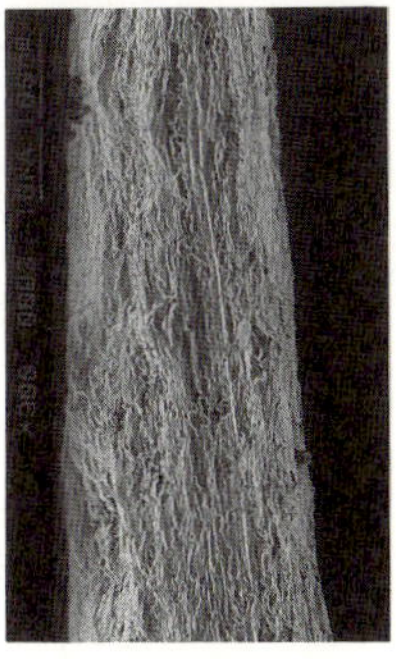

図14

縦線と横線の発交点の観察

縦線と横線の交わっている部分の詳細な観察をもう一度試みるべく、再度資料を電子顕微鏡に入れた。図15〜図17としたのが、そのときに撮影した写真である。図15は、交点部分を正面から見たところである。縦線は横線を横断しているため、横線の対岸に膨らみを生じている。同じ部分を五〇度傾けて、横線の下部から撮影した写真が図16である。縦線とぶつかっている所にできた横線の膨らみは、凹凸によって表現されていることから、縦線を描くときにはすでに横線が描かれていたことが分かる。さらに、それを九〇度時計回りに回転させて撮影した写真が図17である。縦線が横線を横断する際、横線の底の部分をさらに削り取るように描かれている。このことも、横線の後から縦線が描かれたことを示す証拠となろう。図16では、横線の軸方向の擦痕が、縦線によって作られた盛り上がりの上を通っているのがかすかに分かる。これは最終的な仕上げなどによる擦痕であり、線を描くときの順序を示しているわけではないと考えている。

斧表面の擦痕

斧表面に観察される擦痕は、刻紋のすぐ下、斜め方向に付けられているものを選んだ。図1の刻紋の下側に見えているのがそうである。極めて浅い線であって、正面から撮影した写真では図18に示したように十分な観察はできない。資料を六〇度傾けてビームの反射角度を変えて撮影したのが図19である。規則正しく斜めに走る線が並んでいる。それを拡大すると、図20のように残っている擦痕の様子がはっきりする。

まとめ

斧に描かれた刻紋をレプリカ法によって観察を試みた。その結果、紋様を構成する刻線は、細かな敲打と削りによって作られている可能性の高いことが判明した。ただし、縦線の溝底に残されている擦痕（図13）は、他の部分に残

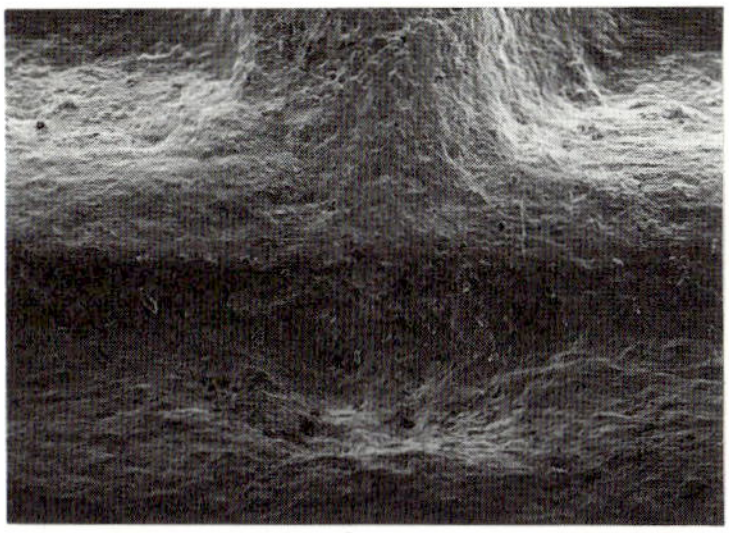

図15　0　1mm

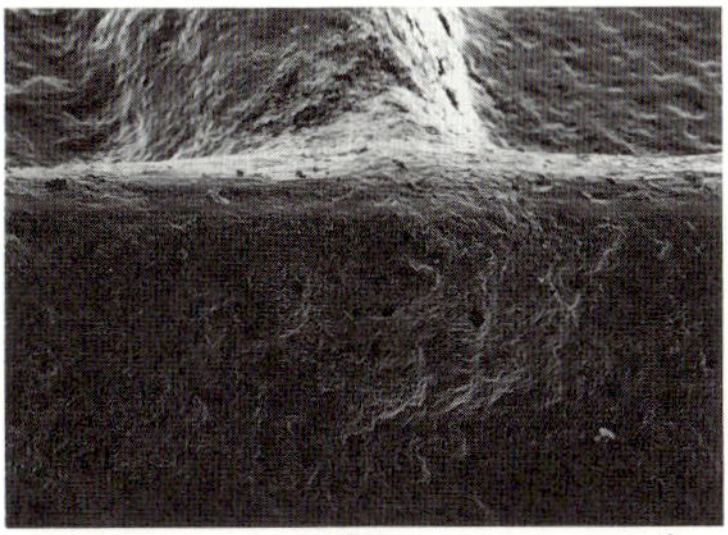

図16　0　1mm

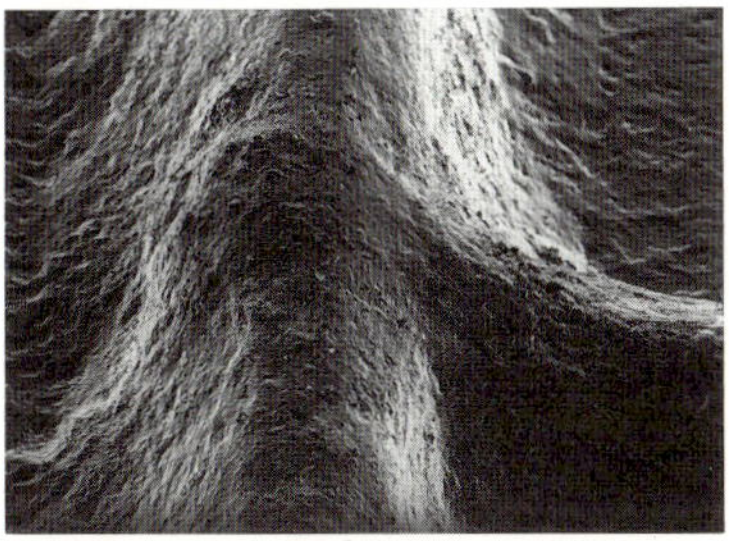

図17　0　1mm

図18　0　2mm

図19　0　2mm

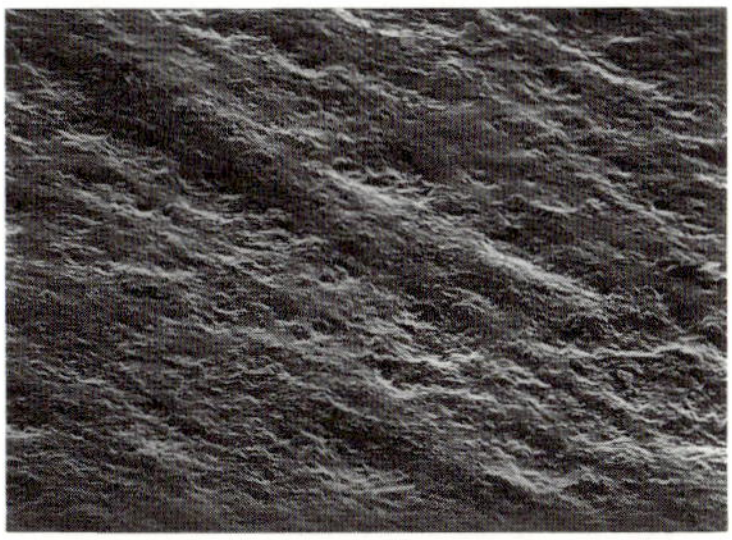

図20　0　0.2mm

されている擦痕とは違って明瞭な形で見えている。後世、刻紋を確認するため、刻線を堅く尖ったものでなぞったために付いた可能性も考えることができる。他の擦痕がまっすぐ引かれているのに対し、この擦痕がふらついて引かれていることも、そのような可能性を考えた根拠になっている。レプリカ法による、石器の製作痕や使用痕の観察では、作られてから発見されるまでに付けられた傷が観察の対象となる。時間差や加工具の種類が分かる場合もあるが、この斧に刻まれた刻紋ついては、横線→縦線→枝状の刻線という書き順が分かった程度で、残念ながらどのような加工具が使われたのか、については不明のままである。お世話になっている浅川先生の期待に、十分添うことができなかったことをお詫びしたい。

参考文献

丑野　毅・田川裕美一九九二「レプリカ法による土器圧痕の観察」『考古学と自然科学』第二四号、日本文化財科学会
丑野　毅一九九二「猪牙製装飾品」『袋低地遺跡―考古編―』東北新幹線赤羽地区遺跡調査会・東日本旅客鉄道株式会社
丑野　毅一九九四「土器の中に残されている圧痕」『東京大学総合研究資料館ニュース』三〇号、東京大学総合研究資料館
丑野　毅一九九七「百人町三丁目西遺跡出土の隆起線紋土器に残された圧痕」『百人町三丁目西遺跡三』新宿区百人町遺跡調査会

刻文付有孔石斧に付着する物質の分析

上條　朝宏

付着土の土壌分析に至る経緯と分析の目的

石斧に付着していた物質の分析にあたり、分析を依頼するに至ったこの間の経緯および分析することの趣意を明らかにしておきたい。

石斧は昭和四十一年に、当時羽黒中学校に奉職していた梅本成視さんが、クラブ活動の発掘で中川代遺跡から掘り出したものという。それが浅川利一さんの目にとまり、縄文時代中期（約五〇〇〇年前）に古代中国から渡来した「刻文付有孔石斧」と報告されたことから、平成七年七月二十八日付の新聞報道で大きく扱われ話題となった。このニュースを知った多くの考古学研究者が浅川さん宅を訪れて、遠来の石斧に感慨深く見入ったことであった。

しかし中にはこの石斧を疑惑とした人もあった。「ルーペで詳細に観察したところ、石斧自体は本物だが地元の遺跡から出土したものではない。白いトラパージ（石灰華）が付いているのは、中国南部からタイの石灰岩地帯に埋まっていたからで、刻文ある石斧は骨董として珍しいから日本人向けに高く売ろうとして、盗掘品に細工したものだ。刻文も甲骨文字の描き順も違うから、グラインダーのような金属で彫ったのだろう。こんなもので大々的に中国の研究者と交流シンポジウムでもやろうものなら、とんだ笑いものになるから止めたほうがいいよ……」と、まるで詳しく見てきたかのように忠告してくれたのである。

一部にしろ研究者の間でそうした不審があるならば、本書の刊行にも影響してこよう。梅本さんが発見時の記憶を生々しく語っても、調査当時の報告書はないし、石斧が出土した時の写真もなかったから、誰もが納得する確かな証拠で立証しなければ、この縄文時代の渡来石斧も宙に浮いてしまいかねない。

時あたかも平成十二年十一月に、前期旧石器遺跡の捏造事件が発覚した。このことで考古学に対する国民の信頼は失墜したと痛感したおおかたの研究者は、肩身の狭い思いをしてきた。一方で、ここぞとばかりに捏造を追及するマスコミに持ち上げられて意気軒昂な研究者もあったから、石斧への不審があることを承知しながら本書を刊行すれば、すわ第三の捏造問題とばかりにマスコミ攻撃にされかねない。膠着したような真贋論議を何とか事前に打開する手がかりがないものか、模索する日が続いた。

そうした中、刻文部が拡大された写真を見ていて、沈刻された中にかすかに土が付着していることに気がつき、この付着土が石斧の真贋を明らかにする鍵になることを直観した。この写真は、新聞報道のきっかけとなった平成七年七月二十六日に、浅川さんが東京都埋蔵文化財センターに石斧を持参して調査研究員に披露したときに、上條さんが白色の付着物を分析鑑定したついでに、実体顕微鏡の写真撮影したものであった。

私の直観とは、梅本さんが一緒に出土したという大木8a式土器の付着土と刻文部の付着土を併せて分析し、一次鉱物の組成が共通したならば、正しく中川代遺跡から出土したことが立証されるはず、というものであった。「考古学は科学的でない」と立花隆氏から指摘されたが、この付着土の鑑定により観念が打破できるはずである。この発想から、上條さんには石斧を借り受けてきたら土壌を分析してもらうよう依頼し、酒田市の梅本さんにも電話で趣旨を話して、快く承諾してもらった。

梅本さん詣でも前二回は浅川さんのお伴で、そして三度目となる今回は、桜前線が酒田に北上してきた平成十三年の四月中旬に、岡崎完樹さんを誘いあわせて訪ねた。挨拶もそこそこに梅本さんから手渡された石斧の刻文部に、固唾をのみながらルーペを当てて見たところ、付着しているはずの土が見当たらない。一縷の望みが絶たれて茫然自失、梅本さんが採取してくれていた土器の付着土だけの片肺土産を手に、酒田を辞してきたのである。

ところが捨てる神あれば拾う神ありとはよく言ったもので、刻文部の付着土は、じつはしっかり捕獲されていたのである。それは五月の駒沢大学で開催された考古学協会で丑野毅さんと会ったので、この石斧の付着土の手がかりが途絶えてしまったことを嘆いたところ、何と丑野さんが手許に捕獲してあるという。それというのも、丑野さんもまた浅川氏宅でこの石斧を実見して強い関心を持ったから、レプリカ法で刻文を観察するために石斧を借り受け、型范りしていたのである（「刻文付有孔石斧のレプリカ法による観察」参照）。その型范りした印象材に、付着土が反転されて捕獲されてあったのだ。石斧はその後、浅川さんから東都文化財研究所のレプリカ製作に回されていたから、私の探索もとてもそこまでは及ばなかったろう。まさに僥倖というしかない巡り合わせであった。

紆余曲折はあったが、こうして土器に付着していた土と丑野さんが捕獲していた石斧の付着土の双方が、上條さんの手に渡され、一次鉱物の分析鑑定に委ねられることになった。吉とでるか凶とでるか鑑定や如何に、分析結果がでる数カ月の間、私は俎の上の鯉の心境であった。

（安孫子）

有孔石斧および土器に付着する土壌の一次鉱物分析

分析の方法

丑野氏から預かった試料はレプリカ法で型范りする作業に使用した印象材で、「孔部分」が四点、「刻文部」が一点である。実見したところ「刻文部」には、確かに微量の土が付着している（図1右上写真）。しかし「孔部分」は汚れている程度であまり期待がもてなかった。そこでまず、「孔部分」で試料採取の方法が適正か否かを実験的に行い、この方法が有効と判断した上で、「刻文部」の試料採取に着手することにした。

印象材から「土」を採取するにあたって、まず点数の多い「孔部分」の印象剤二組セット四点のうちの一点を選んだ。まず、一〇〇ミリリットルのビーカーに試料が水没する程度に純水を入れ、実体顕微鏡下で竹串を用いて付着物を採取する作業をした。次に、超音波細胞破砕器を用いて200KHz110Wで五分間の分散処理を行った後に、遠心分離器と湯煎器を用いてAguileraandJacksonのクエン酸法[2]による脱鉄処理を行った。その後、蒸発皿で蒸発乾個したのち、注記用の筆先で試料を採取し、プレパラートを作製した。しかし、わずかに微細な火山ガラスや植物珪酸体を鑑定できたものの、一次鉱物は採取できなかった。もう一対の「孔部分」の印象剤も処理したが、やはり同様の結果となった。

石斧自体が事前によく洗浄されてしまったらしく、一次鉱物はほとんど付着していなかったものの、試料の採取方法はこれが最適と判断し、いよいよこの方法で「刻文部」の付着物を採取することにした。こうして印象材に付着し

303　刻文付有孔石斧に付着する物質の分析

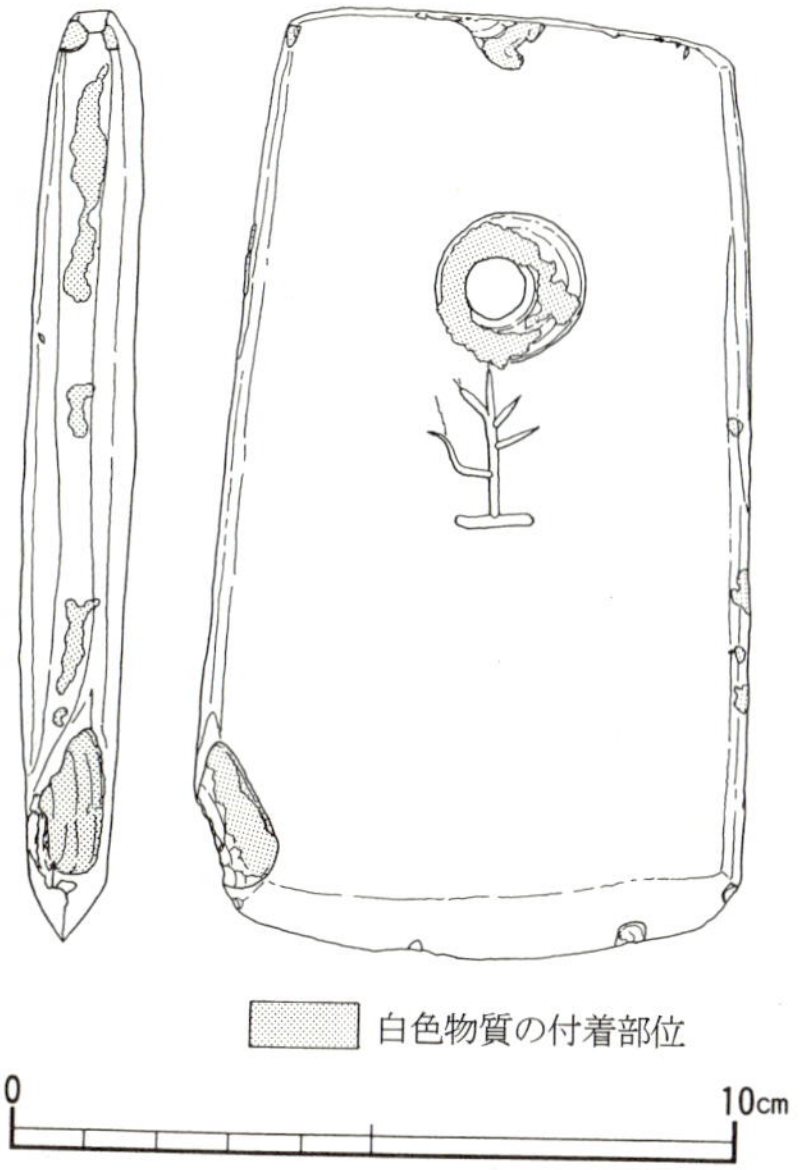

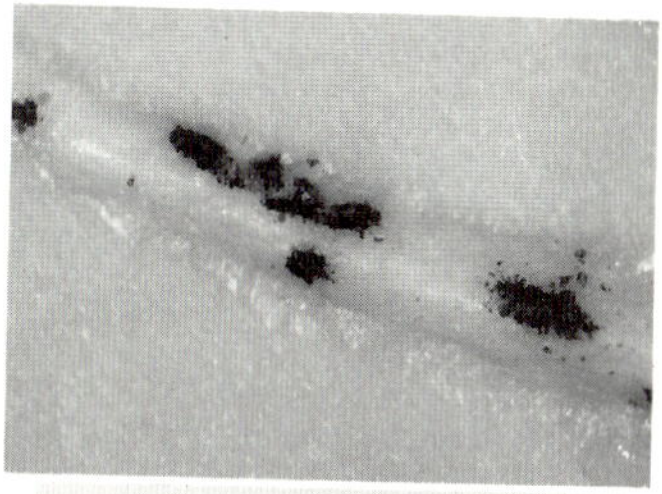

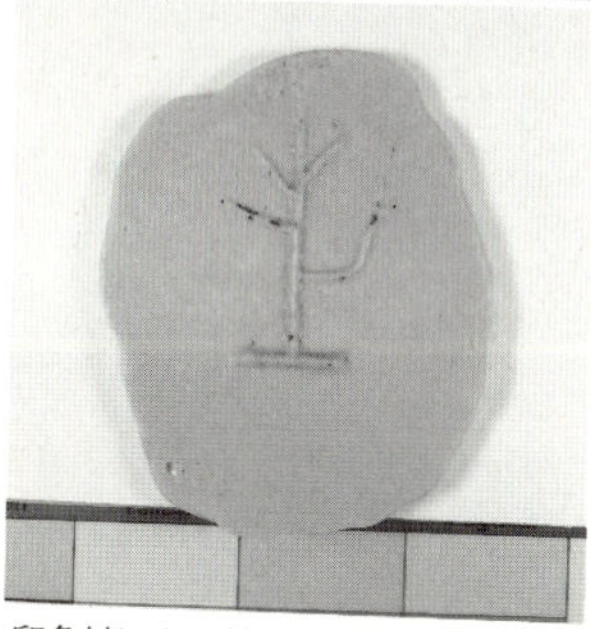

印象材による付着土の捕獲状況（単位cm）
と左枝の部分拡大（上）

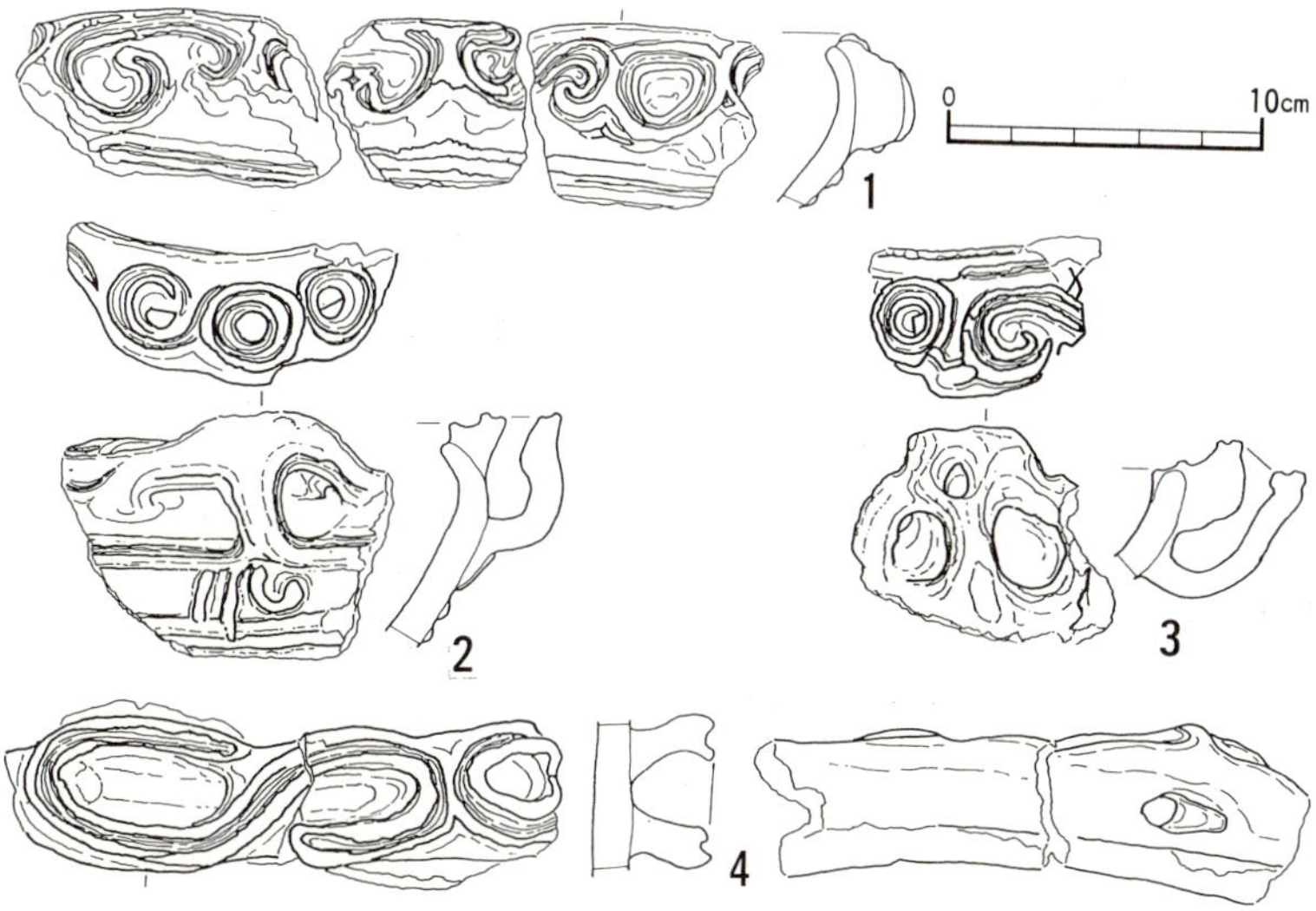

図1　刻文付有孔石斧（左上）と印象材による付着土の捕獲（右上）
および伴出した土器（下）　（佐藤禎宏・丑野毅による）

ていた試料をすべて離反することができ、その採取された試料をプレパラートに作製した。そしてプレパラートの全面をくまなく顕微鏡鑑定し、一七〇粒の一次鉱物を鑑定することができた。

一方、先に安孫子氏から預かった土器の付着土は、小さなポリ袋にいっぱいあった。この中から一〇グラムを抽出して分析の試料とした。同様に脱鉄処理をした後、〇・一二五ミリと〇・〇四六ミリの粒径のフルイ分けを行い、後者のフルイで採取できた分について一次鉱物を鑑定したところ、四七六粒を数えた。

なお、これまで偏光顕微鏡による鑑定は通常、一〇〇倍で行ってきた。試料にゆとりのある土器の付着土はこれまで通り一〇〇倍で鑑定したが、「刻文部」の試料の方は微量かつ粒径が微細のために一〇〇倍は困難だったので、二〇〇倍で鑑定した。

偏光顕微鏡鑑定による一次鉱物組成

私が土器の胎土分析をする場合、通常、一次鉱物の鑑定方法は、試料に含まれる重鉱物と軽鉱物の粒数（およそ二〇〇粒を目安にしている）を数え、それぞれの鉱物の粒数を%で表示することにしている。この方法は、一次鉱物による胎土分析を始める段階で試行錯誤した結果によるものである。通常、土器を製作するために選ばれる粘土には、構成比の七〇〜八〇%を石英とか長石類が占めている。そのため多く含まれるこれら鉱物よりも、まず構成比二〇〜三〇%の重鉱物を鑑定し、重鉱物のみでは判断が難しい場合や重鉱物を少量しか含まないときに石英や長石類を鑑定することにしている。またプレパラート一枚に要する鑑定の時間は、重鉱物を主体にすれば三〇分から四〇分であるが、石英や長石類も鑑定すると操作工程が増加するため、二時間から三時間を要する。このため、軽鉱物は石英や長石類を除いた鉱物を鑑定し、重鉱物との粒数を加えて表示する方法をとっている。この場合の軽鉱物には、高温型石英・火山ガラス・植物珪酸体・動物珪酸体（海綿骨針等）などがある。これらの鉱物は土器作り用に選択した粘土の生成を反映する場合が多くあるためで、高温型石英・火山ガラスからは火成岩や変成

表1　偏光顕微鏡鑑定による一次鉱物組成表

	紫蘇輝石	普通輝石	角閃石	磁鉄鉱	黒雲母	ジルコン	石榴石	高温型石英	火山ガラス	植物珪酸体	動物珪酸体	粒数%
刻文部の付着土	28	15	3	21	3	4	12	2	28	52	2	170
	16.47	8.82	1.77	12.35	1.77	2.35	7.06	1.18	16.47	30.58	1.18	100.00
土器の付着土	84	60	14	75	15	8	94	3	107	15	1	476
	17.65	12.60	2.94	15.76	3.15	1.68	19.75	0.63	22.48	3.15	0.21	100.00

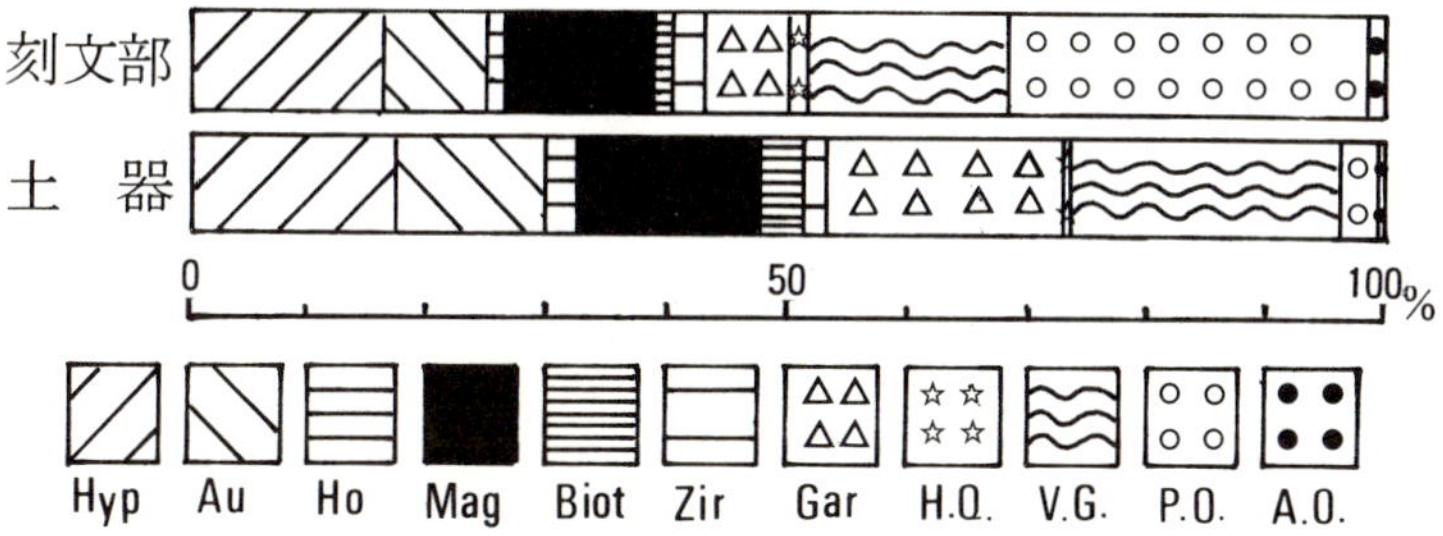

Hyp:紫蘇輝石　Au:普通輝石　Ho:角閃石　Mag:磁鉄鉱　Biot:黒雲母

Zir: ジルコン　Gar:石榴石　H.Q:高温型石英　V.G:火山ガラス　P.O:植物珪酸体

A.O:動物珪酸体（海綿骨針）

図2　偏光顕微鏡鑑定による一次鉱物組成図

岩および火山噴出物のうち海底火山を含めた情報が得られる。植物珪酸体からは、粘土の生成場所が沼地に近い場所か否かとイネ科の植生かを知ることができる。動物珪酸体（海綿骨針）からは、陸成層か海成層であるかという粘土の生成環境の情報が得られる。

前述したように、土器の付着土のほうは、通常どおりにフルイ分けして粒径統一された鉱物が四七六粒を数えることができた。しかし、刻文部の付着土はごく微量でとてもフルイ分けするには至らず、採取できた試料をすべて使って一枚のプレパラートを作製した。そのプレパラートの全面を観察しても、一次鉱物は一七〇粒を鑑定しただけであった。刻文部の粒数は土器の付着土の三割弱の粒数であり、しかもフルイ分けをしていないため〇・〇四六ミリ以下の粒径が共存している。このことは、結果的に粒径が〇・〇四六ミリ以下の鉱物を多く鑑定することとなった。例えば、両者の総粒数で土器と刻文部の粒数は四七六：一七〇であるが、植物珪酸体の土器と刻文部の粒数が一五：五二という反比例したあり方をするのも、この理由による（表1・図2）。

一次鉱物は、重鉱物と軽鉱物の二種類に区分されている。重鉱物（有色鉱物）には、紫蘇輝石、普通輝石、角閃石、橄欖石、磁鉄鉱などの不透明鉱物など多種類の鉱物がある。軽鉱物（無色鉱物）には石英、長石類などがある。また生成起源の違いによって、火山灰起源の土壌粒子では植物珪酸体、植物破片、炭化植物片、珪藻などがある。

これらの鉱物を一粒ずつ、次のようにして識別鑑定する。生物顕微鏡観察と同じ状態の平行ニコル（透過光）では、鉱物の色（無色、有色、黒色）、屈折率（カナダバルサムで封じたスライドで石英の屈折率 ω＝一・五四四に対し、±〇・〇〇二の範囲で一致させたもの）がカナダバルサムより高いか低いかを鑑定し、石英の屈折率との比較をする。多色性（ステージを回したとき鉱物の色が変化する）があるかないかを鑑定する。これに対して偏光状態のクロスニコルでは、消光（接眼レンズに装置された十字糸を基準に鑑定する）した状態でステージを回しつつ観察すると、①常に暗黒、②九〇度回転するごとに暗くなり、そのほかは明るい、③常に明るい、の三種に区別される（消光位）。また、軽鉱物（無色鉱物）のうち石英、長石類ではさらに干渉像（コスノコープ像）を観察し、石英は一軸性、長石類は二軸性であることで鑑定する。

以上のように、偏光顕微鏡下で一次鉱物を鑑定するには、一粒ひとつぶについて前記した工程と操作を経たものである。ちなみに図4に、平行ニコル・クロスニコル状態での鉱物写真を掲げた。

混入鉱物による供給源との比較　両者の一次鉱物の鑑定結果について混入鉱物を比較する試料として、吉田三郎・植松芳平（一九七九）を採用した(1)。それによれば、「火山砕屑物（M）G月山火山噴出物」の項の、月山の火山を

○・二ミリのフルイで節別した試料を鑑定すると、磁鉄鉱、斜長石、輝石、紫蘇輝石およびジルコン等が識別され、

○・二ミリ以下の微粉末は微細鉱物片およびガラス粉で構成されており、玄武岩質安山岩に該当するとされている。

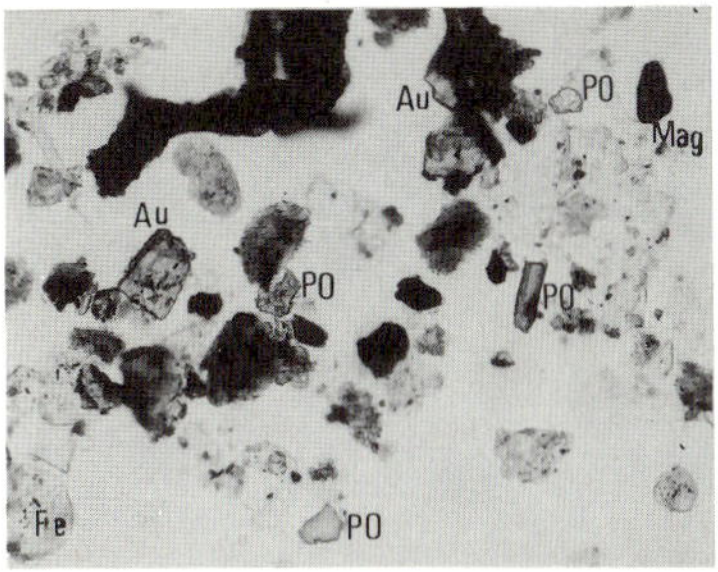

刻文部に付着した一次鉱物（平行ニコル）

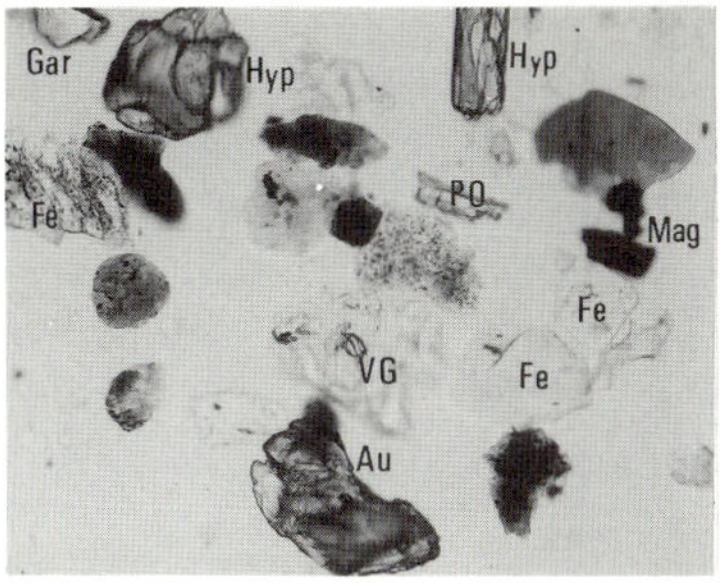

土器に付着した一次鉱物（平行ニコル）

刻文部に付着した一次鉱物（クロスニコル）

土器に付着した一次鉱物（クロスニコル）

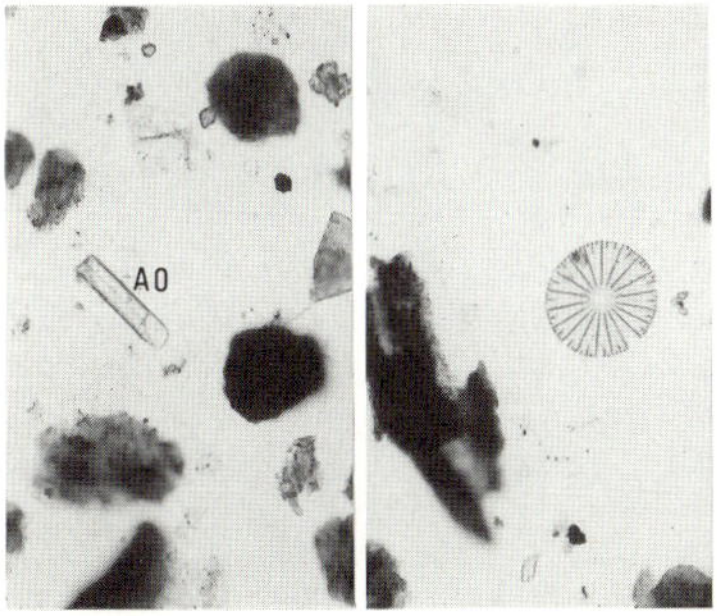

刻文部に付着した土にみられる動物珪酸体（A.O）と珪藻類

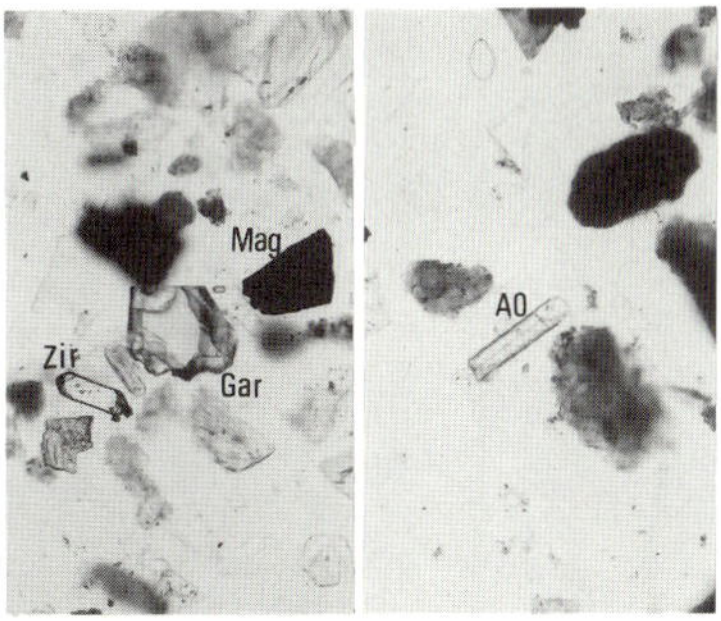

土器に付着した土にみられる重鉱物のジルコン（Zir）・石榴石（Gar）・磁鉄鉱（Mag）と動物珪酸体（A.O）

図3　刻文部（左列）・土器（右列）の土の顕微鏡写真

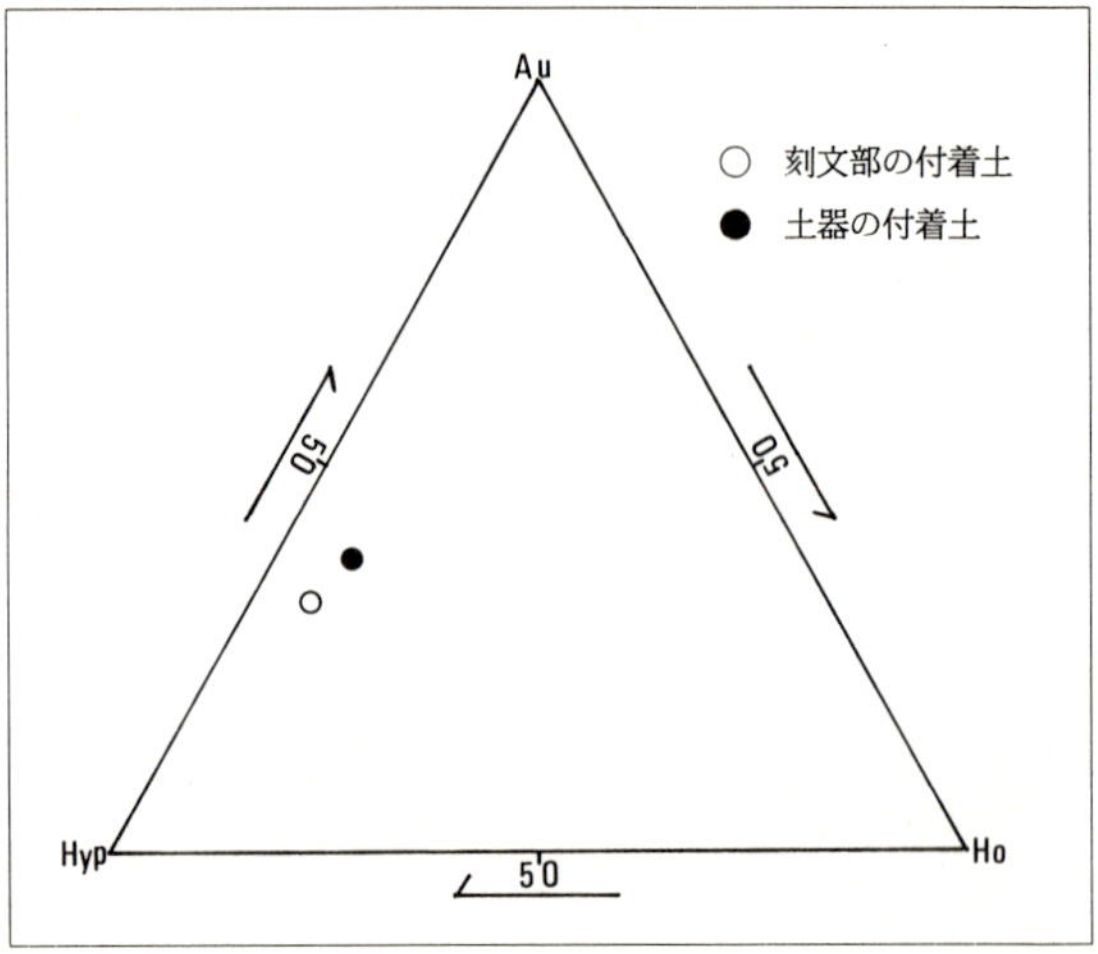

図4　Hyp：紫蘇輝石・Au：普通輝石　Ho：角閃石の三角図表

この鑑定結果と対比すると、付着物の双方にも磁鉄鉱、普通輝石、紫蘇輝石、ジルコン、火山ガラスの鉱物が共通して存在する。このことから付着物の鉱物組成は、月山火山噴出物と共通性がうかがえるといえる。

そのほかの鉱物として植物珪酸体と動物珪酸体（海面骨針体）がある。これについては以下のように考えられる。植物珪酸体はイネ科植物起源であり、遺物が包含されていた土層が水田であったことに関係しよう。動物珪酸体は、鉱物の形がやや風化している状態から、当地よりも上流域に露出する古第三紀層などに含まれていたものが、河川などにより運ばれてきて土壌中に混入したものと推察される。

三角図表による比較　刻文部と土器の付着土が三角図表ではどのような関係にあるのか、双方の付着土で鑑定した一次鉱物の中から、紫蘇輝石、普通輝石、角閃石を抽出して見てみよう。この鉱物三種を比較の対象とする理由は、火成岩、変成岩を構成する主要な鉱物であるからである[2]。この図表は、三種の鉱物の粒数を加算して粒数%で表示したものである。図表の見方は、それぞれの頂点に位置する点が一〇〇%で底辺が〇%である。例えば紫蘇輝石、普通輝石、角閃石が三三・三三%の割合であれば、点は三角図表の重点の位置に表示される。かくして図表に表示された双方の付着土の位置は、かなり接近しているといえる。

分析の結果

「刻文部」に付着していた土と、大木８ａ式土器に付着していた土を分析鑑定した。

両者に含まれる一次鉱物は、刻文部のほうは採取試料のプレパラート全面で一七〇粒、土器のほうは試料一〇グラムにつき、〇・〇四六ミリ粒径のフルイ分けで四七六粒を数えた。両者の一次鉱物組成には粒数に違いがあるものの、重鉱物と軽鉱物中の高温型石英・火山ガラス・植物珪酸体・動物珪酸体など、類似した組成で構成されている。また、双方の試料で、軽鉱物の火山ガラスと植物珪酸体の粒数に格差が認められるが、この要因は、「刻文部」の土には「土器」の土よりも細かい粒径が多く含まれている状態で鑑定されたためである。換言すると、火山ガラスよりも細かい粒径の植物珪酸体のほうがより多く鑑定されたということである。双方の試料に植物珪酸体が含まれるのは、出土したとされる場所が水田と関係するためであろう。また動物珪酸体（海綿骨針等）が含まれているが、上流域に露出する古第三第三紀層などに含まれていたものが、河川などにより運ばれてきて土壌中に混入したものであろう。なお、重鉱物のうち、輝石類の紫蘇輝石・普通輝石・角閃石の比を三角図表で表示すると、両者は割合近い位置に点在する。

以上のことから、両者に付着した土は、ほぼ同じ環境下で生成された土壌と考えられる。

石斧に付着する白色物質の分析

分析方法

平成七年七月二十六日の夕刻、浅川先生が東京都埋蔵文化財センターに持参した石斧の分析を行った。

石斧に付着した白色物質は、特に石斧の有孔部を縁取りするような状態で固着しており、側縁部などにも認められたが、刻文部の周囲にはまったく認められなかった。分析にあたっては、白色物質が何であるかを知るために構成元素を測定する必要がある。例えば、白色の材料としては石灰岩のような岩石起源、貝類の生物起源、アルミニウムのように岩石や土壌中に含まれるもの、鉛が風化してできる鉛白など種々の材料が考えられた。

分析方法は、走査型電子顕微鏡で画像を見ながら、エネルギー分散装置で元素分析を行った。通常の観察では、対

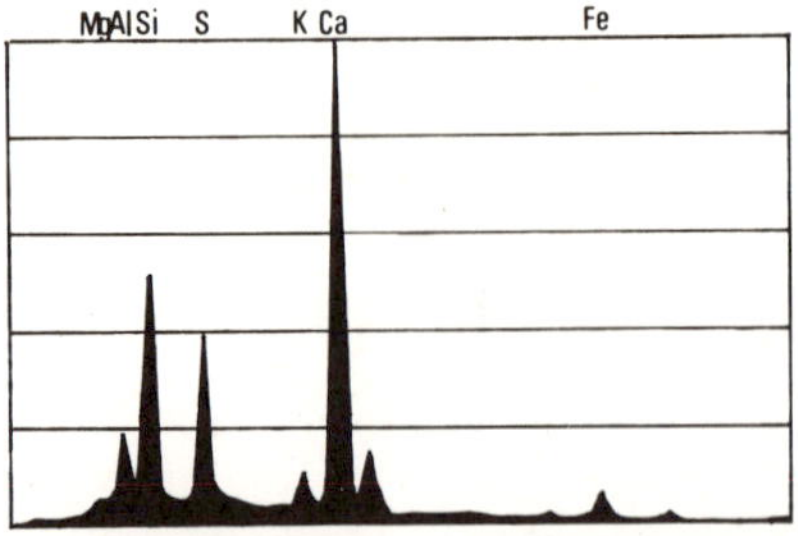

有孔部に付着する白色物質のX線スペクトル

Ca（カルシウム）の面分析

Si（珪素）の面分析

S（イオウ）の面分析

Al（アルミニウム）の面分析

図5　白色物質のX線分析スペクトル（上）と4元素の面分析（下）

象物が放電しないようにするため真空蒸着装着やイオンスパッター装置で金線や銀線、カーボンや白金などを試料に蒸着（真空中で金属を加熱・蒸発させて試料の表面に薄い膜を接着させる）するわけであるが、この方法を使用すると試料に金や銀などの薄い膜ができてしまう。そのため今回は、試料自体を何も表面加工しない状態で試料室に入れて測定をした。

分析結果　以上の分析からX線分析スペクトル（図5上段）が得られ、カルシウム（Ca）が多く含まれる結果が得られた。しかし、このカルシウム（Ca）が石灰岩などの岩石または貝などの生物から得られたものかについては、X線回析装置などの機器で測定する必要がある。

点の集合体を表現した写真図版四葉は、走査型電子顕微鏡とエネルギー分散装置を使用して撮影したものである。撮影試料は、今回の白色物質の観察画面に見られるカルシウム（Ca）、珪素（Si）、硫黄（S）、アルミニウム（Al）の元素分布を面的に撮影したものである。これらの元素のうち、カルシウムは白色物質に由来し、硫黄も関連しているかもしれない。珪素とアルミニウムは岩石の組成に由来するものと思われる。

補　注

（1）　吉田三郎・上松芳平一九七九「Ⅲ表層地質」『土壌分類基本調査鶴岡五万分の一』国土調査山形県、三七頁

（2）　例えば、富士山の火山灰が影響する地域では、玄武岩質のため橄欖石が主体を成しているため比較にならない。そのため全国的に比較しても安定している鉱物は火成岩や変成岩などに含まれる鉱物を選択したほうが、広範囲に比較可能になるからである。

山形県出土の「刻文付有孔石斧」考

山村　貴輝

はじめに

世界地図はそれを作成する国が地図の中心となって作られているのが多い。当たり前のことであるが意外と気が付いていないようである。日本国および日本の教科書などが作る世界地図は日本列島がほぼ中心となるか、あるいは環太平洋を意識してやや西側に位置する。イギリスの世界地図はイギリスないし西ヨーロッパが中心で、日本は東の果て（まさしく極東である）に位置する。ちなみに日本全図は大体東京が中心で、九州や北海道が中心となっていない。首都が東京であるからとか、位置的に東京が中心にあるので「中心」に位置しているのであれば、仮に首都が仙台とか大阪となると日本全図の構造は変わるのだろうか？　ともかく私はこのような世界地図や日本地図は見て育ってきた。この先入観に基づく地理観、地形観ひいては認識レベルの世界観は、私にとって抜き差しならない存在となっている。

一般に国際的な世界観や認識の必要性を理解してはいても、このように少年時代から見慣れた世界地図観は容易に払拭できず、心の奥深くに未だ位置している。地球儀を回転させれば「極東」認識など簡単に解除できそうなものであるが、教室に貼られていた世界地図によって摺り込まれた先入観には大きいものがある。

今回の有孔石斧の発見事例は、このような硬直した私の地図観に少なからずの刺激を与えた。しかしこの問題提起自体は（そのよりどころとなるイデオロギーの検証が必要不可欠となるものの）新しくはなく、古くは戦前から言われており、現代でも新たな資料を踏まえて古代史学や人類学など、そして考古学において提唱されている「環日本海文化論」である。だが私にとってはそれまでは各論の一つであったのであり、今回この小論を記すにあたり視点の形成に対する問題意識の再考を生起させたのである。再度確認するが考古学や歴史学における現在の国境での「一国主義的範疇」などはあり得ないのは自明の理である。しかしそれに相反するように、私を初め多くの人が持っている観念としての日本列島中心（史）観には根強いものがあるのではなかろうか、と思う。

有孔石斧を考える

浅川・梅本の報告(1)は簡潔であるが、当該資料の有孔石斧の観察も微細になされ、時期については供伴土器により縄紋時代中期であるとされている。また中国における出土事例集成も基本的に網羅されており、単なる資料紹介に終わらず本書で研究者各位により記述されているように、多くの問題を投げかけている。以下具体的に私見を述べさせていただきたい。浅川・梅本報文を確認すると次の五点にまとめられよう。

①　中国における類似資料（有孔石斧）には、文字ないし記号が印刻された事例はない（これが文字ならば刻文である。本文では文字性が強いと思われることから刻文とする）。

②　中国の類似資料には「石斧」「鉞」「「双孔石鏟」「穿孔玉斧」「斧」「石鉞」「有段石斧」などと呼称が分かれ、地域、および時期時代的な背景も反映してその定義が明確ではないし、詳細な分別は浅学菲才の私には理解し得ない。

③　これらの資料には年代幅があり、当該資料と形態的に類似するのは大汶口文化期である。

④　②で呼称が異なると述べたが、いずれの場合も実用品ではなく儀礼器である可能性が高い。当該資料も報告者によると「刃先に擦痕もないので、実用は考えにくい」とのことである。

⑤　これらの資料はおおむね器体上部に穿孔が見られるが、断面形を観察すると「柄」を装着しにくいものもあり（穿孔部の断形が平行になされていない。両面穿孔技法のためか穿孔中央部が狭くなる）、当該資料もそのケースとなる。したがって、単に象徴として穿孔したのかあるいは縄などで垂下させるためのものである可能性が高いと思われる。

ここで注意をしたいのは当該資料の穿孔部直下に刻文がなされていることである。この刻文の意味を考える場合、「穿孔と刻文でもって同一的に捉えるのか」それとも「穿孔と刻文を別のものとして捉えるのか」によりこの資料の解釈がまったく異なることになる。この問題は当該資料について考える上で極めて重要である。

なお浅川先生によると当該資料の石質は、蛇紋岩とか硬質頁岩という玉類の一種であるが、日本国内では未管見であるとのことである。そうであれば原石を携えた製作者が渡航してきたとは考えにくく、中国などで製作されたものが搬入されたと考えた方が自然である。

また本書の別章で述べられているように、縄紋時代に大陸からもたらされた文物として（文物そのものが搬入されるケースと日本において模倣されるケースがあるが）、矢柄研磨器、玦状耳飾り、三足形土器（鼎形土器）などがあり、大陸との文化的関係性を抜きには列島史を語れない。また縄紋時代以降も同様であり、大陸と日本列島の関係は現在まで継続する。その一方で大陸の影響下で相対的独自性を有する縄紋文化を醸成していたこと（時期・地域により流動性、波動性があり「強弱」もあるが）、その文化内容も共同体社会のあり方として現象的多視面から見た場合、あるいは社会的本質において高次性を有していたことなどが近年の全国の縄紋時代遺跡の調査事例や研究報告で明らかにされてきている。だがこの縄紋文化の評価も文化内容の事実認定に基づき具体化させる作業は東アジアを視座におき、その中で相対的＝客観的検証研究が必須事項と考える。

有孔石斧の刻文の意図

刻文された工具について浅川先生に問い合わせたところ、「先端が鋭利な堅い工具で、（先端部の）大きさは三寸釘より小さい」との所見をもらっている。また写真や拓本を見ると、刻文作業の際に生じるいわゆる擦痕や乱れ傷の類は看取できず、手慣れた「工人」によりなされた作業と推定される（これについては丑野氏論文を参照）。

そこでこの「刻文」であるが、観察されたこれらの要素は、刻文が「文字」なのか、文字以外の「記号」なのかを弁別する基本となると思う。もっとも「記号」も広義の文字であり、記号と文字とを定義上区別することはできない。ここでは便宜的に、現在まで研究されてきた甲骨文字とその範疇に入るものを「文字」、それ以外を「記号」として区別する。それではなぜ弁別できるかといえば、「文字」にはその意味にモデルがあり、いわゆる情報伝達手段としての系統性が前提となる以上、自然発生的には「文字」のオリジナルは登場し得ないと考える。つまり象形文字から甲骨

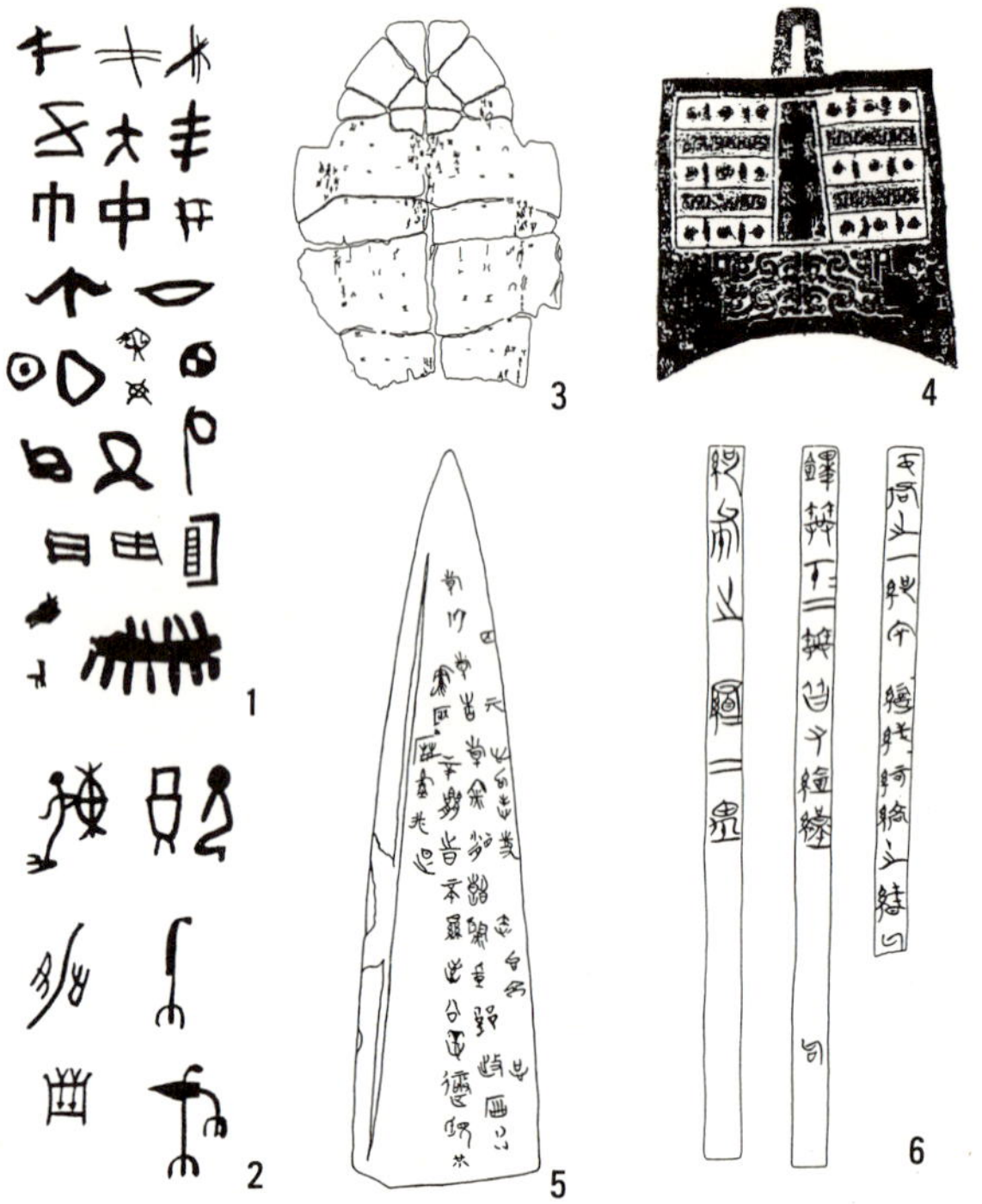

1.記号文字　2.象形文字　3.甲骨文字　4～6.初期漢字

図1　古代中国の記号ならびに文字の事例
GINAL.BARNES 1993 CHINA KOREA AND JAPAN
「The Rise of Civiliation in East Asia」より一部変更

文字がその祖系である。しかしながら「記号」におけるモデルの存在も否定はできないが、甲骨文字がその存在構造からして系統性がある。しかし「記号」の場合は、学理的に系統性を見出せない。つまりここで言う「記号」はそれから排除されたもの、あるいは系統性が認められないものを言うもの、と考えたい。それ故に「記号」モデルの存在自体が仮にあったとしても、系統上不確定なものは「文字」として疑問を持つものがあると思う。ここで確認すると、系統性があり（モデルがあり）意識化された確信を持って刻文をしているのであれば、それは「文字」の可能性が強いものと考える。かくして、当該資料を見るとそこには明確な目的意識性が見られ、刻線がバランス性を有しており「文字」として捉えられると前向きに考えたい。

以上のことを踏まえながら甲骨文字では、門外漢の素人判断であることを承知の上で、以下に若干の考察を試みてみたい。参考までに図1は記号文・象形文字・初期漢字の事例を示した。記号文は土器の底部などに描かれている。なお本図の縮尺は不同である。これを見ると、象形文字が意識的に描かれているのに対して、記号文字には意識性が見出せないことが判明する。

さて当該資料の刻文を観察すると、浅川・梅本報文中「類似順二」の「生」に注目したい。「生」の文字原形の中には「㞢」と「㞢」の文字が含まれていると思われる。この「㞢」と「㞢」の文字の両者を上下で合わせると、また共有する箇所の文字下部の「一」部分を相殺すると当該資料の刻文「㞢」の文字との近似性が生まれてくる。つまり「生」の意味を持つ文字を上下二重に連結させた当該資料と似ているのである。漢字形成過程においてこのような進化形態が生じるのか事例など管見し得ないが、このような作為は文様（記号を含む）の変化や変遷過程においては推定されるケースと思われる。ちなみに言語は、複数の品詞が一つの固有語になる場合、連続する同一語韻は一つの語韻となることが知られている。なおこの「生」の意味内容が二重連結構造であるとしたならば、「生」そのものを強調する意識性があると思われる。

さらにこの問題を考えてみると、刻文が穿孔部直下になされていることを改めて注視したい。つまり工人が穿孔箇所を意識して刻文作業を行ったことは想像するに難くない。逆にそのことは相互の位置関係から積極的に意味づけられる。それを根拠として「穿孔と刻文を一個二重に見る（同一的に見る）」視点を採用したい。この刻文と穿孔を結びつけることにより、穿孔部が単なる有孔から、有孔自体にも意味性が付加されると考える。ちなみにこの意味性は前に述べた儀礼的な象徴や、縄などで垂下させるという現象的かつ具体的なことと次元が異なり、抽象的なあるいは観念的な意味性ということである。縄紋土器、特に中期の勝坂式の文様は、そのような立体構造で捉えるものがある。

論を急ぐが、「穿孔する」とか「有孔」であるということの持つ意味は、一般に女性原理の一つとされている。むろんすべての文様・記号・道具・生活空間・自然現象などが女性原理・男性原理（さらには中性原理）に分割可能とは限らない。水や空気のような原理性自体を規定することが不明確なものもあるし、それが嵐や風雨となる動性を与えられると男性原理となるものもある。あるいはその社会性、民族（俗）性、歴史性により対象は流動的である。このような問題はあるもののここでは一般論で考察を進めたい。なお本考察の論理的背景にはユングやフロイトなどによる一連の研究があるが、それの援用根拠、それぞれの方法論や論理展開の紹介や解釈、またこれに関する私の考え方などは紙幅の関係上、割愛させていただきたい。

一方刻文文字の基本形態は「⊥」であり、男性原理を象徴する。「⊥」で天と地を表し、この場合方向として天（穿孔部）を示している。「⊥」が「生」の強調を意味し穿孔部が「日」「太陽」の象徴（いずれも女性原理に属すると一般に言われる）とするならば、両者の構造は二対立構造と考えることができる。またこの二対立構造はそれ自体が図表的に弁証法的に統一され、「生」を強調する＝新たな「生」を生む関係（生殖関係）と思惟を発展することができる。最も単純化すれば穿孔部を「女陰」とし、刻文文字の基本形である「⊥」を「男根」と理解すると、その関係は生殖関係となる。つまりその関係性はまた新たなる「生」を生むのである。ちなみに例として「且」→「且」→「士」という男性を意味する文字の変遷が参考となろう。なおこのような形態などから推定する解釈についての問題性がジェンダーの提起する認識からの問題を孕んでいることも考慮しなければならないと思う。

以上が私の仮説であり解釈である。これらの論理背景となる各説なり各論の背景理論や仮説、参考文献を述べればそれだけでかなりの紙幅を必要としよう。今後ジェンダーからの問題提起を含め仮説を元に論を進めて、時機を見て明らかにしたい。

渡来の方法、渡来者に関して

縄紋時代において大陸から庄内地方に渡来した、この地域のみから出土したと思われる遺物がある。それぞれ各一点であり青銅製刀子と有孔石斧である。青銅製刀子は東京国立文化財研究所の理化学分析によると、青銅成分が殷王朝の青銅成分と同じ材料が使用されており、殷王朝と並行時期の縄紋時代後期に庄内平野にもたらされたという見解が公表された(2)。だが資料が一点ということから（類似事例がない）追加確認作業ができず、考古資料としての取り扱いが論議を呼ぶ所以である。なぜまた山形県であり、当該資料が羽黒山麓の庄内地方から出土したのかなどの課題もある。このことは黒潮の支流である対馬海流の運動なども考慮して検討すべきである。玦状耳飾りのように多くの出土事例、時期的均一性などを持つ資料であれば日本列島内で比較研究ができようが、当該資料のように一点のみであれは検証のしようがない。なお佐藤禎宏によると「刻文を付す例は中国でも未検出」(3)のようである。

以上に述べたように当該資料は問題を有してはいるが、次に渡来方法などを考えてみたい。近年、伊豆諸島や南西諸島の考古学は橋口尚武や小田静夫により注目すべき成果が上げられている(4)。それらによれば伊豆諸島には縄紋時代早期にすでに渡島が確認されており、前期終末から中期にかけて最盛期を迎える。本土側の御蔵島との間を黒潮によって遮られる八丈島倉輪遺跡からもイノシシやイヌ、人骨とともに関東系土器を主体に東海・関西系土器、中部・北陸系土器が大量に出土している。それら各地の土器などが各遠隔地から八丈島に直接持ち込まれたものである(5)。八丈島以外の伊豆諸島の島々からは、縄紋中期を主体とする（場所により後晩期が時期的主体となるものもある）遺跡が点在している。さらに神津島産の黒曜石が伊豆諸島をはじめ、伊豆半島、関東地方の多くの遺跡から出土している。これらのことは縄紋人は黒潮を漕ぎ渡る渡航技術を身につけて、日常的に本土と往来していたことを物語っている。南西諸島においても同様の渡航能力が見られる。この渡航に使用していた舟であるが、現在のところ考古学的には丸木舟のみしか検出されていない。しかし太平洋諸島では丸木舟をより安定させた槽船操法に通じる双胴舟やアウトリガーの存在が認められている(6)。時代的裏付けにいま一つ決め手に欠けるが縄紋時代にも同様の技法があった可能性を考えたい。

これらの渡航能力は縄紋人の特技というのではなく、環日本海、環太平洋、東南アジアの人びとが共通の技術として獲得していたものと考える。そう考えなければ遠隔地の交易や交流は成立せず、縄紋人のみの能力の視点だけでは一方的な関係にしかならない。しかしそれでは非現実的である。ここで述べたように少なくともそれぞれの地理的位置関係や潮流などの把握を基礎とした文化的、社会的交流はあったのであり、縄紋時代の日本列島は「鎖国」状態ではなかったのである。したがってそれらの能力と技術は普遍性を持ち、特殊な存在ではなかったと考えたい。その一方これらの技術には天体観測や潮流観測、漕船技能が必要なことから、共同体やある集団の中で、特に渡航能力を有していた「職能集団」の存在は否定できないであろう。

北はアリューシャン列島、クリル諸島、南は南西諸島と大きく広がる日本列島弧は約六〇〇〇キロメートル以上となり、まさに島伝いの地理的状況を呈している。さらに小田静夫が想定するようにマーシャル諸島、ミクロネシアなどの太平洋地域をも視点に入れれば(7)、太平洋が海洋＝大陸との視点もあながち否定できない。そう考えれば仮に当該資料の原郷が山東省(8)としても、山形県まで辿り着くことはそう困難なことではないと思う。誤解を恐れず言えば渡来者は大陸人であり、その目的は不明であるが、当該資料の遺存状況が良好であり、各地を点々として渡り歩いた痕跡をこの石器で看取できないことから、この地に意識的に渡来したものと考えたい。

おわりに

浅川・梅本報文に関する中国の諸先生方の見解（張忠培先生の記号説、徐天進先生の出土自体に対する疑義など）についても一応は考えてみた。結論的には私見との関係をなし得ることができなかったが、それは諸先生に対する反論ではないことをお断りしたい。もとより浅学菲才な私に反論できるものでもない。文頭にも述べたように、私は当該資料が山形県から出土したことを考古学的事実として受け止めて本論を進めたのである。また私自身の考古学の問題意識として日常的には土器型式や住居形態などを研究しているが、しかしその一方でグローバルな視点の必要性を感じていた。なお言うまでもなく本小論は諸課題を内包していることを自覚している。また私自身、「縄文都市論」などが考古学的成果の一面性を、しかもその解釈を方法論を欠如して肥大化する一部の傾向に対して、批判的な立場にある。その意味で、当該資料が日ごろ考えている私なりの考古学のグローバリニズムを考察する機会を与えてくれたことに感謝したい。

補註

（1）浅川利一・梅本成視一九九五「山形県の縄文遺跡から出土した中国古代の有孔石斧について」『多摩考古』第二五号
（2）「『日本最古』の縄文の青銅器　殷から渡来の可能性」毎日新聞東京版二〇〇一年六月十九日夕刊
（3）佐藤禎宏二〇〇〇「山形県庄内出土の有孔石斧と青銅刀」『考古学ジャーナル』四五四号
なお考古学ジャーナル「縄文時代の渡来文物を探る」は本稿を記すさいの参考となった。また佐藤氏の有孔石斧の見解に賛同する。

（4）橋口尚武編一九九九『海を渡った縄文人』小学館
小田静夫一九九九『黒潮圏の考古学』第一書房

（5）伊豆諸島の遺跡に関する調査報告は多く刊行されている。倉輪遺跡についても多いが、代表的なものとして永峯光一ほか一九八六『八丈島倉輪遺跡』八丈町教育委員会、があり、また同遺跡出土の土器の系統分析を行ったものとして山村貴輝一九八八「伊豆諸島の縄紋時代の様相―八丈島倉輪遺跡を中心として―」牟邪志一号、を挙げておきたい。さらに註（4）で橋口、小田らにより各遺跡の紹介、位置付けがなされている。

（6）東南アジアや太平洋地域の渡航技術に関しては国分直一一九八六『海上の道』福武書店、を参考にした。

（7）（4）と同じ。

（8）（3）と同じ。

あとがき

本書は、山形県羽黒町の縄文遺跡から出土した刻文付有孔石斧を理解するための、縄文時代における日本列島と大陸との間の文物交流に関する研究論集である。もっとも縄文人には日本列島がすなわち縄文列島国というような領土意識は、まだ持ち合わせていなかったに違いない。しかし一方で、玦状耳飾や有孔石斧が日本海の彼方からもたらされたという由来が伝えられていて、海の彼方に別の大地があるらしいことは知っていたであろう。このような縄文人の意識が変わってくるのは、中国の戦国時代のたび重なる政変に遭遇して、大勢の難民などが繰り返し北九州に渡航し、弥生文化を形成していくようになってのことである。寺澤薫氏はこの間の情勢を次のように記述している（『王権誕生』二〇〇〇）。

日本列島の文化が、旧石器時代以来決して孤立したものではなかったことは、環日本海をめぐる東アジア規模の交流があきらかだ。しかし、政治的な意図をもった国家間や民族間の交渉、関係の樹立ということであれば、それはやはり弥生時代に始まることである。縄文時代以前には国際化という意識自体がなかった。

ところで、研究者は、縄文時代における大陸との間の交流問題について、文化的には確かに影響があったと理解しながらも、意識の底流には存外、受け入れ難いところがあったようである。それは「縄紋学の父」こと山内清男氏が不朽の名著『日本遠古の文化』（一九三二）で、「縄紋土器文化には大陸と著名な交渉は認められない」と表明して以来このかた尾をひきずってきた。まだ準構造船もなかった先史時代に、独木舟のような軽微なもので日本海の荒波を計画的に渡航できるはずがない、だからこの日本列島で縄文文化は孤立的に育まれ悠久な年代をかけて熟成したもの、と考えられてきたのである。このことは日本に限らず中国側の研究者にもあって、刻文付有孔石斧の写真をみた中国考古学者の側からも、「出土品として間違いないか」と一様に驚きの声があがったという。中国側に〝刻文〟玉斧の前例がないこともさりながら、五〇〇〇年前というとてつもない古い先史時代に、遠方に乗り出す航海技術があったとは納得しにくいものであろう。しかし、この一五年ほどの間で、縄文時代においても航海技術がかなり高かったことを示す調査事例が蓄積されてきた。以下に三つの遺跡の調査成果を紹介しながら、主題である刻文付有孔石斧の背景を考察してみよう。

一つは、木下哲夫氏が調査した福井県金津町桑野遺跡である。縄文早期末から前期初（約六七〇〇年前）に形成された集団墓地で、数多くの土壙墓とそこに副葬された玦状耳飾とそれに組み合う垂飾品が、実に八〇点以上も出土した。装身具の石材は茶褐色の滑石がほとんどであるが、中に形態、石材ともに中国東北部の遼寧省査海遺跡の〝匕形玉器〟に共通する、乳白色をした玉質の箆状石器もある。土肥孝氏はかつて、「土壙内から人骨が得られていないのに、玦状耳飾の多量さ、大陸の同形態の石製品の共通項を重視して、桑野遺跡の土壙に葬られた人は中国（大陸）人であるという極端な推論は慎むべし」（『縄文時代の装身具』一九九七）と指弾したことがあったが、今回、木下哲夫氏は、これら墓壙における石製装身具の出土位置と点数およびその検出状態を詳細に分析し、集団墓地に葬られた死者たちの帰属に関わる問題について検討した。それにより、古代中国の「含玉」の風習なども視野に入れながら、大陸と列島の装身具に共通する類例が多々あることから、かなり長期にわたって波状的な交流があったと考察している。大陸側の文化が一方的かつ一律に受容されたことではないとしても、この分析により渡来人の共同墓地としての蓋然性はさらに高まったといえるのである。

この地に大陸側集団のコロニーが形成されており、繰り返し往き来があったということは、すでに六七〇〇年前には高度な渡航技術が備わっていて、日本海をとりまく東アジア規模の交易圏が成立しており、縄文文化も組み込まれていた可能性が高い。鳥浜貝塚の漆塗櫛に代表される漆の利用も、そうした情報の一端によるものと考えると分かりやすい。

二つは、伊豆諸島の最南端にある八丈島倉輪遺跡の事例である。御蔵島から八丈島までは八〇キロメートルほどで、この間には旅客汽船をも激しく揺らす黒潮本流が流れている。前期末から中期初（約五五〇〇年前）の縄文人は、この黒潮本流さえも乗り切って八丈島まで到達している。倉輪遺跡からは、北陸・中部・関東地方の新保式や梨久保式、五領ケ台式、下小野式土器などとともに、関西系の北白川下層式から大歳山式、鷹島式さらに東北地方南半の大木6式といった、広範囲にまたがる土器が多量に持ち込まれている。また「の」字状石製品に代表される蛇紋岩製の特殊な装身具類（川崎保氏の「倉輪・松原型装身具セット」）をはじめ、硬玉製小玉、琥珀玉なども豊富に保有していた。また縄文人の狩猟の伴侶であったイヌとともに、島嶼には棲息しないと考えられていたイノシシ骨がかなり多く出土したりした。

この遺跡が発掘された当時、縄文人はどうして黒潮に流される危険を冒してまでこんな隔絶した遠島に渡航したのだろうか、そして西日本から東北地方までの広域にわたるいろんな土器があるのだろうか、という疑問があった。最大の謎は、本土の遺跡にも見られない〝「の」字状石製品〟（この事例が契機となって、本土でも探索されていった）をはじめ、いろいろの奢侈品が蓄えられていたことであった。

その後、この島が貝輪に加工するオオツタノハガイの棲息海域に含まれていた可能性が考えられたことから、漂流の危険を冒しながらこの特産品を求めて渡島した理由がつきとめられた（橋口一九九九）。遠方からもたらされた希少な貝輪等は特別な奢侈品であってそれだけ付加価値が高く、これを求める各地の縄文人が土器や貴重な装身具なりを競って対価として差し出したのが、この遺跡を富裕な専業集団に仕立てあげたのである。オオツタノハガイを求める執念は、縄文人の渡航技術を高らしめたともいえよう。

三つは、やはり特産の貝を採捕して装身具に加工し、巨富を蓄えていた北海道礼文島船泊遺跡である。春から秋口にかけて、北緯四五度以北にある気候風土の厳しい北端の島に道内から渡島してきた専業集団は、この島に棲息する大形の二枚貝ビノスガイを採捕し、やはりこの島に産出するメノウ製のドリルで穿孔して平玉に加工し、その装身具を道内はもとより沿海州からシベリア方面にまで供給したようなのである。交易品の対価として獲得された奢侈品には、糸魚川産の見事な硬玉製大珠や南方海域のイモガイ・マクラガイ・タカラガイの装身具類がある。また沿海州からは海獣（アシカ）を狩る離頭銛に石鏃を固定するためのアスファルトがもたらされたが、渤海国の使者の朝献品の第一が貂の毛皮であったとすると、沿海州側からの交換物として貂の毛皮は欠かせなかったろう。

船泊の縄文人が使用した土器は、本州の後期中葉の加曽利B式に共通する船泊上層式土器であり、後期後半には堂林式に変わる。堂林式土器の口縁下に羅列される突瘤文の装飾手法は、北海道の一円に分布するが、この突瘤の手法はシベリアからユーラシア大陸に広く分布しており、その故地は大陸側に求められるという（八幡一九三六）。するとこの遺跡に産出するビノスガイ製平玉を仲立ちとして、大陸側の特産品を積んで南下した人びとと、硬玉製品や南方海域の貝製品などを積んで日本海を北上した縄文人が、毎年、定期的に船泊遺跡で邂逅したのかもしれない。こうして大陸側との交易を通して情報交換がなされ、その情報が北海道から本州方面にも拡散していったのだろう。

硬玉産地の糸魚川河口から礼文島まではおよそ一〇〇〇キロメートルの道のりである。同じく後期中葉の硬玉製品は日本海を逆に南下して、九州南端の種ケ島から二〇〇〇キロメートル近く離れた沖縄本島にまで到達している。礼文島船泊遺跡で出土した南海水域の特産品オオツタノハ・イモガイ・タカラガイ製品が沖縄本島から運ばれたとすると、三〇〇〇キロメートルもの距離を航行したことである。この距離から見ると、対馬海峡を挟んだ北九州から朝鮮半島まではたかだか二〇〇キロメートルに過ぎず、途中に風除け避難できる壱岐、対馬もあるから、指呼の間のようなものといえよう。それだけに対馬海峡を挟んだ交流は、もっと頻繁だったはずである。

三つの遺跡の事例から、原産地で生産された特殊遺物がかなり遠隔の地までもたらされていることが明らかになった。具体的な航海技術は知り得ないが、その背景に高度に発達した縄文時代における〝遠路流通〟の実態を知ることができた。これにより、「刻文付有孔石斧」が本当に古代中国から渡来したものだろうかという、微かな一つの疑問はほぼ解消された。

いま一つの問題は、上條朝宏氏論文の前文にも記したように、石斧自体は確かに古代中国の所産であろうが刻文は捏造だとする、一部研究者の讒言があった。このままでは本書の刊行の障害になることは明らかであったから、真偽のほどをはっきりさせる必要があった。ときあたかも平成十二年十一月五日に前期旧石器時代遺跡の捏造問題が発覚し、立花隆氏からは「考古学には科学が欠如している」との叱責の声もあった。疑惑があるという声に耳を傾けることなく本書を刊行すれば、考古学への信頼をさらに失墜させることは目に見えている。このためにも本資料が、確かに中川代遺跡から出土したとする、科学的証拠を得る必要があった。その実際的な方法とは何か模索した末に、有孔石斧の「刻文」部とこれに共伴したという土器に付着していた土の鉱物組成鑑定にいきついた。

一般的に行われている土器などの胎土分析は、標本をスライスしてプレパラートを作成し、岩石鉱物の種類を識別する方法である。これに対して上條氏の方法は、標本の土器を破砕して岩石類を摘出し、その識別した個々の鉱物の数量を数え、組成比率に換算して個々の鉱物を相互に比較するという、極めて根気を要する作業である。それだけに精度が高い。こうして得られた分析の結果、双方の標本から火山灰土に特有の鉱物組成とともに、海成粘土に起因するらしい海面動物の骨針と珪藻が検出された。刻文付有孔石斧は、土器とともに遺跡から出土したことが立証されたのである。刻文付有孔石斧の発見者である梅本氏には当然の帰結に至ったとはいえ、この間、心苦しい思いを強いてしまったことをお詫びしなければならない。

するとこの刻文付有孔石斧とは、一体どのような性格を有しているのであろうか、古代中国の〝玉〟との関わりから考えてみたい。桑野遺跡の集団墓地の被葬者は大陸側からの渡来人であるとすると、玦状耳飾などの装身具をはじめて縄文人に伝えたのは、彼らかもしれない。藤田富士夫氏は、玦状耳飾は北陸の地を主な製作地として、早期末から前期を経て中期初頭まで少しずつ変容しながら踏襲され、前期末から中期初になると糸魚川付近に産出する硬玉を加工する方法が開発され、「硬玉製大珠」がこれに代わって重用されるようになるという（藤田一九八九）。また長崎元廣氏は、縄文の玉斧（有孔石斧）は古代中国の玉斧を祖型としたもので、縄文前期後半から中期・後期を経て晩期まで盛行することを明らかにした（長崎一九八四）。大珠はもとより玦状耳飾といい有孔石斧といい、さらに川崎保氏がこれも大陸からの伝承を考える、「の」字石製品を中心とするセット等は、いずれも硬玉を筆頭に蛇紋岩や滑石などの美麗な石材を専業集団が苦労して製作した奢侈品としての〝玉類〟であり、だれでもが持ち得るというものではない。船泊遺跡から出土した硬玉製大珠は、貝玉作り集団が所有したというのではなく、集団の家父長と覚しき被葬者個人に帰属していたから副葬されたものと考えられる。玉類にも貝製品にはそうしたステイタスシンボルとしての性格があるらしい（渡辺仁一九九〇『縄文式階層化社会』）。

ただのもの珍しさというのであれば、これらの玉製品も一時的には盛行してもやがて廃れてしまうであろう。けれどもこれら玉製品は、早期末から晩期まで長期にわたって形を変えながら縄文文化の中に定着し、重用されている。その底流に、古代中国で培われてきた〝玉〟に対する思想と共通するものがあるのではないか。このように見ると、中川代遺跡の刻文付有孔石斧の性格も自ずから理解されてこよう。

古代中国においては神権・軍権・財権の象徴とされる三種の玉器、すなわち玉琮・玉鉞・玉璧があり、有孔石斧はこの玉鉞にあたる。玉鉞の性格は、浙江余杭の反山墓葬における被葬者が柄付きの玉鉞を握って埋葬されていたことから、生前は権威および権力としての社会的地位の高位者であったことがうかがえるという（量博満一九九六「中国新石器時代の鉞について」）。すると中川代遺跡で刻文付有孔石斧を佩用していた人物も、そうした社会的地位の高位者であったに違いない。浅川氏の「おそらくは、中国から数十人の同族集団で、日本海を漂流、あるいは難破船で漂着した人達の亡命の生涯の証としての石斧」（浅川一九九五）は、おそらく正鵠を射た見解であろう。その同族集団も祖国では敗残兵であったにしろ、夏であれば当時の渡航技術の高さからそれほどの難儀もなく日本海を渡り、庄内潟（当時、庄内平野は潟湖であった）に入港できたことであろう。また、有孔石斧の玉器としての性格については、同じ庄内の拠点集落である遊佐町吹浦遺跡からも複数個体が出土しているところを見ると、庄内の集団には玉器の性格について認識が浸透していたのであろう（六八頁図13）。だから、亡命者集団は当地の縄文集団から温かく迎え入れられたものと考えたい。なお余談だが、亡命にあたって彼らは、移住先での食料生産のために、主食となる穀類や野菜等の栽培種子なども携えてきた可能性が考えられる。

火炎土器や勝坂様式の立体的で繁縟な文様の土器や緻密な単位文様が繰り返された亀ケ岡土器、縄文のビーナスと呼ばれるデフォルメされた土偶や怪奇な遮光器土偶などは、世界の先史芸術の最高傑作としてパリやロンドンでも喝采を博してきた。まさに小林達雄氏のいう『縄文人の文化力』（一九九九）は、『世界史の中の縄文』（二〇〇一）として位置づけされている。これら縄文土器も土偶も、縄文社会では個人に所属するのではなく、所属集団の存在感を表象するものといえる。これに対して、玦状耳飾や硬玉製大珠は副葬品として出土するところから、地域集団を率いる首長に属している一面は看過できないであろう。縄文の「有孔石斧」は古代中国の「玉鉞」の性格をそのままに横引きしたようなのである。

かつて八幡一郎氏は「物資の流通は交易を示し、文化の流通は文化圏の問題に関連して来る」（「先史時代の交易」一九三八）ことを説いたが、刻文付有孔石斧の場合はいずれの性格が強いであろうか。縄文時代はまだ近隣交易の範疇で、弥生時代になって遠路流通が始まったという枠組みで捉えられていたが、いまや縄文時代にも遠路流通が明らかになった。その意味でも、日本列島の縄文文化の枠組を東アジア全域に広げた視野の中に見直そうという山田昌久氏の主張（「縄紋文化の構図」一九九〇）に、耳を傾けたい。

縄文時代の渡来文化には、西北九州から朝鮮半島に通じる石鋸と呼ばれる漁猟用具や貝面、腰岳産黒曜石、曽畑式土器の広がりをはじめ、東北・北海道のストーンサークルに代表される祭祀や宗教、葬制、抜歯の風習、あるいは漆の使用、イノシシ飼養、雑穀の栽培といったさまざまな問題があることは承知している。しかしあまり拡幅すれば、本書の意図する副題に焦点を絞れなくなるので執筆項目に加えないことにした。これらの文化要素が大陸側と連動したとしても、いずれも大陸側からの波及というものでもないだろう。縄文文化で醸成されて大陸側に発信された情報も多いのではないか。いずれ近い将来にも、大陸側の調査の進展により明らかにされてくるに違いない。

梅本成視氏がこの刻文付有孔石斧を発見してから三六年、そして浅川利一氏がそれを確認し、研究論集を構想してから八年、ようやく本書を刊行するにいたった。私自身、浅川氏からこの石斧の存在を教えていただいて以来、遺跡視察への同行をはじめとして、折りにふれて謦咳に接してきた。それらのことが走馬灯のように想い起こされる。今回の本書の検証作業により、刻文付有孔石斧の評価は一応定まったといえようが、「刻文」がなぜこの石斧に刻まれたのか、その文字とも記号ともつかない意味の解釈など、依然として謎は残る。この解明に向けて、本書が今後の布石となることを祈念する。
最後に、寄稿された各位には、本書の構成上、原文を部分割愛や補訂、さらに注釈および引用文献等で大幅な譲歩をお願いした部分が多い。それにも関わらず趣意に賛同されて快く協力いただいたことに深く感謝する。また、作成の過程で多くの方から温かい励ましとご協力を賜わってきた。特に東京都埋蔵文化財センターの野村孝之氏には、編集の面で献身的な協力を賜ったし、同僚の岡崎完樹氏も本書の刊行に向けて協力を惜しまれなかった。宮島了誠編集長には本書の刊行を相談して題名を拝命して以来、二年余にわたり本書の作成を温かく見守っていただいてきた。ともども厚くお礼を申しあげたい。

平成十四年八月十六日

安孫子　昭二

『縄文時代の渡来文化―刻文付有孔石斧とその周辺』出典一覧

はじめに

第一章　「縄文時代の渡来文化の研究略史」安孫子昭二　（「縄文時代における交易関連の研究史」庄内考古学研究会『庄内考古学』二一号、二〇〇一）を増補

第二章　刻文付有孔石斧の発見と周辺の遺跡

一「山形県の縄文遺跡から出土した中国古代の有孔石斧」浅川利一・梅本成視　（浅川利一・梅本成視「山形県の縄文遺跡から出土した中国古代の有孔石斧」多摩考古学研究会『多摩考古』二五、一九九五・浅川利一「古代中国の刻文付有孔石斧を追って」同二八号、一九九八）を併合、一部補訂

二「中川代遺跡と庄内地方の縄文中期」佐藤禎宏　（初出）

三「大陸文化伝来の道」柏倉亮吉　（山形県文化財保護協会『羽陽文化』一二四号、一九八七所収）を一部割愛

四「大陸と日本列島を結ぶ日本海」川崎利夫　（朝日新聞社『戦後五〇年　古代史発掘総まくり　アサヒグラフ別冊』一九九六所収）を一部改訂

五「二つの大陸遺物」酒井忠一　（山形県文化財保護協会『羽陽文化』一四三号、一九九九所収）より転載

第三章　縄文文化の中の大陸系遺物

一「日本列島の玦状耳飾の始源に関する試論」藤田富士夫　（香港中文大学『東亜玉器』一九九八所収）より転載

二「石刃鏃文化の石製装身具」麻柄一志　（富山市日本海文化研究所『富山市日本海文化研究所報』二〇号、一九九八所収）より転載

三「福井県桑野遺跡の石製装身具」木下哲夫　（初出）

四「『の』字状石製品と倉輪・松原型装身具セット」川崎保　（長野県埋蔵文化財センター『長野県の考古学』一九九六所収）を改訂
五「縄文の玉斧」長崎元廣　（信濃史学会『信濃』四二二号、一九八四所収）を一部割愛
六「山形県羽黒町発見の石鉞について」松浦有一郎　（初出）
七「縄文文化と大陸系文物」中山清隆　（「縄文文化と大陸系文物」・「日本海をめぐる大型石器」雄山閣出版『季刊考古学』三八号、一九九二）を併合、増補
八「北方系青銅刀子」大貫静夫　（雄山閣出版『考古学による日本歴史　一〇　対外交渉』一九九七所収）より転載
九「東北地方北部の玦状耳飾」橘善光　（初出）

第四章　中国の研究者が見た縄文文化

一「日本出土の鬲状土器について」安志敏　（『考古』一九九五年五期）を邦訳
二「紀元前四〇〇〇年から紀元前二五〇〇年の中日往来」蔡鳳書　（『中日交流的考古研究』一九九九）の部分邦訳
三「玉のロードと縄文人からの文明のメッセージ」郭大順　（富山市日本海文化研究所『富山市日本海文化研究所報』二一号、一九九八所収）を一部改訂

第五章　刻文付有孔石斧と刻文の分析研究

一「刻文付有孔石斧のレプリカ法による観察」丑野毅　（初出）
二「刻文付有孔石斧に付着する物質の分析」上條朝宏　（初出）
三「山形県出土の『刻文付有孔石斧』考」山村貴輝　（初出）

あとがき

執筆者紹介（五十音順）（＊は編者）

浅川　利一（あさかわ　としかず）＊
〒一九四―〇〇四一　町田市玉川学園六―二―三一
元玉川考古学研究所所長
主要論文　『縄文酋長オピポー』玉川文化財研究所、一九九六年

安孫子昭二（あびこ　しょうじ）＊
〒一九一―〇〇一六　日野市神明二―一四―一　一―一〇五
東京都教育委員会学芸員
主要論文　「遮光器土偶の曙光」『土偶研究の地平三』勉誠出版、一九九九年

梅本　成視（うめもと　しげし）
〒九九八―〇八五三　酒田市みずほ二―一二―八
元中・高等学校教員

丑野　毅（うしの　つよし）
〒一九四―〇〇四三　町田市成瀬台一―五―二九
東京大学大学院総合文化研究科助手

主要論文　「レプリカを用いた考古遺物の解析」『真贋のはざま・デュシャンから遺伝子まで』東京大学総合研究博物館、二〇〇一年

大貫　静夫（おおぬき　しずお）
〒一一三―〇〇三四　東京都文京区湯島四―一二―一二―五〇二
東京大学大学院人文社会研究科助教授
主要論文　『東北アジアの考古学』同成社、一九九八年

柏倉　亮吉（かしわくら　りょうきち）（故人）
元山形大学教育学部教授
主要論文　「三崎山出土の青銅刀」『東北考古学』二、一九六一年

上條　朝宏（かみじょう　ともひろ）
〒二七〇―〇〇三四　松戸市新松戸七―二二二　西パークハウス　C―四〇二
東京都埋蔵文化財センター主任調査研究員
主要論文　「縄文土器の胎土分析」『生産の考古学』同成社、一九九七年

川崎　保（かわさき　たもつ）
〒三八八―八〇一二　長野市篠ノ井二ツ柳二〇〇一　県職昭和住宅A―三〇三
長野県埋蔵文化財センター調査研究員
主要論文　「玦状耳飾と管玉の出現―縄文時代早期末・前期初頭の石製装身具セットの意義―」『考古学雑誌』八三―三、一九九八年

川崎　利夫（かわさき　としお）
〒九九四—〇〇六四　天童市中里二—三—一二
山形県立うきたむ風土記の丘考古資料館館長
主要論文　「縄文時代における大陸系遺物」『原始古代の日本海文化』同成社、二〇〇〇年

木下　哲夫（きのした　てつお）
〒九一〇—〇八四五　福井市志比口一—一三—二二
金津町教育委員会
主要論文　「大杉谷式小考」『古代探叢Ⅱ』早稲田大出版部、一九八五年

酒井　忠一（さかい　ちゅういち）
〒九九七—〇〇三六　鶴岡市家中新町一—一—九
（財）致道博物館顧問

佐藤　禎宏（さとう　よしひろ）
〒九九八—〇〇二二　酒田市駅東二—一—一五
八森遺跡調査主任
主要論文　「陶硯と出羽国南半の古代」『山形考古』六—二、二〇〇〇年

橘　善光（たちばな　よしみつ）
〒〇三五―〇〇八六　むつ市大湊上町二二―一四
青森県史考古部門専門委員
主要論文　『むつ市史―原始・古代・中世編』むつ市、一九九四年

長崎　元廣（ながさき　もとひろ）
〒三九三―〇〇三三　長野県諏訪郡下諏訪町北高木九一二六―一
岡谷市教育委員会　公民館主幹
主要論文　「縄文時代農耕論」『縄文時代』一〇、一九九九年

中山　清隆（なかやま　きよたか）
〒二〇六―〇〇〇二　多摩市一の宮四―六―一二―二〇二
女子聖学院短期大学国文科
主要論文　「東アジアからみた玦状耳飾の起源と系譜―中国遼寧省と沿海州の例から―」『地域相研究』二一、一九九四年

藤田富士夫（ふじた　ふじお）
〒九三〇―〇四五一　富山県中新川郡上市町極楽寺二
富山市教育委員会　埋蔵文化財センター所長
主要論文　「玦状耳飾の編年に関する一試論」『北陸の考古学』石川考古学研究会、一九八三年

麻柄　一志（まがら　ひとし）
〒九三九―〇五三四　富山市水橋狐塚一六八
富山市日本海文化研究所研究員
主要論文　「夏の家と冬の家―縄文時代の季節的住み替えの可能性」『同志社大学考古学シリーズV』一九九二年

松浦宥一郎（まつうら　ゆういちろう）
〒二七〇―〇〇三四　松戸市新松戸三―三―一　A―一二〇六
東京国立博物館学芸部首席研究員
主要論文　「日本出土の方格T字鏡」『東京国立博物館紀要』第二九号、一九九四年

山村　貴輝（やまむら　あつてる）
〒一六八―〇〇八二　東京都杉並区久我山三―三六―二二―六〇三
（株）武蔵文化財研究所所長
主要論文　「様式と地域社会」『季刊考古学』四八、一九九四年

安志敏
中国北京市復興門外大街二二楼七二二室
中国社会科学院考古研究所研究員
主要論文　「長江下流域先史文化の日本列島への影響」（佐川正敏訳）考古学雑誌七〇―三、一九八五年

郭大順
中国遼寧省瀋陽市和平區光榮街一九―一―三四一
中国考古学会常務理事・遼寧省文物考古研究所名誉所長
主要論文　「玉器の起源と狩猟漁労文化」『北方文物』一九九六―四

蔡鳳書
中国山東省済南市山東大学第三宿舎（洪西路七号）一号楼三―二〇一
山東大学歴史文化学院教授、山東文史研究館館員
主要論文　『中日交流の考古研究』斉魯書社、一九九九年

縄文《じょうもん》時代《じだい》の渡来《とらい》文化《ぶんか》
刻文付有孔石斧とその周辺

●考古学選書●

ISBN4-639-00055-3〈全〉

検印省略

Printed in Japan

2002年10月5日　初版発行

編　者	浅川利一・安孫子昭二
発行者	村　上　佳　儀
組　版	(有)ミラクルプラン
印　刷	永和印刷株式会社
製　本	協栄製本株式会社
発行所	株式会社　雄　山　閣

〒102-0071　東京都千代田区富士見2-6-9
振替00130-5-1685・電話03(3262)3231

ISBN4-639-01777-4　C3321